基层工会干部实务教材

（安徽版）

JICENG GONGHUI GANBU SHIWU JIAOCAI

王 慧　邵月娥◎主编

中国工人出版社

图书在版编目（CIP）数据

基层工会干部实务教材：安徽版 / 王慧，邵月娥主编. -- 北京：中国工人出版社，2024. 10. -- ISBN 978-7-5008-8527-6

Ⅰ. D412.6

中国国家版本馆CIP数据核字第2024P8K735号

基层工会干部实务教材（安徽版）

出 版 人	董　宽
责任编辑	罗荣波　王晨轩
责任校对	张　彦
责任印制	栾征宇
出版发行	中国工人出版社
地　　址	北京市东城区鼓楼外大街45号　邮编：100120
网　　址	http://www.wp-china.com
电　　话	（010）62005043（总编室） （010）62005039（印制管理中心） （010）62382916（工会与劳动关系分社）
发行热线	（010）82029051　62383056
经　　销	各地书店
印　　刷	三河市国英印务有限公司
开　　本	710毫米×1000毫米　1/16
印　　张	26.5
字　　数	420千字
版　　次	2024年11月第1版　2024年11月第1次印刷
定　　价	68.00元

本书如有破损、缺页、装订错误，请与本社印制管理中心联系更换

编委会

主编 王 慧 邵月娥

编委会成员（按姓氏笔画排序）

王 慧 王粤翔 孙 燕 邵月娥

杨 静 李 艾 张丽娟 胡晓蔓

徐晓菁 曹丹丹

目 录

CONTENTS

第一章

新时代党的工会理论的创新发展

党的十八大以来，以习近平同志为核心的党中央站在党和国家事业发展的战略高度，高度重视工人阶级和工会工作，为发挥工人阶级主力军作用和做好工会工作指明方向。习近平总书记关于工人阶级和工会工作的重要论述，是新时代党推进工会理论创新发展的最重要的理论成果，是新时代中国工运事业和工会工作实践经验的深刻总结和理论表达。新时代党的工会理论创新开辟了马克思主义工会学说中国化时代化新境界，引领和推动中国特色社会主义工会发展道路要素更全、形态更优、效能更强，推动了新时代新征程工会工作高质量发展。

第一节　马克思主义工会学说中国化时代化的丰富内涵

一、党在新的历史条件下推进马克思主义工会学说中国化时代化

（一）中国工运事业和工会工作面临的新形势新任务

党的十八大以来，中国特色社会主义进入新时代，中国工运事业和工会工作也站在了新的历史起点上，融汇到新时代浩浩荡荡的历史洪流中，成为推进伟大社会革命的关键性力量。我国工人运动的时代主题，就是为实现中华民族伟大复兴的中国梦而奋斗。随着“第二个百年奋斗目标”的开启，中国工运事业和工会工作如何更好承担党所赋予的使命任务，如何更好满足职工群众对美好生活的多层次、多样化现实需要，如何在全面深化改革的大格局下更好发挥工会组织在国家治理体系中的功能作用等，这些都是必须回答的时代性问题。习近平总书记关于工人阶级和工会工作的重要论述，深刻回答了新时代为什么要全心全意依靠工人阶级、怎样全心全意依靠工人阶级，建设什么样的工会、怎样建设工会等方向性、根本性、战略性重大问题，为新时代新征程党的工运事业和工会工作提供了根本遵循。

（二）习近平总书记关于工人阶级和工会工作的重要论述为做好新时代新征程工会工作提供了根本遵循

习近平总书记关于工人阶级和工会工作的重要论述，是党在新的历史条件下推进马克思主义工会学说中国化时代化的理论结晶和思想表达，是习近平新时代中国特色社会主义思想的重要组成部分，标志着党对当代中国工运事业和工会工作的规律性认识提升到一个新高度，以强大的真理力量拓展了中国特色社会主义工会发展道路的时代内涵与实践形态。从 2018 年中国工会十七大正式提出习近平总书记关于工人阶级和工会工作的重要论述的政治论断，首次构建起习近平总书记关于工人阶级和工会工作的重要论述的结构框架和阐释体系，到 2023 年中国工会十八大从“八个方面”对习近平总书记关于工人阶级和工会工作的重要论述的思想意蕴、逻辑架构和实践要求作出再阐释和再建构，习近平总书记关于工人阶级和工会工作的重要论述在概念术语上日益丰富，在思想意涵上更加深刻，在体系架构上渐进完备，在实践效度上突出显著，使马克思主义工会学说在 21 世纪的中华大地展现出勃勃生机和旺盛活力，

成为引领当代中国工运事业和工会工作阔步前进的思想旗帜。

2023年9月，《习近平关于工人阶级和工会工作论述摘编》出版，为广大职工和工会干部学习宣传贯彻习近平总书记关于工人阶级和工会工作的重要论述提供了权威教材。《习近平关于工人阶级和工会工作论述摘编》从八个专题摘编了习近平总书记关于工人阶级和工会工作的重要论述，其中坚持党的领导是最高政治原则，居于统摄和管总地位，决定了中国工会的根本性质、前途命运；全心全意依靠工人阶级是根本方针，彰显了党和国家的性质及工人阶级的地位作用；为实现中华民族伟大复兴中国梦而奋斗是时代主题，锚定了新时代党的工运事业的目标方向；加强对职工群众的思想政治引领是重大政治任务，体现了工会工作的鲜明特色和突出政治优势；建设高素质劳动大军是基础性战略性工程，明确了工会服务党和国家工作大局的重要着力点；劳模精神劳动精神工匠精神是强大精神动力，展现了中国共产党人精神谱系的时代价值；维护职工合法权益、竭诚服务职工群众是工会的初心所在、使命所系，揭示了工会组织的安身立命之本；深入推进工会改革创新是时代发展强音，指明了工会组织永葆生机活力、当好桥梁纽带的动力所在。

这八个专题既相对独立、又相辅相成，构成了一个有机统一的整体，集中反映了习近平总书记对工运事业和工会工作的深刻洞察、前瞻思考，科学阐明了新时代党的工运事业和工会工作的地位作用、时代主题、发展道路、目标任务、根本保证等一系列方向性、根本性、战略性重大问题，为做好新时代新征程工会工作提供了根本遵循。

二、党的工会理论创新的“四梁八柱”

中国工会十八大从八个方面概括了习近平总书记关于工人阶级和工会工作的重要论述的基本框架。

（一）坚持党对工运事业和工会工作的领导

坚持党对工运事业和工会工作的领导，事关我国工运事业和工作发展的根本政治方向，是我国工会事业和工作发展的根本保证。我国工运事业是在党的领导下发展起来的，是党的事业的重要组成部分。习近平总书记指出，中国工会是中国共产党领导的工人阶级群众组织，是党联系职工群众的桥梁和纽带，是社会主义国家政权的重要社会支柱。坚持党对工会的全面领导，任何时候、任何情况下都不能动摇、不能偏离。

（二）坚持全心全意依靠工人阶级的根本方针

我国是工人阶级领导的、以工农联盟为基础的人民民主专政的社会主义国家。党和国家始终坚持全心全意依靠工人阶级方针，始终高度重视工人阶级和广大劳动群众在党和国家事业发展中的重要地位。改革开放以来，我国工人阶级队伍不断壮大，素质全面提高，结构更加优化，面貌焕然一新，先进性不断增强。习近平总书记指出，坚持全心全意依靠工人阶级，充分发挥工人阶级主力军作用，把广大职工群众紧紧团结在党和政府周围，这是我们党的一个突出政治优势，也是中国特色社会主义的一个鲜明特点。不论时代怎样变迁，不论社会怎样变化，我们党全心全意依靠工人阶级的根本方针都不能忘记、不能淡化，我国工人阶级地位和作用都不容动摇、不容忽视。

（三）牢牢把握为实现中华民族伟大复兴中国梦而奋斗的时代主题

实现中华民族伟大复兴的中国梦，根本上要靠包括工人阶级在内的全体人民的劳动、创造、奉献。习近平总书记鲜明提出，我国工人运动的时代主题，是为实现中华民族伟大复兴的中国梦而奋斗。工会要牢牢抓住这个主题，把推动科学发展、实现稳中求进作为发挥作用的主战场，把做好新形势下职工群众工作、调动职工群众积极性和创造性作为中心任务，把巩固党执政的阶级基础和群众基础作为政治责任，竭诚为职工群众服务，切实维护职工群众权益，不断焕发工会组织的生机活力。习近平总书记强调，要把广大职工群众积极性、主动性、创造性充分调动起来，满怀信心投身于为实现中国梦而奋斗的火热实践，形成万众一心、众志成城的磅礴力量。广大职工要牢牢把握时代主题，把自身前途命运同国家和民族前途命运紧紧联系在一起，把个人梦同中国梦紧密联系在一起，把实现党和国家确立的发展目标变成自己的自觉行动，爱岗敬业、争创一流，以不懈奋斗书写新时代华章，共同创造幸福生活和美好未来。

（四）加强对职工群众的思想政治引领

深入细致做好思想政治工作，引导职工群众听党话、跟党走，巩固党执政的阶级基础和群众基础，是工会组织的政治责任，也是工会工作的优良传统。当前，企业组织形式、产业结构、就业形态等呈现新的特点，我国职工队伍状况发生深刻变化，社会上各种思潮和主张对职工的影响加深，敌对势力同我们争夺人心、争夺阵地，形势十分复杂。这些都对工会做好职工思想政治引领工作提出了挑战。站在新时代新起点上，我们党要团结带领人民夺取新时代中国特色社会主义新胜利，更加需要坚定信念、鼓舞斗志，更加需要同心同德、团结奋斗。习近平总书记指出，工会要适应新形势新任务，加强和改进职工思想政治工作，多做组织群众、宣传群众、教育群众、引导群众的工作，多做统一思想、凝聚人心、化解矛盾、增进感情、激发动力的工作，更好强信心、聚民心、暖人心，使广大职工在理想信念、价值理念、道德观念上紧紧团结在一起。要丰富内容形式，深入开展中国特色社会主义理想信念教育，引导广大职工认清形势任务，增强中国特色社会主义道路自信、理论自信、制度自信、文化自信。要坚持以社会主义核心价值观引领职工，打造健康文明、昂扬向上、全员参与的职工文化。要提高针对性实效性，采取职工喜闻乐见、寓教于乐的形式和对路管用的方法，不搞大水漫灌，采用启发式、案例式等方法，达到统一思想、提高认识的目的。要强化互联网思维，把网上工作作为工会联系职工、服务职工的重要平台，走好网上群众路线。要增强政治敏锐性和政治鉴别力，高度重视和防范敌对势力在劳工领域的渗透破坏活动，维护职工队伍和谐稳定，把广大职工更加紧密团结在党的周围。

（五）努力建设高素质劳动大军

劳动者素质对一个国家、一个民族发展至关重要。面对日趋激烈的国际竞争，一个国家发展能否抢占先机、赢得主动，越来越取决于国民素质特别是广大劳动者素质。习近平总书记明确提出，要实施职工素质建设工程，推动建设宏大的知识型、技能型、创新型劳动者大军。习近平总书记强调，要树立正确人才观，弘扬劳动光荣、技能宝贵、创造伟大的时代风尚，营造人人皆可成才、人人尽展其才的良好环境，努力培养数以亿计的高素质劳动者和技术技能人才。要完善现代职业教育制度，统筹职业教育、高等教育、继续教育，推进职普融通、产教融合、科教融汇，为劳动者成长创造良好条件。要围绕深入实施科教兴国战略、人才强国战略、创新驱动发展战略，深化产业工人队伍建设改革，造就一支有理想守信念、懂技术会创新、敢担当讲奉献的宏大产业工人队伍，培养造就更多大国工匠和高技能人才。要深入开展各类劳动和技能竞赛，壮大技术工人队伍，提高技能人才待遇水平，激励更多劳动者特别是青年人走技能成才、技能报国之路。

（六）大力弘扬劳模精神、劳动精神、工匠精神

习近平总书记指出，伟大的事业需要伟大的精神，伟大的精神来自伟大的人民。他们以平凡的劳动创造了不平凡的业绩，培育形成了爱岗敬业、争创一流、艰苦奋斗、勇于创新、淡泊名利、甘于奉献的劳模精神，崇尚劳动、热爱劳动、辛勤劳动、诚实劳动的劳动精神，执着专注、精益求精、一丝不苟、追求卓越的工匠精神。这些精神是以爱国主义为核心的民族精神和以改革创新为核心的时代精神的生动体现，是我们的宝贵精神财富和强大精神力量。习近平总书记强调，实现我们确立的奋斗目标，归根到底要靠辛勤劳动、诚实劳动、科学劳动。全社会要崇尚劳动、见贤思齐，加大对劳动模范和先进工作者的宣传力度，讲好劳模故事、讲好劳动故事、讲好工匠故事，弘扬劳动最光荣、劳

动最崇高、劳动最伟大、劳动最美丽的社会风尚。劳动模范是劳动群众的杰出代表，是最美的劳动者。大国工匠是职工队伍中的高技能人才。工会要激励广大职工在辛勤劳动、诚实劳动、创造性劳动中成就梦想，协同各个方面为劳动模范、大国工匠发挥示范引领作用搭建平台、提供舞台，为劳模、工匠传承技能、传承精神创造条件，培养造就更多劳动模范、大国工匠。

（七）切实实现好、维护好、发展好工人阶级和广大劳动群众合法权益

全心全意为工人阶级和广大劳动群众谋利益，是我国社会主义制度的根本要求，是党和国家的神圣职责，也是发挥我国工人阶级和广大劳动群众主力军作用最重要最基础的工作。推动全体人民共同富裕取得更为明显的实质性进展，首先要体现在亿万劳动者身上。习近平总书记指出，工会作为职工利益的代表者和维护者，要把竭诚为职工群众服务作为工会一切工作的出发点和落脚点，坚持以职工为中心的工作导向，抓住职工群众最关心最直接最现实的利益问题，认真履行维护职工合法权益、竭诚服务职工群众的基本职责，全心全意为广大职工群众服务。要把服务职工、维护职工合法权益的大旗牢牢掌握在手中，把群众观念牢牢根植于心中，练就见微知著、以小见大的真功夫，哪里的职工合法权益受到侵害，哪里的工会就要站出来说话。要健全以职工代表大会为基本形式的企事业单位民主管理制度、厂务公开制度，组织职工依法实行民主选举、民主决策、民主管理、民主监督，使职工群众的知情权、参与权、表达权、监督权得到更充分更有效的保障。要不断促进社会主义和谐劳动关系，代表职工群众主动参与立法和政策制定，从制度上源头上保障职工群众利益、发展职工群众利益。要健全党政主导的维权服务机制，完善政府、工会、企业共同参与的协商协调机制，健全劳动法律法规体系，为维护工人阶级和广大劳动群众合法权益提供法律和制度保障。

（八）深入推进工会改革创新

时代在发展，事业在创新，工会工作也要发展，也要创新。习近平总书记强调，要顺应时代要求、适应社会变化，善于创造科学有效的工作方法，让职工群众真正感受到工会是“职工之家”，工会干部是最可信赖的“娘家人”。要保持和增强工会组织的政治性、先进性、群众性。政治性是群团组织的灵魂，是第一位的。保持和增强党的群团工作的政治性，关键是群团组织必须自觉坚持中国共产党的领导，主要体现在工会、共青团、妇联等群团组织要承担起引导群众听党话、跟党走的政治任务，为夯实党执政的阶级基础和群众基础作出贡献上。保持和增强群团组织的先进性，必须牢牢把握为实现中华民族伟大

复兴中国梦而奋斗的时代主题，紧紧围绕党和国家工作大局，组织动员广大人民群众走在时代前列，在改革发展稳定第一线建功立业。群众性是群团组织的根本特点。离开了群众性，群团组织就容易走向官僚化、空壳化。要运用改革精神谋划推进工会工作。新形势下，工会工作只能加强，不能削弱；只能改进提高，不能停滞不前。习近平总书记指出，要自觉运用改革精神谋划推进工会工作，创新组织体制、运行机制、活动方式、工作方法，推动工会工作再上新台阶。健全联系广泛、服务职工的工会工作体系。在建机制、强功能、增实效上下功夫，在已有改革成效基础上不断深化，切实把党中央关于深化工会改革的决策部署落到实处。全国总工会要带头加强自身建设，当标杆、作表率，成为让党放心、让人民满意的模范政治机关。习近平总书记强调，基层工会离职工最近，联系职工最直接，服务职工最具体，是工会工作的基础和关键。要牢固树立大抓基层的鲜明导向，坚持眼睛向下、面向基层，把力量和资源向基层倾斜投放，夯实基层基础，激发基层活力，不断增强基层工会的引领力、组织力、服务力。

第二节　新时代党的工会理论创新的显著特点

一、新时代党的工会理论创新的“六个坚持”

党的二十大报告用“六个必须坚持”概括和阐述了习近平新时代中国特色社会主义思想的世界观、方法论和贯穿其中的立场观点方法，习近平总书记关于工人阶级和工会工作的重要论述内容广博、系统完整、逻辑严密，充分体现了习近平新时代中国特色社会主义思想的世界观。

（一）坚持人民至上

坚持人民至上体现在全心全意依靠工人阶级、以职工为中心、竭诚服务职工群众。习近平总书记指出：“不论时代怎样变迁，不论社会怎样变化，我们党全心全意依靠工人阶级的根本方针都不能忘记、不能淡化，我国工人阶级地位和作用都不容动摇、不容忽视”；“工会工作要坚持以职工为中心的工作导向，抓住职工群众最关心最直接最现实的利益问题，认真履行维护职工合法权益、竭诚服务职工群众的基本职责”，这些重要论述都充分体现了坚持人民至上的世界观和方法论。

（二）坚持自信自立

坚持自信自立体现在坚定不移走中国特色社会主义工会发展道路。习近平总书记指出："中国特色社会主义工会发展道路是中国特色社会主义道路的重要组成部分，深刻反映了中国工会的性质和特点，是工会组织和工会工作始终沿着正确方向前进的重要保证。要始终坚持这条道路，不断拓展这条道路，努力使这条道路越走越宽广"，这些重要论述都充分体现了坚持自信自立的世界观和方法论。

（三）坚持问题导向

坚持问题导向体现在扎实推进产业工人队伍建设改革、用心用情用力解决好人民群众的急难愁盼问题。习近平总书记指出："要推进产业工人队伍建设改革，落实产业工人思想引领、建功立业、素质提升、地位提高、队伍壮大等改革措施，造就一支有理想守信念、懂技术会创新、敢担当讲奉献的宏大产业工人队伍"；"用心用情用力解决好人民群众的急难愁盼问题，积极探索共同富裕的实现途径"，这些重要论述都充分体现了坚持问题导向的世界观和方法论。

（四）坚持守正创新

坚持守正创新体现在推进全国总工会改革试点和工会系统改革以及加强新就业形态劳动者权益保障等方面。习近平总书记指出："完善促进创业带动就业的保障制度，支持和规范发展新就业形态。健全劳动法律法规，完善劳动关系协商协调机制，完善劳动者权益保障制度，加强灵活就业和新就业形态劳动者权益保障"，这些重要论述都充分体现了坚持守正创新的世界观和方法论。

（五）坚持系统观念

坚持系统观念体现在使群团组织成为推进国家治理体系和治理能力现代化的重要力量。习近平总书记指出："我们说要推进国家治理体系和治理能力现代化，国家治理体系是由众多子系统构成的复杂系统，这个系统的核心是中国共产党，人大、政府、政协、法院、检察院、军队，各民主党派和无党派人士，各企事业单位，工会、共青团、妇联等群团组织，都要坚持中国共产党领导"；"必须把群团组织建设得更加充满活力、更加坚强有力，使之成为推进国家治理体系和治理能力现代化的重要力量"，这些重要论述都充分体现了坚持系统观念的世界观和方法论。

（六）坚持胸怀天下

坚持胸怀天下体现在构建人类命运共同体，讲好中国工人阶级、中国工会故事。习近平总书记指出："构建人类命运共同体，实现共赢共享"；"要发挥民间外交优势，增进我国工人阶级同各国工人阶级的友谊，发展同各国工会组织、国际和区域工会组织的关系，为维护世界和平、促进共同发展作出新的更大贡献”，这些重要论述都充分体现了坚持胸怀天下的世界观和方法论。

二、新时代党的工会理论的特质

（一）政治性

政治属性是贯穿重要论述的灵魂特质。从工会工作看，就是要始终坚持用习近平新时代中国特色社会主义思想统领工会工作，坚持党对工运事业和工会工作的领导，坚定不移走中国特色社会主义工会发展道路。

（二）人民性

人民立场是贯穿重要论述的根本特性。从工会工作来看，坚持人民至上，就是要树立以职工为中心的工作导向，把握职工诉求、汇聚职工智慧、保障职工权益。

（三）实践性

实践导向是贯穿重要论述的鲜明特色。从工会工作看，就是要聚焦推进工作中遇到的新问题、影响工会作用发挥的深层次问题、职工群众关心的急难愁盼问题，不断提出真正解决问题的新思路新办法，回答好工会理论和实践面临的时代之问、基层之问、职工之问。

（四）时代性

守正创新是贯穿重要论述的时代特性。守正就必须坚持党对工会的领导不动摇，坚持中国特色社会主义工会发展道路不动摇，坚持全心全意依靠工人阶级不动摇，坚持维护职工合法权益、竭诚服务职工不动摇等。同时要创新，创新才能与时俱进，把握时代、引领时代。

新征程上，我们要全面深入学习贯彻习近平新时代中国特色社会主义思想，深入贯彻习近平总书记关于工人阶级和工会工作的重要论述，深刻把握党的创新理论的丰富内涵、精神实质和实践要求，深刻领会这一重要思想的世界观方法论和贯穿其中的立场观点方法，更好把党的创新理论转化为认识世界、改造世界的强大力量，更好把握新时代新征程工运事业和工会工作的特点与规律，增强做好工会工作的责任感使命感，提高履职尽责的能力和水平。要坚持用党的创新理论武装头脑、指导实践、推动工作，以实际行动把亿万职工群众紧紧团结在党的周围，不断夯实党长期执政的阶级基础和群众基础，切实维护职工群众合法权益，努力解决好急难愁盼问题，不断增强广大职工群众的获得感、幸福感、安全感，千方百计调动亿万职工群众的积极性、主动性、创造性，唱响“咱们工人有力量”的时代强音。

第三节　新时代党的工会理论创新发展的实践要求

习近平总书记关于工人阶级和工会工作的重要论述既回答了工人阶级和工会是什么、为什么，又立足形势任务和工作重点回答了干什么、怎么干；既对新时代工运事业和工会工作的新形势、新问题作出科学分析，又提出了应对挑战、解决问题的有效办法，是指导思想，更是行动的指南。中国工会十八大报告在贯彻落实习近平总书记关于工人阶级和工会工作的重要论述实践要求的基础上，从九个方面明确了今后五年工会工作的目标任务。

一、新时代党的工会理论创新发展的实践要求

（一）坚持党对工会的全面领导，始终保持工会工作的正确政治方向

要把坚持党的全面领导作为工会工作的最高政治原则和根本保证，始终牢记“国之大者”，自觉把工会工作放在党和国家工作大局中去思考、去谋划、去推进，推动党中央决策部署不折不扣在工会系统落实落地。进一步加强对职工群众的思想政治引领，丰富内容载体，创新方式方法，增强广大职工群众对党的创新理论的政治认同、思想认同、理论认同、情感认同，教育引导广大职工群众坚定不移听党话、跟党走，筑牢党执政的阶级基础、群众基础。

（二）坚持全心全意依靠工人阶级的根本方针，凝聚亿万职工奋进新征程、建功新时代的磅礴伟力

要聚焦高质量发展这个首要任务，围绕国家重大战略、重大工程、重大项目、重点产业，广泛深入持久开展各种形式的劳动和技能竞赛，开展技术革新、技术协作、发明创造、合理化建议、网上练兵等群众性创新创造活动，推动形成“建功新时代、比学赶帮超”的新风尚。深化产业工人队伍建设改革，履行工会牵头抓总职责，落实思想引领、建功立业、素质提升、地位提高、队伍壮大等各项措施，加快建设一支知识型、技能型、创新型产业工人大军，为强国建设、民族复兴提供有力人才和技能支撑。大力弘扬劳模精神、劳动精神、工匠精神，更好发挥劳模工匠示范引领作用，激励广大职工依靠劳动创造扎实推进中国式现代化。

（三）用心用情做好维权服务工作，在扎实推进共同富裕中发挥工会组织作用

要坚持以职工为中心的工作导向，认真履行维权服务基本职责，推动解决职工群众关心的劳动就业、技能培训、收入分配、社会保障、安全卫生等问题，努力实现好、维护好、发展好职工群众根本利益。突出做好新就业形态劳动者维权服务工作，完善协商协调机制，推动平台企业合法规范用工。加强企事业单位民主管理，畅通职工诉求表达渠道，积极推动构建和谐劳动关系。大力开展服务帮扶。加快构建以精准帮扶和普惠性服务为重点的工会服务职工体系，叫响做实工会送温暖、送清凉、金秋助学、职工医疗互助等工作品牌。积极推进职工服务阵地建设，加强和规范工会户外劳动者服务站点建设，以实际行动把习近平总书记和党中央的关心关怀送到职工群众心坎上。

（四）坚决维护劳动领域政治安全，维护企业和社会大局和谐稳定

要贯彻总体国家安全观，坚持一手抓防范化解，一手抓引领构建，健全维护劳动领域政治安全的长效机制。常态化开展劳动关系领域风险隐患专项排查化解工作，坚决防止小事拖大、大事拖炸。发挥 12351 职工维权服务热线作用，加强工会信访问题源头治理，努力提升维护职工合法权益和维护劳动领域政治安全能力，积极协助党委、政府和有关方面把劳动关系领域矛盾纠纷解决在基层、化解在萌芽状态。严格落实意识形态工作责任制，管好用好工会各级各类宣传教育阵地，牢牢掌握劳动领域网络舆论斗争主动权，维护劳动领域意识形态安全。

（五）持之以恒深化工会改革和建设，有效发挥党联系职工群众的桥梁纽带作用

要健全已有的组织基础，持续推进新就业形态劳动者建会入会工作，加强工业园（区）工会、乡镇（街道）工会、村（社区）工会、区域性行业性工会联合会和非公有制企业工会建设，不断扩大工会组织覆盖面。加强对基层的指导和帮扶，牢固树立大抓基层的鲜明导向，把更多的资源和力量充实到基层，不断增强基层工会的引领力、组织力、服务力，打通服务职工群众“最后一公里”，努力把基层工会组织建设成为名副其实的职工之家，使工会干部成为职工群众信赖的“娘家人”、贴心人。

二、扎实推进中国工会十八大确定的目标任务

（一）坚持党的领导

要坚持不懈用习近平新时代中国特色社会主义思想凝心铸魂，深入学习贯

彻习近平总书记关于工人阶级和工会工作的重要论述，深化理论研究、学理阐释，掌握其核心要义和精神实质，健全完善学习贯彻、创新落实的制度性安排。要强化职工思想政治引领，广泛开展理想信念、“中国梦·劳动美”等系列教育。加强职工文化阵地建设，做强做优工会舆论宣传。

（二）建功立业

要深化产业工人队伍建设改革，广泛深入持久开展劳动和技能竞赛。突出发挥劳模工匠示范引领作用。引导企业充分发挥主体作用。

（三）维权服务

要着力维护职工群众劳动经济权益，大力开展服务帮扶，加强企事业单位民主管理制度建设，积极推动构建和谐劳动关系。加强新就业形态劳动者权益保障，推动平台企业合法规范用工、科学调整算法、完善劳动定额标准。全面运用数字化技术。建好用好工人文化宫、职工书屋、工人疗休养院、服务中心等，加强和规范工会户外劳动者服务站点建设。叫响做实工会送温暖、送清凉、金秋助学、职工医疗互助等工作品牌。充分保障女职工特殊权益。加强企事业单位民主管理制度建设。推进“工会＋法院＋检察院＋人社＋司法”协作联动机制。

（四）维护劳动领域政治安全

要加强工会意识形态工作，强化维护劳动领域政治安全体系和能力建设，有效防范化解劳动领域重大风险隐患。推进全国工会系统 12351 维权服务热线建设。加强工会信访问题源头治理、风险预警和应对处置。深化工会社会组织工作。

（五）突出抓好基层基础

要实施大抓基层三年行动，大力推进基层工会建设，加强对基层的指导和帮扶。全面推进互联网企业、平台企业建会扩面提质。有计划分步骤对基层工会工作者进行培训，提高社会化工会工作者待遇。深入推进工会组织和工会会员实名制。常态化开展各级工会机关干部赴基层蹲点工作。

（六）推进工会工作法治化

要推动完善劳动法律法规体系，加强工会法治宣传和法律服务。参与产业工人队伍建设立法工作，推动新就业形态劳动者等涉及职工维权服务和工会领域的法律法规制定。壮大工会劳动法律监督员、劳动保护监督检查员、劳动争议调解员、兼职仲裁员等工会法律人才队伍。叫响做实“尊法守法·携手筑梦”服务农民工公益法律服务行动。

（七）深化工会改革和建设

要持续深化工会机关改革，健全完善工会组织体系和资金资产管理体系，全面加快工会系统数字化建设。完善创新工作体系、工作内容和工作方式。构建全国总工会、产业工会、地方工会、基层工会之间高质高效的矩阵网络系统。创建直达亿万职工群众、集成工会全部服务内容的服务终端。

（八）对外交流交往

要健全与港澳台工会和劳动界交流合作机制。积极开展工会双边多边国际交流。

（九）推动工会系统全面从严治党

要落实全面从严治党政治责任。强化党组织政治功能和组织功能，加强工会干部队伍建设。坚持以严的基调强化正风肃纪反腐。

思考题

1. 如何理解习近平总书记关于工人阶级和工会工作的重要论述是新时代中国共产党推进工会理论创新的最重要的理论成果？

2. 新时代党的工会理论创新的显著特点是什么？

3. 新时代党的工会理论创新发展有哪些新的实践要求？

第二章

工会的性质、地位与职能职责

习近平总书记强调，我国工运事业是党的事业的重要组成部分，工会工作是党治国理政的一项经常性、基础性工作。本章着重介绍中国工会的发展历程、性质地位与职能职责，厘清中国工会“是什么”“干什么”的问题。

第一节　中国工会的发展历程

一、新民主主义革命时期的工人运动（1921—1949 年）

（一）工人运动风起云涌与工会组织蓬勃发展

1840 年鸦片战争后，近代中国工人阶级诞生；1919 年五四运动爆发，标志着中国工人阶级以独立的政治力量登上历史舞台。中国近代工人运动是在中国共产党的直接领导下发展壮大起来的。中国共产党建立后，高度重视工人运动，在《中国共产党第一个决议》中就明确强调党的中心工作是领导、组织和推进工人运动，基本任务是建立产业工会。为了更好地开展工人运动，党在 1921 年 8 月发起建立"中国劳动组合书记部"，领导全国工人运动。1922 年 5 月，中国劳动组合书记部发起召开了第一次全国劳动大会，会议决定在全国总工会成立之前，由中国劳动组合书记部作为全国工会的总通讯机关，公开承认了中国劳动组合书记部对全国工人运动的领导地位。

以 1922 年 1 月香港海员大罢工为开端，到 1923 年 2 月，全国各地发生工潮 130 多次，大多数取得了胜利，形成了中国历史上第一次全国性的工人运动高潮，极大地扩大了工人阶级和中国共产党的政治影响。1923 年 2 月，京汉铁路工人大罢工掀起第一次全国工人运动高潮并推向顶峰，但惨遭军阀镇压，造成了震惊中外的"二七惨案"，工人运动转入低潮。1924 年 1 月，在中国共产党的参与下，中国国民党第一次全国代表大会召开，标志着国共合作的统一战线正式建立，为中国共产党组织和领导工人运动创造了有利条件，工人运动开始复兴。1925 年 5 月，第二次全国劳动大会召开，宣告成立中华全国总工会，大会通过《中华全国总工会总章》，使中国工会第一次有了正式章程。随着国共合作及国民大革命的开展，在中华全国总工会领导下的工会组织迅速壮大。

（二）工人运动走向成熟与工会组织联合统一

1927 年大革命失败后，国民党反动派疯狂屠杀共产党人和工农群众，封闭、解散革命工会，取缔工人运动，然而工人阶级在党的领导下顽强地坚持斗争。中国共产党在大革命失败初期，一度在"左"倾错误路线下，继续坚持城市中心论，不断进行工人暴动，希冀夺取政权，使得城市中幸存下来的工人组织及力量损失惨重。全国总工会无法在白区立足，被迫迁往苏区，工会工作被迫停顿。随着党的斗争策略的调整，白区工运逐渐确立了“长期隐蔽、积蓄力量”的工作方针，采取经济和政治斗争、合法和非法斗争、公开与秘密结合的斗争策略。

抗日战争爆发后，中国共产党在国统区的工会工作继续采取“荫蔽精干、长期埋伏、积蓄力量、以待时机”的方针，“在有理、有利、有节的原则下，利用国民党一切可以利用的法律、命令和社会习惯所许可的范围，稳扎稳打地进行斗争和积蓄力量”，建立广泛的统一战线，从有利抗战事业和维护工人群众切身利益出发，团结组织工人，以合法名义建立经济、文化娱乐等团体，以各种职业为掩护、用合法身份深入基层，开展活动、积蓄力量。在沦陷区，号召工人组织起来，以罢工、怠工等手段打击日本侵略者。工人阶级通过罢工、捐款、战地服务等形式开展抗日救亡运动，并将一批重要工业和军事工业从战区迁至后方，而且还组织了具有相当规模的工人抗日武装力量直接参战，为中华民族取得抗日战争的最后胜利作出了重要贡献。

解放战争时期，工人阶级把争取和平民主、反对内战独裁作为工人运动的主要任务。在国民党统治地区，以工人阶级为主体的爱国民主运动，成为与解放区战场相互配合的第二条战线。1948 年 8 月，第六次全国劳动大会召开，宣布中华全国总工会恢复重建，至此，中国工会实现了全国的统一。1949 年 7 月，全国总工会在北平召开全国工会工作会议，会议提出用一年左右把全国工人阶级组织起来。

二、社会主义革命和建设时期的工会运动（1949—1978 年）

社会主义革命和建设时期的工会运动可以划分为两个阶段：1949 年新中国成立后至 1956 年社会主义改造完成，过渡时期的工会运动取得了辉煌的成就；1957 年至 1978 年改革开放，由于错误思想的影响，工会运动的发展历经坎坷。

（一）过渡时期工会运动的辉煌成就

1949 年新中国成立后，工人阶级的政治地位和经济地位发生了根本性变化。在政治上，工人阶级成为国家的领导阶级，成为国家和企业的主人。为了贯彻执行党的全心全意依靠工人阶级的指导方针，1950 年 6 月 29 日，中央人民政府颁布了《工会法》，这是新中国成立后国家颁布的第二部法律，该法确立了工人阶级的国家主人翁地位和工会的法律地位。在经济上，工人阶级的劳动和生活条件得到改善。政府通过用工制度改革解决了失业问题；通过工资制度改革，建立了按劳分配的社会主义分配原则。政府还颁布了一系列劳动保险和安全生产条例，对城镇职工逐步实现了生、老、病、死、伤、残等劳动保险，并把劳动保险事业托交工会统一管理，一种以社会主义计划经济为主要特征的新型劳动关系逐步形成。

1953 年第一个五年计划开始实施以后，为了保证工人阶级在大规模经济建设时期充分发挥主力军作用，全国总工会召开了中国工会第七次全国代表大会，确定了“以生产为中心，生产、生活、教育三位一体”的工会工作方针。在工会的组织下，工人阶级积极支援抗美援朝、镇压反革命、参与土地改革和“三反”“五反”运动；以主人翁的姿态和新生活建设者的身份，积极投入恢复和发展国民经济的伟大斗争中，建立了不可磨灭的历史功勋。

（二）社会主义建设时期工会运动的曲折坎坷

1957 年之后，我国开始进入大规模社会主义建设时期。1957 年 12 月，中国工会八大召开，重申了中国工会七大制定的工会工作方针，进一步明确了工人阶级当时的中心任务，即努力发展工业，积极支援农业，集中力量执行即将开始的第二个五年计划。但是在实践中，由于对社会主义建设的规模、速度以及对社会主义条件下阶级斗争等问题的认识出现了偏差，致使社会主义发展道路遭受严重挫折。在这种背景下，这一时期的工会运动在坎坷中艰难发展。

1977 年 8 月，党的十一大明确提出：要加强党对工会、共青团、妇联等群众组织的领导，把这些组织整顿好、建设好，充分发挥它们应有的作用。根据中共中央的指示，1978 年 4 月，全国总工会召开了八届七次执委扩大会议，决定筹备召开中国工会第九次全国代表大会，这是全国总工会工作开始全面恢复的标志。

三、改革开放时期的工会工作（1978—2012 年）

改革开放以来，中国工会运动的发展可以划分为两个阶段：1978 年党的十一届三中全会至 1992 年，工会工作在改革中开拓进取，开创了工会工作的新局面；1992 年至 2012 年，随着向社会主义市场经济转型，中国工会逐步走出了有中国特色的社会主义工会发展道路。

（一）改革开放初期的工会工作

党的十一届三中全会以后，我国开始改革开放，1978 年 10 月，中国工会九大召开，工会一切工作“紧紧围绕着社会主义现代化建设这个中心进行”。工会不仅恢复了各级组织，而且各项工作开始走向正轨。在党的领导下，工会围绕大局，团结和组织广大职工投入社会主义经济建设和改革开放。

1982 年，党的十二大提出建设有中国特色的社会主义，要求加强党在工会中的工作，使工会成为联结党和工人群众的强大纽带。1983 年 10 月，中国工会十大召开，提出新时期工会工作的方针：以“四化”建设为中心，为职工说话、办事，维护职工的合法权益，加强对职工的思想政治教育和文化技术教育，建设一支有理想、有道德、有文化、守纪律的职工队伍，充分发挥工人阶级在社会主义物质文明和精神文明建设中的主力军作用。1988 年 10 月，全国总工会十届六次执委扩大会议通过《工会改革的基本设想》，提出了“一个中心、两个维护”的基本原则，即以经济建设为中心，在维护全国人民总体利益的同时，更好地表达和维护职工群众的具体利益；在工会的职能方面，明确提出履行维护、建设、参与和教育四项社会职能。中国工会十一大进一步明确了工会在改革中的任务，明确了工会工作方针，即工会必须在党的领导下，坚持以经济建设为中心，立足改革全局，把发展社会生产力和维护职工利益结合起来，增强基层活力，实现工会的群众化、民主化，团结广大职工为建设具有中国特色的社会主义而奋斗。1989 年 12 月，中共中央印发《关于加强和改善党对工会、共青团、妇联工作领导的通知》，对工会工作做了全面的阐述。1992 年 4 月，修改后的《工会法》正式颁布实施，为加强工会自身建设、发挥工会组织在国家政治、经济和社会生活中的作用提供了法律保障。

（二）社会主义市场经济条件下的工会工作

1992 年，党的十四大确立建立社会主义市场经济体制，我国改革开放步入一个崭新的时代。在这一新的历史条件下，中国工会立足国情会情，适应劳动关系和职工队伍的深刻变化，坚持以理论创新推动体制创新、工作创新，逐步走出了有中国特色的社会主义工会发展道路。

1993 年 10 月，中国工会十二大召开，提出要积极探索有中国特色社会主义工会工作的新路子。1994 年 7 月，《劳动法》颁布，并于 1995 年 1 月 11 日起正式实施。以此为契机，在 1994 年 12 月召开的全国总工会十二届二次执委会议上，提出新时期工会工作总体思路，即以贯彻和实施《劳动法》为契机和突破口，带动工会各项工作，推动自身改革和建设，把工会工作提高到一个新水平，在改革、发展、稳定中更好地发挥作用。1998 年 10 月，中国工会十三大召开，大会强调工会工作必须坚持服务全局，突出依法维权，抓住工作重点，加强工会组建和自身建设。2001 年 10 月，《工会法》进一步修改完善，确立了工会在各类用人单位中开展工作的法律规范，明确了维护职工合法权益是工会的基本职责以及工会的各项权利和义务，并增加了法律责任条款。2003 年 9 月，中国工会十四大召开，强调工会要在党的领导下，围绕中心任务，精准定位，服务大局，把维护职工权益贯彻于推动改革、促进发展、积极参与、大力帮扶的全过程。积极参与协调劳动关系和社会利益关系，促进劳动关系调整机制的建设更加完善。2004 年 12 月，全国总工会十四届二次执委会议把“组织起来、切实维权”确定为工会工作方针。2005 年 3 月，首次提出坚持走中国特色社会主义工会发展道路的命题。2005 年 7 月，全国总工会十四届六次主席团会议通过了《关于坚持走中国特色社会主义工会发展道路的决议》，明确了中国特色社会主义工会发展道路七个方面的基本内涵。2006 年 7 月，全国总工会十四届九次主席团（扩大）会议明确提出“促进企业发展，维护职工权益”的企业工会工作原则。2006 年 12 月，全国总工会十四届十一次主席团（扩大）会议，提出“以职工为本，主动依法科学维权”的中国特色社会主义工会维权观。2008 年 10 月，中国工会十五大召开，大会报告具体阐述了坚持走中国特色社会主义工会发展道路、建设中国特色社会主义工会问题。

四、中国特色社会主义新时代的工会工作（2012 年以来）

党的十八大以来，中国特色社会主义进入新时代。党面临的主要任务是，实现第一个百年奋斗目标，开启实现第二个百年奋斗目标新征程，朝着实现中华民族伟大复兴的宏伟目标继续前进。

2013 年 10 月，中国工会十六大召开，大会提出了“为实现中华民族伟大复兴的中国梦而奋斗是我国工人运动的时代主题”。2015 年 1 月，中共中央印发《关于加强和改进党的群团工作的意见》，鲜明提出并阐释了中国特色社会主义群团发展道路。2015 年 7 月，中央党的群团工作会议在北京召开，强调党的群团工作和群团组织必须保持和增强政治性、先进性、群众性。2015 年 11 月 29 日，中央全面深化改革领导小组第十八次会议审议通过了《全国总工会改革试点方案》《上海市群团改革试点方案》《重庆市群团改革试点方案》。2017 年 2 月 6 日，全面深化改革领导小组第三十二次会议审议通过了《新时期产业工人队伍建设改革方案》。全国总工会推动出台了《关于提高技术工人待遇的意见》等政策，大力推动构建产业工人技能形成体系。2018 年 10 月，中国工会十七大召开，大会把习近平新时代中国特色社会主义思想确立为中国工会的指导思想，把习近平总书记关于工人阶级和工会工作的重要论述确定为新时代工运事业和工会工作创新发展的行动指南。2023 年 10 月，中国工会十八大召开，提出坚持以习近平新时代中国特色社会主义思想为指导，全面贯彻党的二十大精神，深入贯彻习近平总书记关于工人阶级和工会工作的重要论述，全面落实全心全意依靠工人阶级根本方针，忠诚履职、勇于担当，组织动员亿万职工为全面建设社会主义现代化国家、全面推进中华民族伟大复兴团结奋斗。

第二节　工会的性质和地位

一、工会的性质

工会的性质即回答工会是一个什么样的组织，也是工会区别于其他社会组织的根本标志。《工会法》第二条规定，工会是中国共产党领导的职工自愿结合的工人阶级群众组织，是中国共产党联系职工群众的桥梁和纽带。《中国工会章程》总则规定，中国工会是中国共产党领导的职工自愿结合的工人阶级群众组织。“中国共产党领导”体现了政治性，“职工自愿结合的”体现了群众性，“工人阶级群众组织”体现了先进性。

（一）工会的政治性

政治性是群团组织的灵魂，是第一位的。工会组织首先是政治组织，工会工作首要是政治工作。保持和增强政治性，关键是始终坚持中国共产党的领导，坚持党的领导必须全面地、有效地贯彻落实到工会工作全过程和各方面。

坚持党的领导，是工会的优良传统。我国工运事业是在党的领导下发展起来的，是党的事业的重要组成部分，工会始终同党的事业紧密相连，团结动员广大职工群众围绕不同历史时期确立的中心任务团结奋斗，形成了自觉接受党的领导的光荣传统。

坚持党的领导，是工会的工作准则和具体要求，《宪法》《中国共产党章程》《工会法》和《中国工会章程》等都明确规定，中国工会自觉接受党的领导。工会所有工作最终都要体现到引导职工群众自觉坚持党的领导和我国社会主义制度上来，体现到团结引导职工群众听党话、跟党走上来，通过扎实有效的工作让党的领导具体而深入地落实到职工群众中去，确保工人阶级始终是我们党最坚实最可靠的阶级基础。

工会坚持党的领导，要坚定维护党中央权威和集中统一领导，始终在思想上政治上行动上同党中央保持高度一致，确保工会工作的正确方向。要坚持不懈用习近平新时代中国特色社会主义思想凝心铸魂，持续推动理论武装走深走实，不断增强学习践行党的创新理论的思想自觉和行动自觉。要牢记“国之大者”，找准工会工作与党的中心任务的结合点、切入点、着力点，推动党中央决策部署在工会系统落实落地。

（二）工会的先进性

中国工人阶级的先进性和其先锋队——中国共产党的领导决定了工会具有天然的先进性。工会的先进性体现在有先进的政党领导、先进的理论指导、先进的阶级基础。工会是党直接领导的群众组织，承担着组织动员广大职工群众为完成党的中心任务而共同奋斗的重大责任，必须把保持和增强先进性作为重要着力点，引领工人阶级跟党走，使之成为党最坚实可靠的阶级基础。

党的中心任务就是中国工人运动和工会工作的主题和方向。工会的先进性，要求工会牢牢把握为实现中华民族伟大复兴中国梦而奋斗的时代主题，紧紧围绕党和国家工作大局，把广大职工群众紧密团结在党的周围，组织动员职工为实现党的中心任务而奋斗，坚定走在时代发展前列，在各行各业充分发挥工人阶级主力军作用，为强国建设、民族复兴贡献智慧和力量。

（三）工会的群众性

群众性是群团组织的根本特点。离开了群众性，群团组织就容易走向官僚化、空壳化。工会开展工作和活动要坚持以职工为中心的工作导向，要让职工群众当主角，而不能让职工群众当配角、当观众。

工会要更多关注、关心、关爱普通职工群众，着重关注新就业形态劳动者、农民工、困难职工等群体，把工作力量更多地投向一线职工、困难职工群体和矛盾突出的地区和领域。要坚持眼睛向下、面向基层，改革和改进机关机构设置、管理模式、运行机制，坚持力量配备、服务资源向基层倾斜。要高度注意群众的广泛性和代表性问题，更多把普通群众中的优秀人物纳入组织，明显提高基层一线人员比例。

工会组织要建立健全联系群众的长效机制，工会干部特别是工会领导机关干部要深入基层、深入职工群众，争当全心全意为人民服务的忠实践行者、党的群众路线的坚定执行者、党的群众工作的行家里手，成为职工群众信得过、靠得住、离不开的知心人、贴心人。

政治性、先进性、群众性是辩证统一的整体。政治性是根本，是工会组织同一般社会组织的根本区别，也是衡量工会工作做得好不好的政治标准，没有政治性，先进性和群众性都无从谈起。先进性是本质，党的先进性和工人阶级先进性要求工会组织必须具有先进性，工会的先进性是政治性和群众性的重要体现形式。群众性是基础，工会归根结底是群众组织，政治性和先进性必须都建立在深厚的群众性基础上。保持和增强政治性、先进性、群众性，是工会工作的根本标尺和长期任务。新征程上，回答好中国工会“是什么、干什么、怎么干”问题，就是要把增强政治性、先进性、群众性作为主线。

二、工会的地位

工会在国家政治、经济和社会生活中所处的位置共同构建了工会的地位，它是由法律所确认和保障的。工会的地位与工会发挥什么样的作用有直接的关系。

（一）工会的政治地位

工会是国家政权的重要社会支柱。工会作为工人阶级最为广泛的组织形式，是国家政权的重要社会支柱，依法发挥工会民主参与和社会监督的作用，协助人民政府开展工作，以维护工人阶级领导的、以工农联盟为基础的人民民主专政的社会主义国家政权。工会是党联系职工群众的桥梁和纽带。党通过工会把党的路线、方针、政策传达到职工群众中去，同时，职工群众的意见、建议和要求通过工会反馈上来，作为党的决策参考。

（二）工会的经济地位

工会是经济矛盾的产物。在社会主义市场经济条件下，工会的地位主要通过其对劳动关系的影响而体现。工会产生并作用于社会经济关系和社会矛盾之中，作为社会经济构成的一个基本要素直接参与这种经济关系运行。工会的经济地位主要体现在劳动关系领域，它是劳动关系中劳动者一方合法权益的代表。工会通过代表职工与企业进行平等协商和签订集体合同，达到协调劳动关系、维护职工劳动权益和民主权益的目的，从而将企事业发展的整体利益与职工的具体利益有机结合起来，实现互利共赢。

（三）工会的社会地位

工会的社会地位指工会作为社会团体在现实而广泛的社会生活中的影响力和声望。工会应该关心并参与广泛的社会生活，参与社会治理，表达职工对于其社会权益的意愿和关切，为推动社会全面发展发挥其应有作用。

（四）工会的法律地位

工会的法律地位是工会政治地位和经济地位在法律上的确认和保障，表现为工会的法定权利以及工会的法人资格。工会享有代表权、维护权、参与权、平等协商权、监督权等，同时履行《工会法》规定的义务。工会的法人资格是工会法律地位的具体化和实现条件。《工会法》第十五条规定，中华全国总工会、地方总工会、产业工会具有社会团体法人资格。基层工会组织具备民法典规定的法人条件的，依法取得社会团体法人资格。

第三节　工会的职能和基本职责

一、工会的职能

工会的职能是工会通过自身职责的确定和履行所发挥的社会功能，即工会的社会职责和社会功能的有机统一。根据《工会法》《中国工会章程》规定，我国工会具有维护、建设、参与、教育四项职能。

（一）维护职能

工会的维护职能，即工会维护职工群众的合法利益和民主权利的职能。工会具有维护职能，是因为工会的性质决定了工会是一个为职工群众说话、办事，维护职工群众在社会经济、政治和文化等各个领域内具体权益的社会组织。

维护职工的合法权益，既是职工群众对工会的要求，也是党赋予工会的任务。工会主要通过法律手段实现维护职能，工会要充分利用《工会法》《劳动法》《劳动合同法》《社会保障法》《就业促进法》《劳动争议调解仲裁法》等法律法规所赋予的权利，保护职工的合法权益。要通过开展平等协商、签订集体合同、监督签订劳动合同、劳动争议调解、参与劳动争议仲裁等方式维护职工的合法权益。

（二）建设职能

工会的建设职能，是指工会吸引和组织职工群众参加建设与改革，努力完成经济和社会发展任务的职能。工会作为工人阶级主力军的最广泛的群众组织，必须从工人阶级群众的长远利益和现实利益出发，推动社会经济效益的提高和生产力的发展。如果工会不能充分履行吸引和组织职工群众参加建设与改革，完成经济和社会发展任务的职能，就会使工会脱离社会主义事业的全局，脱离职工群众的根本利益和具体利益，丧失职工群众代表者的身份。

工会的建设职能不仅表现在生产领域，同时表现在生产、交换、分配、消费的全部经济建设领域，也不单纯是实现经济任务，同时也促进社会任务的完成。工会主要依靠吸引的方式来推动职工群众参加经济建设。当前，工会的建设职能集中体现在组织动员亿万职工为全面建设社会主义现代化国家团结奋斗这一目标任务上。

（三）参与职能

工会的参与职能，是指工会代表和组织职工参与国家和社会事务管理，参与企事业单位的民主管理的职能。工会履行参与职能具有两个层次的主要内容：一是各级工会要成为职工群众有组织地参政议政的民主渠道；二是基层工会要做好职工代表大会、厂务公开等民主管理日常工作。

工会履行参与职能的主要形式和途径有：参与立法和政策的制定；工会与政府及其有关部门召开联席会议；发挥工会界代表和委员在各级人大、政协中的作用；加强基层职工民主管理，完善基层协调劳动关系的机制；参与协调劳动关系三方会议等。

（四）教育职能

工会的教育职能，即工会帮助职工不断提高思想道德素质、科学文化素质和技术技能素质。工会教育职能包括两个方面的内容，一个是思想政治教育，另一个是科学文化技术教育。

工会履行教育职能具有自身的特点，主要是寓思想政治教育和科学文化技术教育于工会的各项实践活动之中，在开展的各项实践活动中对职工群众进行教育；另一个途径是建立学习型组织，实现职工群众的自我教育。工会要办好工会的各级各类职工学校，以岗位培训和职业教育为重点，推进职工教育的改革。要为职工群众的自我教育创造良好的环境条件，如办好工会的文化宫、图书馆、职工书屋等文化事业，开展健康有益的文化体育活动，关心职工精神文化生活，把解决思想问题同为职工群众办实事结合起来。

二、工会的基本职责

《工会法》第六条规定，维护职工合法权益、竭诚服务职工群众是工会的基本职责。工会在维护全国人民总体利益的同时，代表和维护职工的合法权益。《中国工会章程》总则也规定，中国工会的基本职责是维护职工合法权益、竭诚服务职工群众。

（一）工会基本职责的发展过程

1925 年召开的第二次全国劳动大会通过《中华全国总工会总章》，其总纲第二条明确指出，本会以团结全国工人、图谋工人福利为宗旨，规定了工会职责之一就是保障工人利益，设法解决救济与职业介绍。1948 年 8 月，第六次全国劳动大会通过《中华全国总工会章程》，明确工会宗旨为团结全国职工、保护职工利益。

1950 年 6 月 29 日，《工会法》颁布实施，明确规定工会有保护工人职员、群众利益，监督行政条例执行情况，改善工人职员、群众物质生活与文化生活的各种设施的责任。1953 年，中国工会七大修改通过了新中国成立后的首部工会章程，提出工会任务之一就是经常性地关心工人群众的生活状况和劳动条件，并应在发展生产的基础上，逐步地、但是积极地改善工人群众的物质生活和文化生活。

1978 年，中国工会九大通过的工会章程规定，工会新时期基本方针之一，就是在发展生产的基础上逐步改善职工群众的物质文化生活。1983 年，中国工会十大通过的工会章程明确新时期工会工作方针是以四化建设为中心，为职工说话、办事，维护职工的合法权益。1988 年全国总工会制定的《工会改革的基本设想》和工会十一大通过的工会章程，正式提出维护、建设、参与、教育的四项社会职能，并把维护职能放在首位。

1992 年修改后的《工会法》第六条规定，工会在维护全国人民总体利益的同时，维护职工的合法权益。1994 年 7 月颁布的《劳动法》第一章第七条规定，工会代表和维护劳动者的合法权益，依法独立自主地开展活动。2001 年修改的《工会法》第二条规定，中华全国总工会及其各工会组织代表职工的权益，依法维护职工的合法权益；第六条规定，维护职工合法权益是工会的基本职责。这是我国首次以法律形式对工会基本职责作出明确规定。

2018 年 10 月，中国工会十七大通过的《中国工会章程》将工会基本职责拓展为“维护职工合法权益、竭诚服务职工群众”。2021 年 12 月新修订的《工会法》再次明确了“维护职工群众合法权益、竭诚服务职工群众的基本职责”。

（二）工会履行基本职责的重要意义

履行维权服务的基本职责，贯彻了习近平总书记关于工人阶级和工会工作的重要论述。中国工会十八大从八个方面系统阐述了习近平总书记关于工人阶级和工会工作的重要论述，其中之一就是要坚持以职工为中心的工作导向，切实实现好、维护好、发展好工人阶级和广大劳动群众合法权益。2023 年 10 月 23 日，习近平总书记同中华全国总工会新一届领导班子成员集体谈话时强调，工会作为职工利益的代表者和维护者，要认真履行维权服务基本职责，着力解决关系职工群众切身利益的实际问题。工会履行维护职工合法权益、竭诚服务职工群众的基本职责，贯彻了我们党以人民为中心的发展思想和全心全意依靠工人阶级的根本方针，体现了工会组织的政治性、先进性、群众性，符合中国工会的性质、价值取向和目标任务。

履行维权服务的基本职责，适应了社会主要矛盾的新变化和职工群众的新期待。新时代我国社会主要矛盾已经转化为人民日益增长的美好生活需要和不平衡不充分的发展之间的矛盾。工会要把职工群众对美好生活的向往作为新的使命任务，积极主动做好服务职工群众的工作，在维护职工劳动经济权益的基础上维护好民主政治权利，在做好物质服务、生活服务的同时提供更高水平的精神和文化服务，努力为职工群众排忧解难，成为职工群众信得过、靠得住、离不开的知心人、贴心人。职工队伍状况也在发生着深刻变化，就业形态日益多样，利益诉求日益多元，广大职工群众对维护自身权益、实现全面发展的需求更加迫切、愿望更加强烈，对美好生活的需求呈现多样化、多层次、多方面的特点，对工会维权服务的要求也越来越高。工会履行维权服务基本职责，顺应了时代的发展、契合了职工的需求，符合新时代工会工作实际。

履行维权服务基本职责，丰富了马克思主义工运学说和党的群众工作理论。工会基本职责从“维护职工合法权益”到“维护职工合法权益、竭诚服务职工群众”的拓展，是对工会理论研究的总结、深化和集大成，是工会内外集体研究的结晶，体现了马克思主义与时俱进的理论品质，是对工运理论的一次重大突破和拓展。

（三）工会履行基本职责的实践要求

工会的维权服务工作，是做好工会各项工作的切入点和突破口。把维权服务这一基本职责付诸实践，在理念思路、措施方法、平台载体上实现维权服务一体化，推动工会工作高质量发展、跨越式升级，是工会组织面临的重要理论和实践课题。

在工作思路上，要实现维权和服务的辩证统一。维权服务对象和目标是一致的，对象都是职工群众，目的都是不断满足职工群众的美好生活需要，二者相互联系、相互促进、有机统一。增加竭诚服务职工群众作为基本职责的重要组成部分，对工会履行基本职责提出了更高要求，凸显了新时代工会服务工作的重要性紧迫性。要正确处理维权服务辩证统一的关系，树立维权和服务相统一的理念，在做好维权工作基础上强化服务工作，通过服务工作更好地促进维权工作。

在工作重点上，要实现更高层次更高水平的维权。随着经济社会的发展，在维护职工劳动经济权益的基础上，逐渐向维护职工物质利益和精神需求相统一的方向发展。工会组织要不断探索新的工作载体和途径，创造新的经验，提高维权服务质量，增强工会工作的针对性实效性，推动实现职工体面劳动、舒心工作、全面发展，提升职工群众对工会维权服务的认可度和满意度。

在工作对象上，要实现更为广泛的覆盖。维权服务对象由原来首先维护困难职工、农民工、女职工、未成年工等特殊群体不断扩展到包括特殊群体在内的更广大的职工群众。工会服务要从“特惠”转向“普惠”，不断扩大覆盖面和受益面，以帮扶中心为依托，探索“互联网 +”服务，主动承接政府转移的公共服务职能，力所能及地为广大职工提供具有工会特点的普惠性、常态性、精准性服务。

在工作机制上，要实现维权服务一体化。切实履行工会维权服务的基本职责，要求整合已有的维权机制和服务体系，以职工需求为导向，以组织建设为基础，以作用发挥为关键，以互联网为依托，以健全机制为保障，实现从维权机制向维权、服务一体化机制的方向发展，逐步实现维权和服务机制平台的有机统一，打造维权、服务一体的全方位、多角度、多层次工作格局，实现工会维权服务工作的常态化、长效化、经常化、立体化。

在工作保障上，进一步提升维权服务能力。做好工会维权工作，需要工会干部熟悉宏观经济，特别是掌握国家的社会经济发展趋势，熟悉有关产业调整政策、劳动就业政策、收入分配政策、社会保障政策，熟悉有关职工就业、分配、保障等劳动经济权益问题和法律政策相关问题，掌握职工就业工作的规律特点。同时必须拓宽工作视野和知识面，增长社会学、心理学等多领域知识，增强做好职工群众工作的本领，做到精准维权、精准服务、供需对路，这是工会履行好维权服务基本职责的关键所在。

思考题

1. 结合工作实际，谈谈如何保持和增强工会的政治性、先进性和群众性。
2. 怎样提高工会的地位？
3. 工会怎样履行维护职工合法权益、竭诚服务职工群众的基本职责？

第三章

基层工会组织建设

2023 年 10 月 23 日，习近平总书记在同中华全国总工会新一届领导班子成员集体谈话时指出，要继续深化工会改革和建设，牢固树立大抓基层的鲜明导向，夯实基层基础，激发基层活力，不断增强基层工会的引领力、组织力、服务力。基层工会离职工最近，联系职工最直接，服务职工最具体，是工会工作的基础和关键。因此，要从巩固党执政的阶级基础和群众基础的高度出发，健全已有的组织基础，不断扩大工会组织和工会工作覆盖面。

第一节　基层工会及组建程序

一、基层工会的概念

根据《工会法》和《中国工会章程》规定，在企业、事业、机关等基层单位经过上级工会批准建立的工会组织，都称为基层工会组织，它是工会组织体系中最基本的组织单位。作为基层工会组织一般具有独立的名称、办公场所、活动经费、社团法人资格等特征。主要有以下几种形式：

一是基层工会委员会，一般是指企业、事业、机关有会员二十五人以上，经上级工会批准，会员代表选举产生的工会组织。

二是基层工会联合委员会，是指由企业、事业单位，在各自成立基层工会组织并民主选举产生本单位工会委员会的基础上，在一定的区域或行业范围内，按联合制、代表制原则，建立的区域或行业性基层工会组织。

三是联合基层工会委员会，一般是指两个以上单位由于各自会员人数少，不能单独建立基层工会委员会，而就近按地域或行业联合建立的基层工会委员会。

基层工会联合委员会和联合基层工会委员会的区别是：基层工会联合委员会所属工会组织是独立的基层工会，联合基层工会委员会所属工会组织不是独立的基层工会，可称为工会分会或工会小组。

二、基层工会的组建程序

根据《中国工会章程》《工会基层组织选举工作条例》的相关规定，建立基层工会组织的一般程序如下。

（一）成立工会筹备组，提出建会申请，发展会员

凡是已经建立党组织的基层单位由党组织提出工会筹备组的组成人选，报上一级工会批准。没有建立党组织的单位，由职工选出自己的代表，向上一级工会提出建会申请，或由上一级工会与相关单位和职工共同协商，成立工会筹备组，由工会筹备组提出建会申请。上级工会接到基层单位申请组建工会的请示后，一般应在 10 日内以正式文件下达同意筹备工会的批复。

工会筹备组经上一级工会审查批准后，即可开展工会组织的筹建工作，以

此代行基层工会委员会的职责。一是做好宣传发动工作。工会筹备组应广泛深入地向职工宣传工会的性质、地位、任务、作用以及会员的条件、权利和义务，使职工了解工会是职工利益的代表者和维护者，组建工会是职工的法定权利。二是发展工会会员。在发展工会会员时，对从未加入过工会组织的职工，要宣传动员他们加入工会，填写《中华全国总工会入会申请书》和《工会会员登记表》，经工会筹备组审查符合工会会员资格的，在正式成立工会后，统一发给《中华全国总工会会员证》。对原已加入工会的职工、下岗再就业的会员，应进行会员关系接转或重新登记入会。三是建立工会小组。按生产工作的行政建制如班组，设立工会小组。人数多的同一行政建制内可以分设小组，人数少的可以将几个相近的行政建制单位合并设立一个工会小组。在小组内由会员民主选举工会小组长。四是建立分工会。行政建制职工人数多的单位如车间（科室），可在工会小组之上设立分工会。

（二）召开会员大会或会员代表大会，民主选举基层工会委员会、经费审查委员会

会员不足 100 人的基层工会组织，应召开会员大会；会员 100 人以上的基层工会组织，应召开会员大会或会员代表大会。

会员代表大会的会员代表应由会员民主选举产生。会员代表大会代表一律采取无记名投票方式差额选举产生。会员代表候选人必须获得选举单位全体会员过半数选票，才能当选为正式代表；大型企业工会代表大会的代表，由所属单位工会代表大会选举时，其代表候选人获得应到会人数过半数选票，方可当选为正式代表。

基层工会委员会和经费审查委员会由会员大会或会员代表大会民主选举产生。工会委员会委员名额，应依据会员人数多少来确定：不足 25 人，设委员 3~5 人，也可以设主席或组织员 1 人；25~200 人，设委员 3~7 人；201~1000 人，设委员 7~15 人；1001~5000 人，设委员 15~21 人；5001~10000 人，设委员 21~29 人；10001~50000 人，设委员 29~37 人；50001 人及以上，设委员 37~45 人。大型企事业单位基层工会委员会，经上一级工会批准，可以设常务委员会，常务委员会由 9~11 人组成。

工会委员会和经费审查委员会委员的候选人，由工会小组或车间（科室）工会提名，经同级党组织和上级工会同意；未建立同级党组织的，经征得上一级党组织和工会同意后确定。工会委员会委员经无记名投票方式差额选举产生，差额率不低于 5%。经费审查委员会委员可以实行等额选举。分工会一般要召开全体会员大会，选举产生分工会主席。

（三）选举工会主席、副主席，经费审查委员会主任、副主任

基层工会主席、副主席，经费审查委员会主任、副主任候选人，应由同级党组织和上级工会在充分听取会员意见的基础上协商提名。基层情况比较复杂，候选人提名应区别不同单位和企业的不同所有制性质加以把握。如国有、集体及其控股企业工会主席候选人，应由同级党组织和上级工会在充分听取会员意见的基础上协商提名。私营企业、外商投资企业、港澳台商投资企业工会主席候选人，由会员民主推荐，报经企业党组织和上一级工会同意提名；也可以由上级工会推荐。单位行政主要负责人、法定代表人、合伙人以及他们的近亲属不得作为本单位工会委员会委员、常务委员会委员和主席、副主席候选人。

工会主席、副主席可以由会员大会或会员代表大会直接选举产生，也可以由基层工会委员会间接选举产生。工会经费审查委员会主任、副主任由经费审查委员会选举产生。

（四）向上级工会报告选举结果

根据《工会法》和《中国工会章程》《工会基层组织选举工作条例》的规定，基层工会委员会、常务委员会和主席、副主席的选举结果，报上一级工会批准。上一级工会自接到报告15日内应予批复。违反规定程序选举的，上一级工会不得批准，应重新选举。新一届基层工会经费审查委员会和主任、副主任的选举结果以及女职工委员会和主任、副主任的名单，与基层工会委员会选举结果同时报上一级工会批准。

（五）基层工会的法人资格

1. 取得法人资格的条件

（1）基层工会的法人资格：我国的法人分为企业法人、机关法人、事业单位法人和社会团体法人。基层工会组织属于社会团体法人。

（2）基层工会取得法人资格的条件：《工会法》第十四条规定："基层工会组织具备民法通则规定的法人条件的，依法取得社会团体法人资格。"2020年，全总办公厅印发的《基层工会法人登记管理办法》规定，基层工会组织申请取得工会法人资格，需具备三个条件：一是依照《中华人民共和国工会法》和《中国工会章程》的规定成立；二是有自己的名称、组织机构和住所；三是工会经费来源有保障。基层工会取得法人资格，不以所在单位是否具备法人资格为前提条件。

2. 办理程序

取得工会法人资格的程序分为申请、审查、核准、登记、发证。《基层工

会法人登记管理办法》规定，基层工会组织法人资格的登记管理，由基层工会组织关系隶属地或经费关系隶属地相应的省级、市级或县级地方总工会负责登记管理。基层工会组织申请取得工会法人资格，应向审查登记机关报送基层工会组织法人资格申请登记表、上级工会出具的基层工会组织成立的证明、自有经费和财产证明等材料。取得工会法人资格的基层工会组织变更名称或者法定代表人（含换届选举），应当在变更后的30日内向审查登记机关申请办理变更登记手续。取得工会法人资格的基层工会组织因所在的企业破产或者企业、事业单位、机关被撤销而依法撤销的，应向原审查登记机关办理注销登记手续。

三、基层工会委员会的职权和基本任务

基层工会委员会是基层工会组织的领导机构，由基层工会会员大会或会员代表大会民主选举产生。基层工会委员会每届任期3年或5年，具体任期由基层工会会员大会或会员代表大会决定。

（一）基层工会委员会的职权

基层工会委员会在基层工会会员大会或会员代表大会闭会期间，行使以下职权：

1. 负责执行会员大会或会员代表大会的决议和上级工会的决定，主持基层工会的日常工作，承担企业、事业单位职工代表大会工作机构的职责，代表本单位职工与行政方面进行集体协商和签订集体合同。
2. 主持会员代表大会代表的选举工作。
3. 负责筹备工会会员大会或会员代表大会。
4. 讨论决定基层工会的重要工作安排和相关重大问题。
5. 在工会会员大会或会员代表大会闭会期间，对基层工会领导人选的变动提出意见和建议。
6. 审查和批准下级工会会员大会或会员代表大会的召开和选举结果。
7. 讨论任免基层工会的工作人员。
8. 讨论决定工会的财务预决算。
9. 根据工作需要提出基层工会的工作机构设置方案。

（二）基层工会委员会的基本任务

1. 执行会员大会或者会员代表大会的决议和上级工会的决定，主持基层工会的日常工作。
2. 代表和组织职工依照法律规定，通过职工代表大会、厂务公开和其他形式，参加本单位民主管理和民主监督，在公司制企业落实职工董事、职工监事

制度。企业、事业单位工会委员会是职工代表大会工作机构，负责职工代表大会的日常工作，检查、督促职工代表大会决议的执行。

3. 参与协调劳动关系和调解劳动争议，与企业、事业单位行政方面建立协商制度，协商解决涉及职工切身利益问题。帮助和指导职工与企业、事业单位行政方面签订和履行劳动合同，代表职工与企业、事业单位行政方面签订集体合同或者其他专项协议，并监督执行。

4. 组织职工开展劳动和技能竞赛、合理化建议、技能培训、技术革新和技术协作等活动，培育工匠人才，总结推广先进经验。做好劳动模范和先进生产（工作）者的评选、表彰、培养和管理服务工作。

5. 加强对职工的政治引领和思想教育，开展法治宣传教育，重视人文关怀和心理疏导，鼓励支持职工学习文化科学技术和管理知识，开展健康的文化体育活动。推进企业文化、职工文化建设，办好工会文化、教育、体育事业。

6. 监督有关法律、法规的贯彻执行。协助和督促行政方面做好工资、安全生产、职业病防治和社会保险等方面的工作，推动落实职工福利待遇。办好职工集体福利事业，改善职工生活，对困难职工开展帮扶。依法参与生产安全事故和职业病危害事故的调查处理。

7. 维护女职工的特殊利益，同歧视、虐待、摧残、迫害女职工的现象作斗争。

8. 搞好工会组织建设，健全民主制度和民主生活。建立和发展工会积极分子队伍。做好会员的发展、接收、教育和会籍管理工作。加强职工之家建设。

9. 收好、管好、用好工会经费，管理好工会资产和工会的企业、事业。

第二节　会员代表大会制度

一、会员代表大会制度概述

会员代表大会既是基层工会的领导机构，又是基层工会的权力机关。基层工会要定期召开会员代表大会，每年至少召开一次，只有这个权力机关动起来，才能更好地在各级党组织的领导下推进基层工会工作的开展，激发基层工会活力，发挥基层工会作用。

（一）会员代表大会的性质

《中国工会章程》第九条第三款规定，工会的地方各级领导机关，是工会的地方各级代表大会和它所产生的总工会委员会。《基层工会会员代表大会条例》第四条规定，会员代表大会是基层工会的最高领导机构。由此可见，会员代表大会是基层工会的最高领导机构和权力机关。会员代表大会要定期听取工会委员会的工作报告，讨论决定工会委员会的重大事项，对其工作进行审查和监督。

会员代表大会每年至少召开一次（会员人数不足百人的召开会员大会），若发生突发事件或工会工作遇到迫切需要解决的问题，由基层工会委员会或经工会三分之一以上的工会会员提议，即可临时召开会员代表大会。

会员代表大会的代表由会员民主选举产生，会员代表实行常任制，任期与企业本届工会委员会相同，可连选连任。

（二）会员代表大会的职权

《基层工会会员代表大会条例》第十二条规定了会员代表大会具有以下职权：

1. 审议和批准基层工会委员会的工作报告；

2. 审议和批准基层工会委员会经费收支预算决算情况报告、经费审查委员会工作报告；

3. 开展会员评家，评议工会开展工作、建设职工之家情况，评议工会主席、副主席履职情况；

4. 选举和补选基层工会委员会和经费审查委员会组成人员；

5. 选举和补选出席上一级工会代表大会的代表；

6. 罢免其所选举的代表、工会委员会组成人员；

7. 讨论决定基层工会其他重大事项。

二、会员代表大会的筹备

（一）提出请示

召开基层工会会员代表大会，应由基层工会委员会向同级党委和上级工会写出书面请示报告，待批准后方可进行筹备工作。

（二）建立筹备机构

大会筹备机构一般设组织组、文件组、会务组、宣传组等工作组，在基层工会委员会的领导下，负责大会的各项筹备工作。

（三）起草文件

起草的文件包括工会委员会工作报告、工会委员会财务工作报告、经费审查委员会工作报告、代表大会代表资格审查报告、代表大会筹备工作报告，以及需要提交大会讨论的决议草案。

（四）组织代表选举和资格审查

会员代表的组成，应有广泛的群众性和代表性。会员代表的产生，应按照代表的名额和代表的条件由各选区会员选举产生。会员代表选出后，将代表名单提交基层工会委员会进行代表资格审查。基层工会会员代表大会不设代表资格审查委员会。

（五）编制代表花名册

会员代表选出后，按各选区编制会员代表花名册，以便会议查用。

（六）提出主席团组成方案

提出大会代表团（组）和大会主席团组成方案。代表大会的代表根据代表人数多少，可分成若干代表团（组），一般以各选区为单位，代表团长（组长）原则由代表团（组）全体代表选举产生，也可先由大会筹备机构提出建议名单，再由代表团（组）全体代表选举产生。大会主席团成员由基层工会委员会提出建议名单，征求各代表团（组）同意后，提交代表大会预备会表决通过。

（七）酝酿候选人名单

酝酿工会委员会委员、主席、副主席，经费审查委员会委员、主任、副主任候选人预备名单，并报同级党组织和上级工会同意。基层工会委员会委员候选人建议名单应进行公示，公示期不少于 5 个工作日。

（八）编写候选人简历

工会委员会委员、经费审查委员会委员候选人确定后，要编写候选人名册和简历，供大会代表讨论使用。

（九）提出大会监票、计票人名单

提出大会监票、总监票、计票、总计票人建议名单。

（十）开展宣传

基层工会会员代表大会召开前，要向全体职工宣传召开会员代表大会的目的、意义，宣传会员代表大会的任务、作用，动员全体职工和全体代表积极参与大会的各项准备工作，以确保大会的顺利进行。

（十一）会务筹备

大会的会务筹备工作主要包括：大会议程、日程的安排；会议证件的制作；会议文件、选票的印制；选举票箱的准备；会场的布置以及其他需要准备的工作。

三、会员代表大会的召开

（一）召开预备会议

1. 预备会议的主要内容

大会的预备会议由工会委员会负责召开，一般由工会主席或拟担任大会秘书长的同志担任预备会议的主持人。预备会议包括以下内容：

（1）报告大会筹备工作情况；

（2）审议通过大会代表资格审查报告；

（3）通过大会主席团成员名单；

（4）审议通过大会议程和日程安排；

（5）其他需在预备会上通过的内容。

2. 选举大会主席团

（1）主席团的选举产生。《工会基层组织选举工作条例》第二十条规定，召开会员大会进行选举时，由上届工会委员会或工会筹备组主持；不设委员会的基层工会组织进行选举时，由上届工会主席或组织员主持。召开会员代表大会进行选举时，可以由大会主席团主持，也可以由上届工会委员会或工会筹备组主持。大会主席团成员由上届工会委员会或工会筹备组根据各代表团（组）的意见，提出建议名单，提交代表大会预备会议表决通过。

大会主席团原则上是由代表团（组）酝酿提出候选人名单，再由代表大会选举产生。也可由上届委员会事先提出大会主席团候选人建议名单，征求各代表团（组）同意后，提交预备会议表决通过。

大会主席团成员一般由各代表团（组）的团（组）长、会员代表、上届工会委员会的主要领导人和拟任下届工会委员会的领导人组成。人员多少根据具体情况确定，并没有严格的数量限制。大会主席团设常务主席若干人、秘书长一人，均由主席团选举产生。

大会主席团实行集体领导原则，有关会议的重大问题，经主席团全体会议讨论决定。

（2）主席团的任务。遵照大会通过的议程主持大会；组织代表参加大会听取报告，组织讨论与审议；组织代表讨论出席上一级工会代表大会代表候选人和本届工会委员会委员候选人；主持大会选举；组织代表讨论大会决议。

（二）召开正式会议

1. 大会开幕式

大会开幕式一般邀请同级党政领导和上级工会领导参加，以示重视，体现隆重。

开幕式由大会执行主席主持，其主要议程如下：

（1）宣布大会开始，奏国歌。

（2）致开幕词。

（3）致辞：上级领导致辞；同级党（政）领导致辞；其他方面代表致辞。

（4）上届工会委员会作工作报告（草案）。

（5）上届工会委员会作经费收支情况报告（草案）。

（6）上届工会经费审查委员会作经费审查工作报告（草案）。

上述三个报告草案，经代表讨论修改后，在大会闭幕式上审议通过后形成大会决议。

2. 分组讨论

（1）讨论上届工会委员会所作工作报告、经费收支情况报告，经费审查委员会作经费审查工作报告。

（2）讨论酝酿本届工会委员会和经审委员候选人名单（草案），讨论前由大会工作人员将两个委员会委员候选人花名册和简历情况介绍给每个代表，人手一份（注意让代表保存好，选举结束后收回）。

3. 主席团会议主要内容

（1）听取各组讨论情况汇报。

（2）酝酿通过本次工会委员会委员和经审委员候选人名单。

（3）审议监票人名单。

（4）审议三个报告决议（草案）。

4. 大会正式选举

《工会基层组织选举工作条例》第十七条规定，参加选举的人数为应到会人数的三分之二以上时，方可进行选举。

（1）大会主持人宣布选举大会开始，并宣读大会选举办法。

（2）宣布参加选举代表的人数和选举任务。

（3）通过监票人名单。通过监票人名单，一般先由大会主席团提出建议名单，由参加大会选举的代表举手通过，若个别通不过的，大会主席团应立即研究重新提出，直至代表通过。

大会计票人无须大会通过，直接由大会主席团提名宣布。

（4）计票人清点。监票人核实出席选举大会的代表人数。

大会选举清点人数必须绝对准确，哪些是正式代表，哪些是非正式代表，只有正式代表才享有选举权。

（5）检查票箱、贴封、加锁。

（6）领发选票。票箱加锁、贴封后，由监票人、计票人共同领取与清点人数相符的选票数，当场清点，必须准确无误。向大会主席团报告领取和发放选票数，由大会执行主席向大会宣布。

（7）宣布填写选票注意事项说明。选票发放后，应先向代表宣布填写本选票注意事项及说明。选票发放后一般不能再换，不按规定要求填写或填错的为废票，后果自负。

（8）宣布选举开始，进行选举。一般情况下，基层工会委员会委员和经费审查委员会委员同时进行投票选举，但要分开选，一人将两种选票同时投入一个票箱，投票结束，由监票人、计票人分开统计。

选举一律采用无记名投票方式。

在选举中，选举人可以投赞成票或不赞成票，也可以投弃权票。投不赞成票者，可以另选他人。但是，投弃权票者，不能另选他人。

（9）投票。代表画票结束后，按大会主持人宣布的顺序和路线进行投票。投票时，监票人、计票人先投票，然后分别站在票箱两侧监督投票。

（10）宣布清点选票数和选举是否有效。投票结束后，由监票人向大会主席团报告发出和收回选票数，大会主持人向大会公布发出和收回选票数的同时，宣布本次选举是否有效。若收回的选票等于或少于发出的票数，选举有效；若多于发出的票数，则本次选举无效，应重新选举。

（11）计票。确认本次大会选举有效后，计票人在监票人的监督下，应立即进行计票。统计选票，必须绝对准确，差一票也不行。计票结束，由监票人、计票人填写大会计票汇总报告表签名后，向大会主席团报告。

（12）宣布选举结果和当选人的名单。计票统计结束，大会主席团可根据《工会基层组织选举工作条例》的第二十七条规定确定每个候选人是否当选，有以下三种情况：

第一，被选举人获得应到会人数的过半数赞成票时，始得当选。

第二，获得过半数赞成票的被选举人人数超过应选名额时，得赞成票多的当选。如遇赞成票数相等不能确定当选人时，应就票数相等的被选举人再次投票，得赞成票多的当选。

第三，当选人数少于应选名额时，对不足的名额可以另行选举。如果接近应选名额且符合第八条规定，也可以由大会征得多数会员或会员代表的同意减少名额，不再进行选举。

大会执行主席根据上述规定，宣布选举结果。

5. 大会闭幕式

大会选举结束后，举行闭幕式，一般程序如下：

（1）宣布新当选的工会主席、副主席，经费审查委员会主任、副主任名单。

（2）通过关于上届工会委员会工作报告的决议，经费收支情况报告的决议和经费审查委员会工作报告的决议。

（3）党委领导讲话。

（4）致闭幕词。

（5）奏《国际歌》。

（6）大会执行主席宣布大会闭幕。

（三）选举结果的报批

根据《工会基层组织选举工作条例》规定，选出的基层工会委员会委员、常务委员、主席、副主席，按照《中国工会章程》的规定和干部管理权限，报同级党组织和上级工会审批。

经费审查委员会委员及其主任的选举结果，与基层工会委员选举结果同时报上级工会审批。

四、会员代表大会的会后工作

（一）召开工会委员会和经费审查委员会会议

选举产生新一届工会委员会和工会经费审查委员会后，应当立即召开新一届工会委员会和经费审查委员会会议。

1. 选举产生工会主席、副主席和经审委主任

由主席团会议在新当选的工会委员会和经费审查委员会委员中，推举新一届工会委员会和经费审查委员会第一次全体会议的召集人，主持工会主席、副主席，经费审查委员会主任的选举工作。选举会议程序如下：

（1）讨论通过主席、副主席或经费审查委员会主任选举办法（草案）。

（2）讨论通过监票人、计票人名单（草案）。

（3）酝酿本届主席、副主席、主任候选人名单。

（4）选举。选举程序与会员代表大会选举程序相同，在此不做赘述。

2. 报告和批复

选举工作结束后，应及时将选举结果以书面形式向本单位同级党组织和上一级工会报告。报告应包括以下内容：

（1）本单位实有职工数和会员数；

（2）召开工会委员会和经费审查委员会会议的时间、地点；

（3）会议应到代表数、实到代表数、参加选举人数；

（4）选举方式，工会委员会和经费审查委员会实际当选名单，主席、副主席和经费审查委员会主任当选名单；

（5）本届工会委员会和经费审查委员会任期。

同时需附录以下文件材料：

（1）工会委员会和经费审查委员会会议议程；

（2）选举办法（或选举主持词）；

（3）选票样式；

（4）计票结果名单；

（5）当选人员登记表。

上级工会接到报告后，一般在 15 个工作日内予以批复。

3. 基层工会法人资格登记或变更

工会作为社团法人，依法享有法人应有的权利，同时承担相应的民事义务。基层工会委员会在收到上级工会的批复后，即可着手办理《工会法人资格证书》及副本，或进行法人资格变更。基层工会具备法人资格，可以依法进行民事活动，在诉讼中成为独立的诉讼主体，代表职工与企业进行谈判，签订集体合同。

需提请注意的是，工会经费应当由工会独立管理，所以必须建立独立的银行账户。建立账户后向本单位申请，按照相关标准和要求，足额拨缴工会经费。

（二）新一届女职工委员会的产生

《中国工会章程》第二十五条规定，工会基层委员会有女会员十人以上的建立女职工委员会，不足十人的设女职工委员。女职工委员会由同级工会委员会提名。《工会基层组织选举工作条例》第三十九条规定，基层工会女职工委员会委员由同级工会委员会提名，在充分协商的基础上产生，也可召开女职工大会或女职工代表大会选举产生。因此，女职工委员会与工会委员会不能同时投票产生，只有工会委员会产生后，才能提名女职工委员会候选人。女职工委员会可以选举产生，也可协商产生。选举完成，收到上级工会批复后，应当及时张榜公布。

（三）落实大会各项决议

1. 宣传大会精神。大会闭幕后，会员代表回到各自的工作岗位，要充分发挥作用，积极主动向广大会员、职工群众传达大会精神，贯彻落实大会形成的各项决议，特别是要学习好、宣传好、贯彻好领导同志讲话精神，进一步统一思想、坚定信心、明确任务、鼓足干劲，紧密结合本部门、本单位、本岗位的工作实际，创造性地开展工作，为实现大会提出的各项任务而努力奋斗。

新时代新景象，传达大会精神和决议的方式也可以灵活多样，如利用单位的官方门户网站、微博、微信公众号、抖音等新媒体平台进行宣传，还可以在这些平台上积极与粉丝们进行互动，广泛征求广大会员和职工群众的意见和建议，以便更加科学合理地贯彻落实大会的各项决议。在广泛宣传的基础上，还可采用学习培训、座谈讨论、专题讲解等方式，引导会员和职工群众把学习贯彻大会精神与决议走向深入，力求做到熟悉把握，入脑入心。

2. 充分发挥好会员代表的骨干作用。会员代表全程参与会员代表大会，也是大会各项报告、决议起草、讨论、审议和表决通过者，对大会精神和各项决议最了解、最清楚，因此，会员代表要积极主动向会员和职工群众传达贯彻落实大会精神和各项决议，发挥好骨干作用。同时，会员代表实行常任制，闭会期间，也要继续履行会员代表的职责。所以，在日常工作中，会员代表就要发挥好自身优势，模范带头贯彻落实大会精神、决议，并用自己的实际行动影响、凝聚广大会员和职工群众共同为完成大会提出的各项任务而奋斗。

除此之外，会员代表在会员代表大会闭会期间还要经常开展活动，可按部门或工段划分为若干小组，定期组织会员代表对工会工作进行巡视、质询等，检查督促大会精神和决议的贯彻落实情况。

（四）大会文件资料的归档

会员代表大会结束后，应当由专人及时将会议有关文件资料归档。这项工作是基层单位机要工作的重要组成部分，它的作用和意义就在于通过保存大会宝贵的原始材料，使每次基层工会会员代表大会换届改选及会议的情况有据可查，为将来的工作提供可借鉴的材料；同时将大会文件材料立卷归档，交由档案部门集中管理，这样既有利于大会文件材料的长期保存，也有利于基层工会组织及有关部门对文件材料的充分利用，以提高其利用价值；此外，作为历史资料，它也是今后研究工会组织和工会工作历史、总结工会历史经验的重要依据。

1. 需要归档的材料

（1）筹备组建基层工会的请示；上级工会的批复。

（2）召开基层工会代表大会的请示，上级工会的批复。

（3）向党组织报告召开会员代表大会的请示及方案；党组织的批复。

（4）会员代表相关资料，包括登记表、名册、代表团划分等；代表资格审查报告。

（5）大会主席团、秘书长名单及执行主席名单。

（6）大会日程安排，每次大会的议程。

（7）大会相关工作报告。

（8）大会形成的决议、决定等文件。

（9）选举工作相关材料，包括选举办法，选票等。

（10）主席团、各代表团、专门工作机构会议和活动记录。

（11）工会委员会和经费审查委员会选举结果的报告。

（12）关于选举结果的请示、上级工会的批复。

会员代表大会的档案和日常工作档案，应当由工会指定专人保管，也可交上级工会或地方档案馆保管。工会组织撤销、合并，应当移交地方档案馆。

2. 归档的原则和方法

大会文件材料归档是一项十分细致的工作，需要有足够的耐心认真做细做好，现将归档的原则和方法总结如下：

（1）要按照大会文件材料形成的先后顺序、特点和内容，如实地反映基层工会工作的客观情况。

（2）要科学地挑选有保存价值的大会各种相关的文件材料。

（3）要注意保持大会文件材料之间的历史联系。

（4）要便于文件的查看、利用和保管。

第三节　基层工会组织建设面临的新任务

一、推进新经济组织、社会组织工会组建工作

（一）推进新经济组织、社会组织工会建设的重要意义

1. 增强党的阶级基础，扩大党的群众基础。中国共产党是中国工人阶级的

先锋队，是中国特色社会主义事业的领导核心。工会是党密切联系职工群众的桥梁纽带，工会全面履行各项职能，有利于组织动员和团结广大职工群众，投身和服务于经济建设，实现党的奋斗目标。保持党同广大职工群众的血肉联系，维护职工队伍的团结和工会组织的统一，符合工人阶级的根本利益和工会工作的发展规律。大力推动包括新经济组织、社会组织在内的用人单位工会组建工作，把包括农民工、劳务派遣工在内的广大职工最广泛地组织到工会组织中来，扩大工会工作覆盖面，增强工会组织凝聚力，是团结动员广大职工听党话、跟党走，组织引导职工群众推动改革、促进发展、维护稳定，始终做党最坚实、最可靠的阶级基础的必然要求。

2. 夯实工会组织基础，扩大工会组织覆盖。近年来，随着社会经济结构的深刻变化，各类新经济组织、社会组织蓬勃发展、大量涌现，成为社会主义现代化建设的重要力量、党的工作和群众工作的重要阵地和工会工作的重点领域。新经济组织、社会组织工会组建工作开展得如何、工会组建率和职工入会率高不高、作用发挥得好不好，是检验中国特色社会主义工会组织基础是否扎实的重要依据。扩大工会组织覆盖面、夯实工会基层基础，必然要求将新经济组织、社会组织中的广大职工组织到工会中来，充分发挥新经济组织、社会组织工会作用。而现实状况是工会组建和会员发展工作中还存在一些突出矛盾和问题。比如，目前工会组建工作仍有不少空白点，还有大量的中小微企业没有建会；有的企业虽然建立了工会，但加入工会的职工不多，工会组织作用发挥不够。因此，迫切需要把工会组建工作放在更加突出的位置，坚持依法建会、依法管会、依法履职、依法维权，努力把工会工作做到职工中去，进一步夯实中国特色社会主义工会组织基础。

3. 促进企业发展、维护职工权益。一直以来，工会基层工作主要聚焦在非公有制企业。非公有制企业是新经济组织、社会组织的主体，随着改革开放的不断深化和社会主义市场经济体制的不断完善，非公有制企业蓬勃发展，在增加就业、促进经济社会发展方面的作用日益明显。促进企业发展，符合职工长远利益。但非公有制企业工会组织不健全、履行职责不到位、职工合法权益得不到保障的现象也较为突出。维护职工合法权益、竭诚服务职工群众是工会的基本职责，是工会工作服从服务于党和国家工作大局的主要手段。只有切实加强非公有制企业工会工作，大力推动非公有制企业普遍建立工会组织，把职工最广泛地组织到工会中来，切实维护职工合法权益，才能团结动员广大职工立足本职建功立业、促进企业和谐与经济发展，才能既维护好职工的眼前利益，又维护好职工的长远利益。

（二）区域性、行业性工会联合会的建立和运行

1. 建立区域性、行业性工会联合会的重要意义

区域性、行业性工会联合会是近年来各级工会在扩大组织覆盖、扩大工作覆盖探索实践中形成的一种有效形式。实践证明，加强区域性、行业性工会联合会建设，对于基层工会组织围绕中心服务大局、促进区域行业经济持续健康发展，参与基层社会治理、积极发挥作用，加强维权服务、构建和谐劳动关系，树立以职工为中心的工作导向、夯实工会基层基础，确保职工队伍和工会组织团结统一具有重要意义。为进一步加强和规范区域性、行业性工会联合会建设，充分发挥区域性、行业性工会联合会作用，深入推进新时代工会工作创新发展，2020 年 1 月，全国总工会办公厅印发《中华全国总工会关于加强和规范区域性、行业性工会联合会建设的意见》。

2. 区域性、行业性工会联合会的建立

（1）建立范围。区域性、行业性工会联合会一般建立在县（市、区、旗）及以下范围内。城市工会可根据本地区域、行业发展情况，从实际出发，探索在市级建立行业性工会联合会。

（2）领导机制。建立区域性、行业性工会联合会，必须坚持在同级党组织和上一级工会的领导下进行。上级工会及时有效跟踪指导服务，严把组建前置环节，严格规范组建程序，积极稳妥推进组建工作。在广泛征求各方面意见特别是覆盖单位意见，进行充分酝酿协商的基础上，经同级党组织同意并报上一级工会批准后成立工会筹备组。筹备组依法依规做好筹备工作。未建立党组织的，在上一级工会领导下进行。

（3）建立原则。区域性、行业性工会联合会委员会按照联合制、代表制的原则建立。坚持广泛性和代表性，委员由本区域或行业内所覆盖基层工会的主席和适当比例的有关方面代表等组成，所覆盖基层工会数量较多的，区域性、行业性工会联合会委员会委员可以由所覆盖基层工会主席民主推选代表担任；根据工作需要，可吸收政府有关部门代表参加。

（4）区域性、行业性工会联合会委员会的产生。区域性、行业性工会联合会委员会的产生适用《工会基层组织选举工作条例》《基层工会会员代表大会条例》等规定。担任区域性、行业性工会联合会主席、副主席职务，必须履行民主程序。区域性、行业性工会联合会主席、副主席可以由全体委员选举产生，也可以由区域性、行业性工会联合会所覆盖基层工会联合组成会员（代表）大会选举产生。区域、行业内的基层单位行政主要负责人不得作为区域性、行业性工会联合会委员会委员人选，行业协会（商会）会长、副会长等不

得担任区域性、行业性工会联合会主席、副主席。上级工会派出的工会干部、社会化工会工作者或者区域、行业龙头骨干企业工会主席、社区工作者等可以作为区域性、行业性工会联合会主席、副主席人选。区域性、行业性工会联合会主席、副主席可以专职，也可以兼职，其任期与区域性、行业性工会联合会委员会相同。

区域性、行业性工会联合会委员会委员实行替补、增补制。区域性、行业性工会联合会委员会委员，当其不再担任原工会组织的主要负责人时，其委员职务由其原单位工会新当选的主要负责人经履行民主程序后予以替补。新覆盖基层工会的主要负责人，经履行民主程序，可以增补为区域性、行业性工会联合会委员会委员。

区域性、行业性工会联合会可结合区域、行业实际，制定工会联合会组织办法等。区域性、行业性工会联合会委员会每届任期三年或者五年，任期届满应按时换届。特殊情况需提前或延期换届的，应报上一级工会批准。

独立管理经费的区域性、行业性工会联合会，应同时成立工会经费审查委员会。区域性、行业性工会联合会所覆盖基层工会女职工较多的，建立女职工委员会，在工会联合会委员会领导下开展工作。

（5）组织覆盖。建立区域性、行业性工会联合会的，应采取有效措施，逐步实现对区域、行业内的基层工会以及不具备单独建会条件的小微企业和零散就业人员全覆盖。实际履行联合会职能但不规范的，应在上级工会指导下，按照联合制、代表制原则，逐步规范为工会联合会。

3. 区域性、行业性工会联合会的主要职责任务

（1）加强职工思想政治引领。加强对职工的思想政治引领，承担团结引导职工群众听党话、跟党走的政治责任，推动习近平新时代中国特色社会主义思想进社区、进企业、进车间，深化理想信念教育，教育职工践行社会主义核心价值观，恪守社会公德、职业道德、家庭美德、个人品德，遵守劳动纪律。

（2）负责区域内、行业内组织建设工作。在同级党组织和上级工会的领导下，推动和指导区域、行业内基层单位的工会组建、发展会员等工作，夯实工会基层基础。承担本区域、本行业职工代表大会工作机构的职责。

（3）组织动员区域内、行业内职工建功立业。大力弘扬劳模精神、劳动精神、工匠精神，组织开展具有区域特点、行业特色的劳动和技能竞赛、经济技术创新等活动，建设知识型、技能型、创新型的高素质职工队伍。

（4）负责区域内、行业内民主管理工作。代表和组织职工依照法律规定，通过职工代表大会或其他形式参与本区域、行业民主管理和民主监督。调查研

究和反映本区域、行业中涉及职工切身利益的重大问题。

（5）开展区域内、行业内工资集体协商。参与制订本区域、本行业涉及劳动和职工权益的政策、标准等。积极推进区域、行业集体协商，推动建立区域、行业集体合同制度。

（6）履行区域内、行业内维权服务基本职责。参与协调劳动关系和调解劳动争议，协商解决涉及职工切身利益问题，为所覆盖区域、行业的基层工会和职工提供法律服务和法律援助。

突出行业特色、区域特点、职工需求，强化服务意识、健全服务体系、建立服务机制，精准化、精细化开展服务工作。

二、推进新就业形态劳动者建会入会工作

（一）推进新就业形态劳动者建会入会工作的重要性

近年来，随着平台经济的发展，新就业形态劳动群体快速扩充。货车司机、网约车司机、快递员、外卖配送员等新就业形态劳动者大幅增加，企业组织形式和劳动者就业方式发生着深刻变化。党的二十大报告明确提出，加强灵活就业和新就业形态劳动者权益保障。吸收新就业形态劳动者加入工会是切实维护其合法权益的重要前提。

（二）推进新就业形态劳动者建会入会工作的法律政策依据

从法律层面来看，新修订的《工会法》第三条增加一款规定，工会适应企业组织形式、职工队伍结构、劳动关系、就业形态等方面的发展变化，依法维护劳动者参加和组织工会的权利。这就为新就业形态劳动者加入工会提供了法律保障。从政策层面来看，2021 年 9 月，全国总工会办公厅印发《关于推进新就业形态劳动者入会工作的若干意见（试行）》；2022 年 12 月，全国总工会办公厅印发《关于深入推进“兜底建”工作的指导意见》；2023 年 7 月，全国总工会推出《深入推进新就业形态劳动者工会工作三年行动计划（2023—2025 年）》。这一系列重要文件明确了新就业形态劳动者建会入会的组织基础、建会方法、入会路径、管理方式等内容。

（三）推进新就业形态劳动者建会入会工作的方法路径

1. 要推动头部平台企业建会“重点突破”。聚焦重点行业、重点领域，推动平台企业特别是重点头部企业应建尽建，企业自有职工要应入尽入。特别是，紧盯京东、美团、滴滴、货拉拉等 12 家头部平台企业及其合作商、代理商，加大工作力度，推动普遍建立工会组织。

2. 要加强行业工会建设“有效覆盖”。要加快行业工会建设步伐，把建立

行业工会作为扩大新就业形态劳动者有效覆盖的重要一环，不断提升工会组织履职尽责效能。要依托政府职能部门、龙头企业、行业协会等，扎实推进不同层级的行业工会联合会建设，构筑起纵向到底、横向到边的工会组织网络。要大力推广行业工会联合会直接发展劳动者入会方式，使之成为新就业形态劳动者入会和管理服务的重要载体。新就业形态劳动者数量较少、行业特点不明显的地区，要把建立县级、市级综合性的新业态工会联合会作为“行业建”重点，作为实现新就业形态劳动者加入工会、为其提供权益维护的保障性途径。要加强工作经费和人员保障，保证每个联合会有专人负责、有充足经费，为新业态工会联合会作用发挥提供有力保障。

3. 要引导“小三级”工会兜底吸纳。“兜底建”是新就业形态劳动者建会入会的基础性工作，是“重点建”“行业建”的有效补充，是破解新就业形态劳动者工会组织覆盖不到位问题的重要手段，对于夯实工会基层组织基础、发挥区块集合作用、打通联系服务职工的“最后一公里”、扩大对新就业形态劳动者有效覆盖具有重要意义。要认真落实全国总工会《关于深入推进“兜底建”工作的指导意见》，建强乡镇（街道）、村（社区）工会组织，承担新就业形态劳动者入会“兜底”功能。要加强“会、站、家”一体化建设，推动快递网点、外卖配送站点等建立工会分会或工会小组，加入相应的区域性、行业性工会联合会。充分依托工会驿站等服务阵地，建立新就业形态联合工会，就近就地兜底吸纳新就业形态劳动者入会。要加大资源整合力度，依托乡镇（街道）、开发区（工业园区）、村（社区）、企业（楼宇、商圈）的各类阵地资源，建设一批服务新就业形态劳动者的共享职工之家，成为新就业形态劳动者了解工会、加入工会的窗口。各级工会要以乡镇（街道）工会和区域性、行业性工会联合会为重点，着力打造一批示范性的工会组织，成为兜底吸纳新就业形态劳动者入会的有效载体。

第四节　职工之家建设

一、职工之家建设的基本内容

建设职工之家是一项系统工程，要准确把握指导思想、原则、目标、基本要求，建立一套科学的管理办法和规范有序的运行机制。要紧密围绕企业、事业单位、机关的中心任务，推动党的全心全意依靠工人阶级方针的贯彻落实，依法规范工会基层组织建设，切实履行工会维护职工合法权益、竭诚服务职工群众的基本职责，努力把工会的重点工作落实到基层，不断增强基层工会的引领力、组织力、服务力，提高基层工会组织的整体水平，促进企事业单位的改革、发展、稳定，为强国建设、民族复兴作贡献。要坚持服务大局、突出维护、依靠群众、创新发展、齐抓共建的建家原则，大力推进基层工会的民主化、法治化，把基层工会建设成为组织健全、维权到位、工作规范、作用明显、职工信赖的职工之家。具体内容主要包括以下方面。

（一）加强自身建设

加强基层工会建设，应坚持依法建会、依法管会、依法履职、依法维权，以组织建设为基础，以作用发挥为关键，以健全机制为保障，以职工满意为目标，不断扩大覆盖面、增强凝聚力。坚持从工会组织的性质和特点出发，密切联系职工群众，廉洁自律，以“六有”为标准，健全各项组织制度、民主制度、工作制度，努力把基层工会建设成为职工群众信赖的“职工之家”，把广大基层工会干部锤炼成为听党话、跟党走、职工群众信赖的“娘家人”。

（二）教育引导职工

培育和践行社会主义核心价值观，提高职工的道德素养，激发职工奋发向上、崇德向善的正能量。大力弘扬劳模精神、劳动精神、工匠精神，深入开展“中国梦·劳动美”主题教育，倡导辛勤劳动、诚实劳动、创造性劳动。加强职工思想政治工作，注重对职工的人文关怀、心理疏导和情绪引导，突出做好新就业形态劳动者、农民工、青年职工和知识分子等职工群体的思想工作。加强职工文化建设，广泛开展职工文化体育活动，丰富职工精神文化生活，引导职工积极参与全民健身。加强普法宣传教育，提高职工法律意识。

（三）推进改革发展

引导职工群众拥护支持改革、参与推动改革，夯实全面深化改革的群众基础。深入开展多种形式的劳动和技能竞赛活动，深化合理化建议、技术攻关、技术革新、发明创造等群众性技术创新活动。加强班组建设，广泛开展“工人先锋号”创建活动。深入推进产业工人队伍建设改革，实施职工素质建设工程，加大职工职业技能培训力度，建立健全技术工人培养、评价、使用、激励机制，培养造就知识型、技能型、创新型的高素质职工队伍。

（四）履行维权职责

认真履行维护职工合法权益、竭诚服务职工群众的基本职责，坚持以职工为本，主动依法科学维权。紧紧围绕职工最关心最直接最现实的利益问题、最困难最操心最忧虑的实际问题，以一线职工、农民工、困难职工等为重点群体，以劳动就业、技能培训、收入分配、社会保障、安全卫生等为重点领域，切实维护好广大职工的合法权益。坚持维权与维稳相统一，引导职工依法理性有序表达利益诉求，维护职工队伍和社会和谐稳定。

（五）协调劳动关系

建立健全科学有效的利益协调机制、诉求表达机制、矛盾调处机制、权益保障机制，推动形成规范有序、公正合理、互利共赢、和谐稳定的社会主义新型劳动关系。引导企业开展创建和谐劳动关系活动，依法推动企业普遍开展工资集体协商，促进基础扎实、条件成熟的行业建立集体协商制度。建立健全以职代会为基本形式的企事业单位民主管理制度，推进厂务公开制度，实行职工董事、职工监事制度。加强劳动争议特别是集体劳动争议调处工作。深入开展“安康杯”竞赛活动，改善劳动安全卫生条件，保障职工群众的生命安全和健康权益。

（六）服务职工群众

坚持全心全意为职工服务的宗旨，以服务增强工会组织的吸引力和凝聚力，以服务增强职工群众对工会组织的归属感和认同感。深化工会领导机关干部赴基层蹲点工作长效机制，积极为职工办实事、做好事、解难事。加快构建服务职工工作体系，按照“会、站、家”一体化的思路，把组建工会、创办职工帮扶服务中心、建设职工之家统一起来，着力打造基层服务型工会。大力推行会员普惠制服务，加大投入、创新方式、完善机制，使全体会员都能享受到工会组织提供的实实在在的服务。探索向职工服务类社会组织购买服务，推进项目制、订单式、社会化服务方式。

二、会员评家制度

（一）会员评家的基本内容

会员评家是指由会员评议基层工会开展工作，建设职工之家情况，评议工会主席、副主席的履行职责情况。

《中华全国总工会关于开展会员评议职工之家活动的意见》明确规定了会员评家的基本内容。

1. 健全组织体系

基层工会委员会、经费审查委员会、女职工委员会等组织健全，单独设置工会工作机构，依法独立自主开展工作；工会主席（副主席）的产生符合有关规定，工会委员会按期换届选举；依法进行工会法人资格或工会法人代表变更登记；有单独工会财务账号，独立使用工会经费；加强专兼职工会干部、积极分子队伍建设；加强会员会籍管理，职工入会率达 85% 以上。

2. 促进科学发展

以创建工人先锋号为主要载体，深入开展"'当好主力军、建功十一五'、和谐奔小康""同舟共济保增长、建功立业促发展""我为节能减排做贡献"等劳动竞赛，推动企事业单位发展；广泛开展合理化建议、技术革新、技术协作和发明创造等群众性经济技术创新活动，激发干部职工的创新活力；加强劳动模范（先进工作者）的培养、评选、表彰、宣传和管理，激励职工立足岗位、建功立业。

3. 履行维权职责

建立平等协商和签订集体合同制度，开展"共同约定行动"，协商解决涉及职工切身利益的重大问题。指导和帮助职工签订劳动合同，依法妥善处理劳动争议纠纷，提供法律援助，构建和谐劳动关系；坚持和完善以职工代表大会为基本形式的民主管理制度，推行厂务公开，落实职工代表大会各项职权；公司制企业依照有关规定选举职工代表参加董事会和监事会，参与企业管理；协助和督促行政落实国家各项涉及职工权益的法律法规。

4. 实施素质工程

发挥工会"大学校"作用，积极开展"共筑理想信念、共促科学发展"主题教育，以社会主义核心价值体系引领职工；深入开展"创建学习型组织、争做知识型职工"活动，加强职工教育培训，提高职工整体素质；开展群众性精神文明创建和文化体育活动，推动职工文化和企业文化建设。

5. 服务职工群众

关心职工疾苦，倾听职工呼声，积极反映职工的意愿和要求；热心服务职工群众，努力为职工做好事、办实事、解难事；开展送温暖活动，履行帮扶特困职工"第一知情人""第一报告人""第一协调人"的职责。

6. 加强自身建设

工会领导成员坚持民主集中制，密切联系群众，廉洁自律，管好用好工会经费和资产；健全各项组织制度、工作制度，基础资料齐全；坚持会员（代表）大会制度，完善会员代表常任制，实行会务公开，接受会员群众民主评议和监督；深入开展建设职工之家、"双爱双评"活动，按照会员群众意愿开展活动，提升工会工作水平。

（二）会员评家的方式方法

一是在同级党组织的领导和上级工会的指导下，会员评家通过召开会员

（代表）大会进行，每年至少评议一次。

二是会员评家主要评议基层工会开展工作、建设职工之家情况，评议工会主席（副主席）履行职责情况。

三是会员评家前应将评议内容、评议标准告知会员，做好组织发动和准备工作，并向上级工会报告。

四是工会主席（副主席）在会员（代表）大会上报告工会工作及建设职工之家情况，并就个人履行职责情况进行述职。会员（代表）在对工会工作、职工之家建设和工会主席（副主席）进行民主评议的基础上，以无记名投票方式进行测评。测评可分为满意、基本满意和不满意三个等次，当场公开民主测评结果。

五是会员评家的结果应报同级党组织和上一级工会，并作为考核基层工会工作和工会主席（副主席）的重要依据。对会员群众民主评议、民主测评反映的突出问题，该基层工会应向会员（代表）群众反馈整改措施。

（三）会员评家的激励机制

应把会员民主测评满意等次作为评价基层工会工作和评选先进的依据。对获得满意等次的基层工会和工会主席（副主席），可作为推荐申报本级或上级各类先进集体、先进个人的依据；对连续三年以上获得满意等次的模范职工之家的基层工会和工会主席（副主席），可作为推荐申报本地或上级“五一劳动奖状”“五一劳动奖章”的依据。

三、新时代职工之家建设的典型案例

（一）建设共享职工之家

针对基层工会在职工之家建设工作中面临的覆盖面不广和作用发挥不充分等难题，有的地区探索出共享职工之家建家新模式，协同各方有效资源，积极支持基层工会共享职工之家，为职工群众打造“十分钟服务圈”，让职工能够就近、便捷、高效地得到工会提供的服务，为职工群众提供精准化、多样化的普惠性服务，以满足职工对美好生活向往的需要。

1. 经费保障。发布关于进一步推进“共享职工之家”建设工作的通知，提出建设不少于五项共享服务项目的目标，对验收合格的共享职工之家给予每家 1 万元的补助。

2. 党工共建。融入大党建工作格局，充分利用党建带工建机制，积极向党委、政府汇报工作，反映存在的问题，协调解决存在的困难，通过与政府联席会议的形式，确定在每个街道建设共享职工之家。

3. 共享经验。打造六大类型共享职工之家典范，供同类创建组织学习、借鉴、复制。通过召开经验交流会、现场观摩会、外地参观学习、网上交流心得、社群共享互动等形式，加强典型引领、分类指导，共享职工之家建设速度、质量明显提高。

4. 规划精准。依托园区、社区、商圈、楼宇等人员密集的公共区域布点建设，结合既有的职工服务中心等阵地建设，选准选好建设点，目前已创办的百余家共享职工之家，形成工会牵头打造的“十分钟服务圈”，为八大群体、灵活就业人员提供普惠服务。

5. 多元建设。有效整合资源，以党建带工建、群社联建、主体带建、工会自建等多元参与形式建设。目前已推出园区型服务数千家小微企业的创新园区共享职工之家、振兴乡村示范的共享职工之家、职工文体休闲类的共享职工之家。

6. 精准服务。以职工需求为导向，按照不同区域、不同行业职工的差异化需求，加强职工服务供给侧结构性改革，因地、因需、因时设置相应服务项目。

7. 配强队伍。购买社会组织服务，发挥工会志愿者作用，解决服务人员不足问题。市区工会加大力度对社区提供的服务进行监督及工会业务培训。

8. 加大投入。以地方工会专项经费投入为主，争取财政、企业和社会各界的支持，加大经费投入。

（二）建设网上职工之家

“互联网 +”时代已经来临，工会建家工作已经进入网上建家的新阶段。基层工会需要适应信息化的时代要求，树立“互联网 +”思维，抢抓工会数字化转型契机，推进工会网上建家工作，实现网上网下深度融合、互相联动、服务职工的新格局。2017 年《全国工会网上工作纲要（2017—2020 年）》发布，标志着工会建家进入线上线下融合发展的新阶段，职工之家建设已经全面进入智慧建家的新阶段。各级各类工会的“网上之家”“移动之家”“云端之家”“指尖工会”“工会 e 家”和“智慧之家”等网上建家成果如雨后春笋，推动了工会建家工作的创新发展。

互联网应用与日常生活结合日趋紧密，在线政务、在线购物、在线教育、移动办公等已经渗透日常生活各个方面，广大职工需要“娘家人”提供移动、泛在、便捷的信息化服务方式和渠道。基层工会要通过网上建家，着力解决职工会员日常办事的堵点、痛点和难点问题，利用现代信息技术建立自己的数据库和业务系统，实现工会管理、服务工作规范化和信息化，建设真正意义的职工之家。

随着网上建家的不断推进，基层工会网上建家模式已经突破微信公众号 + 微博 + 网站 + 各类聊天群的初级形态，逐步进入以“工会业务 Web 平台 + 微信小程序 +App”为核心的多形式、多场景、多端融合的新阶段，形成立体化网上职工之家；基层工会管理模式也在逐步向“互联网 +”工会的模式转变。网上建家实施步骤：一是线下实体建家的完善。按规范化要求对基层工会的管理体制、运行机制、规章制度、主要业务等进行完善，这是网上建家的基础。二是信息化改造。将工会运作中不适应信息化管理要求的工作流程、工作标准进行重构，以便为程序开发提供清晰的用户需求，同时进一步完善相关规章制度。三是进行程序开发。组织编程，实现功能应用，进行常规测试和安全测试，组织试运行，模拟工会业务，发现和解决程序 Bug 和逻辑错误。自主开发作为优先选项，确实无条件的可以采用外包定制开发方式。四是进行换代更新。在实际使用中随时发现问题，随时加以解决，根据新应用需求，进行功能拓展，实现程序的换代更新。值得注意的是，在开展网上建家时要小步快进，不求高大上，不求大而全，从基本业务需求项目开始建设，再逐步拓展；要分散扁平，充分考虑系统各类用户的需求，满足业务分散管理和扁平管理的需要，满足二级工会需求，同时减少信息传递层级；要交互友好，适应用户移动、泛在、广域、便捷应用的需求，提高用户黏性。

需要注意的是，基层工会网上建家的前提是线下职工之家规范化。线下职工之家是基础，是主体，网上建家不过是实体职工之家的虚拟化和信息化，不可本末倒置，舍本逐末，各级工会要牵住这个“牛鼻子”。基层工会在网上建家工作中，要注重“建”时不求大而全，“用”时实在便捷有内容，“管”时牢牢把握正确的舆论导向，要防止重建不重用、重用不重管的倾向，努力使网上职工之家成为集管理、服务、互动功能于一体的综合性服务平台，实现工会业务线上处理、服务线上办理、活动线上组织，打通“最后一公里”，搭建沟通“零障碍”、服务“零距离”、关爱“零时差”的桥梁，推动工会工作创新发展。

（三）模范职工之家“结对共建”

全国模范职工之家是授予基层工会的最高荣誉，到目前为止，共进行了 17 次全国模范职工之家表彰。为全面提升新时代职工之家建设水平，从 2021 年起，全国总工会组织开展全国模范职工之家“结对共建”试点活动，实现结对一组、提升一批、激活一片。

1. 结对原则。按照地域相邻、行业相近，自觉自愿、双向选择原则，精准科学结对，促进资源深度融合。每年省级工会和每个地市、县级工会分别选取获得全国模范职工之家荣誉称号的基层工会，分别结对帮助若干工作基础相对薄弱、活力相对不足、作用发挥不够充分的基层工会，重点引导新业态企业等非公有制企业普遍建会和规范运行。鼓励各全国产业工会、中央和国家机关工会联合会参与“结对共建”活动。

2. 方式方法。通过上门指导、活动参与、实地观摩、网络互动等多种形式，围绕基层工会“双亮”（工会组织亮牌子、工会主席亮身份，双亮是建家前提）、“六有”（有依法选举的工会主席，有独立健全的组织机构，有服务职工的活动载体，有健全完善的制度机制，有自主管理的工会经费，有会员满意的工作绩效，六有是建家基准）、“双争”（争创模范职工之家、争做职工信赖娘家人，双争是建家动力）等主题，开展各具特色共建活动。通过制度共建、工作共举、活动共融、阵地共享、干部共育，建立协同式、互动化、共享型基层工会组织建设新模式。通过送制度、送方法，帮思想、帮培训，提升基层工会干部履职能力，补齐组建和维权服务短板。通过树典型、重推广，使“结对共建”活动学有榜样、做有标尺、进有方向、赶有目标，提升共建吸引力，将“先行”变为“先成”，让“试点”成为“示范”。

思考题

1. 会员代表大会有哪些职权？
2. 如何通过建会最大限度把新就业形态劳动者吸纳到工会组织中来？
3. 新时代新征程如何创新职工之家建设活动？

第四章

工会宣传教育工作

工会宣传教育工作要以习近平新时代中国特色社会主义思想为指导，立足新时代新征程，加强职工思想政治引领、引导职工群众听党话跟党走，用科学的理论武装职工、用先进的文化培育职工、用正确的舆论引导职工、用高尚的精神塑造职工、用优秀的作品鼓舞职工、用真诚的服务赢得职工，唱响主旋律、弘扬正能量、振奋精气神，培养能够担当民族复兴大任的时代新人。

第一节　工会宣传教育工作的任务原则

宣传思想工作是党的一项极为重要的工作，工会宣传教育工作是党的宣传思想工作的重要组成部分，是服务党和国家工作大局、服务工会工作全局、服务工运事业的一项重要工作，在工会组织全面履行社会职能、开展各项工作中，起着重要的先导、促进和保证作用，为工会工作创新发展提供坚强的思想保证、强大的精神力量、丰润的道德滋养。

一、工会宣传教育工作的地位和作用

（一）工会宣传教育工作的地位

新形势下，工会宣传教育工作是做好工会全局工作的首要保障，是工会履行教育职能的具体实施途径。工会通过宣传教育工作，教育引导职工不断提高思想道德素质和科学文化素质，建设有理想、有道德、有文化、有纪律的职工队伍。工会宣传教育工作坚持巩固马克思主义在意识形态领域的指导地位，巩固职工队伍团结奋斗的共同思想基础，把职工群众更加紧密地团结在党的周围，全面提高职工队伍素质，推动建设一支宏大的知识型、技能型、创新型劳动者大军，充分激发广大职工的劳动热情、创造潜能，为实现第二个百年奋斗目标、实现中华民族伟大复兴的中国梦建功立业。

（二）工会宣传教育工作的作用

做好新时代工会宣传教育工作，有利于巩固马克思主义在意识形态领域的指导地位，巩固职工群众团结奋斗的共同思想基础，推动党的全心全意依靠工人阶级方针贯彻落实；有利于进一步贯彻落实新发展理念，团结动员广大职工为实现第二个百年奋斗目标、实现中华民族伟大复兴的中国梦建功立业；有利于保持和发展工人阶级的先进性，扩大党的阶级基础和群众基础，巩固党的执政地位；有利于更好地维护职工的精神文化权益，不断增强工会组织的吸引力、凝聚力、战斗力。

二、工会宣传教育工作的主要任务

工会宣传教育工作是党的宣传思想工作的重要组成部分，要紧紧围绕团结引领广大职工为实现中华民族伟大复兴的中国梦而奋斗的工运时代主题主线，

坚持党的领导，坚持和发展中国特色社会主义，坚定不移地走中国特色社会主义工会发展道路，广泛开展“中国梦·劳动美”主题宣传教育，在广大职工中培育和践行社会主义核心价值观，加强职工思想政治工作和工会意识形态工作，为实现第二个百年奋斗目标、实现中华民族伟大复兴的中国梦提供强大的精神支撑，巩固职工群众团结奋斗的共同思想基础；全面提高职工队伍整体素质，适应我国经济已由高速增长阶段转向高质量发展阶段的要求，努力造就一支有理想守信念、懂技术会创新、敢担当讲奉献的宏大产业工人队伍；大力宣传工人阶级和工会工作，大力弘扬劳模精神、劳动精神、工匠精神，充分发挥劳模工匠的示范引领作用，加强工会新闻发言人制度建设，为工会工作营造良好的社会舆论环境；发展先进职工文化，开展丰富多彩的职工文化体育活动，打造“工”字系列文化品牌，维护职工精神文化权益，不断满足职工群众日益增长的美好生活需要。面对新形势新任务，工会宣传教育工作必须与时俱进，在继承和发扬优良传统的基础上锐意创新，进一步创新工作内容，拓展工作对象，拓宽工作渠道，努力使工会宣传教育工作在工会全局工作中发挥更大的作用。

三、工会宣传教育工作的原则和方式方法

（一）坚持正确政治方向

工会宣传教育工作具有意识形态属性和工会工作政治属性的双重属性，一定要牢牢把握正确的政治方向，坚持党性原则，坚持中国共产党领导和中国特色社会主义制度。要从政治上认识和把握工会宣传教育工作，深刻领悟“两个确立”的决定性意义，不断增强“四个意识”、坚定“四个自信”、做到“两个维护”，始终在思想上政治上行动上同以习近平同志为核心的党中央保持高度一致，切实履行好引导广大职工群众听党话、跟党走的政治任务。

（二）坚持围绕中心、服务大局

把围绕中心、服务大局作为工会宣传教育工作的基本职责，胸怀大局、着眼大事，找准工作切入点和着力点，做到因时而动，顺势而为。要深入学习习近平新时代中国特色社会主义思想，特别是习近平总书记关于工人阶级和工会工作的重要论述，结合工会宣传教育工作实际，学习领会，贯彻落实。

（三）坚持团结稳定鼓劲、正面宣传为主

在宣传内容上，要大力宣传习近平新时代中国特色社会主义思想，宣传党的理论和路线方针政策；大力宣传党中央对工人阶级的关怀和对工会工作的高度重视，宣传党的全心全意依靠工人阶级的方针；大力弘扬劳模精神、劳动精

神、工匠精神；大力宣传工会的重点工作和优秀基层工会干部。在宣传方式上，着力把充分发挥工会系统新闻媒体主阵地作用与积极争取主管部门和主流媒体支持有机结合起来，把加大重要时间节点新闻宣传工作力度与做好日常新闻宣传工作有机结合起来，把用好传统媒体与利用新媒体优势开展工作有机结合起来，把强化工会重大活动和重点工作宣传与做好基层工会工作宣传有机结合起来。

（四）坚持突出重点

随着工会工作的不断创新发展，工会宣传教育工作的领域越来越宽，任务重、头绪多、要求高。面对新形势、新任务、新要求，工会宣传教育工作要坚持有所为有所不为，突出主责主业，着力在思想引领、素质提升、新闻宣传、文化建设、自身建设五大重点任务上下功夫，通过重点工作的突破带动其他工作取得新成效。

（五）坚持虚功实做

要坚持虚实结合，虚功实做。要善于把握大势，把握大局，紧紧围绕党和国家工作大局以及工会工作全局，注意从宏观层面、理论层面来思考和谋划工会宣传教育工作。同时，务虚必须与务实结合起来，虚功一定要实做。要坚持因地制宜，树立品牌意识，依据职工群众不同层次的精神文化需求，精心策划和设计有特色的工作载体与平台，把工会宣传教育工作落到一个个项目上、落到一个个活动上、落到一个个载体上，下气力把重点项目做成精品项目、品牌项目，使工会宣传教育工作落地见效，不断扩大工会宣传教育工作的社会覆盖面和社会影响力。

（六）坚持守正创新

守正创新是做好工会宣传教育工作的不竭源泉和动力。始终坚持正确的政治方向价值取向舆论导向，根据形势任务发展优化工会宣传教育部门的编制结构，争取更多的资源、手段、力量，实现工会宣传教育工作的理念创新、手段创新、基层工作创新。要强化互联网思维，用好用足互联网优势，强化与职工群众的网上互动，以“互联网 +”推动工会宣传教育工作创新发展。

（七）坚持借势借力

借势借力是工会宣传教育工作的重要方法。要善于利用党政资源，广泛动员社会力量，调动各方面的积极性，努力形成工会大宣教的工作格局。一要积极争取工会各级领导的重视和支持，这是做好工会宣传教育工作的重要保证。二要加强与党委、政府各有关部门的紧密合作。党委、政府部门资源手段多、权威性强、影响力大，工会宣教部门要主动加强与宣传文化部门、网信部门、财政部门以及作协、文联等的紧密联系与合作，做到事半功倍。三要加强与工会各部门、各产业工会的紧密合作，促进不同部门和单位之间的联系、协调与合作。四要加强与主流媒体和新媒体的合作，通过健全新闻发布会制度、专题工作策划会制度等，加强与主流媒体的联系与沟通。

第二节　加强职工思想政治引领

一、职工思想政治工作的主要任务

职工思想政治工作的主要任务是：认真研究新时代职工队伍新变化和职工思想政治工作的新特点，坚持用习近平新时代中国特色社会主义思想武装职工头脑，自觉承担起举旗帜、聚民心、育新人、兴文化、展形象的职责使命，最大限度调动广大职工夺取新时代中国特色社会主义伟大胜利的积极性主动性创造性，最大限度维护社会安定团结，最大限度维护和实现职工群众根本利益，努力把握社会主义市场经济和互联网背景下职工思想政治工作的新特点新要求，有效解决职工群众反映强烈的热点难点问题，创新适合职工群众需要、有利于发挥职工作用的工作方式，为夺取新时代中国特色社会主义伟大胜利提供强有力的精神支撑和思想保证。

二、职工思想政治工作的主要内容

（一）开展理想信念教育

党的二十大强调，要加强理想信念教育，传承中华文明，促进物的全面丰富和人的全面发展，弘扬以伟大建党精神为源头的中国共产党人精神谱系，推动理想信念教育常态化制度化，不断坚定中国特色社会主义共同理想。一个国家，一个民族，要同心同德迈向前进，必须有共同的理想信念作支撑。人民有信仰，民族有希望，国家才有力量。职工思想政治工作的重要内容，是对职工群众开展理想信念教育，以为人民服务为中心，以集体主义为原则，以爱祖国、爱人民、爱劳动、爱科学、爱社会主义为基本要求。

1. 用党的创新理论武装职工头脑，引领广大职工听党话、跟党走。理论的力量就是思想的力量、信仰的力量、真理的力量，要把深入学习贯彻习近平新时代中国特色社会主义思想作为开展职工理想信念教育的重大政治任务，做到真学真懂真信真用，把讲话精神学懂弄通做实，准确把握思想的基本内涵，推动新时代党的创新理论“走”到职工群众心坎上，转化为立足本职、建功立业的内在动力，团结动员广大职工更加自觉地为加快推进改革开放和现代化建设贡献智慧和力量。

2. 认真学习领会中国特色社会主义的深刻内涵，巩固职工群众团结奋斗的共同思想基础。中国特色社会主义道路是中国共产党在历经艰辛、饱经风雨的长期实践中艰难探索出来的一条光明道路，具有深厚的历史渊源和广泛的现实基础。开展职工思想政治工作，要通俗易懂地讲清楚“什么是中国特色社会主义”“怎样建设中国特色社会主义”，推动新时代党的创新理论“走”到职工群众心坎上，不断引导广大职工深刻领会建设新时代中国特色社会主义的总依据、总布局、总任务，坚持用习近平新时代中国特色社会主义思想武装头脑、指导实践、推动工作，把思想和行动统一到党中央的决策部署上来，增强中国特色社会主义道路自信、理论自信、制度自信、文化自信，把实现个人理想与实现伟大的中国梦结合起来，聚精会神搞建设，一心一意谋发展。

3. 深入开展社会主义核心价值观教育，在广大职工中培育和践行社会主义核心价值观。党的二十大指出，社会主义核心价值观是凝聚人心、汇聚民力的强大力量，要大力弘扬以伟大建党精神为源头的中国共产党人精神谱系，用好红色资源，深入开展社会主义核心价值观宣传教育，深化爱国主义、集体主义、社会主义教育，着力培养担当民族复兴大任的时代新人。推动理想信念教育常态化制度化，持续抓好党史、新中国史、改革开放史、社会主义发展史宣传教育，引导人民知史爱党、知史爱国，不断坚定中国特色社会主义共同理想。要用社会主义核心价值观铸魂育人，完善思想政治工作体系，要坚持依法治国和以德治国相结合，把社会主义核心价值观融入法治建设，融入社会发展，融入日常生活。

4. 加强形势政策及民主法治教育，自觉维护社会政治稳定和职工队伍的团结统一。职工群众对国家宏观形势的判断以及对社会问题的态度，是与我国改革开放的实践、社会转型、利益关系的变化相伴而生的。改革对人们思想观念和切身利益的触动十分深刻，职工群众的思想观念和心态因此也极为复杂与多变，继而产生各种不同的认识。职工思想政治工作要大力宣传党的路线方针政策和各项改革措施，经常进行国际国内形势教育，引导职工群众正确认识社会主义和资本主义发展的历史进程，了解我们前进中的有利条件和不利因素。加强民主和法治教育，普及宪法、民法、劳动法、工会法、劳动合同法等法律知识，引导职工增强法治观念，自觉维护安定团结的大好局面，自觉维护职工队伍的团结稳定。

5. 进行工人阶级意识教育，增强职工的主人翁责任感、使命感。工人阶级在中国共产党的领导下，在革命、建设和改革的各个历史时期，自觉站在时代前列，充分发挥了先进阶级的伟大历史作用。改革开放以来，工人阶级队伍不断壮大，已发展成为一个包括各种所有制企业、机关事业单位在内的全体体力劳动者和脑力劳动者的统一整体。在新的历史条件下，工人阶级的历史地位和作用没有变，工人阶级要在改革开放和社会主义现代化建设中充分发挥主力军作用，必须在实践中不断发展先进性，提高整体素质。要对职工群众进行工人阶级的革命传统教育和先进性教育，大力弘扬劳模精神、劳动精神、工匠精神，引导广大职工辛勤劳动、诚实劳动、创造性劳动，牢牢把握为实现中华民族伟大复兴的中国梦而奋斗这一我国工人运动的时代主题，进一步激发广大职工的主人翁责任感和创造活力，团结动员广大职工为奋力夺取新时代中国特色社会主义伟大胜利建功立业。

（二）开展职工日常思想政治工作

开展职工思想状况调查研究是工会宣传教育工作的一项重要内容。要创新职工思想政治工作的手段和方法，有效运用互联网平台和工具，持续深入做好这项工作。要进一步完善职工思想动态网络，深入基层，深入职工群众，深入调研当前我国职工精神文化权益保障和实现情况，了解掌握职工的思想状况和生产生活情况，准确把握网络时代职工队伍发展变化的特点和规律，重点加强对产业工人、非公企业职工、农民工、青年职工、新就业形态劳动者等不同群体的思想政治工作。要研究分析职工队伍存在思想问题的原因，找出症结所在，反映职工呼声，提出有针对性的政策建议，从源头上维护职工的合法权益。要结合广大职工群众的思想实际，帮助广大职工准确理解党和国家解决职工切身利益问题的各项措施，解疑释惑，化解矛盾，因势利导，教育引导职工识大体、顾大局，正确对待改革中各种利益关系的调整，支持党和政府的各项改革措施，维护职工队伍的稳定，营造安定团结的政治局面。

（三）开展职工职业道德建设

深入贯彻落实《新时代公民道德建设实施纲要》，在广大职工中培育和践行社会主义核心价值观，推动践行以爱岗敬业、诚实守信、办事公道、热情服务、奉献社会为主要内容的职业道德，加强职业道德教育，弘扬中华传统美德，弘扬时代新风，营造劳动光荣、创造伟大的社会氛围，培育知荣辱、讲正气、作奉献、促和谐的良好风尚，是职工思想政治工作的一项重要内容。

（四）开展职工书屋建设工作

职工书屋是中华全国总工会和各级工会组织为保障职工群众的文化权益，在全国开展的一项重要文化工程。职工书屋作为我国全民阅读和公共文化设施的重要组成部分，已成为广大职工“即时学习、岗位成才”的重要园地、企业职工文化建设的重要载体、新时代工会工作的重要阵地，是名副其实的职工精神文化家园。各级工会组织要认真落实全总职工书屋建设部署要求，提升职工书屋建设质效，深刻洞察职工阅读需求，丰富阅读形式，继续做实主题阅读活动，更好地为亿万职工提供有广度、有深度、有温度的阅读体验和文化服务，切实担负起党的意识形态阵地和工会思想文化建设主阵地的职责使命。

（五）开展群众性精神文明创建活动

社会主义精神文明是建设中国特色社会主义的重要目标和重要保证，思想道德建设是精神文明建设的中心环节。工会开展群众性精神文明建设的总体要求是：坚持以习近平新时代中国特色社会主义思想为指导，以为人民服务为核心，以集体主义为原则，以诚实守信为重点，加强职工社会公德、职业道德、家庭美德和个人品德教育，增强职工的道德意识，提高职工的道德素质，推动社会和谐与全面进步。

三、开展职工思想政治教育工作的方法和途径

（一）发挥新闻媒体的舆论引导作用

报刊、广播、电视、网络、“三微一端”等新闻媒体，每天向社会提供大量信息，与职工群众的思想、工作和生活密切相连，对社会舆论及社会政治、经济、文化生活的各个方面产生广泛而深刻的影响，也是工会对职工进行思想引领的重要渠道。

（二）开展形式多样的主题宣传教育活动

职工主题宣传教育活动是以活动为载体，在职工中开展的一种专题性教育实践活动。这类活动紧紧围绕党的中心工作和重大任务，围绕工会工作的全局，具有鲜明的主题，组织职工群众参与其中，寓教于具体活动，寓教于职工实践，使职工在实践中深化对主题的认识和理解。主题宣传教育活动直观、具体、生动、感性，是深化和创新职工思想政治工作的重要手段。职工主题宣传教育活动的形式主要有：典型示范教育、现场经验交流会、演讲活动、知识竞赛、辩论赛等。

（三）深入推进群众性精神文明创建活动

群众性精神文明创建活动是对职工群众进行思想引领、提高职工文明程度

的有效途径。由于创建活动思想主题鲜明，能够较好地体现职工群众的共同理想、共同信念和共同利益，具有较强的号召力和吸引力；源于基层，贴近职工生活实际，能够较好地体现以职工为本，使职工群众在参与中得到实惠，感受到党和政府的温暖，使职工群众增强对党和政府的信任；具有职工喜闻乐见、丰富多彩的形式，能够吸引职工群众广泛参与，使职工在参与中实现自我服务、自我管理、自我教育。因此，它不仅是职工思想政治工作的新载体，也成为工会有效开展职工思想政治工作的重要方式。

（四）重视和发挥文化的教育功能

精神产品和社会文化生活对职工群众的思想观念、道德情操有着潜移默化的作用。先进文化承载着思想政治工作的基本内容，体现了思想政治工作的基本要求。图书、报纸、杂志、音像制品、文艺演出等，都是实现以优秀的作品鼓舞人的重要方式。要大力推动职工文化建设，充分发挥工会文化教育体育阵地的教育功能，弘扬主旋律，提倡多样化，培育和扶持优秀的原创性职工文化作品的创作和生产，广泛开展丰富多彩、健康有益的职工文化体育活动。积极开展企业文化建设，通过普及企业文化知识、提炼企业精神、塑造企业形象，使企业文化的理念逐步渗透到职工的思想观念和行为习惯之中，推动企业的自主创新和加快发展。积极参与社区文化建设，把职工思想政治工作的基本内容融入创建文明家庭等社区群众性活动之中，陶冶职工情操、提高职工素质和文明程度，建立团结互助、平等友爱、共同进步的新型人际关系。各级工会要加强对红色工运资源的保护利用，深化研究阐释，发掘时代内涵，突出社会效益，打造精品展陈，强化教育功能，提升传播能力，用活红色工运资源。

（五）创新职工思想政治工作的方法途径

善于发挥各种媒体特别是新媒体作用，充分利用互联网特别是移动互联网的手段和途径，依托基层建立和健全职工思想动态信息网络，及时收集、分析和反映职工的思想动态，围绕职工关心的热点问题进行专题调研，有针对性地提出对策建议，协助党和政府做好职工思想政治工作。加强源头参与，加大维权力度，畅通诉求渠道，把解决职工思想问题与解决实际问题结合起来，与维护职工权益结合起来，与造福职工群众结合起来。特别要在供给侧结构性改革过程中，进一步做好关心职工生产生活尤其是帮扶困难职工的各项工作，坚决纠正各种损害职工群众权益的行为，使困难职工生产生活中的突出问题得到解决，使困难职工的基本生活得到保障，使他们切实感受到社会主义大家庭的温暖。在解决实际问题的过程中，进一步强化思想政治引领的功能，把问题说清、把道理讲透，少一些简单的说教，多一点鲜活的实例，帮助职工群众深化对问题的认识，进而转化为内在的觉悟，从而加深对党和国家有关方针政策的理解与认识，提高执行党和国家有关方针政策的自觉性。

第三节　加强职工文化体育建设

一、职工文化工作的指导思想和主要任务

职工文化是文化的一种形式，是组织（主要是企事业单位和机关）内部成员在长期共同生活和生产实践中逐渐凝聚形成并传承的相同价值理念、行为方式、精神风貌，以及与此相适应的各种活动。

（一）指导思想

以马克思列宁主义、毛泽东思想、邓小平理论、“三个代表”重要思想、科学发展观、习近平新时代中国特色社会主义思想为指导，深入贯彻党的二十大关于文化建设的战略规划，认真落实党和政府出台的相关法规政策，围绕“举旗帜、聚民心、育新人、兴文化、展形象”的使命任务，以培育和践行社会主义核心价值观为主线，以“中国梦·劳动美”为主题，以满足职工群众精神文化需求为中心，大力弘扬劳模精神、劳动精神、工匠精神，着力增强职工文化的政治性、先进性、群众性，着力创新职工文化建设的理念、机制和手段，着力构建职工文化繁荣发展的工作体系，着力增强广大职工的文化自信，为全面建设社会主义现代化国家、全面推进中华民族伟大复兴提供强大价值引导力、文化凝聚力和精神推动力。

（二）主要任务

1. 培育和践行社会主义核心价值观，积极传播和发展具有时代特征和工会特色的先进文化，大力弘扬劳模精神、劳动精神、工匠精神，使全体职工在理想信念、价值理念、道德观念上紧紧团结在一起。充分发挥示范引导作用，根据职工群众不同层次的精神文化需求，开展丰富多彩的职工文化活动，倡导健康文明生活方式，满足职工群众日益增长的美好生活需要。

2. 遵循社会主义精神文明建设特点和规律，适应社会主义市场经济发展要求，加快构建把社会效益放在首位、社会效益和经济效益相统一的体制机制，面向职工、面向市场，加强职工文化阵地建设，稳步推进工人文化宫（俱乐部）、职工书屋等职工文化阵地改革和发展。

3. 精心策划和打造职工文化品牌，创作和生产更多优秀文化产品，鼓舞和激励职工，不断提高职工群众思想境界和精神追求，扩大职工文化的社会影响力和感召力。

4. 树立新的文化发展观，努力在实践创造中进行文化创造，在历史进步中实现文化进步，探索建立新时代运行有序、促进发展的管理体制和运行机制，积极探索发展职工文化事业的新路子，明确职能、强化管理，整合资源、盘活资产，优化配置、增强活力，增强职工文化事业的实力和市场竞争力。

5. 充分发挥各类职工文化体育协会和组织的作用，运用协会自愿结合、方式灵活、市场运作、讲究实效的特点，为职工群众提供更多适应市场需求的文化产品和文化服务。

6. 培养职工积极分子队伍，广泛动员社会力量，内外结合、上下联动，逐步建立和完善工作机制和运作方式，依托领导机关进行文化建设宏观指导，依托社会力量按照市场机制组织大型文化体育活动，促进职工文化事业整体功能的发挥。

二、职工体育工作的指导思想、工作方针和主要任务

体育是社会发展和人类进步的重要标志，是综合国力和社会文明程度的重要体现。体育在提高人民身体素质和健康水平、促进人的全面发展、丰富人民精神文化生活等方面，有着不可替代的重要作用。职工体育是国家群众体育的重要组成部分，是职工群众广泛参与的社会活动。

（一）指导思想

以习近平新时代中国特色社会主义思想为指导，全面贯彻党的二十大精神，认真落实党和政府出台的相关法规政策，坚持人民主体地位，以满足广大职工日益增长的体育文化需求为出发点，以增强职工体质、全面提高职工整体素质和健康水平为目标，全面实施健康中国战略，推进体育强国建设，努力扩大职工体育的覆盖面，大力推进我国群众体育的发展，引领广大职工为全面建设社会主义现代化国家、全面推进中华民族伟大复兴贡献力量。

（二）工作方针

全面实施健康中国战略，推进体育强国建设，在广大职工群众中广泛开展全民健身活动，推动全民健身与全民健康的深度融合，大力增强广大职工群众的身体素养，提高职工队伍的整体健康水平，使广大职工群众在全面建设社会主义现代化国家、全面推进中华民族伟大复兴新征程中更好地发挥主力军作用；坚持普及与提高相结合、大型与小型相结合、集中与分散相结合、阶段性

与经常性相结合、传统与创新相结合，实现群众性体育和示范性活动协调发展、相互促进，以改革促发展，努力形成职工群众广泛参与、充满发展活力的运行机制，推动职工体育工作不断健康快速发展。

（三）主要任务

1. 坚持以职工健康为中心，全面实施健康中国战略，大力推进体育强国建设。贯彻落实《关于构建更高水平的全民健身公共服务体系的意见》，推进全民健身与全民健康的深度融合，充分调动广大职工群众参与体育健身活动的积极性，因地制宜，开展丰富多彩的职工体育健身活动，引导职工掌握正确的健身方式和知识，最大限度地满足职工体育健身需求，使经常参加体育活动的职工人数不断增长，职工参加体育健身活动的时间逐步增多，职工身体素养明显增强、健康水平显著提高，使健康文明的体育健身和运动休闲成为职工群众的普遍生活方式。

2. 积极探索合理整合工会现有资源增强实力的新途径，不断提高职工文化体育设施综合服务功能，改善职工体育健身条件与环境，为职工参加体育健身活动提供必要的设施和良好服务，推进职工体育健身服务体系的建立与完善。

3. 健全职工体育活动组织，依托各级职工文化体育协会，广泛动员和借助社会力量与资源，积极推进职工体育工作运行机制创新，深入实际，研究新情况新问题，努力开发职工体育无形资产，积极尝试、努力培育职工体育市场，增强职工体育发展的动力和后劲。

4. 制定职工体育工作发展规划，举办好全国性职工体育赛事，精心策划和打造职工体育活动品牌，扩大职工体育工作社会影响力和社会覆盖面，提升职工体育工作水平，实现职工体育工作全面协调可持续发展，不断开创职工体育工作新局面。

三、开展职工文化体育工作的主要途径和方式

职工文化体育工作肩负着提高职工群众整体素质，强健职工群众体魄，不断满足广大职工群众日益增长的美好生活需要的重任。职工文体活动具有鲜明的特征，如活动时间的业余性、活动对象的群众性、活动内容和形式的多样性、活动心理的自娱性、活动方式的自愿性和社会性等，其工作途径和工作方式主要有以下几个方面。

（一）建立健全职工文化体育工作体系

整合工人文化宫、各类职工文化体育组织和团队、各种职工文化体育活动节（奖、赛）和各类职工文化体育活动积极分子及工作力量，以及可借用的社

会文化体育资源，形成工作体系。建立全国职工文化体育活动网络和协调各方的有效工作机制，制定职工文化体育发展规划，有计划地推进各项活动。加强对基层文化体育活动指导，活跃和丰富基层职工文化体育生活，逐步形成通过社会化、市场化运作组织开展职工文化体育活动机制，充分借用社会文化体育资源指导基层文化体育活动，提升职工文化体育工作水平。发现、培养和创建不同门类、各具特色的职工文化体育示范基地，培养职工文化体育专门人才。

（二）开展丰富多彩的职工文体活动

职工文体活动的开展，分为全国性、地方性和基层等不同层次。

全国性活动主要是大型示范性职工文体活动，如全国总工会举办的“中国梦·劳动美”庆祝“五一”特别节目、“中国梦·劳动美”系列职工文体活动等，这些活动一般采取工会主办、与相关部门合办、企业支持、多方参与等市场运作方式进行。地方性活动主要是省、市、县（区）级工会结合当地经济社会发展的需要和职工需求，围绕不同阶段中心任务开展的职工文体活动。如各省（市、县）形成届制的职工运动会、职工文化艺术节，这些活动结合当地实际，贴近职工，贴近企业，深受职工欢迎。基层活动主要是基层单位开展的职工文体活动，其特点是参与的广泛性、经常性和形式的多样性。活动形式主要有本企事业单位的职工运动会、职工艺术节等综合性项目和各种职工兴趣小组、业余文体团队开展的各种单项活动。

（三）创新职工文体活动方式和载体

当前，随着互联网数字技术快速发展，“互联网＋文化”“互联网＋体育”融合程度不断加深。《中华全国总工会关于加强新时代职工文化建设的指导意见》指出，要推广“互联网＋”，创新职工文化服务内容、工作方式和活动载体。首先，要推动职工文化与新技术、新模式、新媒体有机融合，提高网络文化产品制作和供给能力。充分利用互联网拓展职工文化渠道平台，结合工会融媒体建设搭建覆盖广泛、功能齐全的网上职工文化服务平台。加快推进电子职工书屋建设和应用，建立和完善职工优秀文化作品电子资料库。鼓励和引导文化工作者在线创作反映劳动人生，弘扬劳模精神、劳动精神、工匠精神的职工文化作品。推动职工文化网络化传播，运用微博、微信、移动客户端等载体，促进优秀作品多渠道传输、多平台展示、多终端推送。其次，要推动职工文体活动线上线下齐头并进。推广健康文明的网络文体活动，广泛开展网上健步走比赛、工间操网络展播，以及网上摄影书画展、文艺会演、微视频展播、“随手拍”、云上演出等线上线下并行的灵活多样、趣味便利、大众化文体活动。开展线上问卷调查和网络讲座培训，精准把握职工需求，提升职工参与度和满意度。

第四节　做好工会新闻宣传工作

一、工会新闻宣传工作的性质和职责

（一）工会新闻宣传工作的基本性质

工会新闻宣传工作的基本性质取决于工会组织的基本性质，取决于中国工会在国家经济、政治和文化建设中的地位和作用。

1. 政治性。工会新闻宣传工作以宣传党的理论和路线方针政策，增强党的阶级基础、扩大党的群众基础、巩固党的执政地位为己任，团结引领广大职工群众坚定不移听党话、跟党走，奋进新征程、建功新时代，为实现中华民族伟大复兴的中国梦而不懈奋斗。这是工会新闻宣传工作所肩负的重要政治使命，体现了工会新闻宣传工作鲜明的政治性。

2. 先进性。工人阶级是先进生产力和生产关系的代表。工人阶级在国家制度中的领导地位，决定了工会新闻宣传工作必须贯彻落实以人民为中心的发展思想，坚持党的全心全意依靠工人阶级的方针，宣传工人阶级在国家经济社会发展中的主力军作用。这是工会新闻宣传工作先进性的内在要求。

3. 群众性。中国工会是工人阶级的群众组织，工会新闻宣传工作坚持把广大职工对美好生活的向往作为工会的奋斗目标，把切实维护好职工各项权益作为基本职责，把表达民声民意作为主要内容。这是工会新闻宣传工作群众性的具体体现。

（二）工会新闻宣传工作的主要职责

大力宣传习近平新时代中国特色社会主义思想，宣传党的全心全意依靠工人阶级的方针，宣传我国工人阶级在国家经济社会发展中的主力军作用，弘扬劳模精神、劳动精神、工匠精神，宣传中国特色社会主义工会发展道路，表达中国工会依法履行其社会职能的立场、观点、意见和主张，反映各级工会切实维护职工合法权益突出成效，为工会工作营造良好的社会舆论环境。

二、工会新闻宣传工作的基本原则

（一）党性原则

必须牢牢坚持党对工会新闻宣传工作的领导，坚持正确政治方向，坚持以人民为中心的工作导向。工会新闻宣传工作要宣传党的主张、贯彻党的决定，维护党中央权威、维护党的团结，做到爱党、护党、为党；要增强政治意识、大局意识、核心意识、看齐意识，自觉维护党中央权威和集中统一领导，自觉在思想上政治上行动上同以习近平同志为核心的党中央保持高度一致；要坚持党性和人民性相统一，把党的理论和路线方针政策变成职工群众的自觉行动，及时把职工群众创造的经验和面临的实际情况反映出来，丰富职工群众精神世界，增强职工群众精神力量。

（二）正面宣传为主原则

坚持团结稳定鼓劲、正面宣传为主，是党的新闻舆论工作必须遵循的基本方针。工会新闻宣传工作作为积极团结和动员广大职工群众为实现中华民族伟大复兴的中国梦而不懈奋斗的重要途径和方式，必须在导向、主张及口径上与党和国家各项方针政策、法律法规相一致。要牢牢坚持正确舆论导向，坚持团结稳定鼓劲、正面宣传为主的方针，深入宣传习近平新时代中国特色社会主义思想，引导职工群众深刻领悟“两个确立”的决定性意义，增强“四个意识”、坚定“四个自信”、做到“两个维护”，唱响主旋律，传播正能量，壮大主流思想舆论。

（三）围绕中心、服务大局原则

工会新闻宣传工作要适应国内外形势发展，必须坚持从党和国家的工作大局出发，找准定位。紧紧围绕党和国家工作大局以及工会工作全局，积极谋划工作的着力点和突破口。团结动员广大职工充分发挥主力军作用，为实现经济社会发展各项目标任务贡献智慧和力量，在全面建设社会主义现代化国家、实现第二个百年奋斗目标的新征程上建功立业。有力推进产业工人队伍建设改革，扎实做好新就业形态劳动者工会工作，切实做好维护职工合法权益和服务职工工作，开创工会工作新局面；大力弘扬劳模精神、劳动精神、工匠精神，讲好劳模故事、劳动故事、工匠故事，引导动员广大职工积极投身到实现中华民族伟大复兴的中国梦的实践中去。

（四）服务职工原则

人民是历史的创造者，是决定党和国家前途命运的根本力量。工会新闻宣传要坚持职工主体地位，坚持“三贴近”原则，深入基层、深入实际、深入职工群众，把工会新闻宣传的视角对准基层一线，对准职工群众，反映职工心声，表达职工愿望，引导职工情绪，畅通职工诉求渠道，讲好普通劳动者的感人故事，传递正能量，满足职工群众对美好生活的新期待。

（五）守正创新原则

工会新闻宣传工作要坚持守正创新原则。“守正”，即守信念之正，就是要坚持党性原则，在马克思主义新闻观的指导下开展工会新闻宣传工作。“创新”，就是要及时转变传播思维，创新理念、语态、方法、手段，增强工会新闻宣传工作的针对性和实效性，努力提高工会新闻宣传工作科学化水平。要转变身份认知，调整传播语态，向着平等化、贴近化、融合化、互动化的方向发展，从传统的政策信息“传声筒”转变为“翻译官”。要主动适应分众化、差异化传播趋势，积极借助新媒体传播优势，改变表现形式，对宏大主题做细分化拆解、趣味化表达，以职工群众喜闻乐见、易于接受的方式进行新闻宣传，切实增强影响力和引导力。

三、工会新闻宣传工作的主要任务

（一）大力宣传习近平新时代中国特色社会主义思想、宣传党的路线方针政策

工会新闻宣传工作要坚持以习近平新时代中国特色社会主义思想为指导，深入学习宣传贯彻习近平总书记关于工人阶级和工会工作的重要论述，深刻领悟“两个确立”的决定性意义、增强“四个意识”、坚定“四个自信”、做到“两个维护”。要以职工喜闻乐见的形式，深入宣传党的基本理论、基本路线、基本方略，大力宣传党和国家事业取得的历史性成就和发生的历史性变革，引导广大职工增强对中国共产党领导和中国特色社会主义制度的政治认同、思想认同、理论认同、情感认同，更加紧密地团结在以习近平同志为核心的党中央周围。

（二）大力宣传全心全意依靠工人阶级的方针

工会新闻宣传工作要大力宣传党的全心全意依靠工人阶级的方针，大力宣传党中央对工人阶级的高度重视、对工会工作的殷切期望、对广大职工的关心关爱，大力宣传中国特色社会主义工会发展道路，广泛宣传工人阶级的不平凡业绩，不断巩固壮大主流思想舆论。

（三）大力弘扬劳模精神、劳动精神、工匠精神

劳模精神、劳动精神、工匠精神是民族精神和时代精神的生动体现，是中国共产党人精神谱系的重要组成部分。工会新闻宣传工作要始终坚持弘扬劳模精神、劳动精神、工匠精神，要加强与有关部委和主要媒体的合作，发挥工会媒体主阵地作用，不断加大对劳动模范和大国工匠的宣传力度，宣传好新就业形态劳动者群体中涌现出的先进典型，持续开展“最美职工”“大国工匠”等

主题宣传，讲好劳模故事、劳动故事、工匠故事，营造劳动光荣的社会风尚和精益求精的敬业风气。

（四）发挥工会主流媒体优势

《工人日报》、中国工人出版社、中工网、《中国工人》杂志和地方工人报刊、网站是党和国家新闻出版事业的重要组成部分，是工会组织舆论宣传的主阵地，工会系统微博、微信公众号、微视频、客户端等新媒体平台是工会开展新闻宣传工作的重要载体。要积极稳妥地推进工人报刊的改革发展，努力提高办报办刊质量，办出“工”字风格，不断扩大影响力。要强化互联网思维和一体化发展理念，有效整合报、网、刊资源力量，推进工会媒体融合向纵深发展。要加强议题设置，把更多的镜头、话筒对准工人阶级，通过典型宣传、热点引导等方式，提高工会新闻宣传工作水平，增强宣传实效。

思考题

1. 如何加强新时代工会宣传教育工作？
2. 结合实际，谈谈所在单位开展职工文体工作的主要途径和形式。
3. 请结合工作实际，谈谈如何做好工会新闻宣传工作。

第五章

产业工人队伍建设改革

2017年2月，习近平总书记主持中央全面深化改革领导小组第三十二次会议，审议通过《新时期产业工人队伍建设改革方案》（以下简称《改革方案》）。2024年10月，中共中央、国务院《关于深化产业工人队伍建设改革的意见》（以下简称《深化改革意见》）出台。各级工会组织要按照党中央要求，发挥牵头抓总作用，加强对产业工人队伍建设改革的宏观指导、政策协调和组织推进，提高产业工人队伍建设水平。

第一节　产业工人队伍建设改革的总体思路

一、产业工人的含义和特点

（一）产业工人的含义

随着经济发展和产业变迁，产业工人的内涵与外延不断扩大。传统意义上，产业工人是指在现代工厂、矿山、交通运输等企业中从事集体生产劳动，以工资收入为生活来源的工人。2017 年，《新的使命和担当：〈新时期产业工人队伍建设改革方案〉解读》一书中提出，我国产业工人主要是指在第一产业的农场、林场，第二产业的采矿业、制造业、建筑业与电力、热气、燃气及水生产和供应业，以及第三产业的交通运输、仓储及邮政业与信息传输、软件和信息技术服务业等行业中从事集体生产劳动，以工资收入为生活来源的工人。近年来，新技术、新产业、新业态、新模式的不断生产和发展，使得新职业不断涌现，自 2015 年《中华人民共和国职业分类大典》发布以来，国家共发布 4 批共 56 个新职业。综合产业分工和社会发展情况，目前的产业工人是指在以下产业中从事集体生产劳动、以工资收入为主要生活来源的工人：第一产业的农业、林业、畜牧业、渔业；第二产业的采矿业，制造业，建筑业，电力、热力、燃气及水生产和供应业；第三产业的研发设计与其他技术服务，货物运输、通用航空生产、仓储和邮政快递服务，信息服务，节能与环保服务，批发与贸易经纪代理服务，生产性支持服务等生产性服务业。

（二）产业工人的特点

1. 产业工人队伍不断发展壮大。在新中国成立之初，全国职工的总数约 809 万人。1956 年底，社会主义改造基本完成之后，产业工人的队伍快速增长，数量已达 4651 万人。1978 年改革开放初期，第二产业和第三产业的从业人员达到 1.8 亿人，占全国从业人员的 29.5%。截至目前，我国产业工人有 2 亿人左右，其中超过八成集中在第二产业，近八成集中在制造业和建筑业，农民工占六成左右。

2. 产业工人队伍存在结构性失衡。一是产业分布不均衡，我国 80% 以上的产业工人集中于制造业与建筑业，制造业方面，在先进制造业和现代制造业从业的产业工人比重相对较低；二是年龄分布不均衡，四成以上的技师、高级技师平均年龄超过46岁，技术工人队伍面临年龄断档、青黄不接的严峻挑战；三是地区分布不均衡，东部地区多，中西部地区少；四是国企民企分布不均衡，高技能人才主要集中在国有大中型企业，民企和中小企业少。

3. 产业工人队伍整体素质有待提升。产业工人队伍中只有约三成人员具有技术等级，总体来说，存在“四多四少”的现象，即初级技工多，高级技工少；传统型技工多，现代技工少；单一技能型技工多，复合技能型技工少；短训速成的技工多，系统培养的技工少。高技能人才缺口日益扩大。统计数据显示，到2021年底，我国技能劳动者超过2亿人，其中高技能人才约6000万人，技能劳动者占就业人口总量的26%，而高技能人才仅占技能人才总量的30%。而西方发达国家，高技能人才占到技能劳动者总数普遍达到40%以上。

4. 产业工人就业质量整体偏低。一是一线产业工人的收入水平偏低且增长缓慢。2022年我国生产制造及有关人员的年平均工资为71147元，约为全部就业人员平均水平的77%，仅为中层及以上管理人员的38%。二是工作强度大。大部分一线制造工厂每天都需要机器长时间运作，两班倒、周末无休、一天12小时的高强度劳动在制造业工厂已成为一种“常态”。三是职业发展受限。产业工人职业发展通道狭窄、发展空间受限、职业激励力度不足。四是社会认可度低。工人似乎成了“社会底层”的代名词，低端职业观在社会上引导着一种不良的就业风气，致使大量年轻人宁愿选择月入两三千元的白领也不愿意做一线工人。

二、产业工人队伍建设改革的基本概念

党的十八大以来，习近平总书记围绕推进产业工人队伍建设改革，多次发表重要讲话、作出重要指示，深刻回答了推进产业工人队伍建设改革中的重大理论和实践问题，为推进产业工人队伍建设改革提供了根本遵循和行动指南。

（一）突出强调产业工人的地位和作用

《改革方案》指出，工人阶级是我国的领导阶级，产业工人是工人阶级中发挥支撑作用的主体力量，是创造社会财富的中坚力量，是创新驱动发展的骨干力量，是实施制造强国战略的有生力量。彰显了党坚持全心全意依靠工人阶级的一贯主张，体现了中国特色社会主义的鲜明特点。不论时代怎样变迁，不论社会怎样变化，党全心全意依靠工人阶级的方针都不能忘记、不能淡化，我国工人阶级地位和作用都不容动摇、不容忽视。肯定产业工人的地位和作用，是推进产业工人队伍建设改革的逻辑起点。

（二）产业工人队伍建设改革的目标任务

2018 年 10 月 29 日，习近平总书记在同中华全国总工会新一届领导班子成员集体谈话时指出，要加强产业工人队伍建设，加快建设一支宏大的知识型、技能型、创新型产业工人大军。2020 年 11 月 24 日，习近平总书记在全国劳动模范和先进工作者表彰大会上强调，要推进产业工人队伍建设改革，落实产业工人思想引领、建功立业、素质提升、地位提高、队伍壮大等改革措施，造就一支有理想守信念、懂技术会创新、敢担当讲奉献的宏大产业工人队伍。这些重要指示，明确了产业工人队伍建设改革的总体思路、重要举措、目标要求，为推进这项改革指明了前进方向。

（三）不断强化产业工人思想政治引领

2018 年 10 月 29 日，习近平总书记在同中华全国总工会新一届领导班子成员集体谈话时强调，引导职工群众听党话、跟党走，巩固党执政的阶级基础和群众基础，是工会组织的政治责任。时代变化了，但从群众中来、到群众中去的工作方法不能变。工会要适应新形势新任务，加强和改进职工思想政治工作，多做组织群众、宣传群众、教育群众、引导群众的工作，多做统一思想、凝聚人心、化解矛盾、增进感情、激发动力的工作，更好强信心、聚民心、暖人心，使广大职工在理想信念、价值理念、道德观念上紧紧团结在一起。要最大限度把农民工吸收到工会中来，使他们成为工人阶级坚定可靠的新生力量。要坚持以社会主义核心价值观引领职工，深化“中国梦·劳动美”主题教育，打造健康文明、昂扬向上、全员参与的职工文化。要把网上工作作为工会联系职工、服务职工的重要平台，增强传播力、引导力、影响力。这些重要指示，明确了新时代加强和改进产业工人思想政治工作的指导思想、方针原则、重要举措、方式方法和工作格局，为进一步加强产业工人思想引领提供了有力指导。

（四）强调充分发挥劳动模范和工匠人才的示范带动作用

2020 年 12 月 10 日，习近平总书记致信祝贺首届全国职业技能大赛举办强调，各级党委和政府要高度重视技能人才工作，大力弘扬劳模精神、劳动精神、工匠精神，激励更多劳动者特别是青年一代走技能成才、技能报国之路，培养更多高技能人才和大国工匠，为全面建设社会主义现代化国家提供有力人才保障。2023 年 10 月 23 日，习近平总书记在同中华全国总工会新一届领导班子成员集体谈话时指出，要大力弘扬劳模精神、劳动精神、工匠精神，发挥好劳模工匠示范引领作用，激励广大职工在辛勤劳动、诚实劳动、创造性劳动中成就梦想。这些重要指示，体现了对劳动模范和大国工匠的亲切关怀，是对广大产业工人进一步弘扬劳模精神、劳动精神、工匠精神，争做新时代奋斗者的殷切期望。

（五）努力提升产业工人的技术技能素质

2022 年 4 月 7 日，习近平总书记在致首届大国工匠创新交流大会的贺信中强调，我国工人阶级和广大劳动群众要大力弘扬劳模精神、劳动精神、工匠精神，适应当今世界科技革命和产业变革的需要，勤学苦练、深入钻研，勇于创新、敢为人先，不断提高技术技能水平，为推动高质量发展、实施制造强国战略、全面建设社会主义现代化国家贡献智慧和力量。2023 年 10 月 23 日，习近平总书记在同中华全国总工会新一届领导班子成员集体谈话时强调，要围绕深入实施科教兴国战略、人才强国战略、创新驱动发展战略，深化产业工人队伍建设改革，加快建设一支知识型、技能型、创新型产业工人大军，培养造就更多大国工匠和高技能人才。这些重要指示，强调面对日趋激烈的国际竞争，一个国家的发展能否抢占先机、赢得主动，越来越取决于国民素质特别是广大产业工人素质，提高包括广大产业工人在内的全民族素质，是民族发展的长远大计，是产业工人队伍建设改革的重要目标。

（六）着力加大对产业工人合法权益维护

2018 年 10 月 29 日，习近平总书记在同中华全国总工会新一届领导班子成员集体谈话时强调，工会要坚持以职工为中心的工作导向，抓住职工群众最关心最直接最现实的利益问题，认真履行维护职工合法权益、竭诚服务职工群众的基本职责，把群众观念牢牢根植于心中，哪里的职工合法权益受到侵害，哪里的工会就要站出来说话。要做好城市困难职工解困脱困工作，及时做好因各种原因返贫致困职工的帮扶救助，为广大职工提供具有工会特点的普惠性、常态性、精准性服务。2023 年 10 月 23 日，习近平总书记在同中华全国总工会新一届领导班子成员集体谈话时强调，工人阶级和广大劳动群众是社会财富的主要创造者，推动全体人民共同富裕取得更为明显的实质性进展，首先要体现在亿万劳动者身上。工会作为职工利益的代表者和维护者，要认真履行维权服务基本职责，着力解决关系职工群众切身利益的实际问题，重视维护新就业形态劳动者的合法权益。这些重要指示，揭示了保障职工群众各方面权益是我国社会主义制度的根本要求，是党和国家的神圣职责，也是发挥广大职工群众积极性、主动性、创造性最重要的工作。推进产业工人队伍建设改革，必须做好维护产业工人切身利益工作，保障他们体面劳动、舒心工作、全面发展。

三、产业工人队伍建设改革的总体思路、目标任务和基本原则

（一）总体思路

新时期产业工人队伍建设要以习近平新时代中国特色社会主义思想为指导，深入学习贯彻习近平总书记关于工人阶级和工会工作的重要论述，特别是关于产业工人队伍建设改革的重要指示精神，按照政治上保证、制度上落实、素质上提高、权益上维护的总体思路，改革不适应产业工人队伍建设要求的体制机制，充分调动广大产业工人的积极性主动性创造性，团结引导产业工人在中国式现代化建设中发挥主力军作用。

（二）目标任务

改革的目标任务是把产业工人队伍建设作为实施科教兴国战略、人才强国战略、创新驱动发展战略的重要支撑和基础保障，纳入国家和地方经济社会发展规划，通过改革，产业工人思想政治引领更加扎实，落实产业工人思想引领、建功立业、素质提升、地位提高、队伍壮大 5 项重点任务，产业工人队伍不断壮大、综合素质明显提高，保障产业工人地位的制度更加健全，产业工人合法权益进一步实现，劳动光荣、技能宝贵、创造伟大的时代风尚更加浓厚，造就一支有理想守信念、懂技术会创新、敢担当讲奉献的宏大的产业工人队伍。《深化改革意见》要求，力争到 2035 年，培养造就 2000 名左右大国工匠、10000 名左右省级工匠、50000 名左右市级工匠，以培养更多大国工匠和各级工匠人才为引领，带动一流产业技术工人队伍建设，为以中国式现代化全面推进强国建设、民族复兴伟业提供有力人才保障和技能支撑。主要改革举措包括加强和改进产业工人队伍思想政治建设、构建产业工人技能形成体系、运用互联网促进产业工人队伍建设、创新产业工人发展制度、强化产业工人队伍建设支撑保障等 5 方面 25 条具体内容。

（三）基本原则

全面落实产业工人队伍建设改革的目标任务，必须坚持正确的工作原则。《改革方案》明确提出，推进新时期产业工人队伍建设改革必须“坚持党的领导，把握正确方向；坚持服务大局，发挥支撑作用；坚持以人为本，落实主体地位；坚持问题导向，勇于改革创新”。这 4 条基本原则，深刻反映和总结了我们党对产业工人队伍发展变化与特点规律的认识，是推进新时期产业工人队伍建设改革的重要依据、根本准绳和行动规范，必须正确认识其精神实质，准确把握其科学内涵。

四、产业工人队伍建设改革的重要意义

产业工人队伍建设改革是习近平总书记亲自点题、亲自部署、亲自指导的重大改革，是党和国家一项具有战略性、全局性的重大决策部署。推进产业工人队伍建设改革，是以习近平同志为核心的党中央着眼于巩固党的执政基础、实施制造强国战略、全面提高产业工人素质作出的重大决策部署。学习贯彻习近平总书记关于产业工人队伍建设改革的重要指示精神和党中央重大决策部署，扎实推动产业工人队伍建设改革走深走实，关系到产业工人根本利益和长远利益的实现，关系到党的执政根基的稳固，关系到国家的长治久安。

推进产业工人队伍建设改革，是巩固党长期执政的阶级基础和群众基础的迫切需要。工人阶级是我国的领导阶级，产业工人是工人阶级中发挥支撑作用的主体力量，是党最坚实最可靠的执政基础。党和国家各项事业取得的新成就，都离不开工人阶级特别是产业工人的奋力拼搏和忠诚奉献。不断深化产业工人队伍建设改革，加强对产业工人队伍的思想政治引领，健全完善保证产业工人主人翁地位的制度安排，坚定产业工人听党话、感党恩、跟党走的自觉信念，对巩固党的执政基础、扩大党的群众基础，有着极为重要的作用。

推进产业工人队伍建设改革，是实施制造强国战略、推动高质量发展的迫切需要。产业工人是创造社会财富的中坚力量，是创新驱动发展的骨干力量，是实施制造强国战略的有生力量，在加快产业转型升级、推动技术创新、提高企业竞争力等方面具有基础性作用。要建成制造强国，需要尖端技术和先进设备，但更需要有一大批能把蓝图变为现实的能工巧匠。加强产业工人队伍建设，建设一支高素质的产业工人队伍，已经成为一项重要而紧迫的战略任务，直接影响到我国在经济全球化、新一轮科技革命和产业变革中能否抢占先机、赢得主动。努力打造一支宏大的高素质产业工人队伍，为高质量发展提供强大的人才支撑，对经济社会持续健康发展具有重要作用。

推进产业工人队伍建设改革，是满足职工群众对美好生活向往的迫切需要。不断满足职工群众对美好生活的需要，促进共同富裕，是各级工会面临的重大命题。目前，产业工人整体收入还不高、职业发展通道不畅，农民工就业能力偏弱、融入城市难，劳务派遣工同工不同酬，新就业形态劳动者权益保障面临许多新情况，这些都要求不断深化产业工人队伍建设改革，在推动问题破解上下更大功夫，不断增强广大产业工人的获得感、幸福感、安全感。

第二节　深化产业工人队伍建设改革

一、产业工人队伍建设改革面临的挑战

目前，产业工人队伍建设改革取得了一定的成效。各级党委、政府和工会组织把推进这项改革作为重要政治任务来抓，各项改革举措陆续推出并付诸实施，改革取得了重要阶段性成果。但是，产业工人队伍建设改革推进过程中也面临一些新的挑战。

（一）制造业产业结构发生深刻变革

当前，全球制造业正经历深刻变革，供应链、价值链、产业链进入深入调整阶段，互联网产业化、工业智能化方兴未艾，出现生态化、智能化、数字化、平台化、国际化及多业态融合的趋势。我国经济已由高速增长阶段转向高质量发展阶段，正处在转变发展方式、优化经济结构、转换增长动力的攻关期，产能过剩和需求结构升级矛盾突出，产业发展面临的内外部环境发生深刻变化，实体经济特别是制造业困难增大，关键核心技术受制于人等瓶颈亟待突破。面对产业革命发展大趋势，必须加快做大做强实体经济和制造业，推动经济由量大转向质强，产业工人身处生产制造领域最前沿，在加快产业转型升级、推动技术创新、提高企业竞争力等方面具有基础性作用，在推动经济发展质量变革、效率变革、动力变革，提高全要素生产率等方面具有重要支撑作用。只有推进产业工人队伍建设改革，打造一支高素质的产业工人队伍，才能使我国在日趋激烈的国际竞争中掌握主动权。

（二）产业工人队伍发生深刻变化

随着我国经济社会深刻变革，基于互联网的新技术新业态新模式大量涌现，我国产业工人队伍发生深刻变化。“80后”“90后”成为产业工人的主体，以高学历高职称高收入为特征的“三高”群体和在新技术新业态新模式就业的“三新”群体并存，他们在收入分配、利益诉求、价值取向、思想观念等方面呈现日益多样化、差异化的新特征，更加注重自我价值的实现，从追求生存权益向追求发展权益转变，从追求物质权益向追求民主权利、精神权益转变，从利益诉求一体化、同质化向差异化、多元化转变。与此同时，也存在技能素质总体不高、结构不合理、技术工人总量不足、劳动生产率不高等问题。面对这

些问题，迫切需要通过产业工人队伍建设改革加以解决。

（三）产业工人队伍建设改革需要进一步深化

我国经济社会发展存在地区差异性，经济活动在不同地区、不同行业、不同所有制下有不同的特点，决定了产业工人队伍在不同地区、不同行业以及不同所有制下有不同的特点和趋势，这导致了产业工人队伍建设改革的不平衡性和复杂性，还有一些地区对改革的重要性紧迫性的认识不到位，部门之间的政策合力有待加强；一些企业的主体作用发挥不够等，需要通过深化改革进一步完善。

二、深化产业工人队伍建设改革的主要措施

2022 年 4 月 7 日，习近平总书记在致首届大国工匠创新交流大会的贺信中提出，各级党委和政府要深化产业工人队伍建设改革，重视发挥技术工人队伍作用，使他们的创新才智充分涌流。2024 年 10 月，中共中央、国务院出台《关于深化产业工人队伍建设改革的意见》，从 7 个方面对深化产改做了部署和要求。

（一）强化产业工人思想政治引领

1. 持续强化产业工人队伍思想政治工作。建立健全企业班组常态化学习制度，充分发挥“学习强国”、职工书屋、产业工人学习社区等平台作用，通过理论宣讲、劳模宣讲、演讲比赛、知识竞赛等方式，把“大学习”的课堂搬到工厂车间、生产一线、发展前沿，推动习近平新时代中国特色社会主义思想进企业、进车间、进班组。根据青年职工、农民工、新就业形态群体等的差异化需求，采用启发式、案例式、体验式方法，用“小故事”讲“大道理”，让党的创新理论“飞入寻常百姓家”。

2. 加强产业工人队伍党建工作。持续解决国有企业党员空白班组问题。发挥龙头企业带动作用，通过产业链供应链创新链推动党建，用党建推动产业上下游企业联动。注重把劳模工匠、技术能手等优秀产业工人骨干吸收到党组织中来，提高产业工人党员比例，把生产经营骨干培养成党员、把党员培养成生产经营骨干、把党员和生产经营骨干培养成先进模范。

3. 大力弘扬劳模精神、劳动精神、工匠精神。劳模精神、劳动精神、工匠精神是以爱国主义为核心的民族精神和以改革创新为核心的时代精神的生动体现，是产业工人思想政治工作的价值取向。设立一批劳模精神、劳动精神、工匠精神实践教学基地，聘请一批劳模工匠担任“大思政课”兼职教师。组织劳模工匠进校园、进社区、进机关，发挥党史馆、工运史馆、劳模馆、工匠馆、

工人文化宫等宣传教育阵地作用，创作出版、制作播出更多反映产业工人风貌的优秀文学、网络视听和影视作品。

（二）切实保障产业工人民主政治权利

1. 健全产业工人参与国家治理的制度机制。适当增加产业工人在各级党的代表大会代表和委员会委员、人大代表、政协委员、群团组织代表大会代表和委员会委员中的比例。把党的代表大会代表和委员会委员、人大代表、政协委员、群团组织代表大会代表和委员会委员中的产业工人纳入各级党校调训计划，提高其履职能力。选拔推荐更多优秀产业工人到工会、共青团、妇联等群团组织挂职或兼职，支持其更好履行职责、发挥作用。

2. 完善企业民主管理制度。健全以职工代表大会为基本形式的企事业单位民主管理制度，涉及产业工人切身利益的重大问题必须经过职代会审议通过。指导企业依法开展工资集体协商，推动完善社会保障制度，健全完善工会劳动保护监督机制，进一步提高职工群众的主人翁地位。坚持和完善职工董事、职工监事制度，深化厂务公开，切实保障产业工人的知情权、参与权、表达权、监督权。

3. 强化劳动关系民主协商工作。建立健全各级协调劳动关系三方委员会，成立国家协调劳动关系三方委员会。健全地方政府和工会联席（联系）会议制度，把推进产业工人队伍建设改革作为重要议程。推进新时代和谐劳动关系创建活动，培育和谐劳动关系行业、企业和工业园区，选树基层劳动关系公共服务样板站点。

（三）完善产业工人技能形成体系

1. 深化现代职业教育体系建设改革。采取中等职业学校和普通高中同批次并行招生等措施，稳定中等职业学校招生规模。保障职业学校学生在升学、就业、职业发展等方面与同层次普通学校学生享有平等机会。促进职业教育与产业发展有机衔接，打造一批引领产教融合的标杆行业，培育一批行业领先的产教融合型企业。

2. 加大复合型技术技能人才培养力度。着眼推进新型工业化，实施“技能中国行动”、现场工程师专项培养计划、青年技能人才锻造行动。开展全民数字素养与技能提升行动，建立一批数字技能人才培养试验区，打造一批数字素养与技能提升培训基地。

3. 落实企业培养产业工人的主体责任。充分发挥国有企业示范作用，将产业工人队伍建设改革纳入各级国有企业党建工作考核体系，带动产业链上下游企业深化改革。推动国有企业、上市公司、民营头部企业将改革纳入企业社会责任报告、可持续发展报告。支持中小微企业灵活推进，突出重点、保障产业工人合法权益。发布企业推进产业工人队伍建设改革蓝皮书。对推进改革成效显著的企业，各级党委政府按规定予以表扬和相应政策支持。

4. 促进产业工人知识更新和学历提升。围绕强国建设需求，实施产业工人继续教育项目，鼓励更多高等院校开设劳模班、大国工匠班。利用工人文化宫等线下阵地、智慧工会平台，组织劳模工匠人才开展社会化、公益性技能培训。建好用好“技能强国——全国产业工人学习社区”等“互联网＋学习教育”平台。

（四）健全产业工人职业发展体系

1. 畅通产业工人向上发展通道。2022 年 4 月，人力资源社会保障部出台《关于健全完善新时代技能人才职业技能等级制度的意见（试行）》，将原有的“五级”技能等级延伸为“八级”，这为打通产业工人向上发展通道提供了制度保障。在深化产业工人队伍建设改革过程中，要完善以职业能力为导向、以工作业绩为重点，注重劳模精神、劳动精神、工匠精神培育和职业道德养成的技能人才评价体系。把大国工匠、高技能人才纳入党管人才总盘子统筹考虑，支持各地将急需紧缺技能人才纳入人才引进目录。推动落实新时代技能人才职业技能等级制度，深入实施职业技能等级认定提质扩面行动。

2. 贯通产业工人横向发展机制，推进学历教育学习成果、非学历教育学习成果、职业技能等级学分转换互认，推进学分银行和资历框架建设。建立职业资格、职业技能等级与相应职称、学历的双向比照认定制度，健全专业技术岗位、经营管理岗位、技能岗位互相贯通的长效机制。各类企业对在聘的高级工、技师、高级技师在学习进修、岗位聘任、职务职级晋升、评优评奖、科研项目申报等方面，参照《人力资源社会保障部关于进一步加强高技能人才与专业技术人才职业发展贯通的实施意见》，比照相应层级专业技术人员享受同等待遇。

（五）维护产业工人劳动经济权益

1. 着力提高产业工人经济收入。坚持多劳者多得、技高者多得、创新者重奖，完善分配制度，提高劳动报酬在初次分配中的比重。推动企业建立健全基于岗位价值、能力素质、创新创造、业绩贡献的技能人才薪酬分配制度和合理增长机制。以健全产业工人薪酬激励机制为重点开展工资集体协商，推行签订技能人才工资专项集体合同（能级工资）、技术创新激励专项集体合同。鼓励企业探索实行大国工匠、高技能人才年薪制、协议工资制、股权激励，工资分配向关键岗位、生产一线岗位和紧缺急需的高技能人才倾斜。

2. 切实加强产业工人维权服务。完善以“普惠性标准服务 + 精准性重点帮扶”为主体的工会维权服务体系。针对产业工人工资报酬、劳动安全、社会保险、福利待遇等基本权益，按照“人人享有、标准一致”的原则，健全普惠性权益维护体系。针对女职工、困难职工、超龄劳动者等特定群体特殊需求和情况，按照“规则一致、精准到人”的原则，完善特殊性权益维护体系。针对新就业形态劳动者，扎实开展新就业形态劳动者维权服务三年行动，将建会入会、开展集体协商、签订集体合同、工会及时调解劳动争议作为重点，力争取得实质性进展。针对农民工，强化工会全方位、全天候帮扶职工解决欠薪工作机制，常年开展“解决农民工欠薪，工会在行动”工作，持续开展农民工公益法律服务、阳光少年工会夏令营等活动。强化劳动人事争议调解仲裁与劳动保障监察联动，加强劳动保障执法检查，打击劳动领域违法行为。

3. 有效维护产业工人安全健康权益。压实企业安全生产主体责任，加强企业安全健康文化建设，实施高危行业领域从业人员安全技能提升专项行动，增强全员安全意识和技能水平。严格执行《安全生产法》，加强对高危行业建设项目的监管。煤矿井下工作岗位不得采取劳务派遣用工。督促企业依法落实工时制度，健全并落实产业工人疗休养制度，建设 EAP（员工心理帮助计划）中心，探索开展“健康驿站”健康服务项目，促进产业工人身心健康。

（六）搭建产业工人建功立业平台

1. 广泛深入持久开展劳动和技能竞赛。围绕重大战略、重大工程、重大项目、重点产业，围绕区域发展战略、地区发展重大任务和产业特色，深化全国引领性劳动和技能竞赛，广泛开展各层级多形式的竞赛活动，着力扩大覆盖面、提高参与率、增强实效性。持续办好中华人民共和国职业技能大赛，组织举办全国职工职业技能大赛等全国行业职业技能竞赛，鼓励地方、行业、企业广泛开展各类竞赛活动，营造“比学赶帮超”的浓厚氛围。

2. 激发产业工人创新创造活力。鼓励产业工人立足工作岗位、解决生产现场问题，广泛开展面向生产全过程的小发明、小创造、小革新、小设计、小建议等群众性创新创造活动。发挥企业班组作用，推行“揭榜挂帅”“技师 + 工程师”团队合作模式，引导和支持大国工匠、高技能人才参与重大技术革新、科技攻关项目。加强产业工人知识产权保护，做好产业工人申报国家科技进步奖、中国专利奖等组织推荐工作。

3. 发挥劳模和工匠人才的示范带动作用。加强劳模和工匠人才创新工作室、技能大师工作室、职工创新工作室、青创先锋工作室等平台建设，发挥劳模工匠人才的创新领军、技术攻关、技能传承作用。推动建立跨区域、跨行业、跨企业的创新工作室联盟。实施“劳模工匠助企行”，促进中小微企业成长。

（七）壮大产业工人队伍

1. 稳定制造业产业工人队伍。顺应科技革命、产业变革趋势，支持制造业企业围绕转型升级和产业基础再造工程项目，制订制造业人才支持计划、制造业等实体经济人力资源服务支持计划。统筹推进制造业转型升级和保持产业工人队伍稳定，支持和引导企业加强转岗培训，提高产业工人多岗位适应能力。

2. 大力培养大国工匠。实施大国工匠人才培育工程，设立大国工匠表彰奖项，选树产业工人队伍中的技能拔尖人才、创新领军人才，壮大国家战略人才力量。建设全国工匠学院、网上工匠学院和各地、各产业工匠学院示范点，打造中国特色工匠学院体系。支持高等院校举办劳模工匠创新培训营，开展工匠人才高级研修、境外培训和国际交流活动，加大巾帼工匠培养、宣传力度。

3. 吸引更多青年加入产业工人队伍。加强政策支持和就业指导、就业服务，改善工作环境和劳动条件，丰富精神文化生活，打造幸福企业，增强制造业岗位对青年的吸引力。搭建校企对接平台，引导大学生到生产建设一线建功立业，走技能成才、技能报国之路。

4. 把农民工培养成现代产业工人。围绕新型工业化、城市化、现代化和产业转型升级的要求，加强对农民工的技能培训，广泛实施“求学圆梦行动”，把更多农村转移就业人员和新生代农民工培养成高素质产业工人。促进农民工融入城市，进一步放开放宽城市落户政策，推动住房保障、子女随迁入学等城市基本公共服务均等化，完善农民工法律援助异地协作工作机制，保障农民工稳定就业和合法权益。

第三节　充分发挥工会组织作用

一、推动产业工人队伍建设改革是工会的法定职责

《工会法》第八条规定，工会推动产业工人队伍建设改革，提高产业工人队伍整体素质，发挥产业工人骨干作用，维护产业工人合法权益，保障产业工人主人翁地位，造就一支有理想守信念、懂技术会创新、敢担当讲奉献的宏大产业工人队伍。推动产业工人队伍建设改革是国家法律赋予工会组织的法定职

责，产业工人队伍建设改革入法，体现了中央对产业工人队伍建设改革的新要求，为深化产业工人队伍建设改革提供了法治保障。

二、推动产业工人队伍建设改革是由我国工会的性质和职能决定的

从性质上看，工会是党联系职工群众的桥梁和纽带，是国家政权的重要社会支柱，是职工利益的代表者和维护者，也是职工群众提升自身素质的“大学校”。这种性质地位，决定了工会必然要以发展工人阶级先进性、加强产业工人队伍建设为己任，作为一项长期的战略任务来抓。

从职能来看，我国工会全面履行维护、建设、参与、教育 4 项社会职能。《中国工会章程》明确规定，中国工会动员和组织职工积极参加建设和改革；代表和组织职工参与国家和社会事务管理，参与企业、事业单位和机关的民主管理；教育职工提高思想道德素质和科学文化素质，不断发展工人阶级先进性；坚持组织起来、切实维权的工作方针，维护职工的经济、政治、文化和社会权利。这 4 个方面的内容，与政治上保证、制度上落实、素质上提高、权益上维护这一产业工人队伍建设改革的总体思路是根本一致的。

三、在深化产业工人队伍建设改革中充分发挥工会特点和优势

面对新时代产业工人队伍发展规模、内部结构、利益诉求、思想观念的新变化新特点，各级工会组织要发挥组织健全、熟悉产业工人情况、联系产业工人紧密的特点和优势，在深化产业工人队伍建设改革中更好体现工会作为、彰显工会价值。

（一）发挥组织优势，最大限度把产业工人组织起来

工会组织具有自上而下的完善的组织网络体系，能最大限度地将产业工人组织起来，有利于更准确地了解产业工人队伍的现状和制约产业工人队伍发展的问题，也有利于对产业工人队伍在思想政治引领、职业技能培训、劳动经济权益维护等方面工作的统一部署和开展。在深化产业工人队伍建设改革过程中，要持续发挥工会组织优势，形成完善的组织体系，实现有效覆盖，做到哪里有产业工人，哪里就有工会组织，不断扩大工会工作覆盖面。一是要夯实基层工会工作基础。加强“小三级”工会建设，推动基层工会“建起来”；解决基层工会缺经费、缺阵地、缺编制“三缺”问题，推动基层工会“转起来”；完善基层工会建制功能，推动基层工会“强起来”。二是要加强产业工会建设。产业工会在维护产业工人合法权益、协调产业劳动关系、加强产业工人队伍建

设、促进产业改革发展中具有重要地位和不可替代的作用，要合理设置产业工会，调整健全产业工会组织体系，做到产业工会和地方工会在大局下协调配合、相互支持，发挥优势、体现作为，形成工作合力。

（二）发挥制度优势，保障产业工人参与民主管理、反映利益诉求

保障产业工人参与民主管理，畅通产业工人利益诉求渠道，是深化产业工人队伍建设改革的重要内容。工会组织是连接党和职工群众的桥梁和纽带，党中央赋予工会一系列的制度优势，可以保障产业工人参与民主管理、反映利益诉求。工会要用好这些制度机制，为深化产业工人队伍建设改革提供保障。一是要推动企业落实以职工代表大会为基本形式的民主管理制度，推进厂务公开、业务公开，坚持企业在重大决策上听取产业工人意见，涉及产业工人切身利益的重大问题必须经过职代会审议，坚持和完善职工董事制度、职工监事制度，鼓励产业工人代表有序参与公司治理，维护产业工人的知情权、参与权、表达权、监督权。二是要推动健全协调劳动关系三方机制及政府和工会联席（联系）会议制度，把涉及广大产业工人切身利益和影响劳动关系和谐的热点、难点问题作为重点议题，研究对策办法、提出意见建议。三是要积极推行集体协商和集体合同制度，加强行业集体协商制度建设，以行业劳动定额、行业劳动标准、行业人工成本、行业工资指导价位等为重点内容，扩大产业工人参与、规范协商程序，细化合同条款、强化履约监督，提升集体协商质量。四是要组织和代表产业工人参加人大立法协商、执法检查和政协专项视察、民主协商，发挥工会系统人大代表和工会界别政协委员作用，围绕涉及产业工人利益的法规政策，表达产业工人利益诉求和工会主张。

（三）发挥群众性优势，开展产业工人喜闻乐见的工作和活动

工会是群众组织，不是党委的一个部门，也不是行政的附属机构。工会牵头做好产业工人队伍建设改革这项工作不能靠行政命令，而必须立足群众组织的特点、立足职工群众的实际，主要通过团结、动员的方式和说服、吸引的方法来开展。一是更多关注、关心、关爱一线产业工人，经常同产业工人进行面对面、手拉手、心贴心的零距离接触，把握产业工人所需所急所盼，了解产业工人共性需求，从产业工人的意愿和要求出发去想问题、定决策、出措施，使确定的工作重点、采取的工作方式更加符合产业工人的愿望和要求，更为产业工人所喜闻乐见。二是坚持眼睛向下、重心下移，把工作重点放在基层，把更多的人力、物力、财力用在基层和产业工人身上，把服务职工、服务基层落到实处，把基层的生机和活力充分激发出来。三是运用社会化的方式开展工作，创新工作的载体和途径，提升工作信息化水平，善于争取更多的资源和手段，

使工会工作融入社会，使社会了解工会、支持工会。四是鼓励和支持基层工会开展形式多样、富有工会特色的活动，尊重会员群众的主体地位，让产业工人当主角，吸引更多产业工人参加到活动设计、工作部署、先进表彰等工会工作中来，体现工会组织的群众性。

（四）发挥品牌优势，提高产业工人生活品质

一直以来，工会扎实推进品牌化建设，形成了劳动和技能竞赛、劳模创新工作室、职工素质建设工程、职工书屋、“大国工匠”、“两节”送温暖、困难职工帮扶、金秋助学、阳光就业、家政服务、农民工平安返乡等工会工作品牌，得到各级党政充分肯定、广大产业工人广泛欢迎，在服务党和国家工作大局中展示了工会的良好形象，提高了工会的影响力和美誉度。面对新形势新任务新要求，工会要在已有品牌的基础上，适应产业工人队伍不断变化、利益诉求复杂多样的新特点新趋势，在群众所急、党政所需、自己所能的领域找准着力点，认真学习和总结推广基层经验，从职工群众生机勃勃的实践创造和鲜活经验中汲取营养，不断创新工作方法，推进工作机制化、标准化、规范化，努力打造更多基层欢迎、群众乐见、社会认可的服务品牌，提升服务产业工人的能力水平，把“职工之家”和“娘家人”的称号做得更加名副其实，不断增强工会组织的吸引力、凝聚力、影响力。

产业工人队伍建设改革是一项系统工程，需要加强政策集成、力量统筹、资源整合和督促检查，久久为功，绵绵用力，切实提高产改实效，培养更多高技能人才，为强国建设、民族复兴提供强大的智力支持。

思考题

1. 产业工人队伍建设改革的总体思路和目标任务是什么？
2. 深化产业工人队伍建设改革的重点措施有哪些？
3. 在深化产业工人队伍建设改革中，工会如何更好发挥作用？

第六章

劳动和技能竞赛工作

劳动和技能竞赛作为工会工作的传统优势、工作品牌，是工会围绕中心、服务大局的重要手段和载体。在我国，它走过了百年的光辉历程，顺时应势，长盛不衰。2023 年 10 月 23 日，习近平总书记在同中华全国总工会新一届领导班子成员集体谈话时强调，要广泛深入开展各种形式的劳动和技能竞赛，激发广大职工的劳动热情、创造潜能，在各行各业各个领域充分发挥主力军作用。

第一节　劳动和技能竞赛的主要内容

一、劳动和技能竞赛的历史沿革

（一）劳动竞赛的历史沿革

1917 年，俄国十月社会主义革命胜利后，为支援前线和新生的苏维埃政权，莫斯科—喀山铁路工人每天工作时间延长一小时，集中于星期六进行无报酬劳动，这就是著名的社会主义劳动竞赛，又叫“共产主义星期六义务劳动”。列宁指出共产主义星期六义务劳动是比推翻资产阶级更困难、更重大、更彻底、更有决定意义的变革的开端，是“伟大的创举”。共产主义星期六义务劳动是劳动竞赛的早期形式。

我国的劳动竞赛始于 20 世纪 30 年代党领导下的中央苏区。从 1932 年开始到 1934 年 10 月红军主力长征，在这不到两年的时间里，由于苏维埃政府各级领导的大力支持、工会组织的精心组织，苏区的广大群众，从工厂到农村、从机关到学校，参加竞赛的热情不断高涨，一时间竞赛活动开展得热火朝天，形成了学先进、促后进、你追我赶的生动局面。1933 年 5 月，毛泽东到瑞金武阳参加授旗大会，代表苏维埃临时中央政府将写有“春耕模范”的奖旗分别授予武阳区苏维埃和石水乡苏维埃的代表。在那块红色的土地上，产生了中国的第一批劳动模范。

新中国成立后，群众性社会主义劳动竞赛大致划分为五个阶段。

第一阶段：1949—1952 年，主要表现为爱国主义竞赛与增产节约运动相结合。新中国成立后，为了医治战争创伤，尽快恢复国民经济，在党和政府的号召下，广大职工开展了以清查仓库、献纳器材、修复机器、恢复生产为内容的“爱国主义生产竞赛”。爱国主义生产竞赛为新中国建设、巩固新生政权发挥了重要作用。

第二阶段：1953—1965 年，主要表现为劳动竞赛与技术革新相结合。从 1953 年起，我国开始实施第一个发展国民经济的五年计划。在这一时期，工会在全国职工中组织开展了技术革新、社会主义竞赛、先进生产者运动，掀起了“比学赶帮超”的热潮。职工技协活动就是在这一时期兴起的。职工技协活动在攻克生产技术难关、制造国家急需设备、生产“争气”产品和抢建半截子工程等方面发挥了重要作用，为克服国民经济的暂时困难作出了贡献。

第三阶段：1976—1999年，主要表现为劳动竞赛与经济责任制、改善企业管理相结合。随着国家进入社会主义建设新的历史时期，劳动竞赛得到了恢复和发展。在力争到20世纪末使国民生产总值翻两番，把中国建设成为具有现代化工业、农业、国防、科学技术，具有高度文明、高度民主的社会主义国家的宏伟目标和总任务的鼓舞下，广大职工开展了以高产、优质、安全、多品种、低消耗为主要内容的“双增双节”“挖潜增效”“为‘四化’立功竞赛”等劳动竞赛活动。劳动竞赛无论广度和深度都超过了以往任何时期，竞赛活动的组织进一步科学化、系统化，特别是提出了精神奖励和物质奖励相结合的竞赛原则，极大地调动了广大职工的参赛积极性，使劳动竞赛呈现出蓬勃发展的态势。

第四阶段：2000—2011年，劳动竞赛与经济技术创新工程相结合。进入21世纪以后，面对世界科技的迅猛发展和日益激烈的国际竞争，科技创新已经成为经济和社会发展的主导性力量。工会在全国职工中实施以推动技术进步为主题、以技术创新为重点、以开展争当“创新示范岗”和“创新能手”活动为载体的职工经济技术创新工程。在这期间，出台了《2011—2015年劳动竞赛规划》，这是我国制定的第一个全国性五年劳动竞赛规划，标志着劳动竞赛的系统性和科学性有了重大发展。

第五阶段：2012年至今。进入新时代，习近平总书记对工人阶级和工会工作作出一系列重要论述，明确提出劳动竞赛在新时代要注入新内涵。2016年全国总工会出台《2016—2020年劳动和技能竞赛规划》，首次把技能竞赛纳入劳动竞赛范畴。2021年全国总工会出台《中华全国总工会劳动和技能竞赛规划（2021—2025）》。劳动和技能竞赛作为一项服务我国经济大局、紧扣五年规划的广泛性、经常性活动，呈现出新时代的特征。

（二）世界技能大赛的历史沿革

世界技能大赛是最高层级的世界性职业技能赛事，被誉为“世界技能奥林匹克”，是世界技能组织成员展示和交流职业技能的重要平台。

1946年，西班牙国内技术工人大量短缺，为应对这一困境，西班牙青年组织负责人萌生了以职业技能竞赛吸引年轻人接受职业教育的想法，并积极付诸实践。1947年，西班牙在国内成功举办了第一届全国职业技能大赛。随后，经过一系列努力，1950年，西班牙与历史、文化、语言都相似的葡萄牙携手，在西班牙马德里举办了第一届世界技能大赛，世界技能大赛的帷幕被正式拉开。与此同时，两国在西班牙创立了世界技能组织的前身——“国际职业技能训练组织”（International Vocation Training Organization，IVTO）。1953年，在西班牙的邀请下，德国、英国、法国等欧洲国家纷纷加入“国际职业技能训练组织”。1954年，由各成员选派的行政代表和技术代表组成的组委会成立，专门负责制定和完善竞赛规则，这种模式沿用至今。从20世纪60年代起，日本、韩国等亚洲国家也先后加入。来自全球不同国家和地区的不同肤色的选手纷纷登上世界技能大赛的舞台，赛事规模日益壮大。时至今日，世界技能大赛已成为真正的世界级技能竞技比赛，世界技能组织各成员国家和地区的青年技术人才齐聚一堂，展示、交流各自的技能，相互学习彼此的经验，分享胜利的喜悦。1955—1971年，世界技能大赛每年举办一届。自1971年起，基本稳定为每两年举办一届，由世界技能组织举办。

2010年，中国加入世界技能组织。2011年，第41届世界技能大赛在英国伦敦开幕，中国首次派出代表团参加数控车床、焊接等6个项目的比赛。2019年8月，我国接过第46届世界技能大赛在上海举办的大旗。为了更好对接世界技能大赛，经国务院批准，从2020年起，我国每两年举办一届职业技能大赛。从此，技能竞赛有了国家版本。2020年，人力资源和社会保障部公布《关于举办中华人民共和国第一届职业技能大赛的通知》，其中明确规定，“凡16周岁以上、法定退休年龄以内的中国大陆公民（当地学习或工作满1年以上）按属地原则报名参赛”。这大大突破了世界技能大赛选拔项目选手年龄一般不超过22岁的限制，在最大范围内激发劳动者热情，为构建技能型社会发挥了重要作用。2026年，第48届世界技能大赛将在中国上海举办。

全国职工职业技能大赛是全国总工会一项重要的传统品牌工作。自2003年起，全国总工会联合有关部门共同举办大赛，每三年一届，至今已经举办七届。

二、劳动和技能竞赛的概念、功能和原则

（一）概念

新时代劳动和技能竞赛是新时代中国特色社会主义劳动竞赛和职工职业技能竞赛的简称。社会主义劳动竞赛是指在社会主义条件下，企业或者劳动者为企业的生存发展乃至国家社会的经济进步而自觉进行的一种有目的、有组织的互帮互学、争优创新的实践活动，以普遍提高劳动生产率和工作效率为目的的群众性竞赛活动。职工职业技能竞赛是依据国家职业技能标准，结合企事业单位生产和经营工作实际开展的以操作技能和解决实际问题能力为重点的、有组织的群众性竞赛活动。新时代劳动和技能竞赛是工会组织开展的旨在激发职

工主人翁精神，调动职工积极性，团结动员职工投身国家经济建设的一系列活动，是工会围绕中心、服务大局的重要手段和载体，在工会工作全局中具有重要地位。新时代劳动和技能竞赛有广义和狭义之分。狭义的劳动和技能竞赛特指生产竞赛。广义的劳动和技能竞赛是职工经济技术活动的统称。根据竞赛内容的不同，劳动和技能竞赛可划分为三类：生产型竞赛、技能型竞赛和智能型竞赛。

生产型竞赛是旨在调动职工积极性、促进某一生产任务完成而开展的竞赛活动，也就是我们传统意义上的社会主义劳动竞赛。产能是其衡量的主要指标，聚焦劳动精神。

技能型竞赛是旨在帮助职工掌握操作技法、促进职工技能水平普遍提高而开展的竞赛活动，包括岗位练兵、技能比赛等活动，又称为职工技能素质提升活动。技能是其衡量的主要指标，聚焦工匠精神。

智能型竞赛是旨在开发职工智能、促进技术进步和加强经营管理而开展的竞赛活动，包括合理化建议、技术攻关、技术革新和发明创造等，又称为职工技术创新活动。智能是其衡量的主要指标，聚焦创新精神。

（二）功能

新时代劳动和技能竞赛是建设宏大的高素质劳动大军的新型举国体制，充分展示了我国的制度优势。劳动和技能竞赛激发了广大职工的创造性劳动，推动了企业发展，提高了职工素质，有利于协调工会与政府、职工与企业、职工与职工之间的关系，具有创造、激励、教育等功能。

1. 创造功能。劳动和技能竞赛不是一般的劳动，而是创造性劳动。创造性是劳动和技能竞赛的本质属性。通过有效调动积极性、激发创造热情，得出优于正常工作情况下的成果。一般情况下，企业制定的生产计划指标，是按照生产能力、技术水平、原料供应程度、资金占有额等正常情况考虑的，不可能将潜在的、尚未形成生产能力的因素，如技术革新、合理化建议、可能创造的新材料以及职工的潜力等作为计划制定的前提条件。不同于行政组织生产，创新、创先、创优一直是劳动和技能竞赛应具备的基本内涵。

2. 激励功能。激励功能体现为两个层次。一是通过开展以集体主义为核心的“比学赶帮超”活动激发职工主人翁责任感，激发职工群众的智慧、积极性和创造力，是解决先进与落后的矛盾，不断推进经济社会前进的动力。爱国主义是新时代劳动和技能竞赛的情感基础。因履行义务而产生自豪感，获得精神上的愉悦。二是通过付出高于平常的劳动，得到与之相应的物质利益，旨在劳动创造幸福。

3. 教育功能。新时代劳动和技能竞赛是以提高职工素质、推进科技进步、提高经济效益和服务质量为主要内容的建设社会主义的重要方法，是思想政治工作和经济工作相结合的最佳形式，“劳动竞赛是共产主义劳动态度的一种具体表现，同时它本身是一种最好的共产主义教育”。一是通过竞赛学到先进的文化知识、技能和经验，提高生产效率，增强岗位竞争力。二是通过竞赛选树典型，形塑新时代的劳模精神、劳动精神、工匠精神。

（三）原则

1. 为经济建设和企业生产经营服务。紧紧围绕经济建设中心，凝聚职工智慧和力量，推广先进生产和管理经验，使得少数先进生产水平转化普及为全社会的生产水平，从而促进经济发展；紧紧围绕企业发展目标和任务，熟悉生产所有环节，了解关键领域薄弱环节，把问题作为竞赛目标予以解决。

2. 互相学习、互相帮助，取长补短、共同提高。这一 20 世纪 50 年代提出的竞赛基本原则，反映了竞赛的基本规律，注重互助合作，带动帮助，共同提高。

3. 有利于职工群众参与。作为一项群众性很强的活动，要求在竞赛目标的制定、竞赛形式的选择、活动方法的选取时坚持“从群众中来，到群众中去”，带动、吸引职工自觉自愿参与，进一步把竞赛变成职工的自觉行动。

4. 精神奖励与物质奖励并重。按照价值规律要求，建立符合市场经济要求的竞赛激励机制。物质奖励上坚持多劳多得予以重奖，精神奖励上采用多种方式对竞赛中涌现出的先进集体和先进个人予以表彰和宣传，在社会上弘扬劳模精神、劳动精神、工匠精神。

5. 坚持“两个统一”。把开展劳动和技能竞赛与维护职工合法权益统一起来，通过维护竞赛中职工的劳动就业、收入分配、劳动安全卫生等权益，共享改革发展成果，实现职工和企业双赢；把推动经济发展和维护社会稳定统一起来，加强人文关怀和心理疏导，以劳动关系和谐促进社会和谐，不断落实“促进企业发展、维护职工权益”的企业工会工作原则。

三、劳动和技能竞赛的组织形式

（一）常见的劳动和技能竞赛组织形式

小指标百分赛：根据生产经营的需要，设计竞赛项目比较少，目标比较明确，以 100 分为满分的劳动和技能竞赛。多适用于班组劳动和技能竞赛。

单项指标竞赛：以完成某项工作为目标开展的竞赛。多用于节能减排和技术攻关活动。

流动红旗竞赛：以班组为单位，每周设立一些生产经营竞赛项目进行量化打分，对优胜者发放流动红旗，到竞赛结束后对获得最多流动红旗的班组进行奖励。

同工种、同产品的对手赛：围绕相同的工种或者产品的生产需求开展的“一对一”的竞赛活动，针对性强。

同行业厂（店）际赛：在同行业中将一些条件大致相当并具有可比性的厂、矿、店组织起来，开展竞赛，使其相互学习，交流经验，达到促进生产的目的。

岗位练兵技术比赛：立足岗位，开展以学技术、练绝活、闯关达标为目的的竞赛。

技术攻关赛：针对生产经验中出现的问题，组织技术力量进行重点突破的竞赛。

达标夺杯赛：设立冠名奖杯如“攻关杯”“表率杯”等，对竞赛优胜者给予表彰。

扭亏增盈赛：以“扭亏增盈我当先”为竞赛主题，解决一批急难险重的瓶颈问题，挖掘智慧潜力，增加企业效益。

安全生产赛：以安全生产、减少事故发生为竞赛内容，活动内容比较丰富多彩。

专业技术人员赛：主要由专业技术人员参与，内容涉及技术攻关、技术创新、合理化建议等。

优秀厂长经理赛：在优秀厂长经理中举行的、主要以管理为内容的竞赛。

（二）劳动和技能竞赛组织形式的创新

党的十八大以来，全国总工会围绕中心、服务大局，深入开展了“建功十四五 奋进新征程”主题劳动和技能竞赛、全国引领性劳动和技能竞赛、促进区域发展全国示范性竞赛、重大工程竞赛、职工节能减排竞赛等活动，发挥了良好的引领示范作用，助推了经济健康发展。各地工会从本地区、本产业、本单位和本部门的实际出发，在深化已有竞赛活动的同时，创造出“互联网＋劳动竞赛”、企地联合、区域联合、党建联合等丰富多样的竞赛新模式，使竞赛活动富有时代特色、展现良好效果，进一步增强了竞赛活动的吸引力。

1. 全国引领性劳动和技能竞赛。围绕国家和地区重大战略、重大工程、重大项目、重点产业，紧扣推动高质量发展深化竞赛活动，不断提高竞赛实效。在聚焦战略性和引领性上求深化，围绕制造强国、科教兴国、创新驱动发展等国家战略，以推动振兴实体经济、重大基础设施建设、打造数字经济、绿色低碳发展、首台（套）重大技术装备研发制造以及“卡脖子”技术难题等为重点，广泛开展多种形式的竞赛活动，做到高起点谋划、高标准推动、高质量落实。

2. 促进区域发展全国示范性竞赛。牢固树立系统观念，紧扣高质量和一体化两个关键，健全竞赛区域联动机制，推动区域发展向更高水平迈进。紧贴区域发展目标，围绕继续推进京津冀协同发展、雄安新区建设、长江经济带发展、长三角一体化发展、粤港澳大湾区建设和“一带一路”建设等，总结竞赛经验，强化区域联动，锚定高质量、推动新发展。

3. “安康杯”竞赛。着眼抓基层、打基础、求实效，发挥竞赛在推动企业落实安全生产主体责任、实现安全发展、控制职业危害上的重要作用。增强职工安全健康意识和技能，协助企业落实新入职员工、车间班组、企业“三级”安全教育培训。以一线职工、农民工、重体力劳动职工等群体为重点，把维护职工生命健康安全作为“安康杯”竞赛的出发点和落脚点。

4. 云端劳动和技能竞赛。云端劳动和技能竞赛，是利用互联网推动劳动和技能竞赛提档升级的一项全新创新型赛事，将现代化的互联网技术同传统的劳动技能竞赛相结合，通过互联网技术对劳动竞赛阶段和参数实时管控，实现了竞赛全过程监管、全员性覆盖、全要素考核、全网络联动，为劳动和技能竞赛注入了时代力量。

第二节　劳动和技能竞赛的组织实施

一、劳动和技能竞赛的启动阶段

（一）成立组织领导机构

各省、地、市、县和行业成立劳动和技能竞赛委员会。劳动和技能竞赛的日常办事机构办公室一般设在同级工会（经济部）。基层企（事）业单位应当建立劳动和技能竞赛委员会（或领导小组），党政工负责人及有关部门负责人参加，由党政领导者任主任或组长，工会主席任副主任或副组长。同时，建立竞赛工作制度。如竞赛会议制度、竞赛组织机构工作章程制度、竞赛检查考核制度、竞赛表彰奖励制度、竞赛信息反馈制度、总结推广经验制度等。

（二）拟定劳动和技能竞赛赛题

劳动和技能竞赛的选题，是指竞赛围绕什么问题展开、解决什么问题。巧妙科学选题，是劳动和技能竞赛的首要工作，也是关键的一步。赛题制定要把握以下要点：首先，要开展好调查研究工作，因为巧妙科学选题的基础和前提是调查研究；其次，要抓住重点；再次，要找准结合点；最后，要体现在突出特点上。除此之外，策划劳动和技能竞赛选题还应考虑劳动和技能竞赛是一次性的还是连续性的，劳动和技能竞赛参赛者的智力、体力能否承受，以及劳动和技能竞赛与全面工作的关系等。

（三）确定劳动和技能竞赛目标

劳动和技能竞赛目标是指劳动和技能竞赛所要达到的境地或标准。它是劳动和技能竞赛的精神动力和行为导向，直接关系到劳动和技能竞赛的持续时间与生命力，也关系到劳动和技能竞赛的发展方向和最终结果。劳动和技能竞赛目标有以下类型：外在目标与内在目标；自愿目标与非自愿目标；长期目标与短期目标；现实目标与非现实目标。

二、劳动和技能竞赛的运行阶段

群众发动起来后，竞赛组织者要加强监督管理、抓住关键环节。强化劳动和技能竞赛的运行管理，有利于调动和发挥职工群众的积极性、创造性，使劳动和技能竞赛的运行更加科学有序，取得更为显著的实效。竞赛组织管理得好，不仅可以达到竞赛预期目的，甚至有时能超出竞赛预期目的；反之，则可能前功尽弃。劳动和技能竞赛日常的组织管理，既可以由企业行政部门直接管理，也可以由企业工会组织管理，竞赛归谁管理，主要看劳动和技能竞赛是由谁发起和组织的。

注意以下环节：

一是抓细基础管理制度。在竞赛过程中，要重视原始记录，按规范化的表册、台账做好记录，采用日对比周排名月评比，切实把竞赛的目标与每天的生产任务紧密结合起来，实现数据实时更新，这样便于定量分析，有利于总结评比，并为以后判定产量、质量等各项指标提供资料依据。

二是抓实日常检查分析。要经常了解竞赛进程，掌握目标完成情况，找准影响目标实现的关键问题和薄弱环节，对落实过程中出现的难点、疑点和问题，及时加以解决和纠正。从思想上、物质上、技术上、人员上保证竞赛沿着既定的目标进行。在竞赛过程中，班组长要经常对竞赛情况进行检查，并将检查结果作为最终评比的依据或参考。在检查过程中，对指标上不去，或者发展不平衡的情况要及时分析，提出改进措施，使竞赛健康发展。

三是抓好统筹协调工作。竞赛开展后，群众的积极性被调动起来了，各种指标有可能出现不同程度的突破，出现不平衡，这就要求各级组织机构注意做好协调工作，加强同有关部门或兄弟班组的联系，争取各部门和竞赛班组的配合与支持。同时，在班组内部也会出现不平衡，班组也要加强内部协调，组织互帮互学，使全组竞赛目标能均衡且有节奏地得以实现。同时注重营造竞赛氛围。竞赛氛围的营造可以极大地激发职工的主人翁意识。竞赛启动仪式现场的彩旗飘飘、领导致辞、代表宣誓有助于激发职工创造潜能。根据本单位的实际，开展形式丰富的竞赛活动，形成立体交叉的竞赛网络，使广大职工始终处于一种特定的竞赛环境之中，始终保持竞赛热情经久不衰。

三、劳动和技能竞赛的收尾阶段

（一）总结评比表彰奖励

评比、表彰和奖励在某种意义上讲是劳动和技能竞赛组织过程的核心环节。首先，评比、表彰、奖励是竞赛组织者使用劳动和技能竞赛激励杠杆的时刻，会使参赛者的荣誉感、好胜心得到满足或受到更大的激发；其次，它不仅是对上一轮劳动和技能竞赛的总结，更是对下一轮劳动和技能竞赛的动员。因此，做好这一环节的工作就显得非常重要。评比要求准确、公正、公开，在此基础上对优胜者的表彰要尽可能地隆重热烈，在条件允许的范围内，使优胜者最大限度地感到光荣。实行物质奖励和精神奖励相结合的奖励方式。

（二）选树推广典型

选树的典型要有时代感并具有真实性、多层次性。在不同的时代有不同的榜样，体现不同的时代精神。典型人物必须为群众所接受、所信服。典型要多层次，做到三百六十行，行行出状元，行行有榜样。选树和推广先进典型时，应注意处理好以下三个关系：立足先进性，正确处理全面典型和单项典型的关系；突出时代特征，正确处理新典型和老典型的关系；把握大局，正确处理全国典型和地方典型的关系。

（三）深化成果转化

通过劳动和技能竞赛平台脱颖而出的优秀职工，工会要为其发挥更大作用搭建平台。比如，加强职工创新工作室建设，对竞赛中产生的先进工作法进一步推广，深化职工竞赛成果，为其申请专利，为职工技术创新做好延伸服务；充分利用科技中介机构开展技术开发、技术转让、技术咨询、技术服务活动，与有关部门联合开展创新辅导、项目对接、产业论坛、人才服务、产学研用合作等活动，促进创新成果转化，增强竞赛的辐射带动能力、创新攻关能力和人才培养能力，让竞赛更活跃、更有效。

第三节　劳动和技能竞赛的主要载体

一、“安康杯”竞赛

“安康杯”竞赛活动是由全国总工会、应急管理部和国家卫健委等单位共同开展的一项群众性安全生产活动。“安康杯”是取“安全”和“健康”之意而设立的职业安全卫生工作荣誉奖杯。“安康杯”竞赛，是把竞争机制、奖励机制、激励机制应用于安全生产和职业病防治活动中的群众性“安全”和“健康”竞赛，它是社会主义劳动竞赛在安全生产和职业卫生领域中的具体实践和延伸。

（一）“安康杯”竞赛活动的由来

“安康杯”竞赛活动是20世纪80年代中期由内蒙古包头市总工会等单位发起的，在实践中不断完善并逐步在内蒙古自治区全区推开的群众性安全生产活动。内蒙古自治区在全区开展“安康杯”竞赛活动期间，安全生产状况得到逐年改善，工伤事故连年下降，成效十分显著，引起广泛关注。1999年，全国总工会与国家经贸委对内蒙古自治区开展的“安康杯”竞赛活动进行调研总结，并在进一步完善和充实活动内容的基础上在全国逐步推开。截至2024年，该项活动已在全国连续开展了26年。

（二）“安康杯”竞赛活动主要内容

“安康杯”竞赛活动是通过竞赛安全卫生管理、领导者的安全生产和职业病防治意识、职工安全卫生知识水平和能力、安全生产和职业卫生各项指标等方式，不断推进企事业单位的劳动安全卫生工作和安全文化建设，全面增强职工安全生产意识和应急处置能力，最终达到降低生产安全事故和职业病发病率的目的。

1. 健全竞赛组织机构。各级“安康杯”竞赛组委会在组织开展竞赛活动时，要有计划、部署、方案、组织、检查、评比、表彰、奖励。

2. 落实企业安全生产主体责任。企业职业安全卫生管理是“安康杯”竞赛的一项重要内容。按照竞赛考核要求，参赛企业的安全卫生管理机构要健全且有专、兼职安全卫生人员并形成网络；将安全生产与职业卫生管理工作纳入企业目标责任制考核；安全卫生规章制度健全，工作现场符合安全卫生标准，开展竞赛活动有计划、有方案，个人劳动防护用品和安全设备符合标准、配备齐全等。

3. 开展群众性安全生产和职业病防治活动。全国“安康杯”竞赛组委会每两年确定一个“安康杯”竞赛主题，各参赛单位围绕主题广泛组织开展活动，主要包括以下内容：一是积极开展以“十个一”活动为主要内容的安全文化系列活动。“十个一”活动，即查一起事故隐患、纠正一次违章行为、提一条合理化建议、当一天安全员、做一件预防事故的实事、回忆一次事故教训、读一本安全生产的书、接受一次安全生产培训、举办一次安全生产法律法规知识讲座、搞一次安全生产宣传活动。各级竞赛组委会可根据“安康杯”竞赛活动的群众性、竞赛性特点，创新“十个一”活动内容和形式，亦可通过组织职工开展演讲比赛、安全生产知识竞赛、安全技能培训比赛、事故案例教育会、家属座谈会、百日安全无事故竞赛等系列活动，营造“人人讲安全，事事讲安全，时时讲安全”的安全文化氛围。二是大力开展班组安全建设活动。通过班组日常教育、温情教育和警示教育等，在容易发生事故和职业危害严重的岗位、工种、人员中广泛开展安全卫生宣传教育活动，最大限度地减少“三违”现象。组织开展班组安全卫生技能培训、安全生产和职业卫生合理化建议、安全卫生管理优秀成果展示等活动，推进班组安全卫生管理标准化、规范化、科学化。三是广泛组织开展隐患排查活动。组织动员广大职工从本职岗位做起，从自身做起，深入开展“查身边隐患、保职工安康、促企业发展”和“安全隐患随手拍”等群众性隐患排查活动，全面排查消除各类隐患，努力防范和遏制各类事故。建立企业重大隐患治理情况向负有安全生产监督管理职责的部门和企业职代会“双报告”制度，形成自查、自改、自报闭环管理体系，实现安全生产和职业卫生隐患排查治理工作的常态化、制度化、规范化。四是强化职工劳动安全卫生知识培训。深入宣传和贯彻落实《劳动法》《工会法》《安全生产法》《职业病防治法》等相关法律法规和政策文件。加强职工的安全健康知识普及工作，把高危行业、职业病危害因素较重的岗位人群作为重点培训对象，科学设置培训内容，确保有效增强职工的安全卫生意识和技能水平。结合全国“安全生产月”和《职业病防治法》宣传周等主题活动，广泛开展形式多样的安全生产和职业病防治宣传教育活动。五是积极推进企业安全文化建设。以树立安全发展理念，弘扬人民至上、生命至上的思想为核心，以创建安全文化体系、完善安全生产责任制和规范员工操作行为为手段，引导企业营造安全生产环境；把安全文化建设融入企业整体文化建设中，把先进的安全生产理念、科学的安全管理方法、实用的安全操作技能、优秀的安全生产文化送到企业；推动企业通过学习和借鉴国际、国内先进安全管理思想和安全文化理论，加以总结提炼，持续改进；逐步形成上下齐心、知行合一的安全文化，推动企业安全健康和谐发展。

4. 加强工会劳动保护监督检查。认真贯彻落实工会劳动保护监督检查三个《条例》（《工会劳动保护监督检查员工作条例》《基层工会劳动保护监督检查委员会工作条例》《工会小组劳动保护检查员工作条例》），健全工会劳动保护监督检查网络，发动广大职工开展群众性劳动保护监督检查，及时发现隐患，报告险情，督促整改。

（三）"安康杯"竞赛活动表彰

全国"安康杯"竞赛活动每两年表彰一次，共设置先进集体和优秀个人两个奖项。其中，先进集体包括优胜单位、优胜班组和优秀组织单位。名额分配和表彰名额根据各省（区市）、全国产业工会、行业协会的企事业参赛规模、职工参赛数量、行业地域差异、竞赛活动质量和效果等因素，经全国"安康杯"竞赛组委会成员单位研究确定。表彰对象应自下而上、层层选拔产生，评选工作严格执行"两审两公示"程序，即实行初审、复审及省级、产业工会、协会和全国两级公示。初审由省级"安康杯"竞赛组委会负责审核，复审由全国"安康杯"竞赛组委会成员单位组成的复审小组进行审核。

全国"安康杯"竞赛活动优胜单位、优胜班组不重复授予，优秀组织单位、优秀个人可重复授予。已获得过优胜单位、优胜班组的单位，要继续参加竞赛活动，经考核评定为优秀的继续保持荣誉，未继续参加竞赛活动或考核不达标的，取消其荣誉称号。

二、"五小"活动

小发明、小创造、小革新、小设计、小建议活动（以下简称"五小"活动）是工会的一项传统工作，是"当好主人翁、建功新时代"主题劳动和技能竞赛的重要内容。"五小"活动要坚持以职工为中心，尊重职工首创精神，让职工当主角，动员职工群众参与到活动的各个环节，夯实活动的群众基础；要坚持以需求为导向，围绕生产经营的重点和难点，紧密结合岗位实际，根据市场需求、企业需要、职工期盼开展活动；要坚持在继承中创新，在总结以往经验做法的基础上，适应新时代新要求，不断丰富和完善竞赛内容，创新活动方式和载体；要坚持共建共享，通过抓好活动激励，在促进企业发展的同时让职工受益，增强职工获得感，把“五小”活动打造成在职工中有较强感召力、在社会上有广泛影响力的品牌。

（一）立足岗位开展“五小”活动

1. 重视发现和解决岗位难点问题。要从发现问题入手，组织一线职工、立足一线岗位、解决一线问题。重点围绕提升产品、服务、工程质量和效益，改造落后的技术设备、不合理的工艺和过时的操作方法，推动节能降耗、污染防治、生态环境保护，促进劳动安全和职业健康，提升企业管理水平和服务水平等方面开展活动。

2. 把合理化建议摆到突出位置。合理化建议活动是我国工人阶级的一个伟大创举，是职工发扬主人翁精神和发挥聪明才智的有效形式，也是职工参与企业管理、推动技术进步的重要途径。把合理化建议作为“五小”活动最基础最重要的环节，一方面要增强广泛性，提高合理化建议的参与率，组织广大职工积极参与；另一方面要增强实效性，提高合理化建议的质量，促进合理化建议的采纳和实施。

3. 完善“五小”活动体系。进一步完善以岗位创新、班组（团队）创新、劳模和工匠人才（职工）创新工作室以及创新工作室联盟等为主要内容的“五小”活动体系，形成基础广泛、人才集聚、成果丰硕的良好局面。发挥职工技协的组织优势、人才优势和阵地优势，开展技术交流、技术协作、技术帮扶等活动，在“五小”活动中发挥骨干作用。

4. 创新“五小”活动方式方法。按照建设“工会数智化”的要求，运用“互联网 +”、移动客户端、大数据、云计算等现代化手段组织开展“五小”活动，促进活动在策划动员、组织实施、考核评选等各个环节的智能化，增强活动的先进性、便利性和趣味性。在活动中设置形式多样、职工喜闻乐见的比赛项目，设立创新看板等可视化载体，增加活动的“赛味”，更好地激发广大职工的积极性，使活动更具吸引力和感召力。

（二）大力增强职工岗位创新能力

1. 增强职工创新意识。职工是“五小”活动的参与者，是岗位创新的主力军。要引导职工充分认识技术创新的重要性，充分认识“改善改进也是创新”，树立“时时可创新、处处可创新、人人可创新”的理念。通过“工匠论坛”“职工创新大讲堂”等形式，推广普及创新方法，激发职工创新潜能，动员职工立足岗位开展技术创新、管理创新和服务创新。

2. 提升职工技能素质。要围绕提升职工技能水平和创新能力组织开展群众性、常态化的岗位练兵活动，注重线上线下相结合，引导职工在干中学、学中练。积极协助政府和企业推广现代学徒制和企业新型学徒制，采取“一带一”“一带多”“多带多”等多种形式促进师带徒活动创新发展，做好传帮带。广泛开展技能比武、技术培训等活动，强化实战化要求，让先进生产技术和先进操作方法为更多的职工所掌握。

3. 营造良好创新氛围。大力弘扬劳模精神、劳动精神、工匠精神，注重从“五小”活动中发现、培养、选树劳动模范和工匠人才，特别是优秀技能人才和一线职工典型，宣传他们的先进事迹，推广他们的劳动技能、创新方法、管理经验，充分发挥其示范带头作用。把职工创新纳入企业创新体系，把“竞赛文化”融入企业文化和职工文化当中，鼓励创新，既要重视结果，也要重视过程，不断增强职工创新勇气，引导职工积极投身“五小”活动。

（三）进一步扩大“五小”活动覆盖面

1. 推动“五小”活动从国有企业向非公企业拓展。要系统总结国有企业开展活动的经验做法，在展现良好成效的同时，推动活动不断向科学化、制度化、规范化发展。积极探索非公企业开展活动的新途径、新模式，选好切入点和突破口，加强分类指导，重点推进已建工会规模以上非公企业劳动和技能竞赛，带动中小企业活动的普遍开展。

2. 推动“五小”活动从生产领域向管理、服务等领域延伸。生产、管理和服务都是企业运营的重要环节。要推动“五小”活动从一线生产岗位向管理岗位、服务岗位延伸，充分发挥每一个技术工人、科技人员和管理人员的聪明才智，努力形成全方位、全领域的活动新格局。在组织职工创新产品技术、工艺和设备的同时，围绕管理方式、管理手段、管理模式等进行创新，不断提升企业管理水平；围绕服务方法、服务途径、服务市场等进行创新，进一步提高服务质量和水平。

3. 推动“五小”活动从企业向机关事业单位扩展。“五小”活动作为发挥职工积极性、动员职工岗位建功的载体和手段，不仅适用于企业，同样适用于机关事业单位。机关事业单位可借鉴企业开展“五小”活动的经验，结合自身实际，动员职工从提升岗位技能、改进工作方法、提高工作效率等方面入手来开展“五小”活动，交流工作经验，进一步提升机关事业单位的管理服务水平。

（四）促进“五小”活动成果的推广和转化

1. 搭建职工创新成果交流、转化平台。通过组建技能人才（劳模）服务队、成立劳模和工匠人才创新工作室联盟、举办创新成果展示活动等，积极推动“五小”创新成果走出班组、走出企业、走向社会。积极参与技术市场活动，有条件的地区和企业要建立职工创新成果库，促进创新成果转化。

2. 重视职工创新成果知识产权保护。要在职工中开展知识产权普及教育，增强职工知识产权意识，加强专利宣传和咨询服务，依托有关机构和专家帮助职工做好创新成果的专利申请。推动有关部门通过源头追溯、实时监测、在线识别等强化知识产权保护，保护职工创新成果。积极推荐职工优秀创新成果参评国家科技进步奖、中国专利奖等奖项。

3. 加大创新成果应用和孵化力度。注重对职工的创新提案进行分类整理，分段控制，及时反馈，保证创新提案的科学性、针对性和可行性。积极争取行政主管部门和企业的支持，利用科技成果转化基地，组织开展专题项目开发，加大产业化扶持力度。活动中创造出来的先进技术、工具、工作法、管理经验等要通过成果表彰、举办培训班、现场讲解演示等方法进行推广。

三、职工创新工作室

职工创新工作室是单位内部以一线劳模、工匠和高技能人才为核心，围绕解决所在单位生产、技术、管理、安全、经营等中心工作实践中遇到的难题，开展技术攻关、改良产品、科研创新、发明创造、服务创新等工作的群众性创作组织，是有效发挥劳模业务专长和技术技能优势，锻炼人、教育人、培养人、提升职工队伍整体素质的重要基地，是发挥劳模工匠这一先进群体示范引领作用，推动实施转型升级工程、科技创新工程的现实需要，是以技术创新、管理创新、服务创新和制度创新为主要工作内容的新型工作模式。

（一）职工创新工作室的创建标准

1. 标志明显。职工创新工作室牌匾、组织机构、人员组成、工作职责、目标任务等标志显著，位置醒目。

2. 场所规范。职工创新工作室有适当面积的固定办公活动场所，可供办公学习、研究和成果、荣誉展示。

3. 设施齐全。配备必要的专业资料架、器材工具、信息网络、办公设备、实验仪器等设施。

4. 制度完善。活动开展、学习研究、技术攻关、成果转化、奖励激励、内部管理等制度完善、规范。

5. 经费保障。职工创新工作室所在单位设有专项经费用于开展技术攻关和创新活动。

6. 台账翔实。创新活动有准确、翔实的资料。职工创新工作室有成员档案，有能全面反映工作室工作流程和工作状况的资料，有工作计划、工作目标、创新项目、创新成果、活动记录等相关资料。

7. 成效明显。围绕本单位生产实践开展技术攻关等取得明显的经济和社会效益，做好职工创新工作室创新成果的推广应用工作。

（二）职工创新工作室的申报

职工创新工作室由各基层工会每年向上级工会申报。申请需上报的材料通常包括以下几个方面：

1. 职工创新工作室申报表一式三份。

2. 所在单位的推荐材料。内容包括该工作室近年来的工作内容、研究项目和取得的成绩、设立工作室后的工作计划和工作请示等。

3. 工作室的工作制度、管理办法和组织机构。

4. 反映该工作室近年来的工作内容和成绩的照片，有条件的可提供相关视频。

5. 其他必要的材料。

上级工会对照创建主体的有关规定和创建要求进行审核，并实地考察。对经审核、考察具备创建条件的职工创新工作室，由上级工会签署意见，正式命名。对经批准成立的职工创新工作室，由上级工会为其授牌。

第四节　深化劳动和技能竞赛的育人功能

一、劳模工作

群众性劳动竞赛活动锻造了劳动模范，而劳动模范的成批涌现推动了劳动竞赛活动不断向深度和广度进军。这深刻阐释了劳动模范与劳动竞赛的辩证关系。对劳模的重视、爱护、管理、服务是各级工会应尽的重要职责。

（一）历史沿革

劳模工作是对劳模（包括劳动模范和先进工作者）、五一劳动奖（包括五一劳动奖状、奖章）和工人先锋号的培养、选树、评选、表彰、宣传、管理、服务工作的统称，是工会工作的重要内容。

我国的劳动模范表彰制度始于土地革命时期，在延安时期蓬勃发展并逐步制度化，并在新中国成立后得到正式确立。自 1950 年起，党中央、国务院先后召开了 16 次全国劳动模范和先进工作者（以下简称全国劳模）表彰大会。

其中，1950 年的全国工农兵劳动模范代表会议（第一次全国劳模表彰大会）是以政务院名义召开的；1956—1978 年的 6 次全国劳模表彰大会是以党中央、国务院名义召开的；1979—2010 年的 7 次全国劳模表彰大会是以国务院名义召开的；2015 年，中央明确今后以党中央、国务院的名义表彰全国劳动模范和先进工作者。全国总工会从 1985 年开始，除召开全国劳模表彰大会的年份外，每年“五一”国际劳动节前夕都进行全国五一劳动奖状、奖章的评选表彰；从 2007 年起，开展工人先锋号创建活动，次年开始命名全国工人先锋号；从 2016 年起，将全国五一劳动奖状和全国五一劳动奖章统称为全国五一劳动奖。

（二）劳模的推荐评选

推荐评选劳模要充分发扬民主，坚持“三公”原则：公开、公平、公正，重点考察政治表现、工作实绩和贡献大小；坚持“三个面向”：面向基层、面向一线、面向普通劳动者；坚持“突出三性”：突出时代性、先进性、代表性。要充分考量经济社会发展的各条战线和社会的各个阶层，实行组织推荐。

民主推荐评选劳动模范程序为：推荐程序（所在单位职代会或者职工大会、农村地区经村民大会、城市社区经居民会议民主评议产生）→两审三公示程序（本单位公示→筹委会办公室预审→所在地区系统公示→筹委会办公室正式审核→全国范围公示）；特别审查程序（被推荐人是机关事业单位工作人员须经纪检监察、卫生计生等部门签署意见并按照干部管理权限征得部门同意；被推荐人是企业负责人须经当地县级以上工商、税务、人力资源和社会保障、安全生产、环保、卫生计生等部门签署意见，其中，国企负责人须经审计、纪检、监察等部门签署意见，私企负责人须征求当地统战部和工商联意见）。

（三）劳模的表彰奖励

全国劳模由党中央、国务院表彰，为国家级表彰奖励。省级劳模由各省、自治区、直辖市党委和政府表彰。部级劳模由中央和国家机关各部委（部门）表彰。全国五一劳动奖和全国工人先锋号是全国总工会设立的授予先进集体和先进职工的最高荣誉称号。

评选表彰全国劳模一般都要成立临时评选机构，工会承担具体工作。自 1989 年起，一般每五年召开一次全国劳动模范和先进工作者表彰大会。各省、自治区、直辖市劳模表彰大会一般每五年召开一次。1995 年以来，全国劳模表彰采取一次性奖励方式，每人奖金分别为 1995 年 3000 元，2000 年 5000 元，2005 年、2010 年和 2015 年均为 1 万元，2020 年提高至 3 万元。

（四）劳模的管理服务

工会是“劳模之家”。做好劳模管理服务工作，对营造“尊重劳模、关心劳模、学习劳模、争当劳模”的良好社会氛围具有重要意义。

1. 劳模身份的认定

全国劳模：16 次大会表彰的先进个人以及 1979 年以来先后 7 次零星表彰的 23 名全国劳动模范。

省部级劳模：省级劳模身份认定根据各地表彰文件确定；部（委）劳模身份认定以 1995 年［1994 年，人事部下发《关于加强国务院工作部门授予部级劳模称号工作管理的通知》，规定部（委）劳模身份认定须经人事部批准］为界，原则上之前表彰的部（委）劳模身份由原相关全国产业工会认定，之后的由人力资源社会保障部认定。

2. 劳模的管理服务

2011 年，全国总工会制定下发《全国五一劳动奖状、全国五一劳动奖章、全国工人先锋号评选管理工作暂行办法》，对荣誉称号的授予、奖励、待遇、管理、撤销等进行了规范。建立劳模管理档案和健康档案，对重大事项及时报告，目前全国总工会搭建了全国统一的劳模管理信息平台，保证了劳模动态管理的连续性和准确性。同时，做好对劳模的关爱联系及教育培养工作，提高劳模退休金，安排劳模体检（每年为省部级以上劳模免费体检一次）和疗休养，切实解决劳模的生活困难。2003 年，中央财政设立全国劳模专项补助资金，用于劳模生活困难补助、特殊困难帮扶、春节慰问。从 2020 年起，补助资金的使用范围调整为劳模生活困难补助、特殊困难帮扶、春节慰问、重要节日和纪念日走访慰问、疗休养补助、健康体检补助和荣誉津贴。2010 年，全国总工会联合下发《关于进一步解决劳动模范社会保障和生活困难等问题的通知》。2015 年，国务院办公厅下发《关于做好省部级以上劳模困难帮扶工作的通知》，明确要求中央财政要利用现有资金渠道，继续做好全国劳模帮扶工作。这些政策措施有力地促进了劳模生活困难问题的解决，充分体现了党和政府对劳模的深切关怀，产生了良好的社会反响。

3. 劳模的作用发挥

劳模精神是所在时代精神的浓缩写照，劳模的价值在于示范引领，在于榜样带动。

（1）创造条件发挥劳模的示范引领作用。通过“传帮带”新型学徒制度、“结对子”互助制度等传播劳模的业务知识，提升职工技能素质；通过鼓励劳模参加社会公益活动传播其精神感召力，引领社会新风尚；通过开展企业间劳模技术交流，推广先进技术和创新经验，发挥劳模的专业特长；通过劳模协会载体，加强劳模之间学习交流、协作、联系，集中劳模人才资源优势，扩大劳模社会影响。

（2）创建工作室发挥技术创新和人才孵化作用。劳模和工匠人才创新工作室是以技术创新、管理创新、服务创新和制度创新为主要内容，以解决工作现场难题、推动所在单位创新发展为目标的创新活动团体。2017 年 7 月，全国总工会出台了《关于进一步深化劳模和工匠人才创新工作室创建工作的意见》和《全国示范性劳模和工匠人才创新工作室命名管理工作暂行办法》，为进一步规范工作室创建、技术创新和孵化人才提供了方向。

（3）提升政治地位发挥参政议政作用。劳模在各级党代表、人大代表和政协委员中的比例不断增加，为劳模参政议政和参与重大社会活动，充分发挥他们在国家社会事务管理、基层民主管理中的重要作用创造了条件。

二、工匠工作

自 2016 年《政府工作报告》首次从国家层面提出“工匠精神”以来，关于工匠的话题一直热度不减。全国总工会通过开创性举办大国工匠创新交流大会和大国工匠论坛、实施大国工匠培育工程等系列活动，加强职工创新成果展示交流，关心关爱工匠，推动落实工匠待遇，提升工匠地位，做好工匠疗休养、学习深造等工作；加强工匠选树宣传，面向各行业、各领域培育和宣传先进典型，选树“大国工匠年度人物”“最美职工”等，引导更多职工争当先进、争创一流，营造全社会尊重劳动、尊重知识、尊重人才、尊重创造的良好氛围。

2024 年 1 月，全国总工会印发《大国工匠人才培育工程实施办法（试行）》（以下简称《办法》），计划每年培育 200 名左右大国工匠，示范引导各地、各行业每年积极支持培养 1000 名左右省部级工匠、5000 名左右市级工匠，形成大国工匠带头引领，工匠人才不断涌现，广大职工积极走技能成才、技能报国之路的良好局面，推动深化产业工人队伍建设改革，建设国家战略人才力量，为推进中国式现代化、推动高质量发展提供重要人才支撑。《办法》对培育对象条件进行了明确规定。培育对象要政治素质过硬，有 5 年以上一线生产现场工作经历，长期践行精益求精、执着专注、一丝不苟、追求卓越的工匠精神，具有突出技术技能素质等基本条件。此外，培育对象应在大国工匠能力标准上有突出潜能，即在引领力、实践力、创新力、攻关力、传承力等“工匠五力”上显现明显发展潜力。《办法》提出了大国工匠的培育措施。培育期一般为两年。培育期满，由全国总工会向完成培育任务并评价合格的入选对象颁发大国工匠证书。培育期内，推荐单位制定实施本单位的大国工匠培养方案，定期报备培育情况。通过举办劳模工匠创新培训营、大国工匠高级研修班、境外培训计划、工匠学院等培训项目，支持培育对象参加国内外相关培训、研修。《办法》提出将给予大国工匠支持保障。全国总工会设立大国工匠激励保障专项资金，支持工匠开展项目攻关、技能传承等工作。例如，创建以其领衔、命名的创新工作室，支持若干在国家重大战略、重大工程、重大项目、重点产业中担当重任的培育对象开展创新攻关项目等。培育期满获得大国工匠证书后，工会比照全国劳模标准为培育对象落实待遇，并加强对大国工匠的推荐使用。《办法》明确了大国工匠遴选程序，包括部署、推荐、评审、公示、公布等。同时，在组织实施方面提出组织领导、形成合力、加大投入、服务管理、强化宣传的具体要求。

思考题

1. 如何创新开展新时代劳动和技能竞赛工作？
2. 如何有效发挥职工创新工作室作用？
3. 如何有效发挥劳模工匠示范引领作用？

第七章

企事业单位民主管理

2023年10月23日，习近平总书记在同中华全国总工会新一届领导班子成员集体谈话时强调，要加强企事业单位民主管理，畅通职工诉求表达渠道，引导职工依法维护自身权益，推动构建和谐劳动关系。党的二十届三中全会再次强调，健全以职工代表大会为基本形式的企事业单位民主管理制度，完善企业职工参与管理的有效形式。中国工会十八大报告明确指出，加强企事业单位民主管理制度建设。把企事业单位民主管理作为发展全过程人民民主的重要形式，努力推动以职工代表大会为基本形式的企事业单位民主管理制度落地落实。

第一节　企事业单位民主管理的基础知识

一、企事业单位民主管理的概念和意义

（一）企事业单位民主管理的概念

企事业单位民主管理，是指中国境内的企事业单位职工依照法律法规和政策规定，参与本单位决策、管理和监督，企事业单位的经营管理者尊重、支持和保证职工行使知情权、参与权、表达权、监督权等民主权利的有组织的制度性、规范性活动。企事业单位民主管理的主体是企事业单位的经营管理者和职工，涵盖了企事业单位中经营管理人员、技术人员和生产工人等全体人员。在企事业单位实行民主管理，是我国企事业单位管理的一项重要原则。我国企事业单位民主管理的基本形式是职工代表大会（或职工大会）。职工代表大会是职工行使民主管理权力的机构。企业工会是职工代表大会的工作机构，负责职工代表大会的日常工作。

企事业单位民主管理，旨在通过建立一定的制度，明确相应的职权，建立健全与制度相配套的运作程序，及时全面地向职工传达企业经营管理的真实情况、发展目标规划以及现实存在的困难和问题，充分反映和切实表达职工的真实意见和建议，既保证职工参与企业决策、管理和监督权利的有效实现，又保证企业经营决策运营的科学性和可持续发展，构建和谐稳定的劳动关系，实现劳资两利共谋发展的目标。企事业单位民主管理的关键是职工参与企业经营管理，使企业管理科学化并获得广泛的群众基础，而非直接地实施管理或者代替专业管理。

（二）企事业单位民主管理的意义

1. 企事业单位民主管理是全过程人民民主的重要实现形式。对于企事业单位来讲，企事业单位民主管理是发展全过程人民民主在企业的具体的现实的体现，是理论逻辑和实践逻辑相统一的必然结果。发展全过程人民民主，保障人民当家作主，其中重要任务之一就是要积极发展基层民主。基层民主是全过程人民民主的重要体现，更是发展全过程人民民主的基础所在。当前企事业单位民主管理的工作重点是依法依规落实职工代表大会这一基本制度形式，为发展好基层民主，企业工会要积极拓展职工参与管理的有效方式，使民主管理的基

本形式与辅助形式相结合、直接民主与间接民主相融合，充分发扬民主，最大限度地落实职工群众的民主权利，特别是保障新就业形态劳动者的民主权利，探索互联网平台企业民主管理新模式。

2. 企事业单位民主管理是企业管理的有机组成部分。市场经济条件下，企业管理既有自然属性，也有社会属性。企业管理的自然属性主要研究的是企业的产供销，即对企业生产资料、产品、盈亏等问题的管理，讲求经济效率。同时，企业管理也具有社会属性，即企业应担负的社会责任和对参与生产经营的人的管理。生产力越是发展，分工就越细，经济的联系就越紧密，管理就越重视大众参与的因素，从而越是需要公开和民主，企事业单位民主管理的客观要求就越迫切。因此，对于社会属性管理的部分，更多要考虑企业中参与生产经营管理的人的经济权益和民主权利。企事业单位民主管理的主体是所有参与生产经营管理的人，因此，无论什么性质的企业，无论其组织形式如何，企事业单位民主管理都是企事业单位管理的一个有机组成部分。

3. 企事业单位民主管理是工会助推发展新质生产力的必然需要。习近平总书记指出，生产关系必须与生产力发展要求相适应。发展新质生产力，必须进一步全面深化改革，形成与之相适应的新型生产关系。2015 年，《中共中央、国务院关于构建和谐劳动关系的意见》指出，劳动关系是生产关系的重要组成部分。由此可见，发展新质生产力，形成新型生产关系，企事业单位民主管理应发挥其重要作用，它也是构建和谐劳动关系，助力形成新型生产关系的必然需要。

二、企事业单位民主管理的任务和形式

（一）企事业单位民主管理的任务

1. 推动企事业单位民主决策科学管理。企事业单位要想在激烈的市场竞争中能长久健康地发展，离不开科学的管理和决策。企事业单位民主管理的一个重要任务就是使企事业单位经营管理者在对企事业单位生产发展或管理作出决策前及时听取职工群众的意见和建议，对有益于企业发展的建议积极采纳，从而保证企事业单位决策更加民主、科学、全面。

2. 促进劳动关系健康和谐稳定。劳资矛盾是社会化大生产的产物，是众多社会矛盾中的一个方面，劳资矛盾的解决需要沟通协调机制。企事业单位民主管理的任务就是在企事业单位建立劳资双方的沟通协调机制和平台，使作为劳动关系一方的职工的利益诉求，通过一定的民主程序和相应的制度与载体得到充分表达和有效维护，寻找劳资双方关系的平衡点和劳资利益的共同点，在企事业单位中推动建立规范有序、公正合理、和谐稳定、互利共赢的劳动关系。

3. 调动职工群众的积极性和创造性。资本和劳动是企业的两大支柱，如何调动劳动者的生产积极性和创造性为企事业单位发展献计出力，是企事业单位面临的问题之一。企事业单位民主管理的任务就是尊重和落实职工的主人翁地位，让职工享有知情权、参与权、表达权、监督权，从而极大地激发出广大职工群众当家作主的责任感和使命感，调动起广大职工的工作积极性和创造性，促进企业的健康快速发展。同时，使职工也能够从企业发展中获得更多的利益，实现劳资双赢。

（二）企事业单位民主管理的形式

1. 职工代表大会制度。职工代表大会是企事业单位实行民主管理的基本形式，也是基层民主政治建设的基本制度。《企业民主管理规定》规定，职工代表大会（或职工大会）是职工行使民主管理权力的机构，是企业民主管理的基本形式。这是对我国企业民主管理制度建设、法治建设和实践经验的科学总结。

职工代表大会制度有着充分的法律依据、政策支撑和实践经验。这项制度早在 20 世纪 50 年代初就在我国实行，为广大职工群众所熟悉和欢迎。《宪法》《劳动法》《工会法》《公司法》《劳动合同法》等多部法律，都对企事业单位建立职工代表大会和实行民主管理作出了规定。职工代表大会制度经过多年实践，已有完整的组织结构和工作制度，积累了丰富的历史经验和深厚的社会基础，并迅速向非公有制企业拓展，覆盖面不断扩大，内容不断丰富，运作机制不断完善，在促进企事业单位改革发展稳定中发挥了不可替代的重要作用。

2. 厂务公开制度。厂务公开是广大职工群众在推进基层民主政治建设、促进企事业单位改革发展、加强企事业单位民主管理中的一个新创造。实行厂务公开，解决了企事业单位职工在民主管理、民主参与中不知情这个关键问题。党中央把厂务公开与村务公开、政务公开作为基层民主政治建设的重要形式加以肯定和推广。特别是《中共中央办公厅、国务院办公厅关于在国有企业、集体企业及其控股企业深入实行厂务公开制度的通知》（以下简称《通知》）的出台，使这项制度得到广泛推行。同时，由于《通知》明确指出厂务公开的主要载体是职工代表大会，并围绕发挥职工代表大会作用提出了四项要求，因而推行厂务公开制度的同时也充实了职工代表大会职权，推进了职工代表大会制度建设。

3. 职工董事制度、职工监事制度。职工董事制度、职工监事制度是依照法律规定，通过职工代表大会（或职工大会）民主选举一定数量的职工代表进入董事会、监事会，代表职工参与企业决策、监督运行的制度。进入董事会的职工代表称为职工董事，进入监事会的职工代表称为职工监事。职工董事制度、职工监事制度是适应现代企业法人治理结构而建立的公司制企业民主管理的新形式。职工董事、职工监事除了与董事会、监事会中其他董事、监事具有相同的权利和义务以外，还要如实反映职工群众的意见，代表和维护职工的合法权益，参与决策与监督。

4. 其他民主管理形式。企事业单位民主管理除以上几种主要形式外，还有企事业单位民主管理委员会、民主议事会、劳资恳谈会、民主协商会、厂长（经理）信箱、班组民主管理等其他形式。这些形式大多是由企业行政方主导的，可以是定期的，也可以是不定期的，但参与的人员有限，重点在于沟通协调，不具备决定权，也缺乏制度保障。

三、企事业单位民主管理的法律依据和政策依据

（一）企事业单位民主管理的法律依据

《宪法》第二条第三款规定，人民依照法律规定，通过各种途径和形式，管理国家事务，管理经济和文化事业，管理社会事务。《宪法》第十六条第二款规定，国有企业依照法律规定，通过职工代表大会和其他形式，实行民主管理。《宪法》第十七条第二款规定，集体经济组织实行民主管理，依照法律规定选举和罢免管理人员，决定经营管理的重大问题。

《劳动法》第八条规定，劳动者依照法律规定，通过职工大会、职工代表大会或者其他形式，参与民主管理或者就保护劳动者合法权益与用人单位进行平等协商。2012 年修订的《劳动合同法》第四条第二款规定，用人单位在制定、修改或者决定有关劳动报酬、工作时间、休息休假、劳动安全卫生、保险福利、职工培训、劳动纪律以及劳动定额管理等直接涉及劳动者切身利益的规章制度或者重大事项时，应当经职工代表大会或者全体职工讨论，提出方案和意见，与工会或者职工代表平等协商确定。《劳动合同法》第五十一条第一款规定，企业职工一方与用人单位通过平等协商，可以就劳动报酬、工作时间、休息休假、劳动安全卫生、保险福利等事项订立集体合同。集体合同草案应当提交职工代表大会或者全体职工讨论通过。2023 年修订的《公司法》第十七条第二款规定，公司依照宪法和有关法律的规定，建立健全以职工代表大会为基本形式的民主管理制度，通过职工代表大会或者其他形式，实行民主管理。2021 年修订的《工会法》第六条第三款规定，工会依照法律规定通过职工代表大会或者其他形式，组织职工参与本单位的民主选举、民主协商、民主决策、民主管理和民主监督。

2012 年 2 月，中央纪委、中央组织部、国务院国资委、监察部、全国总工会、全国工商联联合印发《企业民主管理规定》。这是全面规范以职工代表大会为基本形式的企业民主管理制度的重要规章，进一步明确了我国企业民主管理的目标要求，丰富了形式和内容，完善了程序和规则，为推进企业民主管理工作提供了强有力的规范性依据和重要政策支持。

（二）企事业单位民主管理的政策依据

2015 年，中共中央印发《关于加强和改进党的群团工作的意见》，指出积极参加城乡基层群众自治和企事业单位民主管理，引导联系群众正确行使民主权利，推动基层民主健康发展。同年，中共中央、国务院印发的《关于构建和谐劳动关系的意见》第五点分别从健全企业民主管理制度、推进厂务公开制度化规范化、推行职工董事职工监事制度三个方面强调加强企业民主管理制度建设。2017 年，中共中央、国务院印发的《新时期产业工人队伍建设改革方案》指出，健全协调劳动关系三方机制及政府和工会联席会议制度，落实以职工代表大会为基本形式的民主管理制度，推进厂务公开、业务公开，坚持企业在重大决策上听取产业工人意见，涉及产业工人切身利益的重大问题必须经过职代会审议，坚持和完善职工董事制度、职工监事制度，鼓励产业工人代表有序参与公司治理。

（三）企事业单位民主管理的重要文件

为规范职工代表大会操作流程，完善职工代表大会运作机制，充分发挥职工代表大会积极作用，推动企事业单位民主管理工作高质量发展，2022 年 3 月，全国厂务公开协调小组办公室印发《职工代表大会操作指引》，适用于国有、集体及其控股企业、私营、港澳台投资、外商投资等企业。事业单位、民办非企业组织等其他单位可参照执行。

第二节　职工代表大会制度

一、职工代表大会制度概述

（一）职工代表大会的性质及特征

1. 职工代表大会的性质

2012 年 2 月 13 日由中央纪委、中央组织部、国务院国资委、监察部、全国总工会、全国工商联印发的《企业民主管理规定》规定，职工代表大会（简称“职代会”）是企业实行民主管理的基本形式，是职工行使民主管理权力的机构。

2. 职工代表大会的特征

（1）法定的权威性

职工代表大会的民主管理权力是法律赋予的，具有一定强制力和约束力，从而保证了广大职工在企事业单位中的主人翁地位。

（2）普遍的适用性

职代会的组织形式、我国实行这一制度的历史延续以及职代会的权力等方面，都充分说明了职代会制度的普遍适用性。

（二）职工代表大会的组织机构和工作机构

1. 职工代表大会的组织机构

（1）大会主席团。职工代表大会一般由企业工会主持。规模较大、职工人数较多的企业，或实行区域性联合职代会、行业性职代会的地区，可由职工代表大会选举主席团主持会议，主席团成员应包括工人、技术人员、管理人员、工会和党组织负责人。其中工人、技术人员、管理人员应超过半数。职代会主席团不实行常任制。

大会主席团产生程序：一是工会根据企事业内部组织结构和人员分布状况，提出主席团成员的构成比例方案；二是经党政工协商确定后，由职工代表团（组）长会议研究提出主席团的候选人名单，并由职代会预备会议选举产生，经职工代表半数以上通过后当选；三是大会主席团由全体代表以无记名投票方式选举产生，也可举手表决通过；主席团成员选举一般为等额选举。

大会主席团的主要职责：一是主持职代会会议召开，负责职代会期间的组织领导工作；二是听取和综合各代表团（组）对各项议题审议的结果；三是研究会议议题中需要通过和决定的事项，草拟会议决议；四是主持会议表决和选举；五是处理大会期间发生的问题。会议期间，职代会主席团成员可轮流担任执行主席，主持会议。会议可设秘书长、副秘书长若干人。

（2）代表团（组）。根据企业规模大小，职工代表大会可成立若干个代表团或代表组，统一组织职工代表的活动。被推选出来的职工代表按分厂、车间、工段、科室等组成代表团（组），推选团（组）长。代表团（组）长一般由所在的工会负责人担任。

代表团（组）的主要任务：一是做好本团（组）职工代表的日常联系和组织工作；二是根据会议下发材料要求，征集所在单位（部门）职工意见；三是按要求布置征集会议议题、提案或合理化建议，统一上报会议组织部门；四是认真审议会议报告和有关决议草案，注意收集情况、反馈信息；五是组织职工代表如期出席职代会，协助行政安排好职工代表与会期间的生产和工作；六是选派代表参加会议的文件起草、监票、计票等有关工作及在大会上发表意见；七是会后组织好职工代表参与日常民主管理、贯彻会议精神、参加学习培训、开展专题调研。

（3）专门小组。专门小组是为职工代表大会行使各项职权服务的专门工作机构。应根据企事业单位实际情况，分别设置生产经营管理、劳动法律法规、规章制度、评议监督等临时或者经常性的专门小组（或专门委员会），完成职工代表大会交办的有关事项。

专门小组的工作任务：一是专门小组对职代会负责，完成职工代表大会交办的有关事项；二是审议提交职代会的有关议案；三是职工代表大会闭会期间，根据职工代表大会授权，审定属于本专门小组分工范围内需要临时决定的问题，并向职工代表大会报告予以确认；四是检查、督促有关部门贯彻执行职代会决议和职工提案的处理；五是办理职工代表大会交办的其他事项。

2. 职工代表大会的工作机构

企业工会是职工代表大会的工作机构，是职工代表大会和其他民主管理活动的组织者。

工作职责：组织职工选举职工代表；提出职工代表大会议题的建议，负责职工代表大会的筹备和组织工作；督促行政和发动职工落实职工代表大会决议、决定和职工代表提案；接受和处理职工代表的申诉和建议，维护职工代表的合法权益；负责职工代表的培训工作，组织职工代表学习法律、政策、业务和管理知识，不断提高职工代表素质；建立健全民主管理工作档案；定期向党政领导和上级工会报告民主管理工作情况等。

（三）职工代表大会的职权

《企业民主管理规定》明确了职工代表大会的职权，具体如下：

1. 听取企业主要负责人关于企业发展规划、年度生产经营管理情况，企业改革和制定重要规章制度情况，企业用工、劳动合同和集体合同签订履行情况，企业安全生产情况，企业缴纳社会保险费和住房公积金情况等报告，提出意见和建议；审议企业制定、修改或者决定的有关劳动报酬、工作时间、休息休假、劳动安全卫生、保险福利、职工培训、劳动纪律以及劳动定额管理等直接涉及劳动者切身利益的规章制度或者重大事项方案，提出意见和建议。

2. 审议通过集体合同草案，按照国家有关规定提取的职工福利基金使用方案、住房公积金和社会保险费缴纳比例和时间的调整方案，劳动模范的推荐人选等重大事项。

3. 选举或者罢免职工董事、职工监事，选举依法进入破产程序企业的债权人会议和债权人委员会中的职工代表，根据授权推荐或者选举企业经营管理人员。

4. 审查监督企业执行劳动法律法规和劳动规章制度情况，民主评议企业领导人员，并提出奖惩建议。

5. 法律法规规定的其他职权。

国有企业和国有控股企业职工代表大会除按上述规定行使职权外，还行使下列职权：

1. 听取和审议企业经营管理主要负责人关于企业投资和重大技术改造、财务预决算、企业业务招待费使用等情况的报告，专业技术职称的评聘、企业公积金的使用、企业的改制等方案，并提出意见和建议。

2. 审议通过企业合并、分立、改制、解散、破产实施方案中职工的裁减、分流和安置方案。

3. 依照法律、行政法规、行政规章规定的其他职权。

二、职工代表大会的召开程序

（一）会前准备阶段

职工代表大会是企事业单位职工行使民主管理权力的主要载体和基本形式，基层工会在召开职工代表大会和换届时，必须充分做好大会的各项准备工作，以确保大会顺利举行。

1. 建立筹备机构

（1）组织领导：召开职工代表大会（或工会换届）前要成立筹备领导小组，在同级党组织领导下，具体负责筹备工作，重大问题经工会和联席会议集体讨论决定，并报同级党组织审批。

（2）成立工作小组：根据工作需要，领导小组可下设若干工作小组，如代表资格审查组、组织秘书组、宣传会务组等，负责大会事务筹备工作。

2. 制定工作方案

（1）明确大会筹备工作的主要领导成员、大会设立的专门工作机构及其组成人员和工作职能。

（2）确定大会的主要任务，如大会指导思想、上届大会以来的工作总结、今后工作的思路与目标、需大会审议的文件和提案、选举产生专门工作委员会、工会委员会换届改选有关事项等。

（3）确定大会的代表的任职条件、构成及产生程序。

（4）确定领导机构的配置和推选、选举办法。

（5）拟定大会召开日期及会期日程安排。

（6）预算大会经费。

3. 呈报会议安排

（1）向同级党委和上级工会呈报关于本次职工代表大会安排的请示。主要包括：大会代表的产生和比例、大会的时间安排、组织机构、职工代表大会专门工作小组的设置、选举方法、会议时间及费用。

（2）同级党组织和上级工会对呈报大会安排请示的批复。主要包括：对会议时间安排、代表名额构成原则及比例等意见。

（3）根据批复精神作出本次大会的安排意见。主要包括：职工代表大会的组织领导、代表的比例构成、大会的主要议题、大会时间安排及其他具体要求。

4. 营造大会氛围

可编写、张贴和悬挂一些相关标语口号，在职工中营造职工代表大会召开的良好氛围；也可及时编写一些以大会安排意见为基准的宣传提纲，在职工群众中广泛进行宣传教育。

5. 大会材料准备

（1）大会文件材料：职工代表大会各项准备工作就绪后，工会应发出会议通知文件。其内容主要包括：大会召开的时间、地点和会期通知；大会中心议题；大会议程安排；大会要求等。

（2）大会相关材料：主要有行政工作报告、集体合同草案或集体合同执行情况报告；工资协议草案；提案审议落实情况报告；党组织领导讲话；民主评议管理人员情况报告；关于表彰优秀员工的通报；选举办法、选票；大会决议、决定等。

6. 组织相关会议

（1）联席会议：召开工会委员会及代表团（组）长和专门工作小组（委员会）负责人联席会议。其主要内容有：审议大会议程和日程安排；审议大会主席团和秘书长名单；审议职工代表大会各专门工作小组（委员会）名单；审议参加董事会、监事会职工代表名单。

（2）平等协商会议：按法定程序产生的职工和企业的集体协商代表，对集体合同中有关问题进行平等协商。其主要内容有：审议集体合同执行情况报告；协商解决工会劳动法律监督检查中发现的问题；协商处理职工关心的热点、难点问题等。

7. 准备会务工作

（1）划分代表团（组）：一般以车间、工段、科室工会为一个团，每团根据各自人数还可再划分若干小组，总的原则是便于讨论和利于活动。

（2）产生代表团（组）长：代表团团长由车间、工段、科室工会主席担任，各代表小组组长可由所在小组成员推荐产生。

（3）会议证件制作：为适应大会组织工作的需要，可制作分别示明主席团成员、职工代表、列席代表、特邀代表、工作人员等与会人员身份的证卡或佩条。

8. 召开预备会议

（1）预备会议内容：通过代表资格审查报告、通过大会主席团名单和秘书长名单、通过大会议程以及其他需要确认的事项。

（2）预备会议程序：职工代表大会的组织领导机构是大会主席团。由于召开预备会议时大会主席团尚未产生，因此，预备会议由工会主持。主持人通常是工会主席或拟担任大会秘书长的同志。预备会议一般应有以下议程：一是清点到会人数。主持人向大会报告应参加大会和实际参加大会的人数。确认到会人数符合法定人数后，即可开会。二是报告职工代表大会筹备情况。三是审议通过代表资格审查报告。四是通过职工代表大会主席团名单和大会秘书长名单。五是通过职工代表大会议程和日程安排。

（3）预备会议在通过上述议程后可暂时休会，召开职工代表大会主席团第一次全体会议；通过各次全体会议执行主席名单；通过副秘书长名单。主席团第一次全体会议结束后，预备会议复会，宣布主席团第一次全体会议通过的有关事项。

9. 大会组织领导

（1）大会主席团：职工代表大会主席团是负责职工代表大会期间的组织领导工作机构，在职工代表大会预备会议上由全体职工代表选举产生。

（2）大会秘书长：秘书长是大会期间日常工作的组织者。其主要职责有：主持召开第一次主席团全体会议；处理主席团日常事务；在主席团领导下，负责处理大会期间的事务性工作；领导大会秘书处，签发会议各种文件。秘书长由工会和联席会议在代表中提名，经代表讨论后，在大会预备会上表决通过。一般由工会副主席担任。根据工作需要，可设副秘书长 1~2 名，协助秘书长工作。

（二）召开正式会议

1. 开幕式

（1）清点到会代表人数，并作出说明（应到多少，实到多少，是否符合法定人数，能否开会等）。

（2）宣布职工代表大会开幕，全体起立唱《中华人民共和国国歌》。

（3）致开幕词：简要介绍本次大会的目的、意义、中心议题和主要任务。

2. 大会程序

（1）企业主要负责人作工作报告：主要内容应包括企业生产经营管理情况、存在的问题及改进措施；企事业单位有关发展规划、重大决策、经营状况和年度生产经营计划完成情况；职工养老保险金和失业保险金缴纳情况。

（2）集体合同和提案处理专题报告：由工会主席及职代会专门小组负责人对上年度集体合同履行情况的检查，本年度集体协商和集体合同有关条款修订的情况，上次职代会职工代表提案落实和处理的情况等向大会作报告。

（3）行政有关负责人作专门议案报告：凡应提交职代会审查和审议的议题（如财务预决算报告、社会保障费用缴纳情况报告），均应由行政有关负责人向大会报告，说明制定的依据、目的和具体实施办法；也可针对职工代表对议案的意见作出说明。

（4）联席会议情况说明：工会主席就上一次职工代表大会闭幕期间，职工代表团（组）长和专门小组负责人联席会议所决定的职工代表大会职权范围内的问题，向大会作出说明，提请大会确认。

（5）代表团（组）讨论：各职工代表团（组）就以上报告、说明、议案等分组进行讨论；对大会的各项决议草案、需经大会选举的候选人进行酝酿；大会主席团成员分别参加本代表团（组）的讨论；职工代表的讨论发言，经整理归纳后，将讨论意见向大会主席团汇报。

（6）大会发言：由各代表团（组）长推荐代表，在大会陈述本团（组）讨论审议的意见和建议，也可让职工代表进行书面发言。

3. 大会选举

（1）应由职代会选举产生的人员：职工董事、职工监事；集体协商、集体合同和工资集体协商的协商代表；职工代表大会专门小组人选；其他需要经职代会选举的人员。

（2）选举要求：在选举中应严格按程序进行，选举投票结束，代表不能离开会场，应等待计票人员统计完后，由大会宣布选举结果后才能离开；若第一次选举无效，应用预备选票重新选举，直至选举有效，并宣布结果后散会；选举应采取无记名投票并实行差额选举。

4. 讨论通过大会决议

召开主席团、代表团（组）长会议，听取各代表团（组）讨论情况，审议有关决议，研究起草大会总结。

5. 闭幕式

（1）报告参加会议的代表人数。到会代表应超过应到会人数的三分之二，可以举行会议。

（2）宣布大会议程。

（3）逐项表决需通过的有关决议和决定。

（4）表彰及奖励。

（5）领导讲话。

（6）致闭幕词。

（7）全体起立，唱《中华人民共和国国歌》。

（8）大会执行主席宣布大会闭幕。

三、职工代表大会闭会期间工作

1. 归档文件资料

归档文件资料是职工代表大会一项非常重要的收尾工作，涉及面也很广，党政工三方面都会有。因此，要做好这项工作，一是要对大会文件资料进行细致的收集整理，二是要做好立卷归档工作。在归档文件资料的过程中，一定要注意收集齐全，各方面的材料都应该囊括其中，并根据文书档案管理的相关要求和职工代表大会的规律、特点和内容进行整理归档，然后再按工作程序，将职代会材料分解立卷。立卷归档的文件资料一定要完整无缺且能反映出职工代表大会工作的全貌。

职工代表大会结束后，工会要尽快写出大会情况报告，一式两份报送至上级工会备案。

2. 落实各项决议

贯彻落实大会决议可以通过以下途径实现：

（1）工会可通过各分工会、工会小组的活动，也可利用门户网站、微博、微信公众号、抖音等新媒体平台宣传大会决议精神，解释大会决议内容。

（2）工会协助企事业单位有关部门和领导，制定贯彻落实职代会决议的计划。

（3）工会可以通过开展各项活动，促进职工群众完成大会提出的各项任务。

（4）闭会期间，工会组织专门委员会（小组）相关成员或部分职工代表检查督促有关部门决议贯彻落实、提案落实和集体合同履行的情况，发现问题并及时加以解决。

（5）工会在下一次职代会上向职工代表报告职代会决议的贯彻落实情况。

3. 召开临时会议

职工代表大会闭会期间，如单位遇有重大紧急问题，经三分之一以上的职工代表要求或者单位党政工领导研究提议，工会可召集临时代表会议，会议的各项筹备工作也由工会在同级党组织的领导下进行。跟职工代表大会相比，临时代表会议具有会期短、议题单一、程序简单的特点。因此，临时代表会议只能作为职代会的一种有效补充形式，而不能替代职代会。

4. 召开联席会议

职工代表大会闭会期间，需临时解决的重要问题，一般情况下由基层工会主席负责召集职工代表大会代表团（组）长和专门委员会（小组）负责人联席会议协商处理，并提请下次职代会确认。联席会议主要有以下职责：

（1）根据职工代表大会的授权，修改职代会原则通过的议案，协商处理职代会决议执行过程中出现的新情况、新问题。

（2）协商处理涉及职工代表大会职权范围内急需解决的问题。

（3）听取各代表团（组）和专门委员会工作报告，听取集体合同检查、厂务公开责任落实、干部民主评议落实、提案征集处理落实情况的汇报，并提出处理意见和建议。

（4）讨论通过职工代表大会的筹备方案和职工代表的撤换、增补事项。

（5）审议、通过或决定职工代表大会交办的其他事项。

需提请注意的是，职工代表大会对其职权范围内的事项具有最终审定权。联席会议作出的决定必须经下一次职代会确认并报告执行情况。

5. 职工代表巡视制度

职工代表巡视制度是职代会闭会期间职工代表民主参与、民主管理、民主监督的重要形式，是职代会工作的继续和延伸，是健全以职工代表大会为基本形式的企事业单位民主管理制度，是保证职工代表行使民主权利、落实职代会决议精神的有效举措。

（1）巡视的要求：职工代表巡视是在党委的统一领导下进行，由工会负责组织、协调和实施。工会根据巡视内容，抽调部分职工代表，也可吸收行政业务主管部门相关人员组成巡视组，对平级及下属单位进行巡视。巡视组成员由工会提名，党委批准。

（2）巡视的内容：一般来说，凡是职工代表大会决定或通过的事项以及涉及职工切身利益的重大问题，都属于职工代表巡视的内容。例如，职工代表大会决定或通过的事项落实情况；职工代表提案的办理情况；集体合同条款的履行情况；厂务公开制度的执行情况；涉及职工切身利益的重大问题；职工群众普遍关心的具有共性的问题；其他需要巡视的内容。

（3）巡视的形式：综合巡视，即职工代表大会闭会期间，工会每年至少组织一次综合巡视，特点是内容全、覆盖广；专题巡视，即主要针对涉及企业生产经营管理、职工合法权益等某一具体问题随时进行，专题巡视一定要细致深入、有针对性，巡视次数由各单位自行规定。

（4）问题的整改：工会要根据本单位特点和工作实际研究制定巡视方案，明确巡视范围、内容、时间和形式，并提前通知被巡视单位。巡视前，工会要对巡视组成员进行培训，熟悉和掌握政策，统一思想，明确标准，确保巡视工作质量。被巡视单位要做好迎接检查的准备，积极自查自纠，并按巡视内容和要求认真准备相关材料。

6. 日常民主管理活动

职工代表大会闭会期间，工会要组织各代表团（组）长和各专门工作委员会（小组）开展以下日常民主管理活动：

（1）参加职工代表大会代表团（组）长联席会议，讨论和决定相关民主管理问题。

（2）各专门工作委员会在各自职责范围内，参与企事业单位相应职能部门的民主管理工作。

（3）各代表团（组）长参加所在部门党政有关会议和涉及职工切身利益的相关工作。

（4）各代表团（组）长和各专门委员会成员定期或不定期与企事业单位领导座谈，汇报或协商有关工作。

（5）组织本部门职工代表或者本工作机构成员开展各项日常民主管理活动。

第三节　厂务公开制度

一、厂务公开制度概述

（一）厂务公开的概念

厂务公开是指企事业单位依照有关法律法规的规定和相关政策要求，将与本单位改革发展稳定和职工切身利益密切相关的重大问题和重要事项，通过职工代表大会和其他适当形式向广大职工公布、告知，为组织职工参与决策、管理和监督创造前提条件的办事规程或行动准则。

厂务公开是对所有企事业单位的公开制度的简称。这里讲的“厂”，泛指包括工业、交通、建筑、金融、财贸等各行各业各种类型和形式的公司、工厂在内的企业和事业单位。在教育、科技、文化、卫生、体育等事业单位，也称为校（院、所、馆、团）务公开。这里讲的“公开”，是通过一定的形式向职工公布、公示和告知，组织职工参与公开活动，同时还要听取意见，接受职工民主监督。厂务公开的事务，并不是企事业单位的所有事务，公开的重点应该是职工关心的，同时与广大职工切身利益密切相关的各类事务。这类事务的公开并不是一个简单的公布、告示，而是包括办理事务的依据、标准、过程、结果的全面公开。

（二）厂务公开的意义

厂务公开是加强基层民主政治建设、保障广大职工知情权的有效形式和重要制度，也是企事业单位管理制度中的一项重要内容，贯穿各项民主管理制度之中。厂务公开的实质是保障广大职工的知情权，推动企事业单位有效地实行民主管理。其主要有两方面的意义：

一方面，实行厂务公开是保证职工知情权的有效途径，是企事业单位实行民主管理的基本保障和前提条件，更是一种有效的民主监督。公开的直接目的是让职工知情，企事业单位需要根据不同情况，采取适当形式，让职工及时了解本单位生产经营管理活动中的真实情况。同时，公开本身就可以解决一些问题。比如，公开企业经营的利好消息和发展规划，可以增强职工信心、鼓舞职工士气；公开企业经营管理面临的问题和困难，可以让职工理性面对，降低诉求，从而消解疑虑、化解矛盾，为企业发展献计献策；公开企业干部考核、任免、职称评聘，招录、收费，工程招投标、大宗物资采购等重要事项，可促进科学决策、民主决策，形成良好的监督环境和氛围。另外，公开本身也是一种很好的监督形式。公开可以促进公平、减少贪腐、增强公信力。

另一方面，厂务公开与企业其他民主管理制度相结合，能够使其他民主管理制度更加有效地发挥作用。公开后要认真听取职工的意见和建议，并依照相关规定将有关重大问题和重要事项提交职工代表大会审议、通过或决定，组织职工参与管理，接受职工民主监督，全面保障职工的知情权、参与权、表达权和监督权。通过厂务公开，可以促进企业建立规范有序、公正合理、互利共赢、和谐稳定的中国特色劳动关系，调动和发挥职工投身改革发展的劳动热情与创造活力，组织职工、动员职工、依靠职工解决改革发展过程中的热点、难点问题，不断完善经营管理制度，提高经营管理水平，提高自主创新能力和市场竞争力，推动企业和职工共同发展。

（三）厂务公开的工作原则

《企业民主管理规定》第三十三条规定，企业实行厂务公开应当遵循合法、及时、真实，有利于职工权益维护和企业发展的原则。实行厂务公开应当保守企业商业秘密以及与知识产权相关的保密事项。根据这一规定，企业在实行厂务公开时应遵循以下原则：

1. 依法公开。企业要依法进行厂务公开，这是对公开依据的要求。要按照《宪法》《工会法》《公司法》《劳动法》《劳动合同法》等国家法律法规和相关地方性法规，依照《企业民主管理规定》《学校教职工代表大会规定》《国务院办公厅关于进一步完善国有企业法人治理结构的指导意见》等政策规章的具体规定，以合法的方式和程序实行厂务公开。

2. 及时公开。企业必须及时进行厂务公开，这是对公开时间的要求。既要事前公开，让职工了解公开事项的背景、相关政策和实施方案，广泛征求职工意见建议，不断完善实施方案，争取职工的理解和支持；又要事中公开，让职工知道公开事项的实施进展情况，方便职工监督实施过程中的每一个环节，动员职工积极参与；还要事后公开，让职工知道实施结果，接受职工对实施结果的评议监督。

3. 真实公开。企业必须实事求是地公开，这是对公开内容的要求。既不能假公开，人为隐瞒公开事项的真实情况，误导职工对公开事项的判断，给日后实施过程和结果留下隐患，给企业改革发展和职工队伍稳定留下不安定因素；也不能半公开，只将无关痛痒的小事公开，而对企业的重大决策、重要人事任免、重大项目安排和大额度资金运作情况，企业领导人员廉洁从业情况，涉及职工切身利益的重要规章制度、重大事项的决策及执行情况等不敢真公开、全公开，进行暗箱操作，规避职工监督。厂务公开工作流于形式，容易导致权力失控，发生贪污腐败行为，有的企业甚至酿成大规模职工群体性事件，对职工队伍和社会稳定造成很大的不良影响，这些教训应当吸取。

4. 科学公开。厂务公开要有利于维护职工合法权益和促进企业可持续发展，这是对公开目的的要求。一方面，要通过实行厂务公开，尊重职工的主体地位，树立以职工为本的经营管理理念，培育先进企业文化，增强职工对企业的归属感。支持职工参与管理，畅通职工利益表达渠道，依法监督企业遵守国家有关劳动法律法规情况，充分保障职工对企业经营管理中的重大决策和涉及职工切身利益的重大事项的知情权、参与权、表达权和监督权。推动解决职工生产生活中的实际困难，维护好职工劳动经济权益、民主政治权利和精神文化需求。另一方面，要通过实行厂务公开，发展和谐劳动关系，为企业经营管理营造良好、稳定、和谐的环境。充分调动职工投身企业改革发展的积极性和创造力，依靠职工、组织职工解决企业技术创新、技术攻关和技术改造中的难题。进一步完善经营管理制度，提高经营管理水平，提高企业自主创新能力和市场竞争力，促进企业可持续发展。

实行厂务公开，并不是要求企业对所有的经营管理事项都百分之百地公开，而是根据不同企业的实际情况，按照法律法规和政策的要求公开。一些事项要全面彻底公开，一些事项要在一定的范围内公开，而涉及企业商业秘密以及与知识产权相关的保密事项则不但不公开且知情的职工还应当保守秘密。

二、厂务公开的主要内容

（一）企业重大决策和企业生产经营管理的重要问题

其主要包括：企业发展规划、年度生产经营管理情况、企业改革和制定重要规章制度情况等企业经营管理的基本情况。

公有制企业的公开内容中涉及企业重大决策的问题还包括：投资和生产经营管理重大决策方案等重大事项；企业改革、改制方案，兼并、破产方案，重大技术改造方案，职工裁员、分流、安置方案等重大事项；企业中长期发展规划；年度生产经营目标及完成情况，企业担保，大额资金使用、大额资产处置情况，工程建设项目招投标，大宗物资采购供应，产品销售和盈亏情况，承包租赁合同履行情况，企业内部经济责任制落实情况，重要规章制度制定等重大事项。

（二）企业涉及职工切身利益方面的问题

其主要包括：企业制定、修改或者决定的有关劳动报酬、工作时间、休息休假、劳动安全卫生、保险福利、职工培训、劳动纪律以及劳动定额等直接涉及劳动者切身利益的规章制度或者重大事项方案；招用职工及签订劳动合同的情况；集体合同文本和劳动规章制度的内容；奖励处罚职工、单方解除劳动合同的情况以及裁员的方案和结果，评选劳动模范和优秀职工的条件、名额和结果；劳动安全卫生标准、安全事故发生情况及处理结果；社会保险及企业年金的缴费情况；职工教育经费提取、使用和职工培训计划及执行情况；劳动争议及处理结果情况。

此外，公有制企业的公开内容中涉及职工切身利益方面的问题还包括：职工提薪晋级、工资奖金收入分配情况和专业技术职称的评聘情况。

（三）与企业领导班子建设、党风建设和廉洁从业密切相关的问题

其主要内容包括：中层领导人员、重要岗位人员的选聘和任用情况，企业领导人员薪酬、履职待遇和业务支出情况、兼职情况，以及出国出境费用支出等廉洁自律规定执行情况，职工代表大会民主评议企业领导人员的结果；依照国家有关规定应当公开的其他事项。这是对公有制企业的更高要求。非公有制企业也可以公开上述事项，但是不作强制性要求。

三、厂务公开的实现形式

（一）基本形式

职工代表大会是企事业单位民主管理的基本实现形式，也是厂务公开的主要载体。实行厂务公开后，企业经营管理的许多重大事项和问题需要通过职工代表大会这一制度平台告知广大职工，职工代表大会审议通过各种决定或者事项，本身就是对职工知情权的制度化、规范化的保障。因此，职工代表大会是厂务公开的基本载体，也是厂务公开的主要实现形式。

（二）专用形式

此类形式包括专门用于公开厂务的厂务公开栏、厂情发布会、厂务公开网络，以及为公开某些事项而召开的各种会议等。这些形式的特点是直接面向广大职工，及时、直观，方便职工随时了解相关情况。其缺点是单向性，本身不具备反馈机制。因此，应当注意通过意见箱、监督电话等及时收集和了解职工的意见。

（三）特有形式

职工董事、职工监事参加董事会、监事会制度，工会参加党委和经理办公

会制度，以及党政工联席会制度等，这些既是职工参与企业管理的重要制度，也是职工间接了解企业经营管理情况的有效渠道。这类公开形式的特点是公开的范围小，参与人数少，对公开事项可以深入讨论研究，对一些还处于酝酿阶段、需要听取各方面意见的事项，特别是在一段时间内需要保密的事项比较适合。这种形式的缺点也在于参与人数少，因此职工董事、职工监事和工会主席在代表职工参加相关会议前，应注意广泛听取职工意见，会后要在遵守有关规定的前提下，采取适当形式向职工传达。

公司制企业除了职工董事、职工监事制度外，还有信息披露制度，主要是指物资采购供应和基建项目的招投标，人才公开招聘、选任，上市公司依照有关规定公开披露财务报表，等等。这种公开形式比较规范，公开的范围广，适用于需要向社会广泛公告的事项，这也是广大职工知情的一个渠道。这种公开形式的主要缺点是滞后性。采取这种形式应事先向职工公开有关的政策和制度，方便职工监督，事后要注意听取职工意见，改进工作中存在的问题。

（四）媒体形式

媒体形式包括企业的广播、电视、厂报、墙报等。经职工代表大会审议通过的，或经过其他形式公开以后需要在更大范围宣传的厂务公开事项，都可以通过媒体形式进一步公开。但这种公开也具有单向性的缺点。因此，顺应网络时代职工生活方式的变化，可以充分运用“互联网+”，通过微信群、QQ群、微信公众号等形式，建立网上公开平台，增强公开的时效性和广泛性，实现企业与职工间有效的互动沟通，使厂务公开贯穿企业经营管理活动的全过程。

第四节　职工董事职工监事制度

一、职工董事职工监事制度概述

（一）职工董事和职工监事

职工董事是指依照法律规定，通过职工代表大会民主选举产生，作为公司董事会正式成员进入公司董事会，代表职工行使决策权利的职工代表。

职工监事是指依照法律规定，通过职工代表大会民主选举产生，作为公司监事会正式成员进入公司监事会，代表职工行使监督权利的职工代表。

职工董事、职工监事以职工代表的身份进入董事会和监事会，具有双重身份。作为职工代表，其必须对全体职工负责；作为董事监事，则必须对公司负责。职工董事、职工监事在代表职工利益的同时，必须维护公司的整体利益，公司的发展与职工的根本利益是休戚相关的，维护公司利益与维护职工根本利益并不矛盾。职工董事、职工监事在享有与公司其他董事、监事同等权利和承担相应义务的同时，还应履行反映职工合理诉求、代表和维护职工合法权益的特别职责。职工董事、职工监事通过职工代表大会选举产生，受职工的委托参与公司的决策管理和监督。职工董事、职工监事应经常或定期深入职工群众中听取意见和建议；在董事会、监事会研究决定公司重大问题时，应认真履行职责，代表职工行使权利，充分发表意见。特别是涉及职工切身利益的问题，职工董事、职工监事应事先听取职工代表大会的意见，属于职工代表大会职责范围内的事项，必须先提交职工代表大会审议、通过或决定。

（二）职工董事职工监事制度

职工董事职工监事制度是指通过职工代表大会选举产生公司董事会、监事会中的职工代表，作为董事会、监事会正式成员依法参与公司董事会决策和监事会行使监督权利的一系列工作程序、权利义务规定和履行职责要求等规则的总称。职工董事职工监事制度主要包括以下四个方面：

1. 公司章程对设立职工董事、职工监事以及对其参与公司决策和管理、行使监督权利所作出的明确规定。应当包括根据公司治理结构确定是否依法设立职工董事、职工监事，规定职工董事、职工监事在公司董事会和监事会中的比例或具体的人数、名额的预留和确认等。

2. 有关职工董事、职工监事通过职工代表大会民主选举、罢免和监督的资格条件、提名办法和程序规则。

3. 与职工董事、职工监事职责、权利和义务等相关的各项规定。包括对职工董事、职工监事应享有的权利和待遇、应负的义务和责任等的相关规定，为职工董事、职工监事参加各种会议、查阅文件资料、调查研究提供条件而建立的各项工作制度，为提高职工董事、职工监事的业务素质和参与监督能力而建立的学习培训等方面的制度。

4. 职工董事、职工监事向职工代表大会负责，在职工代表大会上述职，接受职工代表评议监督，以及职工董事、职工监事与工会开展维权活动等相互关系的规定等。

二、职工董事职工监事的权利义务和履职保障

（一）职工董事的权利

根据有关法律政策的规定，职工董事与公司其他董事享有同样的权利，在董事会进行决议表决时，职工董事与其他董事一样，一人一票。

此外，职工董事的权利还应包含以下方面：

1. 有权就涉及职工利益问题、涉及职工切身利益的规章制度或者重大事项提请召开董事会会议，反映职工的合理要求，维护职工合法权益。董事会应当充分尊重职工董事的有关意见，凡涉及职工重大利益调整事项的决策，职工董事有不同意见的，董事会应当暂缓表决，监事会应及时介入。

2. 在涉及职工利益问题的决策过程中，如果职工董事有不同意见，有权要求董事会在充分听取职工意见或与工会充分协商后再作出决定。

3. 职工董事有权要求公司工会、公司有关部门和机构提供履行职责的必要条件，包括通报有关情况并提供相关资料，有权调阅公司有关文件和资料，参加有关会议和列席与其职责相关的公司行政办公会议和有关生产经营工作的重要会议。

4. 职工董事因故不能出席董事会会议，可以书面委托除受限者之外的其他董事代为出席会议，委托书中应载明授权范围，也可委托派员列席其他有关会议，反映职工的意见。

5. 职工董事有权向上级工会、有关部门和机构反映情况。

6. 法律法规和公司章程规定的职工董事享有的其他权利。

（二）职工监事的权利

根据有关法律政策的规定，职工监事与公司其他监事享有同样的权利，此外，职工监事的权利还应包括以下方面：

1. 职工监事有权就涉及职工利益问题、涉及职工切身利益的规章制度或者重大事项提请召开监事会会议，反映职工的合理要求，维护职工合法权益。监事会应当充分尊重职工监事的有关意见，凡涉及职工重大利益调整事项的决策，职工董事、职工监事有不同意见的，监事会应及时介入。

2. 职工监事有权监督公司的财务情况和公司董事、高级管理人员执行公司职务的行为，监督检查公司对涉及职工切身利益的法律法规、公司规章制度的贯彻执行情况及劳动合同和集体合同的履行情况，列席董事会会议，并对董事会决议事项提出质询或者建议。

3. 职工监事有权要求公司工会、公司有关部门和机构通报有关情况并提供

相关资料，有权调阅公司有关文件和资料，有权列席与其职责相关的公司行政办公会议和有关生产经营工作的重要会议。

4. 公司应当为职工监事履行职责提供必要的条件。职工监事因履行职责，调查了解情况，收集职工意见和建议等占用工作时间时，有权按照正常出勤享受应得的待遇。经职工代表大会考核评定，对业绩突出的职工监事，可以建议企业董事会给予奖励。

5. 职工监事因故不能出席监事会会议或因故不能列席董事会会议的，可以书面委托除受限者之外的其他监事代为出席会议，委托书中应载明授权范围。亦可委托派员列席其他有关会议，反映职工的意见。

6. 职工监事有权向上级工会、有关部门和机构反映情况。

7. 法律法规和公司章程规定的职工监事享有的其他权利。

（三）职工董事职工监事的义务

按照有关法律政策的规定，职工董事、职工监事与公司的其他董事、监事一样，都应当遵守法律、行政法规和公司章程，对公司负有忠实义务和勤勉义务。不得利用职权收受贿赂或者获取其他非法收入，不得侵占公司的财产，不能有下列行为：挪用公司资金；将公司资金以其个人名义或者以其他个人名义开立账户存储；违反公司章程的规定，未经股东会、股东大会或者董事会同意，将公司资金借贷给他人或者以公司财产为他人提供担保；违反公司章程的规定或者未经股东会、股东大会同意，与本公司订立合同或者进行交易；未经股东会或者股东大会同意，利用职务便利为自己或者他人谋取属于公司的商业机会，自营或者为他人经营与所任职公司同类的业务；接受他人与公司交易的佣金并归为己有；擅自披露公司秘密；违反对公司忠实义务的其他行为。职工董事、职工监事执行公司职务时违反法律、行政法规或者公司章程的规定，给公司造成损失的，应当承担赔偿责任。

此外，职工董事、职工监事还应履行以下义务：

1. 努力学习、掌握党和国家的有关方针政策和法律法规，不断提高履职能力和专业知识水平，遵守法律法规，遵守公司章程及各项规章制度。

2. 定期听取职工的意见和诉求，在董事会、监事会上全面、真实、准确地反映职工群众的意见和建议，代表和维护职工的合法权益，参与决策和监督。

3. 及时了解企业管理和发展状况，树立全局观念。在依法维护职工合法权益的同时，应充分考虑出资人、公司和职工的利益关系。

4. 执行职工代表大会的有关决议，定期向职工代表大会述职和报告工作，接受职工代表大会监督、质询和考核。在董事会、监事会会议上，对职工代表大会作出决议的事项，应当按照职工代表大会的相关决议发表意见，行使表决权。

5. 执行股东会、董事会、监事会的决议，维护公司利益和经营者的管理权威，保守公司秘密，不以权谋私。

6. 法律法规和公司章程规定的其他义务。

（四）职工董事职工监事的履职保障

职工董事、职工监事在履行职责时，应得到以下保障：

1. 公司应当保障职工董事、职工监事依照法律法规和公司章程开展工作，为职工董事、职工监事履行职责提供必要的工作条件，这包括提供必要的工作场所、企业经营管理的信息资料，及时通知职工董事、职工监事参加相关会议并保证其发言和表决的权利，提供相应的经济待遇等。

2. 职工董事、职工监事在任职期内劳动合同期满，劳动合同自动延长至职工董事、职工监事任期结束。

3. 职工董事、职工监事在任职期间，除个人严重过失或者丧失劳动能力外，公司不得以其履行职务的原因与其解除劳动合同或作出对其从业条件不利的岗位变动。公司依法单方面解除职工董事、职工监事劳动合同时，应当事先将理由通知工会。工会认为公司存在违反法律法规和合同规定情形的，有权要求重新处理，公司应当研究工会提出的意见，并将处理结果书面通知工会，否则公司不得解除其劳动合同。

4. 职工董事、职工监事因履行职责占用工作时间的，有权按照正常出勤，享受应得的待遇。

三、职工董事职工监事的工作制度

（一）意见征集制度

职工董事、职工监事在参与董事会、监事会决策前，应围绕会议议题内容，深入职工群众之中，充分听取广大职工和工会的意见和建议，广泛收集职工代表反映的情况，保证如实反映工会、职工代表大会或代表团（组）长和专门委员会（小组）联席会等方面形成的意见。

企业工会组织应当建立健全职工董事、职工监事意见征集制度，通过调研巡视等途径，及时向职工董事、职工监事提供职工代表大会的议题、议案、建议和决议的有关材料，协助职工董事、职工监事广泛听取和收集职工意见建议，畅通职工董事、职工监事了解职工意愿诉求的渠道。

（二）信息沟通制度

职工董事、职工监事如果缺少必要的信息渠道，对企业生产经营发展的重大问题和事项不了解，不能全面掌握有关情况，将很难真正有效地参与董事会、监事会的决策。因此，必须建立相关的信息获取和沟通制度，切实保障职工董事、职工监事的知情权。企业应协助职工董事、职工监事全面了解公司情况，及时向职工董事、职工监事提供公司生产经营管理等方面的资料和信息。职工代表大会下设工作机构要及时向职工董事、职工监事提供职工代表大会的议题议案和决议决定等材料，协助其开展专题调研和巡视检查，及时反映职工的有关意见和建议。

（三）咨询服务制度

企业管理涉及多方面内容，有些专业性很强，需要为职工董事、职工监事更好地履职提供相应的支持。可以通过职工代表大会及其专门委员会为职工董事、职工监事提供专业意见和相关咨询，也可请专业的咨询服务机构或有关专家、学者来为职工董事、职工监事提供帮助，要通过各种有效途径、集中各方的智慧力量来弥补职工董事、职工监事个人在专业上的不足和欠缺，为职工董事、职工监事更好地参与企业决策、监督打好基础。

（四）工作报告制度

职工董事、职工监事每年至少应当向职工代表大会进行一次述职报告，就参与董事会、监事会决策过程中的观点主张等情况，接受职工代表的质询、评议和监督，以此强化职工董事、职工监事对职工代表大会负责的责任意识。

（五）评议监督制度

职工代表大会每年应当在职工董事、职工监事向职工代表大会述职的基础上，组织职工代表对职工董事、职工监事履行工作职责情况进行评议，根据评议结果对履职情况好的职工董事、职工监事提出奖励意见建议或直接予以肯定褒奖，对没有尽到责任的职工董事、职工监事，职工代表大会也有权按照相关程序对其进行罢免和更换。

职工代表大会对职工董事、职工监事履职情况的定期评议监督，有助于加强对职工董事、职工监事的激励监督，鞭策职工董事、职工监事增强责任意识，促进职工董事、职工监事努力提高能力素质、认真履行职责，积极主动做好工作。

（六）学习培训制度

上级工会、企业应当创造条件，定期为职工董事、职工监事提供必要的学习培训和进修机会，从理论上提高他们参与公司治理、协调劳动关系的能力。

企业要组织安排职工董事、职工监事到公司业务部门进行学习，使其较全面地了解公司的资产和生产经营情况，掌握公司管理的基本业务知识，保证职工董事、职工监事以专业的水准更加充分有效地发挥作用。应当建立规范的职工董事、职工监事学习制度，不断提高职工董事、职工监事个人的理论水平和业务能力。

思考题

1. 企事业单位民主管理有哪些实现形式?
2. 职工代表大会具体有哪些职权?
3. 全过程人民民主视阈下如何提高企事业单位民主管理的质效?

第八章

工会工作法治化建设

贯彻全面依法治国部署要求，大力推进工会工作法治化。充分认识新时代新征程加强工会工作法治化建设的形势任务，不断提升工会工作法治化水平。

第一节　推进工会工作法治化

一、全面推进依法治国

党的十八大提出，法治是治国理政的基本方式，要加快建设社会主义法治国家，全面推进依法治国。党的十八大以来，习近平总书记以战略全局定位法治，提出了一系列新思想新战略新举措。党的十八大以来，全面依法治国战略举措向纵深推进，习近平法治思想的内涵不断丰富乃至最终形成。中央全面依法治国工作会议首次提出“习近平法治思想”，系统归纳了其十一个方面的核心要义。

习近平法治思想中的“十一个坚持”，系统阐述了新时代全面依法治国的战略思想和工作部署，深刻回答了新时代为什么实行全面依法治国、怎样实行全面依法治国等一系列重大问题，是新时代全面依法治国的根本遵循和行动指南。

（一）坚持党的全面领导

《宪法》第一条明确规定了中国共产党领导是中国特色社会主义最本质的特征，走好法治中国之路必须坚持党的领导。坚持党的全面领导，明确了党与法的关系，党的领导与法治在目标上具有高度统一性，都是以人民的利益为一切的出发点和落脚点。要在依法治国全过程和各方面贯彻党的领导。

（二）坚持以人民为中心

坚持以人民为中心明确了全面推进依法治国为了谁、依靠谁、由谁评判的问题。法治建设需要维护人民主体地位，必须坚持人民至上，以民之所向推动法治发展；法治建设需要保障人民权益。权力既为人民赋予，理应落实到服务人民中去；法治建设的推进需要依靠人民，要充分调动人民群众投身依法治国实践的积极性和主动性；法治成效由人民评判，把人民拥护不拥护、赞成不赞成、高兴不高兴、答应不答应作为衡量一切工作得失的根本标准。

（三）坚持中国特色社会主义法治道路

中国特色社会主义道路，为法治中国建设指明了政治方向。习近平强调，我们要坚持的中国特色社会主义法治道路，本质上是中国特色社会主义道路在法治领域的具体体现。中国特色社会主义法治道路，要坚持中国共产党领导、坚持中国特色社会主义制度、贯彻中国特色社会主义法治理论。

（四）坚持依宪治国、依宪执政

宪法是国家的根本大法，是一国法治的基础。依法治国，首先是依宪治国；依法执政，关键是依宪执政。必须维护宪法权威和尊严，必须保障宪法全面贯彻实施。

（五）坚持在法治的轨道上实现国家治理体系和治理能力现代化

法治是实现现代化的必由之路，是治国理政的基本方式。坚持在法治轨道上推进国家治理体系和治理能力现代化，这一论述强调了法治在推进国家治理体系和治理能力现代化中的重要作用，强调以法治推进国家治理现代化，以此夯实中国式现代化的法治根基。

（六）坚持建设中国特色社会主义法治体系

党的十八届四中全会提出中国特色社会主义法治体系概念，这既是工作重点也是总抓手，对于推进更高水平法治中国建设，具有引领性作用。建设中国特色社会主义法治体系，需要完备的法律规范体系、高效的法治实施体系、严密的法治监督体系、有力的法治保障体系、完善的党内法规体系。

（七）坚持依法治国、依法执政、依法行政共同推进

将具体法治建设任务作用于国家、执政党、政府等各个主体，形成国家、政府、社会多方合力局面。依法治国作为治国基本方略，在国家治理中处于根本性、主导性地位，依法治国必然要求执政党依法执政、政府依法行政。法治国家是总目标，法治政府是法治国家建设中的主体工程，构建法治国家，离不开法治社会的基础作用。

（八）坚持全面推进科学立法、严格执法、公正司法、全民守法

科学立法，重在“科学”，即立法环节应注重科学性、民主性，兼顾效率与公平，提高立法质量，使每一项法律规章都获得充分的民意性、民主性和合法性；严格执法，对有关国家机关的执法行为提出了法治要求，强调将行政权纳入法治轨道，践行法定职责必须为、法无授权不可为原则；公正司法，即运用法治方式惩治犯罪行为、维护人民权益的过程，其公正与否，直接关系着社会公平正义能否彰显；全民守法，任何公民、社会组织乃至国家机关都必须守法，只有让法治成为全民信仰、全民实践，才能以法治凝神聚力，促进社会和谐稳定。

（九）坚持统筹推进国内法治和涉外法治

推进法治中国建设，不仅要推进国内法治建设，还需要完善涉外法治工作战略布局，不断健全涉外立法、司法、执法、保障等法律体系，提升涉外工作

法治化能力与水平。

（十）坚持建设德才兼备的高素质法治工作队伍

在法治中国建设中，“人”是关键，法治中国建设离不开法治工作队伍的专业智慧和实践经验，他们和具体的法治运行紧密相连，其素质高低直接影响着法治建设成效。

（十一）坚持抓住领导干部这个关键少数

领导干部，人数少职能大，其用权方式直接影响着依法治国全局，是法治中国建设的“关键环节”，领导干部应做“尊法学法守法用法的模范”。在法治中国建设中，领导干部作为特殊主体，必须对其从思想意识到用权方式作出严格要求，使权力真正为人民服务。

二、工会工作法治化建设的要求

中国工会十八大报告将贯彻全面依法治国部署要求，大力推进工会工作法治化作为专门章节进行论述，对推进工会工作法治化提出了明确要求。充分认识新时代新征程加强工会工作法治化建设的形势任务，不断提升工会工作法治化水平，是工会的重要责任。

工会参与依法治国的切入点、着力点和落脚点，努力建设社会主义法治工会，提升工作法治化水平。大力推进工会工作法治化，主要是要提高依法建会、依法管会、依法履职、依法维权水平。

（一）依法建会

工会组织代表职工的利益，依法维护职工的合法权益。参加和组织工会是《宪法》《工会法》赋予职工的结社权利。工会组织应当坚持哪里有职工哪里就要组建工会的原则，大力推进工会建设。要转变工会组建方式，深入基层、贴近职工普及宪法、工会法知识，帮助和指导职工依照法定条件和法定程序参加和组建工会。同时要适应劳动关系和职工队伍变化，创新工会组建方式，增强职工参加和组建工会的内生动力。特别是进入新发展阶段，新经济形态迅猛发展，要全面推进互联网企业、平台企业建会，督促其分支机构、加盟企业等建立基层工会组织，将尽可能多的职工纳入工会组织中。首先要把工会建起来，打牢工会维权服务的基础。依法通过会员大会或会员代表大会民主选举产生各级工会委员会和工会经费审查委员会，依法建立女职工委员会。符合条件的基层工会应依法取得社会团体法人资格，单独开设银行账户，实行工会经费独立核算。工会的变更和撤并，也必须依法并按规定的民主程序进行。自觉维护工会组织的团结统一。依法维护工会干部合法权益，保障工会干部依法履职。

（二）依法管会

工会不仅要建起来，更要转起来、活起来。《工会法》是管理工会各项事务的基本法律依据，应当推动加大《工会法》实施力度。要依法健全会籍管理、工会活动、工会经费和财产管理等各项规章制度，形成配套完备的规章制度体系，打牢依法管会的制度基础。要依法收缴工会经费，加强工会经费审查审计监督，依法管理和使用工会经费和财产，夯实服务职工和开展工会活动的物质基础。要依法清理工会现有规章制度，工会规章制度和规范性文件出台前要进行合法性审查。要依法建立科学民主的决策机制。

（三）依法履职

《工会法》对工会职责作出了明确规定，维护职工合法权益、竭诚服务职工群众是工会的基本职责。要抓住收入分配、集体协商、民主管理、社会保障等重点，积极参与涉及职工权益、工会活动的法律制定。主动加强与有关部门联系，及时掌握改革动态，积极反映职工群众诉求，参与改革方案的制定修改。要细化做实劳动合同、集体协商、职代会等制度，帮助和指导职工签订劳动合同，代表职工签订集体合同特别是劳动安全卫生、女职工权益保护、工资调整机制等专项集体合同，依法参与涉及职工切身利益的规章制度或者重大事项的制定和完善，推动用人单位依法、民主、科学管理，依法代表职工表达诉求、协调利益。要强化劳动法律执行监督，推动健全涉及职工和工会工作的法律监督制度，建立健全与执法检查、行政执法等协作配合机制，推广实施劳动法律监督“一函两书”制度。壮大工会劳动法律监督员、劳动保护监督检查员、劳动争议调解员、兼职仲裁员等工会法律人才队伍，及时有效把职工各项权益落到实处。积极参与劳动争议多元化解，推进“工会＋法院＋检察院＋人社＋司法”协作联动机制，健全劳动领域矛盾纠纷预防调处化解体系。

（四）依法维权

法治社会的标志是法律的尊严和法律至上。因此，法律规定的权利就是职工应该实现的权利，就是工会应切实为职工维护的权益。要依照宪法、工会法维护职工参加和组织工会的权利，保障会员的选举权、被选举权、表决权，以及对工会工作进行监督和提出意见建议等权利。要依照劳动法律法规，维护职工平等就业和选择职业、取得劳动报酬、休息休假、获得劳动安全卫生保护、接受职业技能培训、享受社会保险和福利等各项劳动经济权益。要推动完善劳动法律法规体系，参与推动新就业形态劳动者等涉及职工维权服务和工会领域的法律法规制定工作。重点推动劳动合同、劳动报酬、劳动安全卫生、民主管理、社会保障等方面法律的健全完善，要紧盯重点立法领域，加大立法参与力度，特别是与新就业形态劳动者利益相关的法律，如基本劳动标准法、集体合同法、企业民主管理法、产业工人队伍建设法等方面，其他涉及职工群众切身利益的立法、政策制定出台方面，应更加积极主动，加强调查研究，及时提出涉及工会和职工法律法规的立改废释建议，将工作成功经验和正确的方针政策上升为法律法规，从源头上维护职工合法权益。推动健全完善以职工代表大会为基本形式的企事业单位民主管理制度，依法参与涉及职工切身利益的规章制度或者重大事项的制定和完善，推动企事业单位依法、民主、科学管理。加强工会法治宣传，提高工会工作者和广大职工对法律法规的知晓度、法治精神的认同度、法治实践的参与度。增强职工群众法治观念，推动形成尊法、学法、守法、用法的风尚。

第二节　劳动法律制度

一、劳动法律调整对象

劳动法律是调整劳动关系以及各种附随关系的法律规范的总称。这个概念表明，劳动法的调整对象包括劳动关系与附随关系两大类。

（一）劳动关系

劳动关系是劳动法主要调整对象，劳动法中所称的劳动关系是指在实现社会化劳动过程中，劳动者与用人单位之间所发生的权利义务关系。劳动关系具有以下四个重要特征：

1. 劳动者和用人单位主体资格法定。认定劳动关系，无论是劳动者还是用人单位，都必须符合劳动法确立的主体资格。劳动法确认的劳动者的主体资格，主要是年龄标准。除国家另有规定外，必须年满 16 周岁。我国劳动法对用人单位主体资格的认定标准，主要是有关机关的审批或登记。经批准或登记设立的法人、非法人组织、个体工商户等依法取得用人单位主体资格，享有用工权利。劳动法对劳动关系主体资格认定标准和范围，并非一成不变，根据不同的社会发展阶段、劳动法的价值目标，也会进行调整。

2. 劳动关系必须是在实现社会劳动过程中发生的。一些社会关系虽然与劳动有联系，但与社会劳动过程无关，则不属于劳动关系。例如，作家把自己的劳动成果交给出版社而与出版社之间发生的关系，职工将自己的工资存入银行而与银行之间发生的关系，等等。

3. 劳动关系具有从属性。这是劳动关系的根本特征。从属性主要表现在两个方面：经济上的从属性和组织上的从属性。所谓经济上的从属性，主要有两方面：一是指劳动者在经济上必须从事一定的工作以赚取生活所必需的费用，劳动者在经济上对用人单位具有明显的依赖性；二是指劳动者的劳动是以用人单位生产经营利益目的为前提，劳动者与用人单位提供的生产资料高度结合，实现劳动过程。所谓组织上的从属性，是指劳动者往往被编入一定的生产单位中，并且在生产过程中劳动者之间要进行不同程度的分工协作。劳动者在生产中必须服从用人单位的指挥、管理和监督，按照要求完成分配的工作任务，遵守用人单位的劳动纪律和规章制度，一般不允许自主地甚至任意地从事生产活动。

4. 劳动关系的主要内容是劳动的给付。劳动者与用人单位之间的主要权利义务关系都是围绕着劳动给付而发生的。劳动关系当事人之间建立劳动关系的主要目的就是劳动者向用人单位给付劳动，与之相对的，是用人单位应向劳动者支付工资作为对价。

（二）附随关系

附随关系，是指与劳动关系密切联系的其他社会关系。它们或者是基于劳动关系而产生，或者是为维护劳动关系而存在，或者是为促进劳动关系的建立而服务。附随关系从属于劳动关系，不能脱离劳动关系而独立存在。从根本上看，如果没有劳动关系，也就不会产生附随关系。具体而言，附随关系主要包括下列五种类型的社会关系：

1. 劳动管理关系。也可以称为“劳动行政关系”，是指政府部门依法对用人单位、职业介绍机构以及劳动者等进行管理的关系。

2. 社会保险关系。社会保险关系是指在执行社会保险法过程中，社会保险机构、用人单位及劳动者之间所发生的各种关系。

3. 职业介绍关系。职业介绍关系是职业介绍机构以中介的身份为用人单位和劳动者提供就业信息，以促成双方建立劳动关系而发生的关系。

4. 劳动监督检查关系。是指政府部门监督检查用人单位在执行劳动法律法规方面的情况而产生的关系。劳动监督检查的目的在于保证劳动法的贯彻执行，维护劳动关系的合法性。

5. 劳动争议处理关系。即劳动争议处理机构在处理劳动争议过程中与用人单位、劳动者之间所发生的各种关系。

二、劳动法律关系主体

劳动法律关系的主体是指劳动法调整的社会关系的各方当事人。劳动法调整劳动关系和与劳动关系密切相连的其他社会关系，依据这两类社会关系，劳动法律关系的当事人主要有三类。

（一）劳动者

劳动者就是在劳动关系中提供从属劳动的一方当事人。劳动者提供劳动必须达到法定就业年龄，具有一定劳动能力。作为劳动法意义上的劳动者，能够在具体的劳动法律关系中享受权利，并承担相应的义务。《劳动法》规定，公民的最低就业年龄是 16 周岁，除某些特殊职业，如体育、艺术等招用未满 16 周岁未成年人须经过劳动行政部门批准外，禁止用人单位招用未满 16 周岁的公民就业。对有可能危害未成年人健康、安全的职业或工作，比如从事过重、有毒、有害的劳动或者危险作业的，劳动法规定不应低于 18 周岁。同时劳动者必须具有提供劳动的能力。丧失或者完全丧失劳动所必需的劳动能力的自然人不能成为劳动法律关系的当事人。

（二）用人单位

用人单位是相对于劳动者而存在的劳动法律关系的主体，是指在劳动关系中使用劳动者劳动的一方当事人。《劳动法》第二条规定，在中华人民共和国境内的企业、个体经济组织（以下统称用人单位）和与之形成劳动关系的劳动者，适用本法。国家机关、事业组织、社会团体和与之建立劳动合同关系的劳动者，依照本法执行。根据规定，用人单位主要是各类企业，不论是国有企业、集体企业、私营企业，也不论是有限责任公司、股份有限公司、合伙企业还是独资企业，只要经过工商登记注册成立，都可以成为合格的用人单位。除了企业，个体经济组织也可以成为用人单位。国家机关、事业单位和社会团体采取劳动合同制方式招聘工勤人员时，属于劳动法上的用人单位。

（三）其他主体

1. 工会。《工会法》第二条规定，工会是中国共产党领导的职工自愿结合的工人阶级群众组织，是中国共产党联系职工群众的桥梁和纽带。中华全国总工会及其各工会组织代表职工的利益，依法维护职工的合法权益。劳动者在劳动关系中对用人单位具有经济和组织上的从属性，因此单个劳动者的力量远弱于用人单位，工会作为劳动者利益的有效代表，能够促使劳动者和用人单位之间力量达到一种比较平衡的状态。工会依法代表和维护劳动者合法权益，以集体的力量支持和保护劳动者。通过集体协商等手段为劳动者谋取最大的货币以及非货币利益；同时通过职工代表大会等机制，让劳动者参与到他们所工作的组织决策中；等等。

2. 劳动服务机构。主要指为劳动者与用人单位建立劳动关系，行使劳动权利、履行劳动义务提供服务的各类机构。在我国，劳动服务机构一般包括劳动就业服务机构、职业培训服务机构、劳动保护服务机构、社会保险服务机构以及其他劳动服务机构。

3. 劳动行政部门和其他有关部门。劳动者和用人单位通过平等、协商一致建立劳动关系，同时也需要国家有关部门参与到劳动法律关系中，进行适度调整和干预。主要体现在制定劳动标准和劳动政策，并通过劳动监察加以监督实施；保障劳动基本权益来促进集体谈判的实现；进行劳动争议调解、仲裁和诉讼；保障社会就业安全和人力资源的开发；等等。

三、劳动者与用人单位的权利义务

劳动法律关系的内容是指劳动法律关系当事人的权利和义务，其中核心内容是劳动者与用人单位的权利和义务。

（一）劳动者的权利义务

1. 劳动者权利

（1）就业权。就业权亦称工作权，是指劳动者能够获得从事有报酬的职业性劳动机会的权利。就业权包括择业自由、平等就业、职业保障等权利内容。劳动者可以根据自己的体力和技术水平、生产经验，自主地选择用人单位；劳动者就业，不因民族、种族、性别、宗教信仰不同而受到歧视，妇女享有同男子平等就业的权利；劳动者在失业时有权要求国家提供失业救济，免予因失业而丧失生存保障等。

（2）劳动报酬权。劳动报酬权是劳动者通过劳动义务的履行，从用人单位处获得相对公平合理的物质报酬的权利。劳动报酬是劳动者生存和发展的物质基础，劳动报酬权是劳动者生存权的基本内容之一。因此，劳动报酬权在劳动者权利中处于核心地位。

（3）休息权。休息权是指劳动者在劳动中消耗一定的体力和脑力后，依法享有的恢复体力、脑力以及用于娱乐和自己支配的必要时间的权利。包括劳动者每天休息的时数、每周休息的天数、节假日、年休假、探亲假等。

（4）劳动安全卫生权。劳动安全卫生权是指劳动者享有的在劳动过程中保护其生命安全和身体健康的权利。劳动安全卫生权的出现，既是为了维护劳动者生存权和健康权，同时也是促进生产发展，提高劳动生产率的重要手段。

我国的劳动安全卫生立法主要体现在《劳动法》《安全生产法》《矿山安全法》《职业病防治法》以及其他法律规范中。

（5）职业培训权。职业培训权是指劳动者依照法律规定和劳动合同的约定，有权要求用人单位在劳动用工过程中根据工作需要提供职业培训，以提升工作效率。《劳动法》第六十八条规定，用人单位应当建立职业培训制度，按照国家规定提取和使用职业培训经费，根据本单位实际，有计划地对劳动者进行职业培训。

（6）社会保障权。劳动者的社会保障权利是人权的重要组成部分。我国的社会保障体系包括社会保险、社会福利、优抚安置、社会救助和住房保障等。社会保险是社会保障体系的核心部分，包括养老保险、医疗保险、失业保险、工伤保险和生育保险等。

（7）提请处理劳动争议的权利。当劳动者和所在用人单位出现劳动争议时，可以向有关部门反映，提请处理；或者按照处理劳动争议的法定程序，申请调解、仲裁或提起诉讼，以化解矛盾，维护双方当事人的合法权益。

（8）法律规定的其他权利。法律规定的其他权利包括依法参加和组织工会的权利、依法参与民主管理的权利以及依法对违反劳动法的行为进行监督的权利等。

2. 劳动者义务

（1）完成劳动任务的义务。劳动者一旦与用人单位建立劳动关系，就必须履行其应尽的义务，其中最主要的义务就是完成劳动生产任务。这是劳动关系范围内的法定义务，同时也是强制性义务。劳动者不能完成劳动义务，就意味着劳动者违反劳动合同的约定，那么用人单位可以解除劳动合同。

（2）提高职业技能的义务。提高劳动者的职业技能是现代化社会劳动生产的要求，也是劳动者提高自身竞争力的需要。加强职业技能培训、提高职业技能既是劳动者的权利，也是劳动者的义务。

（3）执行劳动安全卫生规程的义务。劳动者在劳动安全卫生法律制度方面的基本义务，就是严格遵守安全操作规程，执行企业内部规章制度和岗位责任制度。同时，不断提高专业技术水平，防止因主观因素导致事故的发生。

（4）遵守劳动纪律和职业道德的义务。遵守劳动纪律和职业道德，是保证生产正常进行和提高劳动生产率的需要。劳动者在维护企业和自身利益的同时，还要就自己提供的产品和服务向社会负责，这是现代社会法律要求劳动者必须履行的义务。

（二）用人单位的权利义务

1. 用工自主权。面向社会自主招收劳动者的决定权：是否需要招收劳动者、招收多少劳动者、在什么区域招收劳动者等，都由用人单位自主决定；招工条件，招工标准的制定权：招收什么样的劳动者、设定哪些招工标准和条件、都由用人单位自主决定；用工选录权：依据设定的招录标准和招工程序，择优录取劳动者。用人单位在行使该项权利的时候，必须做到公开招聘、公平考核、择优录取，不得违反法律规定而对劳动者实施各种就业歧视行为。

2. 组织管理权。任何生产经营活动都是基于用人单位的需求而发起，用人单位对其生产经营秩序的正常化负有当然的职责，主要包括组织指挥权、人力资源调配权以及劳动生产经营秩序的控制权。

3. 奖惩权。用人单位有权依照法律、劳动合同以及制定的规章制度，对劳动者遵守法律、劳动合同和企业规章制度的行为进行奖励，对于违反者则进行惩处，对严重违反者予以辞退。同时，用人单位行使惩戒权，也必须符合法律规定和劳动合同的约定，不得滥用该项权利。

劳动者权利与用人单位义务具有对应性，劳动者享有的权利相对应的也是用人单位的义务。

四、劳动法律制度体系

劳动法律制度体系是指一个国家的全部劳动法律规范按照一定的标准和逻辑体系，分类组合所形成的具有一定纵向结构和横向结构的体系。其纵向结构是由不同效力等级的各种劳动法表现形式，按照效力等级排列的结构，即劳动法的法律渊源问题。而横向结构是由劳动法包含的若干法律制度、法律规范构成的逻辑体系。我国劳动法的法律渊源主要包括宪法、法律、行政法规、地方性法规、规章、司法解释、国际劳工组织公约和法律解释等形式。我国劳动法律制度体系的横向结构则包括个别劳动关系制度、集体劳动关系制度、劳动标准制度、劳动监督制度、劳动保障制度以及劳动争议处理制度等。

第三节　工会法律制度

一、工会法律

工会法律是国家制定的，确立工会在国家政治、经济、社会生活中的地位，规定工会的权利义务和组织机构的法律规范的总称。简言之，工会法律是调整工会活动关系的法律规范的总称，是一个广义的概念。

（一）工会法律的调整对象

工会法律的调整对象是工会关系，即主要调整工会组织与职工（会员）、政府、用人单位之间的特定社会关系。工会关系包括工会的外部关系和内部关系。外部关系是指工会与党、政府、企事业行政和其他单位之间的关系。内部关系是指工会与会员、职工的关系，以及工会组织上下级之间、同级之间的关系。

1. 工会与党、政府的关系。工会是中国共产党领导的职工自愿结合的工人阶级群众组织，是中国共产党联系职工群众的桥梁和纽带。工会坚持党的全面领导，引导职工群众更加紧密团结在党的周围。工会与人民政府是相互支持、相互配合，密切合作的关系。

2. 工会与企事业单位行政的关系。工会与用人单位之间的关系是工会法所调整的最主要的关系。《工会法》规定，企业、事业单位、社会组织应当支持工会依法开展工作，工会应当支持企业、事业单位、社会组织依法行使经营管理权。这一规定，表明我国企业和企业工会之间是相互支持和相互尊重的。企业应当支持工会依法开展工作，工会应当支持企业依法行使经营管理权。企业要尊重工会的民主权利，工会要尊重企业的行政管理和生产指挥权利。

3. 工会的内部关系。工会内部关系包括工会组织之间的关系和工会与会员、职工的关系。工会组织之间的关系是通过《工会法》中关于工会组织原则、组织制度、组织系统等规定加以调整。工会与会员、职工的关系则是通过工会的组建、工会的权利与义务、工会的性质和任务来加以规范。

（二）工会法律的形式体系

工会法律的形式体系，即以工会法律效力为标准构成的法律规范形式体系。我国工会法渊源体系，主要由以下不同层次劳动法律规范构成。

1. 宪法。宪法是国家的根本大法，也是任何一项具体法律制度的基本渊源。我国宪法确立了工会法的基本目标、任务和原则，是我国工会法的立法依据和基础。

2. 法律。法律是指由全国人民代表大会及其常务委员会通过的基本法或者专门法，其效力仅次于宪法。《工会法》是由全国人民代表大会制定颁布的基本法，是一系列关于工会法律规范的核心内容，是对我国工会关系法律调整的基本的制度设计，既有其内在的制度逻辑体系，也具有内容的全面性和工会法律规范的综合性。其他涉及劳动关系和经济关系的有关法律，如《劳动法》《劳动合同法》《社会保险法》等所调整的社会关系都与《工会法》的调整范畴有着直接的或间接的联系。

3. 行政法规。行政法规是指由国务院依据宪法和法律制定的法律规范。国务院制定的劳动法律规范数量较多，如《劳动合同法实施条例》《女职工劳动保护特别规定》《工伤保险条例》等。行政法规应当依据宪法和法律制定，其内容不得与宪法和法律规定相冲突。

4. 地方性法规。地方性法规，是指省级地方人民代表大会及其常务委员会或者《立法法》规定的市级地方人民代表大会及其常务委员会制定的法律规范。地方性劳动法规通常是为了法律和行政法规实施而制定的配套性、具体化的法律规范。如《安徽省工会劳动法律监督条例》等。

5. 规章。规章包括部门规章和地方性规章。部门规章，是指由国务院有关部委制定的法律规范。如《劳务派遣暂行条例》《集体合同规定》等。地方性规章，是指省级人民政府或者《立法法》规定的市级人民政府制定的劳动法方面的规范。

二、《工会法》的地位及具体内容

（一）《工会法》的地位

《工会法》是中国特色社会主义法律体系的一部分。中国特色社会主义法律体系，指的是以宪法为统帅，以法律为主干，以行政法规和地方性法规为重要组成部分，包含九大法律部门的一个有机联系的整体。九大法律部门分别是宪法部门、行政法部门、经济法部门、社会法部门、刑法部门、民商法部门、程序法部门、军事法部门、环境法部门。《工会法》属于社会法部门。

《工会法》是基本法律。法律主要有两种类型，第一种是由全国人民代表大会制定和修改的，涉及民事、刑事、国家机构等基本领域的基本规定，这就是所谓的基本法律。第二种是基本法律以外的法律，也即普通法律，是由全国人民代表大会常务委员会制定的，不涉及民事、刑事、国家机构这些基本问题的基本领域，而是在某一个具体领域当中的具体规定。《工会法》是由全国人民代表大会制定，为保障工会在国家政治、经济和社会生活中的地位，确定工会的权利与义务，发挥工会在社会主义现代化建设事业中的作用的基本法律。

（二）《工会法》的基本内容

《工会法》的基本框架主要由七章组成，包括总则、工会组织、工会的权利和义务、基层工会组织、工会的经费和财产、法律责任、附则。

1. 工会的性质与职责定位

工会是中国共产党领导的职工自愿结合的工人阶级群众组织，是中国共产党联系职工群众的桥梁和纽带。这是《工会法》对工会性质的法定表述。中国工会具有政治性、先进性和群众性。全国总工会及其各工会组织代表职工的利益，依法维护职工的合法权益。这样的表述既包含了双维护的内容，又表明了工会维护的侧重点和出发点。

2. 劳动者参加和组织工会的权利的基本规定

《工会法》对劳动者参加和组织工会的权利的维护，是对《宪法》中公民结社权的细化。在中国境内的企业、事业单位、机关、社会组织（以下统称用人单位）中以工资收入为主要生活来源的劳动者，不分民族、种族、性别、职业、宗教信仰、教育程度，都有依法参加和组织工会的权利。任何组织和个人不得阻挠和限制。

3. 工会活动准则和组织原则

工会必须遵守和维护宪法，以宪法为根本的活动准则，以经济建设为中心，坚持社会主义道路，坚持人民民主专政，坚持中国共产党的领导，坚持马克思列宁主义、毛泽东思想、邓小平理论、“三个代表”重要思想、科学发展观、习近平新时代中国特色社会主义思想，坚持改革开放，保持和增强政治性、先进性、群众性，依照工会章程独立自主地开展工作。

工会各级组织按照民主集中制原则建立。民主集中制主要体现在：各级工会委员会由会员大会或者会员代表大会民主选举产生。企业主要负责人的近亲属不得作为本企业基层工会委员会成员的人选。各级工会委员会向同级会员大会或者会员代表大会负责并报告工作，接受其监督。工会会员大会或者会员代表大会有权撤换或者罢免其所选举的代表或者工会委员会组成人员。

4. 工会社会团体法人资格确认

法人是具有民事权利能力和民事行为能力，依法独立享有民事权利和承担民事义务的组织。法人主要分为营利法人和非营利法人。为公益目的或者其他非营利目的成立，不向出资人、设立人或者会员分配所取得利润的法人，为非营利法人。非营利法人包括事业单位、社会团体、基金会、社会服务机构等。《工会法》第十五条规定，中华全国总工会、地方总工会、产业工会具有社会团体法人资格。基层工会组织具备民法典规定的法人条件的，依法取得社会团体法人资格。设立社会团体法人应当依法制定法人章程，工会制定并依照《中国工会章程》独立自主地开展工作。确认工会法人资格，增强工会的法律地位，保障工会的各项民事权利，保障工会民事活动和劳动事务的开展。

5. 工会基本职责和维权服务基本方式

维护职工合法权益、竭诚服务职工群众是工会的基本职责。工会在维护全国人民总体利益的同时，代表和维护职工的合法权益。工会应用心用情做好维权服务工作，实现好、维护好、发展好职工群众根本利益。

工会通过平等协商和集体合同制度等，推动健全劳动关系协调机制、维护职工劳动权益，构建和谐劳动关系。工会应当积极就有关劳动报酬、工作时间、休息休假、劳动安全卫生、保险福利、职工培训、劳动纪律以及劳动定额管理等直接涉及劳动者切身利益的规章制度或者重大事项积极与用人单位平等协商，推动订立集体合同，着力维护职工群众劳动经济权益。企业、事业单位、社会组织研究经营管理和发展的重大问题应当听取工会的意见；召开会议讨论有关工资、福利、劳动安全卫生、工作时间、休息休假、女职工保护和社会保险等涉及职工切身利益的问题，必须有工会代表参加。

工会依照法律规定通过职工代表大会或者其他形式，组织职工参与本单位的民主选举、民主协商、民主决策、民主管理和民主监督。加强企事业单位民主管理制度建设。把企事业单位民主管理作为发展全过程人民民主的重要形式，努力推动以职工代表大会为基本形式的企事业单位民主管理制度落地落实。

6. 工会推动产业工人队伍建设改革的规定

工会推动产业工人队伍建设改革，提高产业工人队伍整体素质，发挥产业工人骨干作用，维护产业工人合法权益，保障产业工人主人翁地位，造就一支有理想守信念、懂技术会创新、敢担当讲奉献的宏大产业工人队伍。

7. 工会组织结构

《工会法》《中国工会章程》规定了工会的组织体系。全国总工会是工会的最高领导机关，按行政区划建立的省级、市（县）级地方总工会是工会的地方领导机关。同一企业、事业单位、机关和其他社会组织中的会员，组织在一个工会基层组织中；同一行业或者性质相近的几个行业，根据需要建立全国的或者地方的产业工会组织。除少数行政管理体制实行垂直管理的产业，其产业工会实行产业工会和地方工会双重领导，以产业工会领导为主外，其他产业工会均实行以地方工会领导为主，同时接受上级产业工会领导的体制。各产业工会的领导体制，由中华全国总工会确定。

8. 工会的组建及工会干部的配备和保障

（1）工会的组建：用人单位有会员二十五人以上的，应当建立基层工会委员会；不足二十五人的，可以单独建立基层工会委员会，也可以由两个以上单位的会员联合建立基层工会委员会，也可以选举组织员一人，组织会员开展活动。基层工会、地方各级总工会、全国或者地方产业工会组织的建立，必须报上一级工会批准。各级工会委员会由会员大会或者会员代表大会民主选举产生。企业主要负责人的近亲属不得作为本企业基层工会委员会成员的人选。

（2）工会干部的配备和保障。工会干部的配备：职工二百人以上的企业、事业单位、社会组织的工会，可以设专职工会主席。工会专职工作人员的人数由工会与企业、事业单位、社会组织协商确定。工会专职工作人员一般按不低于企业职工人数的千分之三配备，具体人数由上级工会、企业工会与企业行政协商确定。工会干部的任期：基层工会委员会每届任期三年或者五年。各级地方总工会委员会和产业工会委员会每届任期五年。工作调整和罢免：工会主席、副主席任期未满时，不得随意调动其工作。确因工作需要调动时，应当征得本级工会委员会和上一级工会的同意。罢免工会主席、副主席必须召开会员大会或者会员代表大会讨论，非经会员大会全体会员或者会员代表大会全体代表过半数通过，不得罢免。

9. 工会的经费

（1）工会经费的来源和使用。工会会员缴纳的会费；建立工会组织的用人单位按每月全部职工工资总额的百分之二向工会拨缴的经费；工会所属的企业、事业单位上缴的收入；人民政府的补助；其他收入。工会经费主要用于为职工服务和工会活动。

（2）工会经费收缴的司法保护。企业、事业单位、社会组织无正当理由拖延或者拒不拨缴工会经费，基层工会或者上级工会可以向当地人民法院申请支付令；拒不执行支付令的，工会可以依法申请人民法院强制执行。

（3）工会经费的管理和监督。工会应当根据经费独立原则，建立预算、决算和经费审查监督制度。工会经费的使用应当依法接受国家的监督。

10. 工会的权利

（1）保障职工依法行使民主参与的权利。工会有权依照法律规定通过职工代表大会或者其他形式，组织职工参与本单位的民主决策、民主管理和民主监督；企业、事业单位研究经营管理和发展的重大问题应当听取工会的意见；召开讨论有关工资、福利、劳动安全卫生、社会保险等涉及职工切身利益的会议，必须有工会代表参加；企业、事业单位违反职工代表大会制度和其他民主管理制度，工会有权要求纠正，保障职工依法行使民主管理的权利等。

（2）指导和帮助职工的权利。工会有权帮助、指导职工与企业以及实行企业化管理的事业单位签订劳动合同；工会签订集体合同时，上级工会应当给予支持和帮助；职工认为企业侵犯其劳动权益而申请劳动争议仲裁或者向人民法院提起诉讼的，工会应当给予支持和帮助。

（3）进行集体协商和订立集体合同的权利。工会代表职工与企业、实行企业化管理的事业单位、社会组织进行平等协商，依法签订集体合同。集体合同草案应当提交职工代表大会或者全体职工讨论通过。

（4）提出意见、建议和交涉的权利。企业、事业单位处分职工，工会认为不适当的，有权提出意见。用人单位单方面解除职工劳动合同时，应当事先将理由通知工会，工会认为企业违反法律法规和有关合同，要求重新研究处理时，用人单位应当研究工会的意见，并将处理结果书面通知工会。工会发现企业违章指挥、强令工人冒险作业，或者生产过程中发现明显重大事故隐患和职业危害，有权提出解决的建议，企业应当及时研究答复。发现危及职工生命安全的情况时，工会有权向企业建议组织职工撤离危险现场，企业必须及时作出处理决定。企业、事业单位、社会组织违反劳动法律法规规定，有克扣、拖欠职工工资的、不提供劳动安全卫生条件的、随意延长劳动时间的、侵犯女职工和未成年工特殊权益的或者其他严重侵犯职工劳动权益的情形时，工会有权代表职工与企业、事业单位、社会组织交涉，要求企业、事业单位、社会组织采取措施予以改正；企业、事业单位、社会组织应当予以研究处理，并向工会作出答复；企业、事业单位、社会组织拒不改正的，工会可以提请当地人民政府依法作出处理。企业、事业单位、社会组织发生停工、怠工事件，工会应当代表职工同企业、事业单位、社会组织或者有关方面协商，反映职工的意见和要求并提出解决意见；对于职工的合理要求，企业、事业单位、社会组织应当予以解决。

（5）调查与监督的权利。工会有权对企业、事业单位、社会组织侵犯职工合法权益的问题进行调查，有关单位应当予以协助。对于职工因工伤亡事故和其他严重危害职工健康问题的调查处理，必须有工会参加；工会应当向有关部门提出处理意见，并有权要求追究直接负责的主管人员和有关责任人员的责任；对工会提出的意见，应当及时研究，给予答复。工会依照国家规定对新建、扩建企业和技术改造工程中的劳动条件和安全卫生设施与主体工程同时设计、同时施工、同时投产使用进行监督；对工会提出的意见，企业或者主管部门应当认真处理，并将处理结果书面通知工会。

（6）参与管理国家事务、经济文化事务和社会事务的权利。国家机关在组织起草或者修改直接涉及职工切身利益的法律、法规、规章时，应当听取工会意见。县级以上各级人民政府制定国民经济和社会发展计划，对涉及职工利益的重大问题，应当听取同级工会的意见。县级以上各级人民政府及其有关部门研究制定劳动就业、工资、劳动安全卫生、社会保险等涉及职工切身利益的政策、措施时，应当吸收同级工会参加研究，听取工会意见。县级以上地方各级人民政府可以召开会议或者采取适当方式，向同级工会通报政府的重要的工作部署和与工会工作有关的行政措施，研究解决工会反映的职工群众的意见和要求。

（7）参与解决劳动争议的权利。工会有权参加企业的劳动争议调解工作，地方劳动争议仲裁组织也应当有同级工会代表参加；企业违反集体合同，侵犯职工劳动权益的，工会可以依法要求企业承担责任；因履行集体合同发生争议，经协商解决不成的，工会可以向劳动争议仲裁机构提请仲裁，仲裁机构不予受理或者对仲裁裁决不服的，可以向人民法院提起诉讼；各级人民政府劳动行政部门应当会同同级工会和企业方面代表，建立劳动关系三方协商机制，共同研究解决劳动关系方面的重大问题。

（8）获得运营安全保障的权利。例如，任何组织和个人不得随意撤销、合并工会组织；企业、事业单位应当支持工会依法开展工作；各级人民政府和企业、事业单位、机关应当为工会办公和开展活动提供必要的设施和活动场所等物质条件。另外，《工会法》也在保障自身独立运营的人事、经费等方面作了一些确权规定，譬如任何组织和个人不得侵占、挪用和任意调拨工会的财产、经费和国家拨给工会使用的不动产等。

（9）争议提请救济的权利。例如，工会对违法侵犯其合法权益的，有权提请人民政府或者有关部门予以处理，或者向人民法院提起诉讼；对于侵占工会经费和财产拒不返还的，可以向人民法院提起诉讼，要求返还，并赔偿损失等。

三、违反《工会法》的法律责任

（一）违反《工会法》的类型

1. 阻挠工会活动。阻挠职工依法参加和组织工会或者阻挠上级工会帮助、指导职工筹建工会的，由劳动行政部门责令其改正；拒不改正的，由劳动行政部门提请县级以上人民政府处理；以暴力、威胁等手段阻挠造成严重后果，构成犯罪的，依法追究刑事责任。

2. 妨碍工会依法行使职权。违反《工会法》规定，妨碍工会组织职工通过职工代表大会和其他形式依法行使民主权利的；非法撤销、合并工会组织的；妨碍工会参加职工因工伤亡事故以及其他侵犯职工合法权益问题的调查处理的；无正当理由拒绝进行平等协商的，由县级以上人民政府责令改正，依法处理。

3. 侵犯工会工作人员合法权益。对依法履行职责的工会工作人员无正当理由调动工作岗位，进行打击报复的，由劳动行政部门责令改正、恢复原工作；造成损失的，给予赔偿。对依法履行职责的工会工作人员进行侮辱、诽谤或者进行人身伤害，构成犯罪的，依法追究刑事责任；尚未构成犯罪的，由公安机关依照《治安管理处罚法》的规定处罚。职工因参加工会活动而被解除劳动合同的，工会工作人员因履行本法规定的职责而被解除劳动合同的，由劳动行政部门责令恢复其工作，并补发被解除劳动合同期间应得的报酬，或者责令给予本人年收入二倍的赔偿。

4. 侵犯工会财产。侵占工会经费和财产拒不返还的，工会可以向人民法院提起诉讼，要求返还，并赔偿损失。

5. 工会工作人员违反《工会法》的规定。工会工作人员违反本法规定，损害职工或者工会权益的，由同级工会或者上级工会责令改正，或者予以处分；情节严重的，依照《中国工会章程》予以罢免；造成损失的，应当承担赔偿责任；构成犯罪的，依法追究刑事责任。

（二）违反《工会法》的法律责任的种类

违反《工会法》的法律责任形式，根据其性质不同，分为行政责任、民事责任、刑事责任。

1. 行政责任。是指违法行为人应当承担的行政法上的法律后果。分为行政处罚和行政处分两类，具体措施为责令改正、警告、罚款、降职、撤职等。

2. 民事责任。指违法行为人给他人造成损害时应承担的赔偿责任，如返还财产、赔礼道歉、赔偿损失等。违反《工会法》的民事责任，主要是针对侵犯工会财产权或工会其他权益的违法行为在追究违法者行政责任和刑事责任的同时，涉及所造成的损失应追究的赔偿责任。

3. 刑事责任。指违法行为人的行为构成犯罪时应承担的刑罚，其中包括对犯罪者人身的制裁和财产的制裁。这种制裁也就是我国刑法中规定的刑事处罚，包括罚金、剥夺政治权利、没收财产、管制、拘役、有期徒刑、无期徒刑、死刑等。

（三）违反《工会法》的救济

工会对违反本法规定侵犯其合法权益的，有权提请人民政府或者有关部门予以处理，或者向人民法院提起诉讼。

第四节　维护劳动领域政治安全

一、把“五个坚决”落到实处

（一）“五个坚决”的提出

党的十八大以来，以习近平同志为核心的党中央高度重视劳动领域政治安全。习近平总书记多次作出重要指示批示，提出明确要求，为工会组织维护劳动领域政治安全指明了方向，提供了遵循。当前，我国职工队伍总体稳定的基本面没有改变，劳动领域政治安全形势持续稳定向好。同时也要看到，劳动关系领域仍面临一些矛盾和风险点，其主要表现为：一是经济下行带来劳动关系协调新问题。二是新的用工形式加快发展，增加了劳动关系协调难度。三是新媒体新技术发展变化，出现劳动关系协调新挑战。四是境内外敌对势力蓄意煽动、渗透、破坏，产生劳动关系协调新风险。

为深入贯彻落实习近平总书记关于总体国家安全观的重要论述，特别是关于维护劳动领域政治安全的重要指示批示精神，全国总工会提出“五个坚决”的要求，即坚决防止敌对势力借所谓“维权”插手煽动、渗透破坏，这是维护劳动领域政治安全的前提；坚决防止所谓“独立工会”“民间工会”的出现，这是维护劳动领域政治安全的关键；坚决维护职工队伍和工会组织的团结统一，这是维护劳动领域政治安全的基础；坚决维护企业和社会大局和谐稳定，这是维护劳动领域政治安全的重点；坚决捍卫中国共产党领导和我国社会主义制度，这是维护劳动领域政治安全的根本。

（二）“五个坚决”的贯彻落实

各级工会要落实工会系统意识形态工作责任制，加强阵地建设和管理，加强对意识形态风险隐患梳理排查、突发事件引导处置，严把政治方向关、舆论导向关、价值取向关，牢牢掌握工会意识形态工作领导权，牢牢掌握劳动领域意识形态斗争主导权。要坚持维权与维稳相统一。把维权服务工作摆在突出位置，贯通工会维权维稳各项工作，实现维护权益、维护稳定的有机统一。要密切关注、及时研判特殊时期劳动关系的新动向、新特征和新问题，加强与相关部门、企业组织的协商协调协作，深化和谐劳动关系创建活动，推动企业履行社会责任，培育和谐劳动关系企业。要绷紧防抵渗透这根弦。着力强化劳动领域维护政治安全体制机制建设，建立健全定期向上级工会和同级党委汇报工作制度，主动融入同级党委领导下的有关工作机制，建立各级应对网络舆情平台，及时解决苗头性、倾向性问题，决不能小事拖大、大事拖炸。要发挥中国工会的组织优势。坚持哪里有职工群众、哪里需要做群众工作，工会组织和工会工作就跟进到哪里，进一步扩大工会组织的有效覆盖，坚持中国特色社会主义工会发展道路，不断巩固劳动领域维护政治安全的阵地基础，决不允许所谓“独立工会”“民间工会”的出现。要继续深入排查化解劳动关系风险。定期全面排查劳动关系方面存在的风险隐患，做到见微知著、举一反三，建立健全劳动关系风险监测预警和分析研判机制，针对不同类别和等级的风险，制定相应的应急预案，推动排查化解风险工作制度化、常态化、长效化，探索形成劳动领域的“枫桥经验”。要把握劳动领域维护政治安全工作的政治方向。坚决捍卫中国共产党领导和中国特色社会主义制度，以保证政权安全和制度安全为首要任务，切实增强防范抵御“颜色革命”意识，及时察觉劳动领域出现的一些苗头性、倾向性问题，抓细抓实抓好劳动领域维护政治安全工作。

二、有效防范化解劳动领域重大风险隐患

（一）常态化开展职工队伍风险隐患专项排查化解工作

社会稳定对国家命运和人民利益至关重要。要创新有效预防和化解社会矛盾和风险的体制机制，全面完善风险防控机制，及时排查用人单位存在的用工风险隐患是保证职工队伍稳定的“定海神针”，各级工会要积极开展多元化的专项整治排查。一是自查和排查相结合。平时由用人单位自行负责排查，工会定期联合劳动监察部门进行排查，保障风险排查的时效性。二是突击查和常态查相结合。在做好常态排查的同时，不定期进行突击检查，提高检查的监督性。三是行业查和全面查相结合。针对重点行业开展高覆盖排查，同时确保全

面覆盖，力争做到排查无死角。

（二）推进工会系统12351维权服务热线建设，努力提升维护劳动者合法权益和维护劳动领域政治安全能力

全国工会系统12351维权服务热线，以接听来电方式，集中受理全国范围内问题咨询、服务帮扶、信访投诉、法律援助、意见建议等职工维权服务需求，为工会服务职工群众提供了一个全新的、高效的平台，是工会组织联系职工、服务职工的重要渠道。热线坚持“全国连通、全总汇总、各省集中、分级主办”总原则，将实现全国总工会和省级总工会集中受理呼叫，各级工会按职责分级办理。热线具有问题解决、统计分析、信息查询、服务评价和全过程监督等五大主要功能，明确了全国一致的问题办理流程、问题解析指标、工单模板、工作手册、统计分析要求等五个方面标准，并就一般问题、难点问题和特别复杂问题三种类型分别明确了办理时限。通过提高热线接通率、按时办结率、职工满意度，加快实现热线和信访的融合、话务端和网络端的融合、12351热线和工会服务职工群众数智化终端全面融合，实现热线、信访和日常维权服务“三位一体”，有力提升了维护劳动者合法权益和维护劳动领域政治安全的能力。

（三）深化工会社会组织工作，强化政治引领、示范带动、联系服务，及时有效解决职工群众切身利益问题

随着改革开放的不断深入，以社会团体、基金会和社会服务机构为主体的社会组织快速发展，已成为社会主义现代化建设的重要力量、党的工作和群众工作的重要阵地。联系和引导相关社会组织，是工会组织发挥桥梁和纽带作用的一项重要任务，对于维护社会组织职工合法权益，构建和谐劳动关系；对于团结带领社会组织职工听党话、跟党走，巩固和扩大党执政的阶级基础和群众基础；对于加强工会对劳动领域社会组织的政治引领、示范带动、联系服务，团结引导劳动领域社会组织人士，促进社会组织健康有序发展，推动社会组织在国家治理体系和治理能力现代化进程中更好发挥作用等，都具有重要意义。各级工会要充分认识加强社会组织工会建设的重要性和紧迫性，将其作为一项重要的基础性工作，发挥各自职责优势，加强联动配合，不断扩大工会对社会组织的有效覆盖，激发社会组织工会活力，加大工会联系引导社会组织工作力度，在促进社会组织有序参与社会治理、提供社会服务、承担社会责任等方面充分发挥工会的重要作用，推动党中央的要求落地落实。

社会组织工会的主要职责。一是密切联系职工，强化政治引领。组织引导职工学习贯彻习近平新时代中国特色社会主义思想，学习习近平总书记关于工

人阶级和工会工作的重要论述，坚定不移听党话、跟党走。及时向同级党组织和上级工会请示报告工会重大事项。在已建工会、尚未建立党组织的社会组织，工会要积极配合上级党组织在工会会员中培养发展党员，并发挥好党员模范带头作用，为在社会组织中建立党组织创造条件。二是团结凝聚职工，汇集发展力量。引导职工积极践行社会主义核心价值观，激发职工主人翁意识和工作热情。大力弘扬劳模精神、劳动精神、工匠精神，围绕社会组织中心任务开展劳动和技能竞赛，加强技能培训，提升素质。支持社会组织有序参与社会治理、提供社会服务、承担社会责任。三是建立健全机制，维护职工权益。通过以职工代表大会为基本形式的民主管理制度或其他形式，组织职工有序参与社会组织的民主决策、民主管理和民主监督。指导帮助职工与社会组织依法订立和履行劳动合同，规范劳动用工管理。对社会组织贯彻执行有关劳动法律法规和政策实施监督。建立健全集体协商和集体合同制度，探索建立行业性、区域性协商机制，协商解决涉及职工切身利益的重大问题，维护职工合法权益，构建和谐劳动关系。四是创新方式方法，竭诚服务职工。坚持以职工需求为导向，利用现代信息技术，组织开展丰富多彩的文化活动，营造积极向上的文化氛围。通过购买服务、项目合作等方式，为职工提供专业化个性化服务。注重对职工的人文关怀和心理疏导，做好送温暖、金秋助学等困难职工帮扶工作，努力提升职工群众的获得感、幸福感、安全感。

三、加强工会信访问题源头治理、风险预警和应对处置

（一）加强工会信访问题源头治理的工作原则

党中央高度重视信访问题源头治理工作。推进国家治理体系和治理能力现代化，工作的基础在基层。要坚持和发展新时代“枫桥经验”，依法及时就地解决群众合理诉求，注重源头预防，夯实基层基础，健全化解机制，不断增强工作的前瞻性、系统性、针对性。开展工会信访问题源头治理工作是坚持和发展新时代“枫桥经验”“浦江经验”，推进基层社会治理体系和治理能力现代化的重要举措，是提升工会信访风险预警和应对处置能力，维护职工合法权益、确保职工队伍稳定的迫切需要。

加强工会信访问题源头治理。一要坚持关口前移，重心下沉、力量下倾，把工作着力点放在源头预防和前端化解。二要坚持问题导向，聚焦信访工作基层基础薄弱环节，补短板、强弱项、提能力。三要坚持压实责任，强化属地责任、领导责任、工作责任，齐抓共管、形成合力。四要坚持统筹兼顾，协调推进排查化解矛盾纠纷、办理好初次信访事项、常态化解决信访积案。五要坚持

综合施策，党建引领，多元共治，保障政治效果、法律效果、社会效果相统一。六要坚持底线思维，把握各种潜在风险因素，主动防范化解，做到发现在早、防范在先、处置在小。

（二）推进工会信访问题源头治理的主要措施

一是落实工会信访工作责任。建立定期听取汇报、研究部署工会信访工作制度，分析研判工会信访形势，推动化解工会信访突出问题。坚持“系统抓、抓系统”，加强工会信访干部队伍和信访保障工作，强化源头参与能力水平，努力提升预防化解政策性、群体性信访问题能力水平。落实信访工作一岗双责，推进各级工会领导干部将信访问题预防化解与业务工作同研究、同部署，落实工会领导干部接访下访和包案处理信访事项制度，确保工作实效。

二是深入开展矛盾纠纷排查化解。依托工会劳动领域信息员队伍、工会12351热线话务员和工单办理员队伍，推行进企业进车间走访摸排等做法，建立完善多渠道收集职工意见建议、常态化排查矛盾纠纷机制，坚持日常排查、专项排查和重点时段集中排查相结合，形成全覆盖、无疏漏的大排查网格，及时了解、发现、掌握劳动领域矛盾纠纷和信访苗头。对排查出的风险隐患要列入清单，采取针对性措施逐项化解，对有重大矛盾隐患或有现实危害的高风险人员，实行“一事一方案、一人一专班”，确保矛盾风险发现得早、化解得了、稳定得住、处理得好。

三是进一步畅通和规范信访渠道。加强工会网上信访工作，加强12351职工维权服务热线建设，实现信访信息互联互通、数据共享。深入细致做好职工群众来访接待工作，大力推进基层工会接访场所规范化建设，改善服务保障条件。在地方各级信访工作联席会议机制下，积极参与推动多部门、多主体“联合接访、联合调处、联合帮扶”，促进职工诉求一站式接收、一揽子调处、全链条解决。加强和改进复查复核工作，更好地查清事实、纠偏纠错、化解矛盾。

四是依法依规办理职工信访突出问题。贯彻落实《信访工作条例》，严格制度落实。一要分清性质、明确管辖，做到转办督办到位。各级工会信访工作部门要按照“属地管理、分级负责，谁主管、谁负责”原则，及时转办交办信访事项，协调解决重要信访问题，加强对办理情况的督促协调。二要依照法律规定和程序，做到按时处理到位。协调督促基层工会、用人单位及涉事方认真负责办理信访事项，快办早办、一次性解决，切实防止因办理不及时不到位引发重复信访甚至矛盾上行。三要对滥用职权、玩忽职守的工作人员，做到坚决问责到位。坚持以党内监督为主导，推动职工信访监督和各类监督有机贯通、相互协调，确保依法秉公用权。四要对违法犯罪行为，做到及时依法处理到位。严格遵守法律法规，依法处理信访活动中的违法犯罪行为，坚决纠治滋事扰序、缠访闹访问题，切实维护正常信访秩序和社会秩序。

五是积极拓宽社会力量参与工会信访工作渠道。加强工会信访与劳动争议调解、劳动争议仲裁、诉讼等有效衔接，通过组织动员、购买服务、公益慈善、志愿服务、挂职返聘等途径引入第三方力量，鼓励支持不同领域、行业具有专业知识和职工群众工作经验的人员参与工会信访矛盾纠纷化解。对要求过高或无理诉求的信访职工，运用听证、评理、说事等手段，发挥劳动领域社会组织等作用，帮助其理顺情绪、解开思想症结。对涉众型劳动关系矛盾纠纷，通过协调劳动关系三方机制、集体协商等制度化渠道凝聚共识、定纷止争。

思考题

1. 劳动关系的特征有哪些？
2. 违反《工会法》的要负哪些法律责任？
3. 如何提升工会工作法治化水平？

第九章

劳动标准法律制度

劳动标准是指对劳动领域内的重复性事物、概念和行为进行规范，以定性形式（如文字描述）或者以定量形式（如数据、图表）作出的统一规定。它经有关方面协商一致并决定，或由有关方面批准，以多种形式发布，作为共同遵守的准则和依据。用人单位向劳动者提供劳动条件与劳动待遇，不能低于劳动标准。我国的劳动标准主要包括工资标准、工时劳动标准、休息休假标准以及职业安全健康标准等。

第一节　工资制度

一、工资概念和特点

工资广义上是指劳动关系中劳动者因履行劳动义务而获得的，由用人单位以法定方式支付的各种形式的物质补偿。工资作为劳动给付的对价，具有以下特点：

1. 工资以劳动关系为基础。劳动者与用人单位建立劳动关系后，劳动者提供了劳动或者履行了劳动合同约定的义务后，用人单位须依法依约支付工资。

2. 工资的确定具有自治和强制双重属性。工资协商与工资标准相结合。劳动者和用人单位建立劳动关系是双方协商一致的选择，因此工资作为合同条款组成部分，双方当事人可以自愿协商确定，但是必须符合国家对工资标准的规定，不得违反国家劳动标准。

3. 个别协商与集体协商相结合的确定机制。个别协商是个体劳动者与用人单位协商通过劳动合同完成的，集体协商是工会代表职工或者职工推选代表与用人单位协商签订集体合同完成的，旨在通过集体合同来维护和提高单位职工的工资水平。

二、工资组成和形式

（一）工资组成

工资由相互联系的若干部分内容组成，《劳动法》第四十七条规定，用人单位根据本单位的生产经营特点和经济效益，依法自主确定本单位的工资分配方式和工资水平。现阶段，我国工资总额主要由下列六部分组成：

1. 基本工资：是指劳动者与用人单位在劳动合同中约定的与工作岗位相适应的相对固定的工资单位。劳动者在法定工作时间内提供正常劳动的情况下即可获得基本工资。

2. 绩效工资：是以对员工绩效的有效考核为基础，实现将工资与考核结果相挂钩的工资制度。

3. 奖金：是用人单位对做出突出贡献的劳动者支付的奖励性劳动报酬，是辅助工资的构成内容之一。

4. 津贴和补贴：津贴是指补偿劳动者在特殊条件下的额外劳动消耗和生活费额外支出的工资补充形式。补贴一般是针对特定条件下因物价变动影响而对劳动者所作的临时性工资辅助。

5. 加班加点工资：是指在标准工时以外的时间提供劳动，用人单位应当支付的对价。

6. 特殊情况下支付的工资：主要是在一些特殊情况下，用人单位应当按照法律规定支付工资。

工资狭义上指职工劳动报酬中的基本工资（或称标准工资），而不包括奖金、津贴等。

（二）工资形式

工资形式，是指计算劳动量和支付工资的形式。我国现行的工资形式主要有计时工资、计件工资。

1. 计时工资。是指按照单位时间工资率（即计时工资标准）和工作时间支付劳动者个人工资的一种形式。计时工资可以分为月工资制、日工资制和小时工资制三种。

2. 计件工资。是指按照劳动者完成的合格产品的数量和预先规定的计件单位计算工资的形式。它是用一定时间内的劳动成果来计算的工资，即用间接劳动时间来计算，因此它是计时工资的转化形式。

3. 年薪。是指对符合一定条件的劳动者实行以一个账务年度为核算工资依据计发劳动报酬的工资形式。我国《劳动法》及相关法律并未对普通劳动者推行此种工资形式。

三、最低工资标准

（一）最低工资概念

最低工资，是指国家规定的，劳动者在法定工作时间内提供了正常劳动的条件下，用人单位在最低限度内应当支付的足以维持劳动者及其平均供养人口基本生活需要的工资，即工资的法定最低限额。只要劳动者按法定工作时间履行劳动给付义务或者被合法免予劳动给付义务，用人单位向劳动者支付的工资就不得少于法定最低工资额。一般有小时最低工资额、日最低工资额、周最低工资额和月最低工资额。

（二）最低工资标准的确定因素

最低工资标准，又称最低工资率，是指国家依法规定的单位劳动时间的最低工资数额。它由省、自治区、直辖市人民政府规定，报国务院备案。省级人民政府应当组织同级工会和用人单位方面的代表，参与最低工资标准的制定过程。

根据《劳动法》第四十九条以及《最低工资规定》的规定，确定和调整最低工资标准综合参考的因素包括：一是劳动者本人及平均赡养人口的最低生活费用。二是社会平均工资水平。三是劳动生产率。四是就业状况。五是地区之间经济发展水平的差异。

（三）最低工资的计算

最低工资由法律所允许的若干种劳动报酬项目组成。一般来说，只要是劳动者在法定工作时间内提供了正常劳动的情况下所获得的各种劳动报酬项目，都应作为最低工资的组成部分。换言之，劳动报酬之外的收入、法定工作时间之外的劳动报酬以及法定工作时间内超正常劳动部分的劳动报酬，都不应纳入最低工资的范围。因此，法律明确规定，加班加点工资和中班、夜班、高温、低温、井下、有毒有害等特殊工作环境（条件）下的津贴，以及劳动者保险、福利待遇，不作为最低工资的组成部分。

四、工资支付保障

工资支付保障，是指对职工获得全部应得工资及其所得工资支配权的保障。《劳动法》《工资支付暂行规定》和其他有关法规中就对工资支付保障作了规定。归纳起来，主要有以下几个方面。

（一）工资支付一般规则

用人单位支付工资的行为必须遵循下列规则：

1. 货币支付。工资应当以法定货币支付，不得以实物和有价证券替代货币支付。

2. 直接支付。用人单位应当将工资支付给职工本人，如果职工本人因故不能领取工资时可由其亲属或委托他人代领，用人单位可委托银行代发工资。

3. 全额支付。法定和约定应当支付给职工的工资项目和工资额，必须全部支付，不得克扣。

4. 定期支付。工资必须在用人单位与职工约定的日期支付。如遇节假日或休息日，应提前在最近的工作日支付；工资至少每月支付一次。

5. 定地支付。用人单位除特别约定或依报酬性质、习惯等其他情形另行确定外，必须以营业场所作为工资支付地。

6. 优先支付。企业破产或依法清算时，职工应得工资必须作为优先受偿的债权。

7. 紧急支付。在职工因遇有紧急情况致不能维持生活时，用人单位必须向该职工预支其可得工资的相当部分。

（二）特殊情况下工资支付

特殊情况下工资支付，是指在非正常情况下，按照国家规定应当按计时工资标准或其一定比例支付工资。我国法定的应当支付工资的特殊情况主要有：

1. 职工在法定工作时间内依法参加社会活动期间，用人单位应视同其提供了正常劳动而支付工资。

2. 职工法定休息日和年休假、探亲假、婚假、丧假期间，用人单位应按规定标准支付工资。

3. 非职工原因造成的停工、停产在一个工资支付周期内的，用人单位应按劳动合同规定的标准支付工资；超过一个工资支付周期的，若职工提供了正常劳动，则支付的劳动报酬不得低于当地最低工资标准；若职工未提供正常劳动，应按国家有关规定办理。

4. 职工在调动工作期间、脱产学习期间、被错误羁押期间、错判服刑期间，用人单位应当按国家规定或劳动合同规定的标准支付工资。

5. 职工被公派在国（境）外工作、学习期间，其国内工资按国家规定的标准支付。

6. 职工加班加点，应当依法定标准支付加班加点工资。

（三）禁止非法扣除工资

只有在法定允许扣除工资的情况下，才可以扣除工资；在法定禁止扣除工资的情况下，不得作允许扣除工资的约定；即使在法定允许扣除工资的情况下，每次扣除工资额也不得超出法定限度。我国现行立法规定，用人单位可以从职工的工资中代扣的情况仅限于：应由职工缴纳的个人所得税；应由职工负担的各项社会保险费用；法院判决、裁定中要求代扣的抚养费、扶养费、赡养费；法定可以从工资中扣除的其他费用。此外，职工违纪违章给用人单位造成经济损失而应予赔偿的，可从职工本人工资中扣除，但每月扣除的部分不得超过其当月工资的 20%，并且扣除后的剩余工资部分不得低于当地月最低工资标准。

第二节　工时和休息休假制度

一、工时制度

工作时间标准，是衡量劳动者和用人单位基本权利义务的尺度，是用人单位实施单位管理制度的重要体现。我国工时制度，包括标准工时制度、非标准工时制度以及延长工作时间的限制等规定。

（一）工作时间概念

工作时间，是指劳动者为履行劳动义务，在法定限度内应当从事劳动或工作的时间。其表现形式有工作小时、工作周和工作日三种，其中工作日是指在一昼夜内的工作时间，是工作时间的基本形式。基于行业、岗位的特殊性及工作性质的要求，法律也允许采用非标准工时制度。标准与非标准工时制度均是劳动基准法的重要内容。

法律上确定的工作时间的范围，不仅包括劳动者实际工作时间，还包括与实际工作相关联的时间。主要有准备工作时间、结束工作时的整理时间、连续性有害于健康工作的间隙时间、职业培训、教育时间、法定非劳动消耗时间（如劳动者自然需要中断时间、工艺需要中断时间、停工待活时间、女职工哺乳婴儿时间等）以及依据法规或单位行政安排离岗从事其他活动的时间等。

（二）标准工时

标准工时制度，是由法律确定的一昼夜内的工作时间、一周工作天数，以及每个工作周连续休息时间标准。《劳动法》第三十六条和《国务院关于职工工作时间的规定》通过三项标准共同构成了我国标准工时制度：

1. 劳动者每日工作时间不超过 8 小时；

2. 每周工作时间不超过 40 小时；

3. 每周至少休息一日。用人单位必须保证劳动者每周至少有一次 24 小时不间断的休息时间。

最高工时标准，又称法定最长工时，是指法律规定的在一定自然时间（一日或一周）内工作时间的最长限度。它有法定日最长工时和周最长工时两种形式。根据标准工时的规定，日最长工时为 8 小时，即劳动者每日工作时间不得超过 8 小时；周最长工时为 40 小时，即劳动者平均每周工作时间不得超过 40

小时。

1. 在全国范围内应当普遍执行最高工时标准，除了具备法定特殊情形外，用人单位不得突破法定最长工时的限制；

2. 对实行计件工资的劳动者，用人单位应当根据日或周最长工时，合理确定其劳动定额和劳动报酬；

3. 企业因生产特点不能按照法定日和周最长工时的要求实行作息办法而采用其他工时形式的，必须符合法定条件，并且履行法定审批程序；

4. 实行综合计算工时工作制的，其平均日（周）工时应当与法定日（周）最长工时基本相同；

5. 用人单位不遵守最高工时标准、违法延长工时的，应当追究其法律责任。

（三）非标准工时

非标准工时是相对于标准工时而言的，是法律针对特殊行业、特殊岗位上的劳动者规定的工时制度。《劳动法》第三十九条规定，企业因生产特点不能实行标准工时的，经劳动行政部门批准，可以实行其他工作和休息办法。《关于修改〈国务院关于职工工作时间的规定〉的规定》第四条、第五条有同样规定。非标准工时制包括缩短工作时制、不定时工作制、综合计算工时制和计件工时制。无论哪一形式，都必须以标准工时制确立的工作时间总量为限。

1. 缩短工时制，主要基于对特殊条件下从事劳动和有特殊情况的劳动者身体健康考虑，强制要求劳动者的劳动时间必须低于标准工时。主要有：一是从事矿山、井下、高山，高温、低温、有毒有害、特别繁重或过度紧张（如冶炼、森林采伐、装卸搬运等）的劳动的职工。二是从事夜班工作的劳动者。三是在哺乳期工作的女职工。四是未成年工和怀孕女工。五是其他依法可以缩短工时的情况。除上述法定情形外，其他需要缩短工时的用人单位，在依法履行审批手续后，也可以实行缩短工作时制。

2. 不定时工作制，指因工作性质和工作职责所限，劳动者的工作时间不受固定时数限制的工作时间制度。主要适用于企业中无法按标准工作时间衡量的职工、因工作性质特殊需要机动作业的职工以及其他因生产特点、工作特殊需要或职责范围的关系适合实行不定时工作制的劳动者。

3. 综合计算工时制，指针对因工作性质特殊、需连续作业或受季节及自然条件限制的企业的部分职工，分别以周、月、季或年为周期综合计算的工作时间制度。比如铁路、水运、航空行业职工以及建筑、旅游等受自然条件和季节限制行业的职工等。

4. 计件工时制。根据《劳动法》第三十六条、第三十七条的规定，对实行计件工作的劳动者，用人单位应当合理确定其劳动定额和计件报酬标准。应当根据一般劳动者在一个标准工作日和一个标准工作周的工作时间内能够完成的计件数量为标准，确定劳动者日或周的劳动定额。

（四）延长工作时间

延长工作时间，是指工作时间超出法定正常界限在休息时间范围内延伸，即职工在正常工作时间以外应当休息的时间内进行工作。它表现为两种形式：一是加班，指职工在法定节假日或周休日进行工作；二是加点，指职工在标准工作日以外又延长时间进行工作，即提前上班或推迟下班。

我国立法对延长工作时间的限制性规定有：一是人员范围限制。禁止安排未成年工、怀孕 7 个月以上的女职工和哺乳未满周岁婴儿的女职工加班加点。二是程序和长度的限制。用人单位由于生产经营需要而安排延长工时的，应当事先与工会和劳动者协商；一般每日不得超过 1 小时；因特殊原因需要延长工作时间的在保障劳动者身体健康的条件下每日不得超过 3 小时，但是每月不得超过 36 小时。三是程序和长度限制的例外。延长工时不受上述程序和长度限制的特殊情形仅限于：发生自然灾害、事故或者其他原因，使人民的安全健康和国家财产遭到严重威胁，需要紧急处理的；生产设备、交通运输线路、公共设施发生故障，影响生产和公众利益，必须及时抢修的；必须利用法定节日或公休日的停产期间进行设备检修、保养的；国家机关、事业单位为完成国家紧急任务或为完成上级安排的其他紧急任务，以及商业、供销企业在旺季为完成收购、运输、加工农副产品紧急任务的；为完成国防紧急任务，或者为完成上级在国家计划外安排的其他紧急生产任务的；法律、行政法规规定的其他特殊情形。

国家机关、社会团体、事业单位的职工，企业中适用事假照发工资制度的职工，加班加点后只安排补休而不发放加班加点工资。企业中不适用事假照发工资制度的职工，在法定节假日加班的，在法定节假日以外休息时间加班加点后不能安排补休的，都应发给加班加点工资。劳动者在完成劳动定额或规定工作任务后参加用人单位安排的加班加点，才发给加班加点工资。企业由于生产任务不足或者未按计划完成生产任务，为了突击完成任务或者突击完成临时承揽的生产任务而加班加点的，不得发放加班加点工资。

用人单位应当向职工支付高于正常工作时间工作的加班加点工资，其标准分别为：一是加班不低于正常工时工资的 150%；二是周休日加班不低于正常工时工资的 200%；三是法定节假日加班不低于正常工时工资的 300%。实行计件工资的劳动者在完成计件定额任务后的加班加点，分别按照不低于其本人法定工时计件单价的 150%、200%、300% 支付加班加点工资。

二、休息休假制度

（一）休息时间和休假

休息时间，是指法定的劳动者的免予履行劳动给付义务而自行支配的时间。休息时间的范围，包括日常休息时间和休假。日常休息时间即工作日内不计入工作时间的间歇时间（如用膳时间、午休时间）和计入工作时间的间歇时间（即法定非劳动消耗时间），以及相邻两个工作日之间的休息时间和相邻两个工作周之间的休息时间（即周休日）。

休假即劳动者依法享受的各种假日。法定节假日具有强制休假性质，用人单位不得以实行非标准工时制等理由剥夺劳动者休息权。全民享有的节假日，如果在法定节假日确因工作需要而加班，需要依法支付加班工资。

（二）带薪年休假

带薪年休假是指劳动者工作满一定年限后，每年享有的带薪连续休息的假期。带薪年休假旨在使劳动者经过一定期间的紧张工作后得到更好的休息，进而能再精力充沛地投入工作。带薪年休假是劳动者的一项重要的权利，但不是强制性休假。

职工累计工作已满 1 年不满 10 年的，年休假为 5 天；已满 10 年不满 20 年的，年休假为 10 天；已满 20 年的，年休假为 15 天。国家法定休假日、休息日不计入年休假假期。年休假天数根据职工累计工作时间确定。职工在同一或者不同用人单位工作期间，以及依照法律、行政法规或者国务院规定视同工作期间，应当计为累计工作时间。

职工在年休假期间享受与正常工作期间相同的工资收入。单位确因工作需要不能安排职工休年休假的，经职工本人同意，可以不安排职工休年休假。基于单位原因职工应休而未休的年休假日，单位须按照该职工日工资收入的 300% 支付工资报酬。

第三节　职业安全健康

职业安全健康任务是同职业伤害相联系的。所谓职业伤害，是指职业危害因素对劳动者人身造成的有害后果，它既可能表现为急性伤害，即劳动者伤亡事故；也可能表现为慢性伤害，即劳动者患职业病或身体早衰。劳动保护的任务在于，通过多种手段控制潜在职业危害因素向职业伤害转化的条件，使职业伤害不致发生。也就是说，在职业伤害发生之前积极采取组织管理措施和工程技术措施，尽可能地消除职业伤害所赖以发生的条件，从而有效地保护劳动者的安全和健康。

为了实现劳动保护的任务，我国要求劳动保护工作必须坚持“安全第一、预防为主、综合治理”的方针。“安全第一”是处理生产与安全的关系所应遵循的原则。当生产与安全发生矛盾时，应当优先满足安全的需要，即安全重于生产，而不允许以生产压安全。“预防为主”即防重于治，这是处理职业伤害的预防与治理关系所应遵循的原则。“综合治理”即运用经济手段、法律手段和必要的行政手段，从发展规划、行业管理、安全投入、科技进步、经济政策、教育培训、安全立法、激励约束、企业管理、监管体制、社会监督以及追究事故责任、查处违法违纪等方面着手，解决影响制约安全生产的历史性、深层次问题，建立安全生产长效机制。

一、职业安全制度

职业安全制度，是指国家保护劳动者生命安全，预防和解决职工在职业活动过程中发生各种伤亡事故为目的，建立的一系列法律规范体系。用人单位提供生产资料，劳动者通过自身劳动与生产资料相结合，以实现用人单位生产经营目的，劳动者作为职业安全制度保护的对象，履行劳动义务，与此相对应的，实施保护的义务主体是用人单位。同时职业安全是基于劳动关系而产生的劳动保护关系，其范围以劳动过程为限。国家根据劳动过程的特点和劳动过程设计的物理因素、化学因素以及自然因素等，制定相应的规范、标准和保护措施。具体包括安全技术措施和相应的安全组织管理措施。由于各行各业的生产特点、工艺过程不同，需要解决的安全技术问题不同，规定的安全技术规程也有所不同。按产业性质分，有煤矿、冶金、化工、建筑、机器制造等安全技术规程；按机器设备性质分，有电器、起重、锅炉和压力容器、压力管道、焊接、机床等安全技术规程。我国各行各业需要共同遵守的劳动安全技术规程主要有这几个部分：一是工厂安全技术规程；二是建筑安装工程安全技术规程；三是矿山安全技术规程。

二、职业健康制度

职业健康制度，是指国家为了保护劳动者在劳动过程中的身体健康，防止有毒有害物质的危害和防止职业病的发生而制定的法律规范及操作规范。它包括各种工业生产卫生、医疗预防、职工健康检查等技术措施和组织管理措施的规定。关于劳动卫生技术规程，概括起来主要有以下几个方面：一是防止有毒物质危害；二是防止粉尘危害；三是防止噪声和强光危害；四是防止电磁辐射危害；五是防暑降温、防冻取暖和防潮湿；六是通风和照明；七是卫生保健。

三、女职工和未成年工的特殊保护

女职工和未成年工特殊劳动保护，在适用对象和内容上有别于对一般劳动者的劳动安全保护，是在与普通劳动者享有相同劳动安全健康保护基础上，法律专门规定的特别保护制度。

（一）女职工特殊劳动保护

女职工特殊劳动保护，是针对女职工的生理特点和抚育后代的需要，对女职工在劳动过程中的安全和健康依法加以特殊保护。

我国对女职工特殊保护的立法，除宪法外，主要有《妇女权益保护法》《劳动法》《就业促进法》《社会保险法》，以及国务院颁布的《女职工劳动保护特别规定》等。女职工特殊劳动保护的主要内容有：

1. 禁忌劳动。主要包括：一是矿山井下作业，指常年在矿山井下从事的各种劳动，不包括临时工作。二是国家规定的第四级体力劳动强度的劳动。依据国家标准《体力劳动强度分级》（GB 3869–1997）的规定具体界定。三是每小时负重 6 次以上、每次负重超过 20 公斤的作业，或者间断负重、每次负重超过 25 公斤的作业。

2. 四期保护。即女职工经期、孕期、产期、哺乳期的保护。

第一，经期保护。依据我国《劳动法》第六十条和《女职工劳动保护特别规定》的规定，女职工在月经期间禁忌从事的劳动范围包括：一是冷水作业分级标准中规定的第二级、第三级、第四级冷水作业。二是低温作业分级标准中规定的第二级、第三级、第四级低温作业。三是体力劳动强度分级标准中规定的第三级、第四级体力劳动强度的作业。四是高处作业分级标准中规定的第三级、第四级高处作业。

第二，孕期保护。主要内容有：一是禁忌劳动的范围。女职工在怀孕期间，用人单位不得安排从事下列劳动：作业场所空气中铅及其化合物、汞及其化合物、苯、镉、铍、砷、氰化物、氮氧化物、一氧化碳、二硫化碳、氯、己内酰胺、氯丁二烯、氯乙烯、环氧乙烷、苯胺、甲醛等有毒物质浓度超过国家职业卫生标准的作业；从事抗癌药物、己烯雌酚生产，接触麻醉剂气体等的作业；非密封源放射性物质的操作，核事故与放射事故的应急处置；高处作业分级标准中规定的高处作业；冷水作业分级标准中规定的冷水作业；低温作业分级标准中规定的低温作业；高温作业分级标准中规定的第三级、第四级的作业；噪声作业分级标准中规定的第三级、第四级的作业；体力劳动强弯腰、攀高、下蹲的作业。二是女职工在怀孕期间不能胜任原工作的，用人单位应当根据医务部门的证明，予以减轻劳动量或安排其他劳动。三是禁止安排怀孕女职工从事夜间劳动或延长工作时间，并保护女职工孕期的休息权。四是怀孕的女职工在劳动时间内进行产前检查，应当算作劳动时间。

第三，产期保护。依据《女职工劳动保护特别规定》第七条、第八条的规定，女职工在产期之内，享受一定时间的产假和相应的生育保险待遇。

第四，哺乳期保护。哺乳期保护是对女职工哺乳未满一周岁婴儿期间的特殊保护。《劳动法》第六十三条规定，不得安排女职工在哺乳未满一周岁的婴儿期间从事国家规定的第三级体力劳动强度的劳动和哺乳期禁忌从事的其他劳动，不得安排其延长工作时间和夜班工作。

3. 特殊保护设施。依据《女职工劳动保护特别规定》，女职工比较多的单位，应建立女职工卫生室、孕妇休息室等设施，并妥善解决女职工在生理卫生、哺乳方面的困难。

（二）未成年工特殊劳动保护

所谓未成年工，是指年满 16 周岁未满 18 周岁的劳动者。未成年工特殊劳动保护是指针对未成年工处于生长发育期的特点，以及接受义务教育的需要，依法采取的特殊劳动保护措施。

1. 未成年工禁忌劳动范围。依据《劳动法》第六十四条规定及《未成年工特殊保护规定》，未成年工禁忌劳动的范围包括：

（1）《生产性粉尘作业危害程度分级》国家标准中第一级以上的粉尘作业；

（2）《有毒作业分级》国家标准中第一级以上的有毒作业；

（3）《高处作业分级》国家标准中第二级以上的高处作业；

（4）《冷水作业分级》国家标准中第二级以上的冷水作业；

（5）《高温作业分级》国家标准中第三级以上的高温作业；

（6）《低温作业分级》国家标准中第三级以上的低温作业；

（7）《体力劳动强度分级》国家标准中第四级体力劳动强度的作业；

（8）矿山井下及矿山地面采石作业；

（9）森林业中的伐木、流放及守林作业；

（10）工作场所接触放射性物质的作业；

（11）有易燃易爆、化学性烧伤和热烧伤等危险性大的作业；

（12）地质勘探和资源勘探的野外作业；

（13）潜水、涵洞、涵道作业和海拔3000米以上的高原作业（不包括世居高原者）；

（14）连续负重每小时6次以上并每次超过20公斤，间断负重每次超过25公斤的作业；

（15）使用凿岩机、捣固机、气镐、气铲、铆钉机、电锤的作业；

（16）工作中需要长时间保持低头、弯腰、上举、下蹲等强迫体位和动作频率每分钟大于50次的流水线作业；

（17）锅炉司炉。

未成年工患有某种疾病或具有某些生理缺陷（非残疾型）时，用人单位不得安排其从事以下范围的劳动：

（1）《高处作业分级》国家标准中第一级以上的高处作业；

（2）《低温作业分级》国家标准中第二级以上的低温作业；

（3）《高温作业分级》国家标准中第二级以上的高温作业；

（4）《体力劳动强度分级》国家标准中第三级以上体力劳动强度的作业；

（5）接触铅、苯、汞、甲醛、二硫化碳等易引起过敏反应的作业。

2. 定期健康检查制度。定期健康检查是保障未成年工在劳动过程中的身体健康的重要举措，也是用人单位应尽的法定义务。《劳动法》及《未成年工特殊保护规定》对未成年工定期健康检查制度作了具体规定：

（1）用人单位应按下列要求对未成年工定期进行健康检查：安排工作岗位之前、工作满一年、年满18周岁，距前一次的体检时间已超过半年；

（2）未成年工的健康检查，应按该规定所附《未成年工健康检查表》列出的项目进行；

（3）体格检查发现未成年工不适宜从事原工作的，用人单位应当为未成年工调换适宜的工作岗位；如果未成年工身体健康受到损害的，用人单位应当为其治疗。《未成年工特殊保护规定》第八条规定，用人单位应根据未成年工的健康检查结果安排其从事适合的劳动；对不能胜任原劳动岗位的，应根据医务部门的证明，予以减轻劳动量或安排其他劳动。

（4）未成年工在规定的健康检查期间，应算作工作时间，用人单位不得克扣其工资。

3. 未成年工使用和特殊保护的登记制度。根据《未成年工特殊保护规定》第九条规定，国家对未成年工的使用和特殊保护实行登记制度。用人单位招收使用未成年工，除符合一般用工要求外，还须向所在地的县级以上劳动行政部门办理登记。劳动行政部门根据《未成年工健康检查表》《未成年工登记表》，核发《未成年工登记证》。未成年工需持《未成年工登记证》上岗。

思考题

1. 工会如何帮助职工落实工资保障措施？
2. 工会怎样做好劳动保护工作？
3. 对女职工与未成年工的特殊劳动保护主要可采取哪些措施？

第十章

劳动合同法律制度

劳动合同法在劳动法体系中属于个别劳动法，主要调整单个劳动者与用人单位之间的劳动关系，以劳动合同的订立、履行、变更、解除和终止为法律调整的主要着力点，以稳定劳动关系为基本功能。劳动合同法律制度由一般劳动合同制度和劳务派遣、非全日制用工等特殊制度构成。

第一节　劳动合同的特征和分类

一、劳动合同制度变迁

我国的劳动合同制度是从20世纪80年代中期开始的。1983年2月，劳动人事部发布《关于积极试行劳动合同制的通知》，开始在国营企业进行劳动合同制度的改革和试点工作，目的是改掉“终身制”“铁饭碗”“大锅饭”的严重弊病。1986年7月，国务院发布《国营企业实行劳动合同制暂行规定》，国营企业全面统一施行劳动合同制度。1994年7月，《劳动法》颁布，其中第三章为劳动合同和集体合同制度，对劳动合同的订立、履行、变更、解除、终止以及法律责任等作了原则性规定，我国开始全面实行劳动合同制度。之后，劳动部相继出台《企业经济性裁减人员规定》《违反和解除劳动合同的经济补偿办法》《违反〈劳动法〉有关劳动合同规定的赔偿办法》《关于贯彻执行〈中华人民共和国劳动法〉若干问题的意见》《关于实行劳动合同制度若干问题的通知》等配套规章。由此，我国的劳动合同制度正式建立。

2007年6月29日，十届全国人大常委会第二十八次会议历经4次审议，与劳动者切身利益息息相关的《劳动合同法》终获通过。该法于2008年1月1日起施行。2012年12月，针对劳动力市场中存在劳务派遣不规范的问题，《劳动合同法》进行了第一次修订，主要目的在于使劳务派遣回归到劳动用工补充形式的位置上，把派遣用工数量控制在合理范围内。除此之外，与《劳动合同法》相配套的行政法规、地方性法规也逐步完善。

二、劳动合同的特征

劳动合同是劳动者与用人单位确立劳动关系、明确双方权利和义务的协议。随着社会主义市场经济体制的建立和完善，劳动合同作为调整劳动关系的法律文件，在劳动管理中的作用越来越重要。

劳动合同的特征主要有：

1.劳动关系的主体具有特定性，劳动合同的双方必须是劳动者本人和用人单位。《劳动合同法》中的劳动者，主要包括与中国境内的各类企业、个体经济组织形成劳动关系的劳动者；国家机关、事业单位、社会团体中的工勤人员；实行企业化管理的事业单位的人员；其他通过劳动合同与国家机关、事业单位、社会团体建立劳动关系的人员；等等。用人单位主要包括：一是企业单位。指以营利为目的，从事商品生产、经营和服务，并在工商行政管理部门登记的独立核算单位，包括具备法人资格和不具备法人资格的企业，如个人独资企业和合伙企业等。二是事业单位。指从事为生产和生活服务以及为提高人民科学文化水平和素质服务的独立核算单位。三是机关单位。指具有代表国家权力和行使国家行政、检察、审判职能，组织协调社会、政治、经济、科技等活动的独立核算单位。具体包括国家机关、党政机关、社会团体、经济组织机关等。

2. 劳动合同具有从属性。劳动合同双方当事人法律地位平等，但劳动关系是一种从属性关系，从经济、组织管理上看，用人单位与劳动者之间存在隶属关系。劳动者虽然有选择用人单位和是否订立劳动合同的自由，但劳动合同的内容和履行必然体现劳动者在人格上、组织上或经济上相对于用人单位的从属性地位。

3. 劳动合同具有社会性。劳动问题不仅是关系某一个劳动者的个人问题，还是关系一群人、一类人的社会问题。因此，劳动合同法中也会有基于社会本位、着眼于社会整体利益的若干法律制度。例如，《劳动合同法》关于裁员的规定、关于解雇阻碍事由的规定等。

4. 劳动合同双方一般需要订立书面合同。根据《劳动法》第十六条第二款以及第十九条第一款的规定，建立劳动关系应当订立劳动合同，而且劳动合同应当采用书面形式。《劳动合同法》虽然要求劳动合同应当以书面形式订立，但仍然确认口头或推定劳动合同的效力。所谓“事实劳动关系”，主要是指用人单位与劳动者之间虽然没有签订书面劳动合同，但是双方在事实上形成的劳动给付关系。

《劳动法》从一开始就承认事实劳动关系。《劳动法》第九十八条规定，用人单位违反本法规定的条件解除劳动合同或者故意拖延不订立劳动合同的，由劳动行政部门责令改正；对劳动者造成损害的，应当承担赔偿责任。可见，《劳动法》明确规定，签订书面劳动合同是用人单位的责任，如果没有签订书面合同而双方互为劳动给付，则双方之间就构成了有效的劳动法律关系，而用人单位应承担没有订立书面合同的责任。如果用人单位因此给劳动者造成了损害后果，同样应向劳动者支付赔偿。

三、劳动合同的分类

（一）固定期限的劳动合同

固定期限的劳动合同，是指有开始和结束日期的劳动合同。目前大多数的劳动合同是有固定期限的，在合同期限内劳动关系相对稳定，在劳动合同期满后，劳动者可以自由流动，有利于我国劳动力资源的合理配置。根据国家有关劳动法规和政策的规定，从事矿山、井下以及其他有害健康的工种、岗位工作的农民工，实行定期轮换制度，合同期限最长不超过 8 年。

（二）无固定期限的劳动合同

无固定期限的劳动合同，是指只有开始日期而无终止日期的劳动合同。建立在无固定期限的劳动合同之上的劳动关系具有较强的稳定性，非因劳动者有重大的过错或用人单位的生产经营状况发生严重的困难，劳动关系是不能够因用人单位的单方面决定而解除的。对符合下列条件之一的劳动者，如果其提出订立无固定期限的劳动合同，用人单位应当与其订立无固定期限的劳动合同：一是劳动者在该用人单位连续工作满十年的；二是用人单位初次实行劳动合同制度或者国有企业改制重新订立劳动合同时，劳动者在该用人单位连续工作满一年且距法定退休年龄不足十年的；三是连续订立二次固定期限劳动合同，且劳动者没有《劳动合同法》第三十九条和第四十条规定的情形，续订劳动合同的。需要注意的是，用人单位自用工之日起满一年不与劳动者订立书面劳动合同的，应视为用人单位与劳动者已订立无固定期限劳动合同。

（三）以完成一定工作任务为期限的劳动合同

以完成一定工作任务为期限的劳动合同，是指用人单位与劳动者约定以某项工作的完成为合同期限的劳动合同，即一定工作任务的完成被约定为劳动合同终止的条件和时间。在此类合同中，只约定据以确定合同终止时间的标志，而未约定具体而确定的合同终止时间；由于合同终止的标志具有动态性，因而不存在合同延期的问题。所以，这种劳动合同也可以说是定期劳动合同的一种特殊形式。

第二节　劳动合同订立

一、劳动合同订立的形式

《劳动法》第十二条第二款规定，建立劳动关系应当订立劳动合同。劳动合同的形式在实践中表现为以下几种：

（一）书面劳动合同

订立书面的劳动合同是劳动关系产生的基本形式。通过签订书面劳动合同，能够把劳动关系双方的权利义务通过书面形式固定下来，避免以后产生纠纷，即使产生纠纷也能为妥善解决和处理纠纷奠定基础，有利于保护劳动者和用人单位的合法权益。

（二）口头劳动合同和事实劳动关系受劳动法律的保护

目前，有不少劳动关系是建立在口头协议的基础上，有的甚至存在连口头协议也没有的事实劳动关系。口头的劳动协议和事实劳动关系亦同样受劳动法律、法规保护，但在实践中由于难以证明劳动关系的存在以及劳动者的劳动条件和劳动标准的不明确，因此会给保护劳动者的合法权益带来困难。

从劳动法的发展来看，目前对用人单位和劳动者签订书面劳动合同的责任越来越严格。用人单位不和劳动者签订书面劳动合同就应当承担一定的法律责任和后果。

二、劳动合同的主要条款

劳动合同条款，即劳动合同的基本内容，它是劳动者与用人单位合意的结果，是双方当事人关于劳动权利和劳动义务的具体化。劳动合同条款由法定条款和商定条款构成。前者即依据法律规定劳动合同必须具备的条款，后者即依据当事人一方或双方的要求而必须具备的条款。

（一）法定条款

法定条款是指法律规定应当具备的条款，如果缺少了法定条款，合同内容便是不完备的。《劳动合同法》第十七条规定："劳动合同应当具备以下条款：（一）用人单位的名称、住所和法定代表人或者主要负责人；（二）劳动者的姓名、住址和居民身份证或者其他有效身份证件号码；（三）劳动合同期限；（四）工作内容和工作地点；（五）工作时间和休息休假；（六）劳动报酬；（七）社会保险；（八）劳动保护、劳动条件和职业危害防护；（九）法律、法规规定应当纳入劳动合同的其他事项。”

（二）商定条款

商定条款是指除上述必备条款外，应当事人双方或一方的要求所必备的，往往是劳动合同个性的体现，并非所有劳动合同都具有。至于哪些内容可以成为约定必备条款，法律不作限制。它是法定必备条款的必要补充。一般包括：试用期、出资培训服务期、保守秘密、补充保险和福利待遇等其他事项。

1. 试用期。劳动合同的试用期是指用人单位对新招收的劳动者的思想品德、劳动态度、实际工作能力、身体情况等进行进一步考查的时间期限。

依照《劳动合同法》第十九条的规定，劳动合同试用期可分为以下几种：劳动合同期限三个月以上不满一年的，试用期不得超过一个月；劳动合同期限一年以上三年以下的，试用期不得超过两个月；三年以上固定期限和无固定期限的劳动合同试用期不得超过六个月。同一用人单位与同一劳动者只能约定一次试用期。以完成一定工作任务为期限的劳动合同或者劳动合同期限不满三个月的，不得约定试用期。劳动合同仅约定试用期或者劳动合同期限与试用期相同的，试用期不成立，该期限为劳动合同期限。劳动者在试用期的工资不得低于本单位相同岗位最低工资的 80%，或者不得低于劳动合同约定工资的 80%，并不得低于用人单位所在地的最低工资标准。

2. 出资培训服务期，又称出资培训最低服务年限，是指当事人双方约定的，对劳动者有特殊约束力的，劳动者因获得用人单位出资培训而应当与用人单位持续劳动关系的期限。用人单位为劳动者提供专项培训费用，对其进行专业技术培训的，可以与该劳动者订立协议，约定服务期。劳动者违反服务期约定的，应当按照约定向用人单位支付违约金。违约金的数额不得超过用人单位提供的培训费用。用人单位要求劳动者支付的违约金不得超过服务期尚未履行部分所应分摊的培训费用。用人单位与劳动者约定服务期的，不影响按照正常的工资调整机制提高劳动者在服务期间的劳动报酬。

三、劳动合同签订要注意的问题

1. 用人单位自用工之日起即与劳动者建立劳动关系。用人单位应当建立职工名册备查。

2. 建立劳动关系，应当订立书面劳动合同。已建立劳动关系，未同时订立书面劳动合同的，应当自用工之日起一个月内订立书面劳动合同。用人单位与劳动者在用工前订立劳动合同的，劳动关系自用工之日起建立。

3. 自用工之日起一个月内，经用人单位书面通知后，劳动者不与用人单位订立书面劳动合同的，用人单位应当书面通知劳动者终止劳动关系，无须向劳动者支付经济补偿，但是应当依法向劳动者支付其实际工作时间的劳动报酬。

4. 用人单位自用工之日起超过一个月不满一年未与劳动者订立书面劳动合同的，应当依照《劳动合同法》第八十二条的规定向劳动者每月支付两倍的工资，并与劳动者补订书面劳动合同；劳动者不与用人单位订立书面劳动合同的，用人单位应当书面通知劳动者终止劳动关系，并依照《劳动合同法》第四十七条的规定支付经济补偿。用人单位向劳动者每月支付两倍工资的起算时间为用工之日起满一个月的次日，截止时间为补订书面劳动合同的前一日。

5. 用人单位自用工之日起满一年未与劳动者订立书面劳动合同的，自用工之日起满一个月的次日至满一年的前一日应当依照《劳动合同法》第八十二条的规定向劳动者每月支付两倍的工资，并视为自用工之日起满一年的当日已经与劳动者订立无固定期限劳动合同，应当立即与劳动者补订书面劳动合同。

第三节　劳动合同的履行、变更和继承

一、劳动合同的履行

劳动合同的履行，是指劳动合同的双方当事人依照劳动合同规定，完成自己所承担的义务的行为。

《劳动合同法》第二十九条规定，用人单位与劳动者应当按照劳动合同的约定，全面履行各自的义务。此即劳动合同的全面履行原则。要求合同当事人必须履行合同的全部条款和各自承担的全部义务。全面履行原则应当是一个广义概念，具体包括以下原则：

一是亲自履行原则。劳动合同当事人双方必须以自己的行为履行自己应承担的义务，而不得由他人代理。

二是实际履行原则。实际履行原则强调当事人按照劳动合同的约定（尤其是合同标的）履行各自义务。劳动合同是一个整体，合同条款之间的内在联系不能割裂，当事人必须履行合同规定的全部义务。

三是协作履行原则。劳动关系是一种需要用人单位和劳动者合作才能够顺

利实现的社会关系，劳动关系和谐是劳动合同双方顺利履行合同义务的前提。因此，在劳动合同履行过程中，当事人双方应当相互理解，始终坚持互助合作，相互关心，为对方履行劳动合同创造条件。

二、劳动合同的变更

劳动合同的变更，是指劳动合同的当事人对已经依法成立，尚未履行完毕的合同条款进行修改或增减。劳动合同依法成立后，任何一方不得擅自变更劳动合同。但是，在劳动合同的履行过程中，由于主、客观情况发生变化，也可以对合同的条款进行变更。

劳动合同的变更要遵循两个原则：一是平等自愿、协商一致；二是不得违反法律、行政法规。当事人可以在这两个原则的基础上变更合同。这和我国《合同法》的规定是一致的，《合同法》第七十七条规定，当事人协商一致，可以变更合同。法律、行政法规规定变更合同应当办理批准、登记等手续的，依照其规定。

三、劳动合同的继承

劳动合同的继承，是指因用人单位发生更替，劳动者与原用人单位的劳动合同由与原用人单位有继承关系的新用人单位继续履行的情形。

劳动合同的继承发生在用人单位组织实体变更的情形下，即原用人单位由变动后承继原用人单位生产资料及其所承载营业的新用人单位所代替，其中包括：原用人单位消灭而新用人单位产生、原用人单位存续且新用人单位产生、营业转让双方用人单位都存续。在用人单位组织实体变动后，存续或新设的用人单位由于承继原用人单位的生产资料和营业，所以才有可能继续履行原用人单位的劳动合同。用人单位名称、法定代表人、主要负责人或者投资人、经营方式、法律形态因素发生变更的情况，不符合劳动合同继承条件，不影响劳动合同的履行。用人单位破产、解散、关闭、被撤销、拍卖等情况，也不存在劳动合同继承，劳动合同应当依法终止。

第四节　劳动合同的解除和终止

一、劳动合同的解除

劳动合同的解除，是指劳动合同的当事人依法提前终止已经依法成立的合同的效力。它有以下特点：一是被解除的合同是依法已经成立的合同；二是合同的解除既可以由用人单位或劳动者通过协商来决定，也可以由劳动者或用人单位单方面作出决定。劳动合同解除的几种情况主要有：

（一）通过协商解除劳动合同

经劳动合同当事人协商一致，劳动合同可以解除。当事人通过协商来解除劳动合同必须符合以下条件：一是双方自愿、平等协商就解除劳动合同达成一致的意见；二是协议不违反国家的法律、法规的规定；三是协议不损害第三方的利益。

（二）用人单位单方面解除劳动合同

用人单位单方面解除劳动合同的具体情况有三种：

1. 即时解除。即用人单位不经过提前通知，一旦法律规定的解除劳动合同的条件出现，即可单方面作出决定，通知劳动者解除其劳动合同。劳动者有下列情形之一的，用人单位可以随时解除劳动合同：一是在试用期间被证明不符合劳动条件的；二是严重违反劳动纪律或用人单位的规章制度的；三是严重失职，营私舞弊，对用人单位利益造成重大损害的；四是被依法追究刑事责任的。此外，劳动者在劳动合同的存续期间，因违法被处以劳动教养的，劳动合同也即时解除。以上几个条件是在劳动者本身有很大过错，危害了用人单位的利益或社会利益的情况下，法律赋予用人单位的权利。

2. 预告解除。即用人单位需向劳动者通知后才能解除劳动合同。法定的预告解除条件，一般适用于劳动者无过错的情况下，由于主、客观条件的变化而导致劳动合同无法履行的情形。有下列情形之一的，用人单位可以解除劳动合同，但是应当以书面形式提前 30 日通知劳动者本人：一是劳动者患病或者非因工负伤，医疗期满后，不能从事原工作也不能由用人单位另行安排其他工作的；二是劳动者不能胜任工作，经过培训或者调整工作岗位，仍不能适应工作的；三是劳动合同订立时所依据的客观情况发生重大变化，致使原劳动合同无法继续履行，经当事人协商不能就变更合同达成协议的。用人单位未提前 30 日通知劳动者解除劳动合同的，应当支付劳动者本人 1 个月工资的赔偿金。劳动者未按照规定提前 30 日通知用人单位解除劳动合同的，应当按照解除劳动合同前劳动者本人 1 个月工资的标准支付用人单位赔偿金。

3. 经济性裁员。即用人单位由于经营状况发生变化而出现劳动力过剩，需辞退部分劳动者以改善生产经营状况。在市场经济中，经济性裁员具有不可避免性。经济性裁员也会影响到社会的稳定，因此，《劳动合同法》对经济性裁员的条件和程序作了严格的限定：用人单位依照企业破产法规定进行重整的；生产经营状况发生严重困难的；企业转产、重大技术革新或者经营方式调整，经变更劳动合同后仍需裁减人员的；其他因劳动合同订立时所依据的客观经济情况发生重大变化，致使劳动合同无法履行的，应当提前 30 日向工会或全体职工说明情况，听取工会或者职工的意见，经向劳动行政部门报告后可以裁员。用人单位依法裁减人员，在 6 个月内重新招用人员的，在同等条件下应当优先录用被裁减的人员。

用人单位单方面解除劳动合同的，应当事先将解除劳动合同的理由通知本单位工会。工会认为用人单位违反法律、法规和有关合同约定，要求用人单位重新作出决定的，用人单位应当研究工会的意见，并将处理结果书面通知工会。

（三）劳动者单方面解除劳动合同

1. 即时辞职。即劳动者不需要提前通知用人单位即可单方面解除劳动合同。依照《劳动合同法》第三十八条规定，用人单位有下列情形之一的，劳动者可以解除劳动合同：一是未按照劳动合同约定提供劳动保护或者劳动条件的；二是未及时足额支付劳动报酬的；三是未依法为劳动者缴纳社会保险费的；四是用人单位的规章制度违反法律、法规的规定，损害劳动者权益的；五是因《劳动合同法》第二十六条第一款规定的情形致使劳动合同无效的；六是法律、行政法规规定劳动者可以解除劳动合同的其他情形。此外，用人单位以暴力、威胁或者非法限制人身自由的手段强迫劳动者劳动的，或者用人单位违章指挥、强令冒险作业危及劳动者人身安全的，劳动者可以立即解除劳动合同，不需事先告知用人单位。

2. 预告辞职。即劳动者通过提前通知用人单位的方式来解除劳动合同。《劳动合同法》第三十七条规定，劳动者提前 30 日以书面形式通知用人单位或劳动者在试用期内提前 3 日通知用人单位，可以解除劳动合同。劳动者由于主观或客观的原因不愿意在用人单位工作，即可采用此方式与用人单位解除劳动合同。通过这种方式与用人单位解除劳动合同无须征得用人单位的同意，超过30日，劳动者即可向用人单位提出办理解除劳动合同的手续。但是，由于劳动者单方面解除劳动合同给用人单位造成损失的，应当按照有关规定承担赔偿责任。

二、劳动合同的终止

劳动合同的终止，是指劳动合同所确立的劳动关系由于一定的法律事实出现而终结，劳动合同的法律效力被依法消灭。

依照有关的法律规定，在下列情况下，劳动合同终止：一是劳动合同期满的；二是当事人约定的劳动合同终止条件出现的；三是用人单位破产、解散、被撤销的；四是劳动者退休、退职的；五是劳动者死亡，或者被人民法院宣告失踪、死亡的；六是法律、法规规定的其他情形。

第五节　劳动合同特别规定

一、劳务派遣

（一）劳务派遣界定

劳务派遣又称“劳动力派遣”“人才派遣”“人事派遣”等，用工单位可以根据本行业的特点或自身工作和发展的需要，通过具有劳务派遣资质的劳务派遣单位，派遣所需要的各类人员；劳务派遣单位则根据用工单位的实际需求招聘员工，与员工签订劳动合同、建立劳动关系，并将员工派遣到用工单位工作，同时对员工提供人事行政、劳资福利、后勤保障等综合配套服务。实行劳务派遣后，实际用工单位与劳务派遣单位签订劳务派遣协议，劳务派遣单位与被派遣劳动者签订劳动合同，用工单位与被派遣劳动者之间只有使用关系，没有劳动合同关系。

（二）劳务派遣单位义务

劳务派遣单位是《劳动合同法》所称的用人单位，应当履行用人单位对劳动者的义务。劳务派遣单位与被派遣劳动者订立的劳动合同，除应当载明《劳动合同法》第十七条规定的事项外，还应当载明被派遣劳动者的用工单位以及派遣期限、工作岗位等情况。

劳务派遣单位的权利义务主要体现在以下三个方面：

1. 劳务派遣单位要与被派遣劳动者订立书面劳动合同。这一规定再次明确了劳务派遣单位与劳动者之间形成的劳动关系，劳动合同除了要有一般劳动合同的必备条款，还要明确约定被派遣劳动者的用工单位以及派遣期限、工作岗位等情况。

2. 劳务派遣单位即用人单位应当履行对劳动者的义务。例如，用人单位承担依法招用劳动者、签订劳动合同以及解除劳动合同时支付经济补偿金、支付工资、参加社会保险并依法缴费等义务；用人单位和用工单位（即以劳动派遣形式用工的单位）应依法允许劳动者参加或组织工会；用人单位对用工单位承担的解除劳动合同时支付经济补偿金、支付工资、参加社会保险并依法缴费等义务承担连带责任。

3. 劳务派遣单位与被派遣劳动者至少要订立二年以上的固定期限的劳动合同。

（三）用工单位的义务

1. 执行国家劳动标准，提供相应的劳动条件和劳动保护。劳动条件是指劳动者完成劳动任务的必要条件，如劳动工具、工作场所、劳动经费、技术资料等必不可少的物质技术条件和其他工作条件。劳动保护是指用工单位为了保障劳动者在劳动过程中的身体健康与生命安全，预防伤亡事故和职业病的发生而采取的有效措施。在劳动保护方面，凡是国家有标准规定的，用工单位必须按照国家标准执行，合同约定只能高于国家标准；国家没有标准的，合同约定的标准以不使劳动者的生命安全受到威胁、身体健康受到侵害为前提条件。

2. 告知被派遣劳动者的工作要求和劳动报酬。工作要求是指用工单位安排劳动者从事的岗位对劳动者的能力和绩效要求。劳动报酬是指劳动力价值的表现形式，是劳动者履行劳动义务后享有的劳动权利，包括工资、奖金、津贴等形式。劳动报酬既是满足劳动者自身及其家庭成员物质文化生活需要的主要来源，也是劳动者付出劳动后应得到的回报。被派遣劳动者对此享有知情权，尤其是劳动报酬的多少、支付方式等，因为这直接关系到被派遣劳动者合法劳动权益的保护，是关乎人民切身利益的重大问题。

3. 支付加班费、绩效奖金，提供与工作岗位相关的福利待遇。安排被派遣劳动者加班的，应当按照规定支付加班费。绩效奖金是指依照劳动者劳动绩效而计算、发放的奖金。职工福利又称职业福利、集体福利，是企、事业单位和机关团体在工资、社会保险之外免费为全体职工举办的集体生活福利、文化福利等设施以及给予职工各项补贴制度的总称。

4. 对在岗被派遣劳动者进行工作岗位所必需的培训。派遣单位应当按照用工单位的要求派遣符合后者要求的劳动者。但如果用工单位在接收被派遣劳动者后认为按照本单位的岗位需要进一步对劳动者进行培训的，则由用工单位自己负责对在岗被派遣劳动者进行工作岗位所必需的培训，该费用由用工单位承担。

5. 连续用工的，实行正常的工资调整机制。用工单位与劳务派遣单位订立劳务派遣协议，双方应当按照该协议履行各自义务。在用工单位方面，其应当按照劳务派遣协议的约定使用被派遣劳动者，其中包括协议中已明确的派遣岗位和人员数量、派遣期限等。此外，用工单位不得将被派遣劳动者再派遣到其他用人单位，也就是说，接受以劳务派遣形式用工的单位接收被派遣劳动者必须是自用。《劳动合同法》明确规定用工单位的义务，在派遣单位和用工单位之间作了明确划分，使得出现劳动争议时有法可依，避免产生责任推诿现象，从而保护了劳动者的合法劳动权益。

（四）被派遣劳动者的权利和义务

1. 被派遣劳动者的权利。一是被派遣劳动者享有与用工单位的劳动者同工同酬的权利。用工单位无同类岗位劳动者的，参照用工单位所在地相同或者相近岗位劳动者的劳动报酬确定。二是被派遣劳动者有权在劳务派遣单位或者用工单位依法参加或者组织工会，维护自身的合法权益。三是被派遣劳动者可以依照《劳动合同法》第三十六条、第三十八条的规定与劳务派遣单位解除劳动合同。

2. 被派遣劳动者的义务。一是自觉遵守用工单位各项规章制度和安全操作规程；二是劳务派遣劳动者要服从用工单位的日常管理；三是完成用工单位指定的各项工作任务；四是参加用工单位的各项劳动和技能竞赛，勇于创新，为用工单位提供优质高效的服务；五是国家法律和劳动合同规定的其他各项义务。

二、非全日制用工

（一）非全日制用工的界定

非全日制用工，又称非全日制劳动或就业，是指以小时计酬为主，劳动者在同一用人单位一般只提供非全日工时劳动的用工形式。其与全日制用工的区别主要在于：

1. 非全日制用工的工作时间少于全日制用工。

2. 全日制用工为一般用工形式，非全日制用工为特殊用工形式。

3. 非全日制用工的劳动关系一般具有临时性，全日制用工的劳动关系多具有稳定性。

4. 全日制用工一般是一重劳动关系，非全日制可以存在双重或多重劳动关系。

5. 对非全日制用工需要制定和适用特别法，如以小时计酬为主。

（二）非全日制劳动合同订立的特殊规则

1. 订立非全日制劳动合同可以采用口头形式。非全日制用工，具有短期性、灵活性、非正规性的特点，其劳动合同的订立需要快捷简便和尽可能低成本。口头协议可满足这一需要，以促进劳动者灵活就业。所以，非全日制劳动合同的订立，双方当事人既可以选择口头形式也可以选择书面形式。

2. 劳动者可以与一个或一个以上用人单位订立非全日制劳动合同。非全日制劳动者无须用人单位同意就可以另外订立非全日制劳动合同。但是，后订立的非全日制劳动合同不得影响先订立的非全日制劳动合同的履行。

3. 非全日制劳动合同不得约定试用期。对非全日制劳动关系若实行试用期，与非全日制劳动关系的临时性、灵活性、非正规性的特点不符，也与试用期的功能相悖；并且，给用人单位压低非全日制劳动者的劳动报酬增加了条件，不利于非全日制劳动者的权益保护。

（三）非全日制劳动合同终止的特殊规则

基于非全日制劳动关系的短期性、灵活性、非正规性，依据《劳动合同法》的规定，非全日制劳动合同的终止，较之全日制劳动合同，有下述特点：

1. 任何一方当事人都可以单方终止劳动合同，而无须对方同意。

2. 任何一方当事人都可以随时通知对方终止劳动合同，而无须向对方预告。

3. 任何一方当事人终止劳动合同，都不需要任何实体性条件。

4. 终止非全日制劳动合同，用人单位不向劳动者支付经济补偿。

思考题

1. 我国劳动合同制度的特点是什么？
2. 劳动者有哪些权利和义务？
3. 劳动合同签订的必备条件是什么？

第十一章

集体合同法律制度

集体协商和集体合同制度是市场经济条件下维护职工合法权益、协调劳动关系的重要制度安排。工会集体协商工作是工会履行维护职工合法权益职责、协调劳动关系的重要手段和工作内容，是工会权益保障工作的重要组成部分。当前，推进集体协商工作，中央有要求、法律有规定、社会有需要、职工有期盼，正面临前所未有的良好机遇。通过深入探索实践，不断创新提高，集体协商和集体合同制度将会取得明显的成效。

第一节　集体合同的概念和原则

一、集体合同的概念和类型

（一）集体合同的概念

集体合同是指职工一方与用人单位之间依法就劳动报酬、工作时间、休息休假、劳动安全卫生、保险福利、职工培训、劳动纪律以及劳动定额管理等直接涉及劳动者切身利益的规章制度或者重大事项，在平等协商一致的基础上签订的书面协议。

集体协商是指职工一方与用人单位之间依法就劳动报酬、工作时间、休息休假、劳动安全卫生、保险福利、职工培训、劳动纪律以及劳动定额管理等直接涉及劳动者切身利益的规章制度或者重大事项，为达成一致意见而进行商谈交涉的行为。集体协商通常采取协商会议的形式，集体合同是劳动关系双方协商谈判的一种成果体现。

集体协商和集体合同制度作为协调劳动关系的重要制度，其在实施中具有如下特点：一是参与集体协商和订立集体合同的主体，一方是工会或职工代表，另一方是企业或企业代表组织。二是集体协商的内容广泛，包括劳动报酬、工作时间、休息休假、劳动安全卫生、保险福利、职工培训、劳动纪律以及劳动定额管理等，凡是直接涉及劳动者切身利益的事项都是集体协商的内容。三是集体合同依照法律、法规及相关政策规定并遵循相关原则和程序订立。集体协商通常采取协商会议的形式；集体合同是劳动关系双方协商谈判的一种成果体现，通常以书面形式订立。四是集体协商和集体合同制度为劳动关系双方争议的调处和化解提供了合法有序的制度途径，其最终目的在于协调和稳定劳动关系。

（二）集体合同的类型

按照不同的划分标准，集体协商和集体合同可以分为不同的类型。从集体协商、集体合同覆盖范围来划分，分为企业、区域性和行业性集体协商；从集体合同所涉及的内容来划分，分为综合性集体合同和专项集体合同，专项集体合同主要包括工资专项集体合同、女职工专项集体合同、劳动安全卫生专项集体合同等。

二、推行集体合同制度的法律依据

（一）《劳动法》《劳动合同法》相关规定

《劳动法》第三十三条第二款规定，集体合同由工会代表职工与企业签订；没有建立工会的企业，由职工推举的代表与企业签订。《劳动合同法》第六条规定，工会应当帮助、指导劳动者与用人单位依法订立和履行劳动合同，并与用人单位建立集体协商机制，维护劳动者的合法权益。《劳动合同法》第五十一条第二款规定，集体合同由工会代表企业职工一方与用人单位订立；尚未建立工会的用人单位，由上级工会指导劳动者推举的代表与用人单位订立。

（二）《工会法》相关规定

《工会法》第六条规定，工会通过平等协商和集体合同制度等，推动健全劳动关系协调机制，维护职工劳动权益，构建和谐劳动关系。第二十一条规定，工会代表职工与企业、实行企业化管理的事业单位、社会组织进行平等协商，依法签订集体合同。

可见，在集体协商工作中，工会既是集体协商和集体合同制度建设的参与者和推动者，又是集体协商和集体合同制度实施必不可少的实践者，具有不可替代的法定地位，发挥着积极而重要的作用。

三、签订集体合同应遵循的原则

根据《集体合同规定》，开展集体协商应当遵循以下原则：

（一）遵守法律、法规、规章及国家有关规定

协商双方应熟悉并掌握有关的规定要求，依法开展工作做到主体、内容、形式、程序合法，保证集体协商的实体内容及程序操作规范到位。

（二）相互尊重、平等协商

劳动关系双方都应承认和公正对待对方当事人依法享有的平等地位及利益主张，即双方中的任何一方都不应采取回避、拒绝或歧视的态度。

（三）诚实守信、公平合作

诚实守信，就是协商双方坦诚互信、恪守承诺，并能够切实承担起法律责任。公平合作，就是协商双方不仅能够站在客观公正的立场寻求解决问题的途径，弥合分歧，取得共识，而且能够共同维护集体合同的法律尊严，使签订的集体合同能够通过劳动关系双方的共同努力得到切实履行。

（四）兼顾双方合法权益

开展集体协商，必须始终立足于兼顾劳动关系双方合法权益，将企业长远

发展与职工的具体利益相结合，谋求与实现劳动关系双方权益的共赢，达到促进企业发展、维护职工权益的目的。

（五）不得采取过激行为

劳动关系双方在协商及合同履行过程中，应当采取理智和克制的态度，在法律范围内调处争议，把表达利益诉求控制在理性、有序的范围之内。

第二节　集体合同的内容

一、集体合同的主体

集体合同的主体是集体合同的核心要素之一。《劳动法》《劳动合同法》《工会法》以及《集体合同规定》等相关法律法规分别对集体合同主体的构成和协商代表产生方式、协商代表的权利义务及对职工方协商代表的保护等作出了明确规定。

（一）集体合同主体的确定

集体合同的主体是指就劳动报酬、工作时间、休息休假、劳动安全卫生、保险福利等事项进行平等协商，并订立、变更或解除集体合同的双方当事人。《劳动合同法》第五十一条规定，集体合同由工会代表企业职工一方与用人单位订立；尚未建立工会的用人单位，由上级工会指导劳动者推举的代表与用人单位订立。

企业工会为本企业职工一方的主体，代表企业职工一方与用人单位开展集体协商和订立集体合同。尚未建立工会的企业，由上级工会指导职工推举的代表为职工一方的主体，与用人单位开展集体协商和订立集体合同。用人单位一方的主体是企业行政方。

行业性集体合同的主体双方主要有以下几种：一是行业工会（或工会联合会，下同）和行业内企业代表组织；二是行业工会和行业内企业方推荐产生的代表；三是行业工会和行业所属各企业行政方；四是未组建行业工会的，还可由行业所在区域的工会作为主体代行行业工会的职能。其中，企业代表组织不应仅限于企业联合会、企业家协会，还应包括工商联、行业商会等各种企业代表组织。

区域性集体合同的职工一方主体为区域性联合工会或基层工会联合会；用

人单位一方的主体是与区域性联合工会或基层工会联合会覆盖范围相对应的区域性企业代表组织，包括企业联合会、企业家协会、工商联等各种企业代表组织。

（二）集体协商代表的产生

集体协商代表是按照法定程序产生并有权代表本方利益进行集体协商的人员。集体协商代表与集体合同主体既有联系又有区别，协商代表是作为主体的代表实施相关行为的人员，集体合同主体的各项权利，必须由具体的协商代表来行使。严格按照法定程序、条件及构成比例，选派或推举集体协商代表，对于开展集体协商、签订好集体合同至关重要。

1. 确定集体协商代表。根据《集体合同规定》，集体协商代表应依照法定程序产生，双方的代表人数应当对等，每方至少 3 人，并各确定 1 名首席代表，双方协商代表不得相互兼任。职工一方的集体协商代表由本单位工会选派；未建立工会的，由本单位职工民主推荐，并经本单位半数以上职工同意。用人单位一方的集体协商代表，由用人单位法定代表人指派。此外，集体协商双方首席代表可以书面委托本单位以外的专业人员作为本方协商代表，委托人数不得超过本方代表的三分之一。

通常来说，确定集体协商代表应遵循以下原则：

适合原则。根据集体协商内容的难易程度、复杂程度及工作量大小来确定协商代表人数。

结构原则。集体协商代表人员配备要考虑人员结构的合理与配套，一般包括熟悉生产经营管理人员、熟悉劳动工资人员、精通财务人员、熟悉法律人员等。

对等原则。双方参加集体协商人员的数量应当对等，也可根据对方代表的专业情况，选派相应的代表参加。

2. 确定首席协商代表。首席协商代表是集体协商双方各自推选的本方对集体协商进程起主导作用的协商代表，其主要任务是集体协商期间主持协商会议，负责集体协商的有关组织协调工作，并对协商过程中产生的问题提出处理建议、签署集体协商会议纪要或集体合同文本等。

根据《集体合同规定》，职工一方的首席代表由本单位工会主席担任。工会主席可以书面委托其他协商代表代理首席代表。工会主席空缺的，首席代表由工会主要负责人担任。未建立工会的，职工一方的首席代表从协商代表中民主推举产生。用人单位一方的首席代表由单位法定代表人担任或由其书面委托的其他管理人员担任。双方首席协商代表均不得由非本单位人员代理。

3. 更换集体协商代表。工会可以更换职工方协商代表；未建立工会的，经本单位半数以上职工同意可以更换职工方协商代表；遇特殊情况造成职工协商代表空缺的，职工方应按规定重新选派或推举新的协商代表，及时补充缺额。用人单位法定代表人可以更换企业方协商代表。协商代表因更换、辞任或由于不可抗力等情形造成空缺的，应在空缺之日起 15 日内产生新的协商代表。

（三）职工方协商代表的职责、权利义务和保护

1. 职工方协商代表的职责和权利义务

根据《集体合同规定》第二十五条的规定，职工方协商代表要履行下列职责：

（1）参加集体协商。

（2）接受本方人员质询，及时向本方人员公布协商情况并征求意见。

（3）提供与集体协商有关的情况和资料。

（4）代表本方参加集体协商争议的处理。

（5）监督集体合同或专项集体合同的履行。

（6）法律、法规和规章规定的其他职责。

根据《集体合同规定》和《工资集体协商试行办法》，职工方协商代表有以下权利：

（1）提出集体协商的要求及协商事项。

（2）要求对方提供与集体协商有关的情况和资料。

（3）对协商规则等程序性事项提出意见和建议。

（4）依法进行集体协商，就协商事项发表意见，包括提出建议、进行陈述、表示赞成或否决。

（5）代表本方订立、变更、解除集体合同。

（6）接受首席代表委托，代签合同。

（7）企业内的协商代表参加集体协商视为提供了正常劳动。

职工方协商代表承担以下义务：

（1）维护本单位正常的生产、工作秩序，不得采取威胁、收买、欺骗等行为。

（2）如实向对方提供与集体协商有关的情况和资料。

（3）保守在集体协商过程中知悉的用人单位的商业秘密。

（4）依照有关法律、法规和平等合作的原则，从企业的实际情况出发，进行集体协商。

（5）尊重对方协商代表的人格，不得采取歧视性、胁迫性行为。

（6）切实代表本方的利益，及时与所代表方沟通集体协商的情况。

（7）对协商过程中的个人意见保密。

职工方协商代表一方面必须在法律法规的范围内进行活动，另一方面任何人不得限制和阻挠职工方协商代表行使权利或履行义务。同时，职工方协商代表的权利和义务是对等的。职工方协商代表既不能只履行义务而不行使权利，也不能只行使权利而不承担应尽的义务。所以，职工方协商代表要把行使权利和履行义务统一起来，正确而有效地发挥协商代表的作用，保证集体协商工作的顺利进行。

2. 职工方协商代表的保护

在集体协商中，职工方协商代表往往同时是用人单位的职工。为了防止职工方协商代表因参与集体协商而遭到用人单位打击报复，对职工方协商代表必须给予特殊的保护。《集体合同规定》和《工资集体协商试行办法》，对职工方协商代表有下列特殊保护规定：

（1）用人单位不得以任何借口，对职工方协商代表进行打击报复。

（2）职工方协商代表在其履行协商代表职责期间劳动合同期满的，劳动合同期限自动延长至完成履行协商代表职责之时，除个人严重过失外，用人单位不得与其解除劳动合同。

（3）职工方协商代表履行协商代表职责期间，用人单位无正当理由不得调整其工作岗位。

（4）企业内部的协商代表参加集体协商视为提供了正常劳动。

上级工会在职工方协商代表受到不公正待遇时，要为他们说话办事，维护他们的合法权益。当职工方协商代表在履行代表职责期间与用人单位发生争议时，可以向当地劳动争议仲裁委员会申请仲裁。上级工会必须旗帜鲜明地予以支持，必要时提供法律援助。

二、集体合同的主要条款

集体合同的条款涉及有关职工合法权益和劳动关系的各个方面，它明确和规范了双方当事人在劳动关系方面的具体行为和责任，是职工与企业双方行使权利、履行义务和处理争议的重要依据和标准，也是集体合同制度的本质体现。

集体合同的条款主要包括实体性规定和程序性规定两个方面，实体性规定主要是劳动条件和标准，程序性规定主要是劳动管理和集体合同程序性规定等方面的内容。

（一）有关劳动条件和标准方面的条款

劳动条件和标准是集体合同条款的核心部分。根据《劳动法》《劳动合同法》《工会法》与《集体合同规定》等法律规章的规定，这部分内容主要包括以下几个方面：

1. 劳动报酬

劳动报酬最主要的是工资分配问题，这是劳动标准的核心内容，一般每年至少协商一次。主要包括：

（1）用人单位工资水平、工资分配制度、工资标准、工资分配方式和企业最低工资标准；

（2）工资支付办法；

（3）加班、加点工资及津贴、补贴标准和奖金分配办法；

（4）工资调整办法；

（5）试用期及病、事假等期间的工资待遇；

（6）特殊情况下职工工资（生活费）支付办法；

（7）其他劳动报酬分配办法。

2. 工作时间

（1）工时制度；

（2）加班加点办法；

（3）特殊工种的工作时间；

（4）劳动定额标准。

3. 休息休假

（1）日休息时间、周休息日安排、年休假办法；

（2）不能实行标准工时职工的休息休假；

（3）其他假期。

4. 劳动安全卫生

（1）劳动安全卫生责任制；

（2）劳动条件和安全技术措施；

（3）安全操作规程；

（4）劳保用品发放标准；

（5）定期健康检查和职业健康体检。

5. 补充保险和福利

（1）补充保险的种类、范围；

（2）基本福利制度和福利设施；

（3）医疗期延长及其待遇；

（4）职工亲属福利制度。

6. 女职工和未成年工的特殊保护

（1）女职工和未成年工禁忌从事的劳动；

（2）女职工的经期、孕期、产期和哺乳期的劳动保护；

（3）女职工、未成年工定期健康检查；

（4）未成年工的使用和登记制度。

7. 职业技能培训

（1）职业技能培训项目及年度计划；

（2）职业技能培训费用的提取和使用；

（3）保障和改善职业技能培训的措施。

集体合同中劳动条件和标准的内容，应根据企业的实际，由职工与企业双方依法进行平等协商加以确定，并签订集体合同，共同遵守执行。集体合同中确定的劳动条件和标准应当具体明确，不得低于国家和地方政府的有关规定。用人单位与职工个人签订的劳动合同中约定的劳动条件和标准，不得低于集体合同的规定。

（二）有关劳动管理的条款

劳动管理是集体合同条款的重要方面。根据《劳动法》《劳动合同法》《工会法》《集体合同规定》等有关法律法规的规定，这部分内容主要包括以下几个方面：

1. 劳动合同管理

（1）劳动合同签订时间；

（2）确定劳动合同期限的条件；

（3）劳动合同变更、解除、续订的一般原则及无固定期限劳动合同的终止条件；

（4）试用期的条件和期限。另外，应对劳动合同的必备内容条款、变更或解除劳动合同的补偿标准等作出规定。

2. 用人单位裁员

（1）裁员的方案；

（2）裁员的程序；

（3）裁员的实施办法和补偿标准。另外，应对企业职工分流安置的方案、程序和实施办法等作出规定。

3. 用人单位的规章制度

从企业实际情况出发，制定合理合法、严格有效的企业规章制度，是加强企业管理、促进企业发展的必要条件，同时也直接关系到职工的切身利益。企业规章制度的制定和修改，必须符合国家法律法规，反映本企业职工的合理要求。经双方集体协商，确定制定和修改企业规章制度的程序、内容和办法，既可以使职工的合理意愿得到充分体现，又可以保证企业规章制度为广大职工自觉遵守，使之得以顺利实施。

（三）有关集体合同程序性规定的条款

有关集体合同的程序性规定是集体合同的必备内容。根据《劳动法》《劳动合同法》《工会法》《集体合同规定》等有关法律法规的规定，这部分内容主要包括集体合同期限、变更和解除集体合同的条件和程序、履行集体合同发生争议时的协商处理办法、违反集体合同的责任等内容。

（四）双方认为应当协商约定的其他内容

根据《劳动法》《劳动合同法》《工会法》《集体合同规定》等有关法律法规的规定，集体合同除以上内容外，双方还可以从实际出发，通过集体协商，共同约定一些其他内容，包括劳动争议预警的措施、办法和制度；劳动争议调解的组织、制度、程序和处理办法；有关本企业工会工作的内容，包括工会的权利义务、工会财产和经费拨缴、工会办公和开展活动所必需的设施和场所、工会活动时间、工会干部的待遇和权益等。

三、集体合同的签订程序

签订集体合同的程序就是开展集体协商和签订集体合同的方法步骤。签订集体合同的程序必须符合法律、法规和规章的规定，才具有法律效力。

（一）集体协商的程序

《集体合同规定》对集体协商程序的规定，是集体协商双方都应当严格遵循的。工会应在按照法定程序产生协商代表的基础上，着重抓好提出要约、开展协商、妥善处理协商结果等工作。工会在集体协商前，还要会同企业和有关部门做好充分的准备工作。

1. 前期准备

工会在集体协商前应该做好充分的思想准备，收集、熟悉和研究与集体协商工作相关的资料，确定协商议题、协商策略和工作步骤，以取得最佳的协商效果。

（1）思想准备。工会要通过各种途径，向广大干部和职工群众宣传集体合同相关的法律法规和政策规定，深入宣讲集体合同制度的内容形式及作用，激发职工群众积极参与的内在动力，为集体协商奠定思想基础和群众基础。还要主动与企业领导沟通，宣传国家的法规政策，取得企业方的理解、支持和合作，为推进工作营造良好的环境和氛围。

（2）收集信息资料。工会和职工方协商代表在协商前必须收集相关的信息资料，包括居民消费价格指数、最低工资标准、劳动力市场工资指导价位、工资指导线，地区、行业的职工平均工资水平，劳动效率，企业工资信息、利润、经营状况等。《工资集体协商试行办法》规定：在不违反有关法律、法规的前提下，协商双方有义务按照对方要求，在协商开始前 5 日内，提供与工资集体协商有关的真实情况和资料。

（3）确定协商议题。工会要深入基层通过召开座谈会、问卷调查或直接听取意见等方式，广泛征求职工的意见和要求，掌握职工最关心、最直接、最现实的利益问题，使协商议题在形成时就充分体现多数职工的意愿，使工会在协商中能更好地表达民意，维护好职工的合法权益。

（4）拟订协商方案。协商议题确定后，就要着手拟订协商方案。协商方案应包括以下内容：协商的时间、地点、参加人员等事项；协商议题及其说明；协商的原则和程序；其他需要明确的事项。拟订协商方案要具体明确，突出重点，量化指标，具有可操作性。为签订综合性集体合同而进行的集体协商，协商的内容应以确定劳动标准为主；为签订专项集体合同或专项协议而进行的集体协商，协商的内容应针对该专门问题；为解决与职工具体利益方面相关的其他问题而进行的集体协商，协商的内容应以多数职工最关心、要求最迫切的问题为主。

2. 提出要约。按照全国总工会 2008 年下发的《关于开展集体协商要约行动的意见》，集体协商要约行动是集体协商主体的任何一方依法就签订集体合同或专项集体合同、协调劳动关系相关事宜，以书面形式向对方提出进行集体协商要求的行为。

按照规定，工会或企业均可以书面形式向对方提出集体协商的要求，另一方自收到协商要求之日起 20 日内给予回应，无正当理由不得拒绝进行集体协商。提出集体协商要约，是开展集体协商和签订集体合同的法定程序。在实践中，一般情况是由工会方向企业方主动提出要约。企业工会提出协商要约有困难的或在其他特殊情况下，其上级工会可依法代替基层工会向企业提出协商要约。工会提出协商要约后，企业方不按期回应或拒绝进行集体协商的，上级工会应依法下达“整改建议书”，提出整改建议；对逾期不改的企业，工会可提请劳动行政部门责令其改正，直至追究其法律责任。

3. 正式协商。一般来说，集体协商主要采取协商会议的形式，由双方人数对等的正式代表参加，协商会议由双方首席代表轮流主持。工会参加协商会议应按以下程序进行：一是宣布议程、协商规则和会议纪律。二是要约方的首席代表介绍集体协商的准备过程、协商的具体内容和要求，提出协商议案的理由和依据。受约方首席代表就对方的要求作出回应。三是协商双方就商谈事项发表各自的意见，展开充分讨论。四是双方首席代表归纳意见，就达成一致的意见提出共同确认的表述方式。五是形成集体合同草案。

协商会议一般按照双方商定的协商议题进行。在协商过程中双方均可提议增加新的协商内容，但应在原定议题协商完毕后，再就新增内容进行商议。每次协商会议的结果都要记录在案，由双方首席代表签字确认。集体协商的结果有以下两种情况：一是工会与企业协商一致，签订集体合同或专项集体合同。二是平等协商未能达成一致意见或出现未预料的问题时，经双方同意，中止协商；中止期限及下次协商的时间、地点、内容由双方商定。

（二）签订集体合同的程序

基层工会在签订集体合同工作中，必须严格按照《集体合同规定》的程序进行，尤其要充分体现职工的协商主体地位和合法权益，并通过相应的民主渠道和形式，切实保障职工群众的知情权、参与权、审议权和监督权，上级工会也要加强指导，使集体合同的签订和实施具有坚实的基础。

1. 提交职代会审议

职工代表大会审议通过集体合同草案是法定程序，是《劳动法》《劳动合同法》等法律赋予职工代表大会的职权。《集体合同规定》第三十六条规定，职工代表大会或者全体职工讨论集体合同草案或专项集体合同草案，应当有三分之二以上职工代表或者职工出席，且须经全体职工代表半数以上或者全体职工半数以上同意，集体合同草案或专项集体合同草案方可获得通过。

2. 审查备案

集体合同签订后，应当自双方首席协商代表签字之日起十日内，由用人单位一方将文本一式三份报送劳动行政部门审查。劳动保障行政部门应当对报送的集体合同或专项集体合同的下列事项进行合法性审查：

（1）集体协商双方的主体资格是否符合法律、法规和规章规定；

（2）集体协商程序是否违反法律、法规、规章规定；

（3）集体合同或专项集体合同内容是否与国家规定相抵触。

劳动保障行政部门对报送的集体合同应当办理登记手续。

劳动保障行政部门对集体合同或专项集体合同有异议的，应当自收到文本之日起 15 日内将《审查意见书》送达双方协商代表。劳动行政部门自收到合同文本之日起 15 日内未提出异议的，集体合同或专项集体合同即行生效。

3. 生效公布。《集体合同规定》第四十八条规定，生效的集体合同或专项集体合同，应当自其生效之日起由协商代表及时以适当的形式向本方全体人员公布。工会组织可通过公示栏、网络、会议等适当形式向全体职工公布。双方还应对集体合同的履约情况进行监督检查。

（三）集体合同变更、解除和终止的程序

集体合同的变更是指集体合同没有履行或没有完全履行之前，因订立集体合同所依据的主客观情况发生变化，原合同内容已不适应变化的情况时，双方当事人依照法律规定的条件和程序，对原合同中某些条款进行补充和修改的行为。

集体合同的解除是指集体合同没有履行或没有完全履行之前，因订立集体合同所依据的主客观情况发生变化，致使集体合同的履行成为不可能或不必要，双方当事人依照法律规定的条件和程序，终止原集体合同法律关系。

《集体合同规定》明确了集体合同期满或双方约定的终止条件出现，即行终止。同时，有下列情形之一的，经双方协商一致，可以变更、解除集体合同或专项集体合同：一是用人单位由于被兼并、解散、破产等原因致使集体合同无法履行或无法完全履行的。二是由于不可抗力等原因致使集体合同或专项集体合同无法履行或部分无法履行的。三是集体合同或专项集体合同约定的变更或解除条件出现的。四是法律、法规、规章规定的其他情形。

变更或解除集体合同或专项集体合同适用《集体合同规定》的集体协商程序。

（四）集体合同续签或重签的程序

《集体合同规定》第三十八条规定，签订集体合同期限一般为一年至三年。当集体合同期满或双方约定的终止条件出现，即行终止。集体合同或专项集体合同期满前三个月内，任何一方均可向对方提出重新签订或续签的要求。工会作为职工方代表，应在集体合同期满前三个月，主动向企业方提出续签或重新签订集体合同的要求，并做好相应的准备工作。在集体合同变更和解除后，应根据变更或解除集体合同的具体情况，适时做好集体合同的续签或重签工作。

四、集体合同的法律效力

集体合同适用于劳动力使用者及该企业范围内的全体劳动者，而劳动合同的效力只涉及劳动者个人与劳动力使用者之间。集体合同的效力高于劳动合同，对劳动合同的内容有规范作用。用人单位与职工个人签订的劳动合同约定的劳动条件和劳动报酬等标准，不得低于集体合同或专项集体合同的规定。

具体来说，集体合同的法律效力主要体现在以下几个方面：

对人效力的范围：依法签订的集体合同对用人单位和用人单位的全体劳动者具有约束力。这意味着集体合同的双方当事人必须全面履行集体合同规定的义务，任何一方都不得擅自变更或解除集体合同。此外，劳动者个人与用人单位订立的劳动合同中有关劳动条件和劳动报酬等标准不得低于集体合同的规定。

时间的有效性：集体合同的有效性通常以其实际存续时间为标准，一般从集体合同成立之日起生效。如果当事人有其他约定，应在集体合同中明确规定。集体合同的期限届满后，其效力终止。

空间的有效性：集体合同的有效性还涉及它所适用的地域范围。具体来说，它适用于当地本行业、本区域的用人单位和劳动者。行业性、区域性集体合同对当地本行业、本区域的用人单位和劳动者具有约束力。

法律责任：如果集体合同的当事人违反集体合同的规定，他们将承担相应的法律责任。在这种情况下，工会可以依法要求用人单位承担责任，并且如果因履行集体合同发生的争议通过协商无法解决，工会还可以依法申请仲裁或提起诉讼。

劳动行政部门的审查：集体合同订立后，需要报送劳动行政部门进行审查。劳动行政部门在收到集体合同文本之日起十五日内未提出异议的情况下，集体合同即行生效。

五、集体合同的监督检查和争议处理

健全的监督检查和争议处理制度是集体合同工作的必要保障。在企业内部建立相应的制度和监督检查组织，在企业外部健全监督约束机制，是依法保障和推进集体合同工作发展的重要措施和有效手段。

（一）集体合同监督检查

集体合同监督检查是指各级人大、政府劳动行政部门及工会、企业组织，依照法定权利和程序，对集体合同签订和履行情况进行监察、督促，纠正并处分违反法律、不履行集体合同行为的总称。加强集体合同监督检查工作十分重要，这关系到集体合同制度能否有效实施、职工切身利益能否得到维护，关系到企业劳动关系协调机制能否切实发挥作用。

1. 集体合同监督检查的主体

监督检查可分为企业内部的监督检查和外部的监督检查。企业内部的监督检查主体是企业行政、工会和职工。工会在行使监督检查职权时，要依托职代会，充分发挥职工群众监督的作用，职工群众对履约监督的参与程度越高，监督的效果就越好。企业行政监督主要通过对所属单位和职能部门实施集体合同的情况进行监督检查，对不履行集体合同的单位和责任人追究违约责任，由此来确保集体合同的有效实施。

企业外部的监督检查主体是政府的劳动保障行政部门，以及相应的劳动法律执法检查和集体合同监督检查组织。工会要借助劳动保障行政部门的劳动监察，以及人大的执法检查，重视和发挥协调劳动关系三方机制作用，形成集体合同外部监督约束机制。

2. 集体合同监督检查的内容

开展集体协商、签订和履行集体合同是一个有机整体，集体合同的监督检查要贯穿集体合同工作的整个过程。

（1）集体合同签订过程中的监督检查。

主要是监督检查协商代表的产生、构成和资格的有效性；协商程序和集体合同内容是否符合国家与地方的法律法规和有关政策；集体协商、职代会审议、签订集体合同、报送审查、公布生效的情况。

（2）集体合同履行过程中的监督检查。

主要是监督检查集体合同履行情况、存在问题和整改措施的落实情况；集体合同变更、解除、终止、争议处理情况；企业、工会和职工在集体合同履行中行使权利和承担义务的情况、违约责任的追究等。

集体合同监督检查的目的在于总结经验，发现问题，督促整改，推动工作。重点是检查签订集体合同的情况，强化履约监督，追究违约责任。对于无正当理由拒绝集体协商、不履行集体合同的行为，应责令提出改进措施，限期整改，以增强集体合同的权威性和法律的严肃性。

（二）集体合同争议处理

集体合同争议是指集体协商、签订集体合同的双方当事人因签订和履行集体合同发生的纠纷，可分为两种：一是在协商阶段的争议，即双方当事人就确定集体合同的劳动标准和条件方面产生的分歧；二是在协商前和集体合同履行阶段发生的争议，即一方当事人无正当理由拒绝集体协商或双方当事人对集体合同是否履行或完全履行产生的分歧。这两种争议的内容不同，处理方式也有所不同。

1. 集体合同争议调解程序

根据《集体合同规定》，在集体协商过程中发生的争议和因履行集体合同发生的争议，应按照以下方式进行：首先由双方当事人协商解决；双方当事人不能协商解决的，当事人一方或双方可以书面形式向劳动行政部门提出协调处理申请；未提出申请的，劳动行政部门认为必要时也可以组织同级工会和企业组织方面的人员进行协调处理。

集体协商争议处理实行属地管辖，具体管辖范围由省级劳动行政部门规定。中央管辖的企业以及跨省、自治区、直辖市用人单位因集体协商发生的争议，由国家级劳动行政部门指定的省级劳动行政部门组织同级工会和企业组织等三方面的人员协调处理，必要时，国家级劳动行政部门也可以组织有关方面协调处理。

协调处理集体协商争议应当按照以下程序进行：

（1）受理协调处理申请；

（2）调查了解争议的情况；

（3）研究制订协调处理争议的方案；

（4）对争议进行协调处理；

（5）制作《协调处理协议书》。根据规定，协调处理集体协商争议，应当自受理协调处理申请之日起 30 日内结束协调处理工作。期满未结束的，可以适当延长协调期限，但延长期限不得超过 15 日。

2. 集体合同争议仲裁程序

按照《集体合同规定》，因履行集体合同发生的争议，当事人协商解决不成的，可以依法向劳动争议仲裁委员会申请仲裁。集体合同争议仲裁按照三方性原则，由政府劳动行政部门、工会组织和企业代表组织三方组成的仲裁委员会裁决，仲裁机构一般设在劳动行政部门。当事人对裁决不服的，可以自收到裁决书之日起 15 日内向法院提起诉讼。

第三节　工资集体协商

一、工资集体协商的概念

工资集体协商是指职工代表与企业代表依法就企业内部工资分配制度、工资分配形式、工资收入水平等事项进行平等协商，在协商一致的基础上签订工资协议的行为。一般是一年一签。

二、工资集体协商内容

（一）工资集体协商目标

劳资双方通过平等协商程序，针对劳动报酬等事项进行协商，缔结工资协议。

（二）工资集体协商过程

通过协商等方式进行，并且协商双方在地位上是平等的。

（三）工资集体协商主体

劳资双方，一方是企业职工代表，另一方是企业代表。

（四）工资集体协商范围

企业内部集体协商，另外还有行业性、区域性工会集体协商等。

（五）工资集体协商内容

凡是与工资有关的都属于协商的范畴，具体包括：工资协议的期限；工资分配制度、工资标准和工资分配形式；职工年度平均工资水平及其调整幅度；奖金、津贴、补贴等分配办法；工资支付办法；变更、解除工资协议的程序；工资协议的终止条件；工资协议的违约责任；双方认为应当协商约定的其他事项。

（六）工资集体协商的任务

以建立和完善适应社会主义市场经济要求的企业工资分配共决机制和正常调整机制为目标，正确妥善处理各方利益分配关系，依法保障职工参与工资分配和获取合理劳动报酬的权益，实现劳动关系双方互利共赢，共享改革发展的成果，促进企业持续稳定健康发展，在构建社会主义和谐社会中发挥积极作用。

三、工资集体协商的技巧

（一）准备阶段

1. 团队分工。职工方协商代表，要合理进行人员搭配，确定每个代表的角色定位，做好分工，发挥各自特长，相互协作配合。

2. 策略选择。讨论确定本次协商的基本策略。知晓整体经济环境，了解本企业和所在行业的发展状况，对本企业经营的真实状况做到心中有数。面对不同情况、职工的不同诉求，确定不同的策略。

3. 协商方案。在选择协商议题时，首先，要确定职工方的诉求与底线，并将本方的议题按照重要程度进行排序；对于诉求和底线，近期目标与远期利益，必须界定清晰。其次，还必须预测对方的策略，准备制定替代方案，一旦自己一方的要求无法满足或无法全部满足，要能够立即拿出备选方案，及时调整策略目标，争取最佳结果。

4. 事先沟通。在正式协商之前，除了要收集掌握协商所需的资料、信息以外，劳动关系双方可以先通过直接交流或间接传话的方式，进行一些事先的沟通。通过事先沟通，既增进双方的相互了解，也可以让双方对即将开始的协商做到心中有数，从而使协商的主题、要求不至于差距过大；若沟通成功，正式协商就可能比较顺利。当然，事先沟通绝不是私下协议，而是为正式协商打好基础。正式协商的全过程必须按照法定程序进行，必须公开、透明，让职工群众了解。实践证明，事先沟通有助于协商的进行，同时也是预防过激行为发生的有效方法。

（二）启动阶段

1. 积极宣传。集体协商的准备阶段，可能遇到的问题就是企业不愿进行集体协商，原因多种多样，有的是不理解、有的是怕麻烦，还有的认为没有必要。职工一方也会由于不会、不懂或不敢与企业方协商而出现消极畏难情绪。对此，需要运用各种方式系统地宣传解读相关政策法规，帮助劳动关系双方了解构建和谐劳动关系的迫切需要以及集体协商的制度规范。

2. 正反案例。收集各地方、各企业集体协商的正反两方面的典型案例，说明进行集体协商对维护职工权益和促进企业发展的积极作用，建立经常性的协商沟通机制，有助于企业的持续发展、劳动关系的和谐稳定。反面案例有助于提示劳动关系双方，拒绝或缺乏正常的协商沟通，可能加剧劳动关系的矛盾与冲突，导致企业与职工双方利益受到损失。另外，一些由工人行动启动的集体协商案例，也会警示相关方面，至少在职工群众诉求强烈的企业，劳动关系矛盾一触即发，如果还拒不接受集体协商，可能引发比较激烈的对立与冲突，最终解决问题的代价会更大。

3. 借助“外力”。在有些地方，企业内部职工的力量不足以形成有效压力，促成集体协商的启动。这时可以向地方党组织、政府劳动保障行政部门、上级工会组织等求助，借助上级组织机构的帮助与支持，督促企业方诚心诚意坐下来，与职工方进行集体协商。

（三）要约时机与方式

1. 把握时机。发出要约是启动集体协商的关键步骤，需要准确把握时机。

首先，要注意企业、行业生产经营的特点和财务年度的进程安排，与企业职代会召开时间进行紧密衔接，找准时间点。其次，注意所在地方劳动关系领域的一些重要推进活动，比如“集中要约活动”，即工会在特定时间内，集中人力、精力在某个区域或某个行业集中发出要约，督促企业与职工方开展集体协商。在活动过程中，各个企业可以借力，发起本企业的集体协商。再次，分阶段分事项进行。比如有的企业年初协商工资水平议题，年底协商奖金分配议题，两次协商，各有侧重，适应企业特点，双方都比较满意。最后，遇到重大变化时，也是开展协商的重要时机。比如企业改制、被兼并等，在这种关键时刻，企业和职工都面临严峻挑战，如何顺利完成转变，需要劳动关系双方的共同努力。所以抓住时机启动要约，以双方协商的方式共渡难关，应该是最好的选择。

2. 灵活多变切入点。选择有利时机、找准切入点进行协商，往往容易取得预期成果。一般而言，要求工资增长的经典理由有三个：一是企业利润增长，要求再分配；二是劳动生产率提高，职工要求分享；三是通货膨胀，要求保持实际生活水平。但是，现实生活是复杂多变的，涉及双方利益的协商，绝不是简单轻松的过程。每次协商，如何找到合理准确的角度与切入点，对职工方协商代表的智慧、能力与技巧是极大的考验。

（四）磋商阶段

磋商阶段是集体协商的主体部分，双方就议题内容进行讨论与磋商，这个阶段充分体现了劳动关系双方对立与统一、合作与冲突并存的本质，协商过程可能并不简单，会有各种状况或需反复协商。但是集体协商不是辩论比赛，而是双方之间反复沟通的过程，要通过各种方法与策略，尽量说服对方，争取达成共识。磋商阶段的开局一般由职工方首席协商代表主持并开场。一般包括：本方代表介绍、提出协商议题和协商顺序等。在此阶段，最重要的是营造一个良好和谐的协商氛围，化解协商双方的陌生感和紧张气氛。同时，初步了解企业方的主要想法和基本态度。

1. 主持协商。集体协商会议可以由双方首席代表轮流主持，也可以是一方的首席代表主持。现实中工会方主持集体协商会议的不在少数。职工方协商代表主持协商会议，首先要保持公平公正立场，照顾到双方代表的发言时间与频率，保证双方平等的发言权。其次主持人要把握节奏，做好协商会议的引导工作，话题讨论要随时注意主题集中，不要分散话题；一个议题结束，马上进行归纳、总结，及时要求记录在案，并转入下一个话题的讨论，保持协商会议高效、有序推进。最后遇到困难话题，发生激烈争论，双方要保持冷静，劝说争论双方平息激烈的情绪，及时找出分歧点，适时转移话题或采取休会等方式缓解矛盾。待时机合适，再重启协商。可见，协商会议的主持人肩负重要责任，更需要高超技巧。

2. 善于倾听。协商过程中，善于倾听，而不是经常打断对方的陈述或解释格外重要。首先，认真倾听是对对方起码的尊重，诚恳的态度有利于营造良好的协商氛围；其次，只有认真倾听，仔细捕捉相关信息，才能真正理解对方观点，并提出有针对性的意见和建议。协商是双方之间的互动，前提就是相互的信任与理解，而理解准确与否，与倾听对方的专注程度成正比。国际劳工组织在进行集体谈判培训时，也特别重视倾听原则，强调在集体协商过程中，工会或职工协商代表必须学会聆听和理解对方观点的内容和实质，以便捕捉所需讯息。如果企业行政方的允诺符合自己的要求，将会尽快解决问题。

3. 准确陈述。集体协商主要是通过语言表达各自的想法与主张，所以表达的方式十分重要。协商代表在充分准备的基础上，对相关议题的表达要简洁、准确、条理清晰，态度要诚恳，语调要坚定。陈述本方意见时，尽量不做价值判断，而是用数据说话，用事实论证，晓之以理，动之以情；还要学会换位思考，除了说明自己一方的理由，还要尽可能从企业方的角度，分析相关问题，以共同解决问题的口吻协商议题。在陈述过程中，切忌随意打断对方的发言、以势压人、不讲道理、进行人身攻击；同时，也要避免自说自话、没有针对性、语言啰唆、不断重复。

（五）僵局处理

1. 备选方案。集体协商的过程是复杂的，内容较多，双方的诉求与观点会存在差异，不可能每次协商都十分顺畅。如果双方始终各持己见，互不相让，就有可能使协商陷入僵局。为了避免这种情况发生，协商团队在准备阶段，就需要做多手准备，关键是要制定备选方案、替代方案。

在协商出现困难、某个议题谈不下去或目标不能完全实现，就要及时做出调整。劳动标准的内容广泛、相互之间的可替换性强，所以在某个诉求谈不下来的情况下，可替换其他话题或是以另外的标准来补偿不能达标的议题。策略调整、灵活转换，可以推动协商继续下去，整体达到预期的效果。实践中有工会把这种做法归纳为“堤外补偿法”，也就是不拘泥于工资这一项上为员工争取利益；实际上职工权益包括许多方面，有些利益是可以互相替代的。工会必须搞清职工最直接、最迫切、最现实的利益是什么，职工群众的总体利益包括哪些部分，相互之间的轻重缓急关系如何。

2. 僵局处置。当协商双方之间预期与诉求差距过大，僵局无法避免时，就要考虑处置僵局的办法。从中国的实际出发，化解僵局可以从以下几个方面入手：

一是暂时休会，让协商会议暂停，双方冷静情绪，同时各团队内部讨论是否修改底线或创新思路；也可以召开职工代表大会，征求职工群众的意见，并将职工的意见，作为向对方施加压力的手段；也可以请政府劳动部门和上级工会出面协调，做说服工作。上下两个方面同时发力，可以给对方造成比较大的压力，促使企业方了解员工的想法和上级相关部门的精神，促成协商会议继续进行。

二是搁置争议。集体协商中，有一些议题谈不下来，也属于正常情况，协商代表在对此类议题做出判断的前提下，可以选择暂时搁置一些议题，把这些未谈成功的议题记录在案，留待下次协商再议。采取此策略的前提是集体协商完成了一些重要的、职工最为关切的议题；没有谈成的议题是相对次要的、可以在时间上延迟一些的。

三是从制度安排角度看，集体协商陷入僵局，属于因签订集体合同发生的争议。依照《劳动法》第八十六条规定，当地人民政府劳动行政部门可以组织有关各方协调处理。

思考题

1. 实行工资集体协商的意义是什么？
2. 集体协商代表的权利有哪些？
3. 工会在处理集体合同争议时要注意哪些问题？

第十二章

工会劳动法律监督制度

法律的生命力在于实施，法律的权威也在于实施，法律实施必须依靠各种形式的法律监督。对法律的监督是多方面的，从过程来看，既有立法监督，也有执法监督；从监督主体来看，既有立法机关的监督，也有行政机关、司法机关的监督，还有广泛的社会监督。在社会监督中，既有新闻媒体的监督，也有社会组织的监督，还有个人的监督。工会劳动法律监督属于具有广泛群众性的社会监督，是法律监督的重要组成部分。

第一节　工会劳动法律监督的概念和组织

一、工会劳动法律监督的概念、地位、作用

（一）工会劳动法律监督的概念

工会劳动法律监督是指各级工会组织依法对用人单位遵守劳动法律法规的情况，以及对政府劳动行政及其他有关部门履行劳动法律法规规定的管理、监督和处罚职责情况所进行的有组织的监督活动。对用人单位遵守劳动法律法规的情况，各级工会组织都有权进行监督，但经常的大量的监督工作，是由基层工会进行的，而对政府部门执行劳动法律法规情况的监督，则主要由县级以上地方工会进行。

（二）工会劳动法律监督的地位

工会劳动法律监督是我国劳动法律监督体系的重要组成部分。监督主体的广泛性，决定了工会劳动法律监督必然在国家劳动法律监督中占有一定的位置。国家权力机关的劳动法律监督和工会劳动法律监督的根本目标是一致的，都是为了维护劳动法律的尊严和权威，都是为了使劳动法律得以遵守和执行。

1. 工会劳动法律监督是国家劳动法律监督的重要基础和补充。如为国家监督提供信息、创造条件、烘托环境、正确评论和纠正偏差，是社会主义劳动法治建设民主化的重要表现，并以其广泛性、群众性强化国家监督的作用和效果。

2. 国家劳动法律监督和工会劳动法律监督在一定条件下可以相互转化。当工会劳动法律监督的主张为国家权力监督机关接受之后，就会使社会监督转化为国家监督，如工会就劳动法律的立法、执法、遵守和实行等问题提出的意见、建议、提案、批评被国家立法、司法和行政机关所采纳接受，这样就可以转化为国家权力机关的监督。另外，当工会组织在国家的授权之下从事某些监督行为时，工会的劳动法律监督就上升为具有法律效力的国家监督，转化的实质和形式均得以实现。

3. 工会劳动法律监督在一定条件下可以取得与国家监督的相同效果。由于工会组织在社会政治经济生活中的重要性，其作为监督主体的威望和它的监督的广泛的群众性，使得在现实生活中作为监督对象的用人单位在绝大多数情况

下都能自觉地接受监督，这样，就使工会的监督产生了与国家监督同样的作用和效果。

（三）工会劳动法律监督的作用

与劳动保障监察机构的行政监察不同，工会对用人单位执行劳动法律法规情况的监督属于社会监督。工会劳动法律监督作为工会法律工作的一项重要内容，最大的优势就在于它的群众性。职工群众工作在生产一线，对生产一线的情况最熟悉，感受最深刻，对劳动法律法规的实施情况最有发言权，能够在第一时间反映用人单位贯彻实施劳动法律法规的实际情况。工会是职工群众的组织，在开展群众性法律监督方面具有天然的优势。

工会劳动法律监督不具有法律强制性，工会劳动法律监督人员不能对用人单位违反劳动法律法规的行为直接进行处罚，但可以向用人单位提出意见和建议，也可以向劳动保障监察机构反映情况，由劳动保障监察机构对违法行为进行处罚。

二、工会劳动法律监督的法律依据

开展工会劳动法律监督是法律赋予工会的一项权利。《劳动法》第八十八条规定，各级工会依法维护劳动者的合法权益，对用人单位遵守劳动法律、法规的情况进行监督。任何组织和个人对于违反劳动法律、法规的行为有权检举和控告。《劳动合同法》第七十八条规定，工会依法维护劳动者的合法权益，对用人单位履行劳动合同、集体合同的情况进行监督。《工会法》第六条规定，工会依照法律规定通过职工代表大会或者其他形式，组织职工参与本单位的民主选举、民主协商、民主决策、民主管理和民主监督。《社会保险法》第九条规定，工会依法维护职工的合法权益，有权参与社会保险重大事项的研究，参加社会保险委员会，对于职工社会保险权益有关事项进行监督。《劳动保障监察条例》第七条规定，各级工会依法维护劳动者的合法权益，对用人单位遵守劳动保障法律、法规和规章的情况进行监督。劳动保障行政部门在劳动保障监察工作中应当注意听取工会组织的意见和建议。此外，《安全生产法》《职业病防治法》《妇女权益保障法》《就业促进法》等法律对工会实施劳动法律监督都作出了规定，一些地方性法规也作出了相关规定，这些都是工会开展劳动法律监督的重要依据。

三、工会劳动法律监督的组织及职责

工会劳动法律监督组织是指具体实施工会劳动法律监督工作的组织机构及

其网络。根据《工会劳动法律监督办法》的有关规定，结合各地建立工会劳动法律监督组织的实践，我国工会劳动法律监督组织主要包括三个部分：县级以上工会领导机关设立的劳动法律监督委员会；基层企事业单位工会或职代会设立的劳动法律监督委员会（监督小组）；各级工会劳动法律监督员队伍。它们同职工群众广泛的民主监督相结合，自下而上构成了一个完整的工会劳动法律监督组织网络。

（一）县级以上工会劳动法律监督委员会及其职责

县级以上工会劳动法律监督委员会是同级工会劳动法律监督工作的协调领导机构。

1. 研究劳动法律监督的理论政策。结合本地区的实际情况，组织劳动法律法规执行情况的综合和专项调研，针对存在的问题，向政府有关部门和上级工会领导机关提出相应的政策性意见和建议。

2. 根据有关法律法规研究制定本地区工会系统开展劳动法律监督工作的具体制度、办法和规定。

3. 研究制订本地区工会系统开展劳动法律监督的工作计划，并协调推动各业务部门具体贯彻实施。

4. 根据职工的投诉、举报，派人员对用人单位执行劳动法律法规的情况进行调查，对存在的问题提出意见，要求政府劳动保障监察机构处理。

5. 参与同级人大、政协组织的对劳动法律法规执行情况的监督检查和视察活动。

6. 与同级政府有关部门联合开展劳动法律法规执行情况的监督检查活动。

7. 组织、协调本地区各级工会劳动法律监督组织集中进行有关劳动法律法规执行情况的监督检查。

8. 对下级工会，特别是对基层工会劳动法律监督组织的建设以及劳动法律监督工作的开展进行业务指导。

9. 组织和指导工会系统劳动法律监督员的培训、考核、聘任、管理工作。

10. 了解和掌握本地区劳动法律法规的执行情况及违法案件的处理结果，向上级工会劳动法律监督委员会定期上报有关统计资料。对于重大案件，及时向上级工会劳动法律监督委员会及政府劳动保障监察机构报告。

（二）基层工会劳动法律监督委员会（监督小组）及其职责

基层工会劳动法律监督委员会（监督小组），是用人单位工会成立的进行劳动法律监督的专门组织。从其组织形式看，基层工会劳动法律监督委员会可以设在工会，也可以设在职代会。《工会劳动法律监督办法》规定，基层工会设立的劳动法律监督委员会应接受基层工会委员会的领导。而基层企事业单位职工代表大会设立的劳动法律监督委员会（监督小组）则应由职工代表大会（职工大会）民主选举的职工代表组成，并向职工代表大会（职工大会）负责。

基层工会劳动法律监督委员会（监督小组）的职责，是对本单位遵守国家劳动法律法规的情况进行监督。对于监督中所发现的问题，企事业单位工会劳动法律监督委员会（监督小组）应当及时向生产管理人员和企事业单位行政方提出改进意见。由企事业单位职工代表大会设立的劳动法律监督委员会（监督小组）定期就本单位执行劳动法律法规的情况，向职工代表大会提交工作报告，针对存在的问题提出意见或议案，经职工代表大会作出决议，督促行政方执行。对于严重损害劳动者合法权益的行为，基层工会劳动法律监督委员会（监督小组）在向企业行政提出意见的同时，可以报告上级工会和当地政府劳动保障监察机构，要求迅速查处。

第二节　工会劳动法律监督的内容

一、工会劳动法律监督的对象

工会劳动法律监督有自己的特定对象：

1. 监督用人单位和用工单位。用人单位和用工单位是使用劳动者的主体，对他们遵守劳动法律的情况进行监督是工会的重点工作。

2. 监督行政机关，包括劳动保障、安全卫生、公安、工商、监察等行政机关，他们是劳动法律的执法主体，工会有权对行政机关执行劳动法律的情况进行监督。

3. 监督人民法院、劳动仲裁机构、劳动争议调解组织，工会有权对这些组织在处理劳动争议中遵守法律的情况进行监督。

4. 监督涉及劳动关系的其他组织，如工伤鉴定机构、职业病诊断机构、社会保险管理机构、职业介绍机构等。

二、工会劳动法律监督的项目

根据法律的规定，工会劳动法律监督的内容主要有：

1. 对执行国家有关就业规定情况的监督。主要是保护劳动者的平等就业权。

2. 对用人单位与劳动者签订劳动合同的情况进行监督。包括劳动合同的签订、履行、解除等过程。

3. 对集体合同制度落实情况进行监督。平等协商和集体合同制度是工会维护劳动者权益的重要抓手，工会对集体合同的订立和履行要进行全程监督。

4. 对执行国家规定的工时和休假情况进行监督。

5. 对执行国家规定的劳动报酬情况进行监督。主要包括工资发放情况和同工同酬情况。

6. 对劳动保护法律的执行情况进行监督。为落实这方面的监督，全国总工会制定了《工会劳动保护监督检查员工作条例》《基层工会劳动保护监督检查委员会工作条例》《工会小组劳动保护检查员工作条例》，形成了专门的监督体系。

7. 对执行国家有关职业培训和职业技能考核情况进行监督。

8. 对执行职工社会保险及福利待遇情况进行监督。

三、工会劳动法律监督的权利

开展工会劳动法律监督是法律赋予工会的一项权利，根据《工会法》《劳动法》《劳动合同法》等法律的规定，工会的监督权主要体现在以下方面。

1. 知情权

知情权即获知监督对象遵守和执行劳动法律法规的活动和行为的权利。知情权是法律监督的基本保证。知情权的实现方式有多种，如视察、检查、调查、听取汇报、查阅有关文件资料、接受职工举报控告等。工会组织的这些权利都是依法确立和依法行使的。被监督单位作为工会劳动法律监督的对象，应当予以协作和配合。

2. 检查权

检查权是指工会组织有权依法通过各种形式对用人单位遵守和执行劳动法律法规的情况进行监督检查，用人单位应当配合，接受工会的检查。发现问题时，工会有权提出意见、建议。

3. 调查权

调查权是指工会针对某个方面的问题进行查阅、核实、取证，了解事实真相，这是工会组织监督检查权的一种形式。在现实生活中，调查权往往是指工会对有关严重违反劳动法律法规的事件、行为或重大、恶性事故依法参与调查处理的权利。

4. 意见、建议权

意见、建议权即工会劳动法律监督主体对监督内容进行评价，向有关单位和人员提出意见、建议及督促监督对象矫正违法行为的权利。具体有以下几种形式：

（1）对监督对象行为的合法性进行评价；

（2）对于违法、错误行为提出予以纠正的建议；

（3）督促有关部门对违法的监督对象依法进行严肃处理；

（4）支持职工依法举报、控诉；

（5）利用宣传阵地、舆论工具对违法、错误行为进行披露、批评。

由于工会劳动法律监督员与职工有着天然的、密切的联系，故其参与违法问题的处理是十分必要的。一方面，有助于及时发现问题，使问题及时、公正地得到解决；另一方面，参与违法案件的处理也是工会劳动法律监督员的一种实践锻炼，可以提高其监督检查的能力和水平，使监督工作准确、及时、有效。

5. 诉讼权

诉讼权是当事人请求司法机关或准司法机关对其民事财产和人身权进行保护的权利，即向人民法院、劳动仲裁机关直接提起诉讼、仲裁的权利。基层工会有权提起的仲裁或诉讼，在一定条件下用人单位所在地的地方工会、产业工会或工会劳动法律监督委员会也有权提起诉讼，受诉机关应当立案处理。

第三节　工会劳动法律监督的基本方法

一、工会开展劳动法律监督的要求

工会劳动法律监督的主要目标就是纠正用人单位的劳动违法行为，维护职工合法权益。因此，了解职工合法权益是否受到侵犯是工会开展劳动法律监督工作的一个基本要求。判断职工合法权益是否被侵犯，依据就是“法”。这里的“法”，既指国家的法律、法规、规章、司法解释、地方性法规和地方性规章，也包括依法订立的集体合同、劳动合同和依法制定的企业规章制度以及公序良俗。

二、工会劳动法律监督的形式

从监督的表现形式看，工会劳动法律监督的主要形式有：

1. 接受职工的申诉、举报，进行调查，向用人单位提出意见和建议，协调处理，或提请劳动监察部门查处。

2. 上级工会根据职工的投诉或下级工会的反映，介入劳动案件的调查处理。

3. 企业工会组织职工代表进行巡视检查。

4. 县级以上工会参与人大、政府、政协组织的劳动法律法规政策执行情况的监督检查活动。

5. 工会单独或者联合劳动行政部门开展监督检查活动。

6. 就劳动关系重大问题向同级党委报告。

7. 发挥媒体的监督作用。

8. 代理职工参加仲裁、诉讼。

运用“一函两书”制度是工会劳动法律监督的一个重要形式。“一函两书”制度，是工会及相关单位为提醒用人单位落实好劳动法律法规，或者纠正其违法劳动用工行为而适用相关文书的制度简称。“一函”是指《工会劳动法律监督提示函》，“两书”是指《工会劳动法律监督意见书》《工会劳动法律监督建议书》。该制度重在源头预防，目的是通过协调协商方式将劳动关系矛盾纠纷化解在基层，化解在萌芽状态。该制度的适用范围包括：用人单位涉及职工利益的内部规章制度；劳动合同、劳动报酬、社会保险、福利待遇、工作时间、休息和休假制度；安全生产、职业病防治，女职工、未成年工、残疾职工及老年劳动者特殊权益保护；保障被派遣人员合法权益；违反相关法律法规解除劳动合同等方面具体情况。

三、工会劳动法律监督的手段

（一）预防提醒

为促进企业规范用工，防范用工风险，维护职工合法权益，工会劳动法律监督委员会可依据《劳动法》等法律，就一系列关系到合法用工、劳动者权益等方面的事项，发出《工会劳动法律监督提示函》，提醒广大用人单位和劳动者遵守相关法律法规规定，以起到源头预防提醒的作用。

（二）沟通与协商

劳动法律监督的目的是纠正违法行为，由于工会不是执法主体，本身没有执法权，因此，开展劳动法律监督时更多的是采取沟通与协商的手段。实践中，工会通过建立沟通与协商机制，化解劳动关系矛盾。职工代表巡视制度、职工合理化建议制度、劳资定期研讨制度、集体协商制度、厂务公开制度及职工董事、职工监事制度等，都是工会沟通与协商的平台。工会通过这些平台，加强对用人单位遵守劳动法律法规的监督，预防违法行为的发生。

（三）调查研究与督促整改

调查是工会开展劳动法律监督的基础。没有调查就没有发言权。《工会劳动法律监督办法》第八条规定，工会在进行劳动法律监督方面依法享有对用人单位执行劳动法律法规的情况进行监督、参与调查处理、舆论监督等权利。工会在调查中发现的问题，首先要做到尽可能地充分掌握信息和资料，并在此基础上分析判断用人单位是否有侵犯职工合法权益的行为。

督促整改。工会在开展劳动法律监督调查中发现的问题，如果事实清楚、证据确凿，应及时向用人单位提出意见。如果用人单位不能接受或拒绝整改，工会可以书面形式向用人单位发出《工会劳动法律监督意见书》，要求用人单位限期整改违法行为。用人单位对工会的意见书仍然不予理睬拒绝整改的，工会可以采取曝光和公开谴责的方式给违法用人单位形成一种压力，以督促其改正违法行为。如果采用曝光和公开谴责后用人单位还未改正相关违法行为的，工会应当向同级劳动行政部门发送《工会劳动法律监督建议书》，借助国家强制力来达到维护职工合法权益的目的。《工会劳动法律监督意见书》是由工会或工会劳动法律监督组织发给用人单位的书面文件，其内容是要求相关用人单位整改在劳动用工方面存在的违法违规行为。

（四）联合监督

联合监督就是工会多方联动，与其他相关单位和部门通过各种形式的协作，共同推动劳动法律贯彻落实。一是工会参与人大执法检查；二是联合具有执法权的相关部门开展调查；三是提请政府有关部门查处。《工会劳动法律监督建议书》是针对违法违规的用人单位不接受工会提出的整改意见或拒不整改的行为，由县级以上工会向同级政府人力资源和社会保障部门或其他相关部门递交的书面查处建议。

思考题

1. 工会劳动法律监督的作用是什么？
2. 工会劳动法律监督的内容包括哪些方面？
3. 如何加强工会劳动法律监督员队伍建设？

第十三章

劳动争议处理制度

用人单位与劳动者发生劳动争议时，当事人可以依法通过协商、调解、仲裁和诉讼程序解决；工会则承担着做好预防、参与协商、参与调解、参加仲裁或诉讼活动的重要职责。加强工会劳动争议预防和处理工作，不仅有利于及时化解矛盾纠纷，维护劳动争议当事人特别是职工当事人的合法权益，建立和谐的劳动关系，促进经济发展和社会稳定，同时也能有效地推进工会维权机制建设，在完善社会治理体系与提高社会治理水平中发挥工会的优势和作用。

第一节　劳动争议处理基本问题

一、劳动争议的概念和分类

劳动争议是指劳动关系的当事人之间因行使劳动权利和履行劳动义务而发生的争议。劳动争议根据其主体、客体、性质和内容的不同，可以有不同的分类。

从劳动争议主体上分。劳动争议分为个人劳动争议、集体劳动争议。个人劳动争议指劳动者个人与用人单位发生的劳动争议。集体劳动争议则分两种：一种是劳动者一方为多人，且发生争议的原因和请求是共同的。这种集体争议劳动者一方应推举代表参加法定的处理程序。在处理程序上与个人劳动争议相同，但根据《劳动争议仲裁委员会办案规则》规定，职工一方在30人以上的集体劳动争议适用特别程序。另一种为团体争议，即指以工会组织为一方，代表职工与用人单位因签订和执行集体协议而产生的争议。

从劳动争议的客体上分，即从争议涉及的劳动关系上分，可分为：因执行劳动法律、法规、劳动合同和集体合同的规定而发生的劳动争议，亦称权利之争；以及因确定或变更劳动者的权利义务而发生的劳动争议，亦称利益争议。

从劳动争议的性质上分，可以分为因参加、组织工会等行使公民权行为与用人单位产生的劳动争议和因要求增加工资、缩短工时等经济利益产生的争议。

从劳动争议的内容上分，劳动争议可分为因执行国家有关工资、保险、福利、职业培训、劳动保护的规定发生的争议；因履行劳动合同发生的争议；因用人单位开除、除名、辞退职工和职工辞职、自动离职发生的争议等。

二、劳动争议的受案范围

有关劳动争议的受案范围的相关规定见《劳动争议调解仲裁法》《最高人民法院关于审理劳动争议案件适用法律问题的解释（一）》。

《劳动争议调解仲裁法》第二条规定，中华人民共和国境内的用人单位与劳动者发生下列劳动争议的，适用本法：

1. 因确认劳动关系发生的争议；

2. 因订立、履行、变更、解除和终止劳动合同发生的争议；

3. 因除名、辞退和辞职、离职发生的争议；

4. 因工作时间、休息休假、社会保险、福利、培训以及劳动保护发生的争议；

5. 因劳动报酬、工伤医疗费、经济补偿或者赔偿金等发生的争议；

6. 法律、法规规定的其他劳动争议。此外，事业单位实行聘用制的工作人员与本单位发生劳动争议的，依照本法执行；法律、行政法规或者国务院另有规定的，依照其规定。

《最高人民法院关于审理劳动争议案件适用法律问题的解释（一）》第一条通过有限列举的形式，强调了以下九种劳动者与用人单位之间发生纠纷属于劳动争议：

1. 劳动者与用人单位在履行劳动合同过程中发生的纠纷；

2. 劳动者与用人单位之间没有订立书面劳动合同，但已形成劳动关系后发生的纠纷；

3. 劳动者与用人单位因劳动关系是否已经解除或者终止，以及应否支付解除或者终止劳动关系经济补偿金发生的纠纷；

4. 劳动者与用人单位解除或者终止劳动关系后，请求用人单位返还其收取的劳动合同定金、保证金、抵押金、抵押物发生的纠纷，或者办理劳动者的人事档案、社会保险关系等移转手续发生的纠纷；

5. 劳动者以用人单位未为其办理社会保险手续，且社会保险经办机构不能补办导致其无法享受社会保险待遇为由，要求用人单位赔偿损失发生的纠纷；

6. 劳动者退休后，与尚未参加社会保险统筹的原用人单位因追索养老金、医疗费、工伤保险待遇和其他社会保险待遇而发生的纠纷；

7. 劳动者因为工伤、职业病，请求用人单位依法给予工伤保险待遇发生的纠纷；

8. 劳动者依据劳动合同法第八十五条规定，要求用人单位支付加付赔偿金发生的纠纷；

9. 因企业自主进行改制发生的纠纷。需要注意的是，本条规定的劳动争议受案范围仅是起强调作用，并不是说本条没有列举的就不属于劳动争议。

此外，为了进一步明确劳动争议案件的边界，《最高人民法院关于审理劳动争议案件适用法律问题的解释（一）》第二条对一些貌似劳动争议但是实际上不属于劳动争议的纠纷进行了总结。条文共列举了六种纠纷类型，旨在强调以下所列举的六种纠纷不属于劳动争议：

1. 劳动者请求社会保险经办机构发放社会保险金的纠纷；

2. 劳动者与用人单位因住房制度改革产生的公有住房转让纠纷；

3. 劳动者对劳动能力鉴定委员会的伤残等级鉴定结论或者对职业病诊断鉴定委员会的职业病诊断鉴定结论的异议纠纷；

4. 家庭或者个人与家政服务人员之间的纠纷；

5. 个体工匠与帮工、学徒之间的纠纷；

6. 农村承包经营户与受雇人之间的纠纷。

三、劳动争议处理的原则和机构

（一）劳动争议处理的基本原则

1. 合法原则。是指劳动争议处理机构在处理劳动争议过程中必须坚持以事实为依据，以法律为准绳，依法处理劳动争议案件。

2. 公正原则。是指劳动争议处理机构在处理劳动争议时，要坚持秉公执法、不徇私情，保证争议双方当事人处于平等的法律地位，具有平等的权利和义务。此外，公正原则还要求对当事人双方在适用法律上要一律平等，不能因人而异，对被侵权的任何一方都依法给予同样的保护。

3. 及时处理原则。体现在申请劳动争议处理的时效上和劳动争议处理机构处理劳动争议的时效上。劳动争议发生后，当事人应当及时协商或及时申请调解，也可依法申请仲裁，劳动争议申请仲裁的时效是一年，自当事人知道或应当知道其权利被侵害之日起计算。劳动争议处理机构在受理劳动争议案件后，应当及时处理。

4. 着重调解的原则。调解是指在第三人的主持下，依法劝说争议双方进行协商，在互谅互让的基础上达成协议，从而消除矛盾的一种方法。着重调解的原则体现在以下两个方面：一方面是劳动争议发生后，当事人可以到企业劳动争议调解委员会、依法设立的基层人民调解组织和在乡镇、街道设立的调解组织申请调解。经调解达成协议，具有法律约束力。另一方面是调解是仲裁庭作出裁决前的必经程序。调解书经当事人签收后发生法律效力。

（二）处理劳动争议的机构

1. 劳动争议调解组织。即企业劳动争议调解委员会、依法设立的基层人民调解组织和在乡镇、街道设立的具有劳动争议调解职能的组织。2012 年施行的《企业劳动争议协商调解规定》明确了企业劳动争议调解委员会的设立、职责、调解程序和要求，是企业处理劳动争议的重要依据。

2. 劳动争议仲裁委员会。劳动争议仲裁委员会是处理劳动争议的专门机构，由劳动行政部门代表、工会代表和企业方代表组成，办事机构设在劳动部门。劳动争议仲裁委员会可以在省、市、县设立，各劳动争议仲裁委员会之间没有行政隶属关系，按照属地管理的原则受理案件。依据法律规定，劳动争议仲裁委员会收到仲裁申请之日起五日内，认为符合受理条件的，应当受理，并通知申请人；认为不符合受理条件的，应当书面通知申请人不予受理，并说明理由。

3. 人民法院。人民法院是国家审判机关，担负着处理劳动争议的任务。劳动争议当事人不服劳动争议仲裁委员会的裁决，在法定期间内向人民法院起诉的案件，由人民法院负责受理。此外，对劳动争议仲裁委员会不予受理或者逾期未作出决定的，劳动争议当事人可以就该劳动争议事项向人民法院提起诉讼。劳动争议案件由民事审判庭审理，适用民事诉讼程序，实行两审终审制。

第二节　劳动争议处理的一般流程

在我国，依据相关法律法规的规定，处理劳动争议的一般流程包括协商、调解、劳动争议仲裁程序、诉讼程序。

一、协商

劳动争议发生后，劳动者与用人单位双方就解决争议、化解矛盾、协调劳动关系共同进行商谈，以便达成和解协议。协商解决劳动争议具有经济、快捷的优点。协商不是劳动争议处理的法定必经程序，当事人可以选择协商，也可以跳过协商，直接选择调解或者仲裁来处理劳动争议。

协商过程要坚持平等、自愿、合法的原则。双方协商达成一致后，形成和解协议，对双方当事人具有劳动合同的约束力，在劳动争议仲裁、诉讼过程中具有证据的效力，但没有强制执行力。

二、调解

调解是指在第三方的主持下，依照法律、法规，在查明事实的基础上，通过说服引导的方式，劝说当事人互谅互让，达成协议，从而解决争议的活动。调解不成的，当事人一方可以向劳动争议仲裁机构申请仲裁。当事人也可以不经协商解决和调解程序，直接向劳动争议仲裁机构申请仲裁。发生劳动争议时，当事人可以到企业劳动争议调解委员会、依法设立的基层人民调解组织和在乡镇、街道设立的调解组织申请调解。同时，调解也可以在劳动争议仲裁机构和人民法院进行。调解，贯穿劳动争议案件办理流程的始终。调解的程序包括申请调解、调解受理、调解前准备、实施调解、调解终结五大步骤。

调解协议是当事人双方在自愿基础上达成的合意结果，因此双方当事人应自觉履行协议的内容。《劳动争议调解仲裁法》以及最高人民法院的司法解释都对劳动争议调解协议的性质和效力作出了明确的规定。《劳动争议调解仲裁法》第十四条明确规定："经调解达成协议的，应当制作调解协议书。调解协议书由双方当事人签名或者盖章，经调解员签名并加盖调解组织印章后生效，对双方当事人具有约束力，当事人应当履行。"2021 年实施的《最高人民法院关于审理劳动争议案件适用法律问题的解释（一）》第五十一条也明确规定："当事人在调解仲裁法第十条规定的调解组织主持下达成的具有劳动权利义务内容的调解协议，具有劳动合同的约束力，可以作为人民法院裁判的根据。"

经劳动争议仲裁机构或人民法院调解后，双方若达成一致意见，由劳动争议仲裁机构或人民法院出具仲裁调解书或民事调解书。仲裁调解书或民事调解书经合法送达后具有法律效力。一方当事人若在法定期间内拒不履行生效仲裁调解书或民事调解书所载义务的，另一方当事人可向人民法院申请强制执行。

三、劳动争议仲裁程序

发生劳动争议的主体不愿意协商或者调解的，应当在法定的时效内，向劳动争议仲裁委员会提出仲裁申请。仲裁委员会受理案件后，经过开庭审理，在查清事实后，应先进行调解，调解不成再进行裁决。裁决后，如当事人不服，应在法定的期限内向法院起诉，否则裁决生效，当事人必须履行，如一方不履行生效仲裁裁决，另一方可以请求法院强制执行。

（一）仲裁时效

《劳动争议调解仲裁法》规定，劳动争议申请仲裁的时效期间为一年。仲裁时效期间从当事人知道或者应当知道其权利被侵害之日起计算。另外，劳动关系存续期间因拖欠劳动报酬发生争议的，劳动者申请仲裁不受上述仲裁时效期间的限制；但是，劳动关系终止的，应当自劳动关系终止之日起一年内提出。仲裁时效因当事人一方向对方当事人主张权利，或者向有关部门请求权利救济，或者对方当事人同意履行义务而中断。从中断时起，仲裁时效期间重新计算。因不可抗力或者其他正当理由，当事人不能在规定的仲裁时效期间申请仲裁的，仲裁时效中止。从中止时效的原因消除之日起，仲裁时效期间继续计算。

（二）劳动争议仲裁的终局裁决

为了兼顾劳动争议案件处理效率，2008 年实施的《劳动争议调解仲裁法》增设了有限的一裁终局制度。《劳动争议调解仲裁法》第四十七条规定：“下列劳动争议，除本法另有规定的外，仲裁裁决为终局裁决，裁决书自作出之日起发生法律效力：一是追索劳动报酬、工伤医疗费、经济补偿或者赔偿金，不超过当地月最低工资标准十二个月金额的争议；二是因执行国家的劳动标准在工作时间、休息休假、社会保险等方面发生的争议。”

四、诉讼程序

依据相关法律法规，我国劳动争议案件诉讼程序的启动一般包含两种情况：一是劳动争议当事人不服劳动争议仲裁委员会的裁决，在法定期间内向人民法院起诉的案件，由人民法院负责受理；二是对劳动争议仲裁委员会不予受理或者逾期未作出决定的，劳动争议当事人可以就该劳动争议事项向人民法院提起诉讼。

当事人不服劳动争议仲裁委员会作出的仲裁裁决的，可在以下法定期限内向人民法院提起诉讼：一是不服非终局裁决的，当事人可自收到仲裁裁决书之日起 15 日内向人民法院提起诉讼；二是不服终局裁决的，劳动者可自收到仲裁裁决书之日起 15 日内向人民法院提起诉讼；三是用人单位有证据证明终局裁决存在适用法律错误、程序违法等情形的，可以自收到仲裁裁决书之日起 30 日内向劳动争议仲裁委员会所在地的中级人民法院申请撤销裁决。

对于劳动争议案件的管辖法院。依据《最高人民法院关于审理劳动争议案件适用法律问题的解释（一）》的规定，劳动争议案件由用人单位所在地或者劳动合同履行地的基层人民法院管辖。劳动合同履行地不明确的，由用人单位所在地的基层人民法院管辖。法律另有规定的，依照其规定。劳动者与用人单位均不服劳动争议仲裁机构的同一裁决，向同一人民法院起诉的，人民法院应当并案审理，双方当事人互为原告和被告，对双方的诉讼请求，人民法院应当一并作出裁决。在诉讼过程中，一方当事人撤诉的，人民法院应当根据另一方当事人的诉讼请求继续审理。双方当事人就同一仲裁裁决分别向有管辖权的人民法院起诉的，后受理的人民法院应当将案件移送给先受理的人民法院。

人民法院审理劳动争议案件，实行两审终审制。由有管辖权的人民法院对符合条件的案件进行第一次审理。一审又分为普通程序和简易程序，简易程序适用事实清楚、争议不大的简单劳动争议案件；其他劳动争议案件适用普通程序。当劳动争议当事人不服一审判决或裁定的，可以在法定期限内，向上一级人民法院提出上诉。二审人民法院的判决、裁定为终审的判决、裁定，自送达之日起具有法律效力。

第三节　工会参与劳动争议处理

一、工会参与劳动争议处理的法律依据

参与劳动争议处理是工会的法定权利和义务，也是工会推动在劳动领域贯彻落实全面依法治国战略、坚持和发展新时代“枫桥经验”的有力抓手。《劳动法》第七条规定，工会代表和维护劳动者的合法权益，依法独立自主地开展活动。2021 年修订后的《工会法》第六条规定，维护职工合法权益、竭诚服务职工群众是工会的基本职责。2023 年通过的《中国工会章程（修正案）》规定：“中国工会的基本职责是维护职工合法权益、竭诚服务职工群众。”2023 年 12 月 28 日，中华全国总工会印发《工会参与劳动争议处理办法》。这些规定，都以规范性文件的形式确定了维护职工合法权益是工会的基本职责，同时进一步明确了工会代表和维护职工合法权益的法律地位。作为工会的日常工作，代表和维护职工的合法权益的一个重要方面就是参与企业、事业单位劳动争议处理工作。由此可知，工会参与劳动争议处理具有法律依据，是法定的职责。

二、工会参与劳动争议处理的组织保障

工会参与劳动争议处理应当以职工为本，立足预防、立足调解、立足法治、立足基层，坚持公平、正义，最大限度地将劳动争议矛盾化解在基层，化解在萌芽状态。各级工会要加强与同级人力资源社会保障、人民法院、人民检察院、司法行政、公安、工商业联合会、企业联合会 / 企业家协会、律师协会等部门的沟通，推动建立健全劳动争议处理协作联动机制。加强工会参与劳动争议处理工作数字化建设、平台建设、队伍建设、能力提升以及经费保障。

工会参与劳动争议处理工作应当积极争取地方政府的支持，通过政府联席（联系）会议、协调劳动关系三方机制等形式，定期与同级政府沟通交流工作情况，研究解决工作中的重大问题。

县级以上总工会应当加强对工会参与劳动争议处理工作的组织领导。下级工会应当定期向上级工会报告参与劳动争议处理工作。

各地工会应当根据工作实际，加强工会参与劳动争议处理工作数字化建设。工会可以依托职工服务线上平台，建立网上劳动争议调解室。具备条件的工会驿站等工会服务站点可以设立流动工会劳动争议调解室，为户外劳动者、新就业形态劳动者等提供便捷式法律服务。具备条件的地方工会可以在劳动人事争议仲裁院、人民法院设立工会法律服务工作站（点）或者窗口，接受仲裁委员会或者人民法院委派委托，调解劳动争议。

工会应当积极推动用人单位依法建立劳动争议调解委员会，推动工业园区和劳动密集型行业等建立区域性、行业性劳动争议调解组织，实现劳动争议调解组织应建尽建。工会指导建立基层工会时，同步建立工会劳动法律监督委员会，同步推进企业建立劳动争议调解委员会。

工会应当积极推动平台企业及其关联企业建立劳动争议调解委员会，加快在新就业形态劳动者集中的行业、区域建立劳动争议调解组织。

各级工会应当将参与劳动争议处理工作业务纳入本级工会培训主体班次，定期对工会劳动争议调解员、兼职仲裁员等从事劳动争议处理工作的人员进行培训，提高劳动争议处理工作的能力和水平。

县级以上地方总工会应当将工会参与劳动争议处理工作经费列入本级工会经费预算。

三、工会参与劳动争议处理的主要方式

（一）工会参与劳动争议协商

各级工会应当积极推进用人单位建立健全劳动关系协商调处机制，完善内部协商规则。发生劳动争议，职工可以要求用人单位工会参与或者协助其与用人单位进行协商；用人单位尚未建立工会的，职工可以请求用人单位所在地的各级地方工会参与或者协助其与用人单位进行协商，推动达成和解协议。

工会在参与劳动争议协商过程中，应当依法维护职工合法权益，代表或者协助职工提出切实可行的和解方案。职工与用人单位就劳动争议协商达成一致的，工会应当主动引导签订书面和解协议并推动和解协议及时履行。劳动争议双方当事人不愿协商、协商不成或者达成和解协议后在约定的期限内不履行的，工会应当主动做好引导申请调解或仲裁等工作。

（二）工会参与劳动争议调解

工会应当积极参与劳动争议多元化解机制建设，充分发挥工会在调解工作

中的职能作用，推动构建党委领导、政府负责、人力资源社会保障部门牵头、工会等有关部门参与、司法保障、科技支撑的劳动争议多元化解工作格局。劳动争议双方当事人经调解达成调解协议的，工会应当引导和督促当事人主动、及时、充分履行调解协议。依照法律规定可以申请仲裁审查或者司法确认的，工会可以引导当事人依法提出申请。

企业劳动争议调解委员会依照有关规定由劳动者代表和企业代表组成，人数由双方协商确定，双方人数应当对等。劳动者代表由工会委员会成员担任或者由全体劳动者推举产生，企业代表由企业负责人指定。企业劳动争议调解委员会主任依照有关规定由工会委员会成员或者双方推举的人员担任。企业劳动争议调解委员会的办事机构可以依照有关规定设在企业工会委员会。

企业劳动争议调解委员会履行下列职责：

1. 宣传劳动保障法律、法规和政策；

2. 对本企业发生的劳动争议进行调解；

3. 监督和推动和解协议、调解协议的履行；

4. 聘任、解聘和管理调解员；

5. 参与协调履行劳动合同、集体合同和执行企业劳动规章制度等方面出现的问题；

6. 参与研究涉及劳动者切身利益的重大方案；

7. 协助企业建立劳动争议预防预警机制；

8. 法律、法规规定的其他事项。

工会工作者担任劳动争议调解员主要履行以下职责：

1. 关注用人单位或者行业劳动关系状况，及时向劳动争议调解委员会报告；

2. 接受劳动争议调解委员会指派，调解劳动争议案件；

3. 保障当事人实现自愿调解、申请回避和申请仲裁的权利；

4. 自调解组织收到调解申请之日起 15 日内结束调解，到期未结束的或者当事人明确表示不愿意接受调解的，视为调解不成，告知当事人可以申请仲裁；

5. 监督和解协议、调解协议的履行；

6. 及时做好调解文书及案卷的整理归档工作；

7. 完成调解委员会交办的其他工作。

劳动争议调解委员会委员由于工作或者职务变动等原因需要调整时，由原推选单位在 30 日内依法推举或者指定人员补齐。劳动争议调解委员会委员需调整人数超过半数的，按有关规定重新组建。

（三）工会参加劳动争议仲裁

工会依照《劳动争议调解仲裁法》规定参加同级劳动人事争议仲裁委员会，履行有关职责。

工会工作者作为劳动人事争议仲裁委员会组成人员，依法履行下列职责：

1. 参与处理所辖范围内的劳动争议案件；

2. 参加仲裁委员会会议，遇特殊情况不能到会的，应出具委托书，委托本组织其他人员出席会议；

3. 参与研究处理有重大影响和仲裁庭提交的重大疑难案件；

4. 参与对办案程序违法违规、工作人员违法违纪等问题线索的核查处理；

5. 对受理的集体劳动争议及本地区有影响的个人劳动争议案件，及时向本级及上级工会书面报告。

工会工作者符合法律规定的仲裁员条件、由劳动人事争议仲裁委员会聘为兼职仲裁员的，依法履行仲裁员职责。工会兼职仲裁员所在单位对其参加劳动争议仲裁活动应当给予支持。

（四）工会参与劳动争议诉讼

工会在劳动争议诉讼中主要履行以下职责：

1. 支持帮助职工当事人起诉；

2. 接受职工当事人委托，指派或者委派诉讼代理人；

3. 推动生效法律文书的诚信履行；

4. 代表劳动者参加集体合同争议诉讼。

依法设立的工会法律服务机构可以接受职工的委托，指派或者委派诉讼代理人，代理其参加劳动争议诉讼活动。职工应当向人民法院提交由其本人签名或者盖章的授权委托书，指派或者委派的诉讼代理人在授权范围内代理诉讼。

依法设立的工会法律服务机构指派或者委派的诉讼代理人代理职工参与诉讼，主要有以下方式：

1. 为职工当事人提供法律咨询，代写起诉状、上诉状、申诉状等法律文书；

2. 在诉讼过程中为职工当事人代写应诉相关文本；

3. 调查案件有关事实，搜集对职工当事人有利的证据；

4. 代理职工当事人参加法院组织的立案前或者诉讼中调解，提出有利于职工当事人的调解意见和主张，促成双方当事人和解；

5. 代理职工当事人出庭应诉；

6. 为职工当事人实施法律法规规定或者当事人授权的其他代理行为。

四、工会参与处理集体劳动争议

《工会法》第二十一条规定，企业、事业单位、社会组织违反集体合同，侵犯职工劳动权益的，工会可以依法要求企业、事业单位、社会组织予以改正并承担责任；因履行集体合同发生争议，经协商解决不成的，工会可以向劳动争议仲裁机构提请仲裁，仲裁机构不予受理或者对仲裁裁决不服的，可以向人民法院提起诉讼。

发生集体劳动争议，用人单位工会应当及时向上级工会报告，依法参与处理。需要上级工会支持和帮助的，上级工会应当提供法律帮助。工会参与处理集体劳动争议，应当积极反映职工的正当要求，维护职工合法权益。

因集体劳动争议导致停工、怠工事件，工会应当代表职工同企业、事业单位、社会组织或者有关方面协商，反映职工的意见和要求并提出解决意见。协商不成的，按集体劳动争议处理程序解决。

因订立集体合同发生争议，当事人双方协商解决不成的，用人单位工会应当提请上级工会协同人力资源社会保障等有关部门协调处理。

因履行集体合同发生争议，经协商解决不成的，用人单位工会可以依法申请仲裁；用人单位尚未建立工会的，由上级工会指导劳动者推举产生的代表依法申请仲裁。仲裁机构不予受理或者对仲裁裁决不服的，工会或者劳动者代表可以依法向人民法院提起诉讼。

思考题

1. 什么是劳动争议？
2. 劳动争议处理机制包括哪些内容？
3. 工会如何发挥在劳动争议处理机制中的作用？

第十四章

完善工会服务职工体系

中国工会十八大提出，要坚持以职工为中心的工作导向，完善以普惠性服务和精准帮扶为重点的服务体系，为职工群众提供贴心服务。要用心用情做好维权服务工作，实现好、维护好、发展好职工群众根本利益。工会组织作为党领导下的群众组织，服务职工群众是其存在和发展的内在要求。因此，完善工会服务职工体系建设，是履行维护职工合法权益、竭诚服务职工群众的基本职责的具体要求，是各级工会当前和今后一段时期非常重要的工作。

第一节　工会服务职工体系的发展现状和重要意义

一、工会服务职工体系建设的发展历程

工会服务职工体系是以工会生活保障工作和困难职工帮扶工作为起点发展而来的。中国工会从产生之日起，就开始探索服务职工工作。在新民主主义革命时期、社会主义革命和建设时期、改革开放和现代化建设时期、中国特色社会主义新时代等不同时期，工会服务职工工作经历了从起步到逐步细化、进一步发展，再到逐渐成熟和完善的发展过程。

1. 新民主主义革命时期。中国工会自成立之日起，就十分注重解决职工的困难，致力于改良、改善工人阶级的生活和劳动条件。这是工会服务工作的起步阶段。1922 年召开的第一次全国劳动大会，就提出纪念“五一”国际劳动节、融合并联络全国劳动节之感情、讨论改良生活问题、讨论代表方案等四项议题。1925 年召开的第二次全国劳动大会，成立了中华全国总工会，通过了《中华全国总工会总章》，提出“本会以团结全国工人，图谋工人福利为宗旨”，“保障工人利益，设法解决救济与职业介绍”。1948 年 8 月召开的第六次全国劳动大会，恢复成立中华全国总工会，通过《中华全国总工会章程》，明确工会的宗旨是团结全国职工、保护职工利益。

2. 社会主义革命和建设时期。新中国成立之后，工会对服务职工的探索更加深入和细化。1950 年 6 月 29 日，《工会法》颁布实施，规定工会有保护工人、职员群众利益，监督行政条例执行情况，改善工人职员群众物质生活与文化生活的各种设施的责任。1953 年 5 月召开的中国工会七大，是新中国成立后召开的第一次工会全国代表大会，确定了“以生产为中心，生产、生活、教育三位一体”的工会工作方针，既围绕当时党和国家的大局组织工人完成各项生产任务，又细致深入地了解工人的困难和需求，解决工人的后顾之忧。在困难帮扶工作方面，工会设有生活住宅部、生活部、生活办公室、生活保险部，解决职工生产和生活困难。在职工生活福利方面，工会工作主要包括职工集体福利、职工生活服务、困难补助、互助互济、职业介绍、疗休养等，旨在逐步地、积极地改善工人群众的物质生活和文化生活。

3. 改革开放和现代化建设时期。工会服务职工工作进一步发展，在服务内

容、服务对象、服务品牌上都有新的发展。在内容上，突出了维护。1988 年全国总工会十届六次执委会审议通过《工会改革的基本设想》，系统提出工会以经济建设为中心，在维护全国人民总体利益的同时，更好地表达和维护职工群众的具体利益，明确工会履行维护、建设、参与、教育四项社会职能。维护是四项职能之首。在对象上，加大了对困难职工的帮扶力度。中国工会九大、十大都明确提出要开展职工互助互济活动，搞好生活困难补助。自 1992 年开始，全国总工会提出在全国工会系统范围内开展送温暖活动，以受灾地区、亏损企业的困难职工、离退休职工为主要对象进行走访慰问，1994 年拓展为送温暖工程，要求经常化、制度化、社会化开展送温暖工作。同时，在这一时期，工会系统内形成了金秋助学、困难帮扶等一系列品牌服务工程。

4. 中国特色社会主义新时代。工会服务职工工作逐步走向成熟，各级工会立足国情的变化、职工队伍的变化，提出构建以精准帮扶和普惠性服务为重点的工会服务职工体系。首次提出服务体系是在 2013 年召开的中国工会十六大，要求着眼于更好地满足职工群众多层次需求，努力构建服务职工工作体系，从服务对象、服务手段、服务网络、服务基础、服务领域等方面对服务职工体系进行了总体部署。2015 年，《全国总工会改革试点方案》明确提出，拓展困难职工帮扶中心（职工服务中心）和站点的服务功能，扩大服务对象和范围，发展职工服务项目，实行普惠性服务，构建以精准帮扶为重点的服务职工体系。2018 年，中国工会十七大基于主要社会矛盾的变化、职工队伍的变化等，提出要提高服务工作质量，健全服务职工体系，并要求把健全工会服务职工体系提升到工会全局工作的战略高度。2021 年 7 月，全国总工会印发《中国工运事业和工会工作“十四五”发展规划》，要求通过建立健全联系服务职工长效机制、加强工会服务阵地建设、完善困难职工家庭常态化帮扶机制、叫响做实工会服务职工品牌项目等措施，进一步建立健全高标准职工服务体系，不断提升职工生活品质。2023 年 10 月召开的中国工会十八大，要求用心用情做好维权服务工作，实现好、维护好、发展好职工群众根本利益。要着力维护职工群众劳动经济权益，做好稳就业、职工工资决定、合理增长、支付保障机制、新就业形态劳动者权益保障、工会劳动保护监督机制等工作；大力开展服务帮扶，推出更多更好更及时的服务职工群众项目、建好用好各级各类职工服务阵地、做好工会定点帮扶助力乡村振兴等工作；充分发挥协调劳动关系三方机制作用、抓好劳动关系发展态势监测、积极参与劳动争议多元化解，推动构建和谐劳动关系。

经过近百年的发展，工会服务职工工作从最初的改良、改善工人阶级的生活和劳动条件，到服务内容、服务手段、服务对象等不断丰富和完善，为不断满足职工群众对美好生活的向往，提升职工群众的获得感、幸福感、安全感贡献了工会力量。

二、工会服务职工体系建设的现状

新时代以来，各级工会牢固树立以职工为中心的工作导向，把联系和服务职工作为工会工作的生命线，立足社会矛盾的主要变化，立足工作对象的变化，立足互联网、大数据等形势变化，不断完善工会服务职工体系建设，在服务资源、服务阵地、服务手段建设等方面取得了显著的成绩，但也存在一些不足。

（一）取得的成绩

1. 困难职工帮扶解困力度进一步加大。多年来，困难职工始终是工会“娘家人”心之所系。据统计，党的十八大以来，各级工会筹集送温暖资金 429.82 亿元，走访企业 188.21 万家，慰问一线职工和困难职工 9060.75 万人次，并统筹发挥全国 3361 个县级以上帮扶中心和 16 万个基层帮扶站点的作用。聚焦定点扶贫县，近 5 年来，全国总工会直接投入帮扶资金 5368 万元，引进资金物资 1628 万元，组织实施 300 多个扶贫项目，惠及 5 万多建档立卡贫困人口。中国工会十七大以来，工会系统建档立卡的 549.9 万户城市困难职工家庭如期实现解困脱困。构建常态化梯度帮扶长效机制，工会两节送温暖活动筹集资金 218.7 亿元，慰问职工 4250.6 万人次。

2. 服务对象不断扩大。在继续做好对一线职工、困难职工、农民工等服务的同时，加强对新就业形态劳动者的服务。2015 年，全国总工会以物流（快递）业等为重点开展了农民工入会集中行动；2018 年，全国总工会持续在全国开展货车司机、快递员等八大群体入会工作；2021 年，进一步推动货车司机、快递员、网约车司机、外卖配送员等新就业形态劳动者入会，自 2021 年至 2023 年 6 月底，全国累计发展新就业形态劳动者会员 1227 万人。全国总工会在《深入推进新就业形态劳动者工会工作三年行动计划（2023—2025 年）》提出，努力实现“到 2025 年末，全国新发展新就业形态劳动者会员 1000 万人”工作目标。

3. 服务阵地建设全面加强。推动地方党委和政府把工人文化宫建设纳入经济社会发展“十四五 ”规划或民生工程。开展首批标准化工人文化宫评价工作，推进工人文化宫、工人疗休养院、职工互助保障组织等规范化建设，工人文化宫、工人疗休养院清理整改工作和职工服务阵地“两性两化”运作有力推进。2018 年以来，工人文化宫等职工文体阵地累计服务职工 3.82 亿人次。加强和规范工会户外劳动者服务站点建设，深入推进工会驿站双 15 工程。截至 2023 年 12 月中旬，全国已建成驿站近 16 万个，覆盖职工群众超 1 亿人，日服务户外劳动者 300 多万人次。2018 年起开展“司机之家 ”建设，累计投入运营 1335 家。

4. 服务职工品牌进一步叫响做实。擦亮冬送温暖、夏送清凉、金秋助学、阳光就业、职工医疗互助、职工公益、农民工平安返乡、关爱农民工子女等工作品牌。广泛开展“工会送清凉、防暑保安康 ”活动，敦促用人单位完善规章制度，维护高温高寒天气劳动者权益。在大中城市开展工会帮扶中心赋能增效、打造服务职工综合体试点，在企业（工业园区）开展企业提升职工生活品质、塑造幸福生活环境试点，提升职工服务中心（困难职工帮扶中心）综合服务功能。

5. 女职工权益维护和关爱服务切实加强。开展《女职工劳动保护特别规定》实施情况等专题调研。积极促进工作场所性别平等，连续开展“情系女职工 法在你身边”女职工普法宣传活动，推动女职工休息哺乳室建设。截至 2022 年 9 月底，全国建立女职工休息哺乳室的企事业单位工会 22.2 万个，覆盖女职工 2079.9 万人。联合人社等相关部门加强专项执法检查，推动女职工权益保护法律法规贯彻落实。做好关爱服务工作，推进困难企业女职工、新就业形态女性劳动者“两癌”筛查，做好“会聚良缘”工会婚恋服务等工作，积极推动托管托育服务工作。

（二）存在的不足

1. 服务职工意识不够强。工会仍然存在机关化、行政化倾向，缺乏适应多样性职工队伍多元化服务需求的服务理念。各级工会在切实改进工作作风，深入基层、深入一线，密切联系职工群众，加强调查研究等方面做得还不够，更多的精力用在了完成上级工会安排的各项任务，填报表格，完成常规工作，不能做到及时掌握职工群众所思所想所盼，也无法用心用情为职工群众办实事、解难题。

2. 基层组织服务能力不够。受编制等影响，工会组织服务资源和手段在不同层级工会的分布不均匀，由上至下逐级递减。在一些县级工会，存在缺阵地、缺编制、缺经费、缺活力等问题，无法有效为职工提供服务。部分基层工会的服务多停留在传统的“四季送”、文体活动上，对于职工的发展性、精神性、健康管理、技能提升、生活品质提升等方面的需求在服务供给上还不够充分，不能充分满足职工的需要。

3. 服务功能滞后。工会具有传统工业时代典型组织形态的科层制通病，对新变化反应慢，市场意识较差，互联网理念、工具远远滞后于时代，与信息时代不相适合，难以适应复杂性就业形态和多元需求。随着互联网在职工生活中发挥着越来越重要的作用，而工会工作还停留在较为传统的阶段，长期的单向服务模式，使得工会干部队伍对信息化给工会工作即将带来的影响认识不足，工会干部队伍自身的信息化水平不高，信息化能力不足，在网络信息环境下，工会工作较难适应新的需要，服务滞后。

4. 整合资源能力不足。工会服务职工体系的建设需要整合各种资源，形成“党委领导、行政支持、各方参与、工会运作”的格局，而目前，工会组织许多职能的运行机制活力不够，职能间的协同效率不高，资源碎片化现象比较明显。在实践中，部分工会组织在积极争取党政资源支持服务职工体系建设方面能力不强，主动汇报、有效沟通不够；在争取外来服务资源方面，又畏首畏尾，或者有怕麻烦的思想，导致购买社会服务不足，或者不能充分调动职工的积极性，没有形成做好工会服务工作的合力。

工会服务职工体系建设已经形成了既讲全面，覆盖全体职工，又讲重点，围绕职工需求打造梯度帮扶的格局，在服务内容、服务方式上都有了创新发展，取得了长足的进步。新征程上，各级工会要直面各种困难和挑战，以职工需求为中心，进一步挖掘各方资源，扩大工会朋友圈，千方百计为职工提供更多高品质的服务。

三、完善工会服务职工体系的重要意义

《工会法》第六条规定，工会要构建联系广泛、服务职工的工作体系。工会服务职工体系是工会工作体系的重要组成部分，完善工会服务职工体系是完善工会工作体系的重要内容，是落实党中央对工运事业和工会工作新要求的具体举措，是工会组织助力实现共同富裕的重要措施，具有重要意义。

（一）完善工会服务职工体系建设是落实党中央要求的具体举措

党的十八大以来，党中央对工会组织进一步做好服务职工工作提出了更加明确的要求。2013 年 4 月 28 日，习近平总书记在同全国劳动模范代表座谈时指出，要把竭诚为职工群众服务作为工会一切工作的出发点和落脚点，全心全意为广大职工群众服务，认真倾听职工群众呼声，维护好广大职工群众包括农民工合法权益，扎扎实实为职工群众做好事、办实事、解难事。2015 年 7 月，在中央党的群团工作会议上，习近平总书记提出，群团组织要强化服务意识，提升服务能力，挖掘服务资源，坚持从群众需要出发开展工作，把更多注意力

放在困难群众身上，努力为群众排忧解难，成为群众信得过、靠得住、离不开的知心人、贴心人。2018年10月29日，习近平总书记在同中华全国总工会新一届领导班子成员集体谈话时强调，工会要坚持以职工为中心的工作导向，抓住职工群众最关心最直接最现实的利益问题，认真履行维护职工合法权益、竭诚服务职工群众的基本职责，把群众观念牢牢根植于心中，哪里的职工合法权益受到侵害，哪里的工会就要站出来说话。要做好城市困难职工解困脱困工作，及时做好因各种原因返贫致困职工的帮扶救助，为广大职工提供具有工会特点的普惠性、常态性、精准性服务。2020年10月，习近平总书记在全国劳动模范和先进工作者表彰大会上强调，要坚持从群众多样化需求出发开展工作，打通服务群众的新途径，使服务更直接、更深入、更贴近工人阶级和广大劳动群众，以服务群众实效打动人心、温暖人心、影响人心、赢得人心。2023年10月23日，习近平总书记在同中华全国总工会新一届领导班子成员集体谈话时强调，要创新工作方式，努力为职工群众提供精准、贴心的服务。工会干部要践行党的群众路线，深入调查研究，及时了解职工所思所想所盼，不断增强服务职工本领，真心实意为职工说话办事。完善新时代服务职工体系建设是落实服务职工群众工作的具体措施，通过进一步健全服务体系，更好维护职工合法权益，更好地服务职工群众，才能真正发挥党联系职工群众的桥梁纽带作用，才能完成团结职工群众听党话跟党走的政治责任。

（二）完善工会服务职工体系建设是实现共同富裕的具体要求

进入新时代以来，党采取有力措施保障和改善民生，打赢脱贫攻坚战，带领全体人民全面建成小康社会，为促进共同富裕创造了良好条件。现在，扎实推进共同富裕已经有了清晰的时间表与路线图。到“十四五”时期末，全体人民共同富裕迈出坚实步伐，居民收入和实际消费水平差距逐步缩小。到2035年，全体人民共同富裕取得更为明显的实质性进展，基本公共服务实现均等化。到21世纪中叶，全体人民共同富裕基本实现，居民收入和实际消费水平差距缩小到合理区间。我们推动的共同富裕是全体人民共同富裕，是人民群众物质生活和精神生活都富裕。新时代工会服务职工体系建设是实现共同富裕的具体要求。通过服务职工体系建设，提高基层机构服务能力，为职工提供更多精神性、发展性服务，丰富职工物质文化生活，提高职工素质技能水平，促进职工物质生活和精神生活共同富裕。通过服务体系建设，构建困难职工常态化帮扶机制，巩固拓展城镇困难职工解困脱困工作成果，促进全体人民实现共同富裕。通过服务体系建设，回应职工对美好生活的期盼，最终推动职工群众共享改革发展成果、实现共同富裕的目标。

（三）完善工会服务职工体系建设是持续深化工会改革的需要

工会改革是全面深化改革的重要组成部分，工会各级组织要认真落实党中央的决策部署，健全联系广泛、服务职工的工会工作体系，紧紧围绕保持和增强政治性、先进性、群众性这条主线，强化问题意识和以职工为中心的工作导向，以更大力度、更实举措推动工会改革创新在新起点上实现新突破，着力解决“机关化、行政化、贵族化、娱乐化”等问题，把工会组织建设得更加坚强有力、更加充满活力。完善新时代服务职工体系建设是持续深化工会改革创新的需要。服务职工体系是工会工作体系中重要的组成部分，通过进一步健全服务体系，才能扩大工会组织服务覆盖面，才能为职工提供更多普惠性、常态性、精准性服务，才能成为群众信得过、靠得住、离不开的知心人、贴心人。尤其是面临新形势新任务新要求，职工队伍结构发生了新的变化，新就业形态劳动者已经成为职工队伍的重要组成部分，职工的需求也发生了显著的变化，需要工会组织以完善服务体系建设为抓手，践行党的群众路线，切实转变工作作风，更加密切联系职工群众，注重凝聚职工群众合力，从而做到坚持政治性、先进性、群众性的改革方向，抓好工会改革创新。

完善工会服务职工体系是工会组织顺应广大职工对美好生活的向往的主动作为，各级工会要认真履行维护职工合法权益、竭诚服务职工群众的基本职责，不断完善服务职工体系建设，推动职工群众共享高质量发展成果，不断提升职工群众获得感、幸福感、安全感。

第二节　完善工会服务职工体系的重点措施

进一步完善工会服务职工体系建设是回应新时代职工队伍、职工需求变化的一项重要工作，集中反映了职工的切身利益、愿望和要求，是践行工会改革的现实需要。各级工会组织要在实践的基础上，坚持以职工为中心的工作导向，围绕职工群众最关心最直接最现实的利益问题，着力解决职工烦心事，增强工会服务实效。从不断丰富服务供给、夯实服务阵地、整合服务资源、创新服务手段，同时提升工会干部素质能力等方面着手，推动服务体系建设走深、走实。

一、丰富服务供给，提供精准化服务

（一）拓展服务项目

针对不同职工的多样化、多元化需求，工会需要有实实在在的服务供给才能满足相应需求。在现有基础之上，根据职工现实需求进一步拓展服务项目，坚持尽力而为，量力而行，最大限度满足职工需要。比如现阶段职工较为关注的健康项目，包括体检、心理健康、疗休养等，还有解决双职工家庭后顾之忧的职工子女托育托管项目，职工互助保障项目、职业技能提升项目等，通过开发丰富多样的生活性、发展性、精神性服务，切实解决职工急难愁盼的问题，才能激发职工建功立业的热情，让职工更积极、更有效地投入生产和发展过程中，为经济社会高质量发展助力。

（二）提高服务质量

调研显示，职工最希望单位工会开展或加强的职工服务工作是提高职工工资收入、开展职工职业技能培训、组织职工参与企业管理，占比分别为78.3%、70.1%、32.3% 。在提高工资收入方面，工会有平等协商、集体合同等制度机制；在开展职工职业技能培训方面，工会可以通过劳动和技能竞赛、合理化建议、群众性创新活动等载体来提高职工的技能水平；在参与企业民主管理方面，有职工代表大会制度、厂务公开制度、职工董事职工监事制度等。这些服务制度和载体在工会组织内部已运行多年，需要根据现实需求，进一步提质扩面，提升运行质量，增强服务的实效。

（三）提升生活品质

根据调查，职工在职业的需求上越来越注重实现自身的价值，希望有更大的职业发展空间；在生活的需求上，越来越注重工作和生活的均衡化；在社会的需求上，越来越注重彰显公平正义；在服务的需求上，企盼不断提升生活品质。提升职工生活品质已成为工会工作的重要内容。目前，全国总工会和各省级工会已开展了提升职工生活品质试点工作，需要在总结经验的基础上进一步推动落实帮扶服务职工项目、培育储备服务职工基地、关爱职工公益伙伴，探索建立提升职工生活品质标准化评价指标体系，形成可复制可推广的成果，让更多职工享受到工会组织的服务。

二、夯实服务阵地，提供多元化服务

（一）强化阵地建设

新建、共建一批基础设施完备、服务功能齐全、管理运行规范的职工服务阵地群，积极构建布局合理、发展平衡、功能完善、运行有效的服务阵地网络。推动工人文化宫、职工服务中心、职工之家、户外劳动者服务站点、职工（劳模）疗休养基地等全覆盖，打造高质量工会服务网络，让服务工作做到更贴心、更细致、更全面。将工会组织的服务职能和阵地建设有机地融合起来，完善服务功能布局，规范服务管理模式，提升服务理念新思维，实现“服务有方向、阵地带活动、工建促发展”的工作目标，在规范建设管理的基础上，注入个性化元素或服务，切实做到贴近职工需求、功能设施实用。

（二）用活服务阵地

加强内容供给，将政策宣传、技能培训、体育健身、文化休闲、心理疏导、普惠服务、就业创业等多元化服务内容进行整合，强化思想引领，突出素质提升，立足精准服务，聚焦权益维护，促进工会服务品质提升；加强方式创新，用好人工智能等新技术新手段，突出抓好服务化、体系化、品牌化、创新化、数字化建设，强化社会参与，改善服务体验，丰富工会服务方法手段；加强数字赋能，加快工会服务转型发展，建设统一平台，发展数字服务，探索多元参与，整合数字资源，提升服务体验，建设职工数字化文体体验空间；积极争取党政支持，探索融合发展，推动工人文化宫融入公共文体服务体系，增创工会服务发展动能。

（三）加强保障与评价

要最大限度提高服务阵地的服务效能，保障服务阵地的健康可持续发展，需要加强对服务阵地的保障与评价。首先是完善人员保障机制。各级工会应为服务阵地提供充足的人才供应，确保专职人员配备到位，此外还应当组建一支高素质的志愿者团队，用来应对突发事件。定期开展技能培训，提升工作人员的知识储备和技能水平，进而提升团队的专业性，以便更好地为广大职工服务。其次是完善财务保障机制。各级工会应保障资金来源的稳定性，为职工服务阵地建设工作提供充足的资金支持；制订科学的资金计划，对资金利用情况进行合理规划；完善资金使用及管理制度，明确资金去向，向上级部门报备，保障资金使用的合理性。最后是完善管理评价机制。对服务阵地内管理人员及职责进行完善，保障工作流程及服务规范的科学性和合理性，确保工会服务工作有章可循；打造动态化管理平台，处理职工诉求，接受广大职工群众监督，确保服务阵地切实为职工群众服务；建立科学合理的评价机制，细化评价内容，吸纳职工群众、上级工会等主体意见，确保服务阵地按照公益性服务性方向发展，推进服务阵地社会化市场化运作。

三、整合服务资源，提供专业化服务

（一）充分挖掘自身资源

在完善服务体系建设方面，国家赋予了工会一系列一般的社会组织不能获得的公共资源，使得职工的利益诉求能够通过工会方便快捷地传递上去并得到回应。例如，工会可以通过各种渠道参与国家重大立法事项和国家经济社会事务，从源头上反映职工意愿和呼声，同时也将党的声音及时传递给职工群众。国家还通过法律的形式规定企事业单位以全部职工工资总额的2%向工会拨缴经费，工会拥有一批公益性的工人文化宫、职工疗休养院，各级政府还用财政资金支持工会对劳模管理服务和困难职工帮扶救助。工会组织要充分挖掘自身的资源，用好自身的资源，给基层服务机构赋能增效，有效发挥工人文化宫、户外驿站、职工疗休养院等服务阵地的作用，最大限度地服务职工。

（二）联系引导社会组织为职工提供服务

群团组织联系引导相关社会组织是党的群团改革的重要目标任务，是党中央赋予工会的重要政治责任。全国总工会为贯彻党中央的决策部署，明确要求加强对劳动领域社会组织的政治引领、示范带动和联系服务，通过项目合作、购买服务等社会化、市场化方式，联系引导社会组织为职工提供专业化服务，进一步延伸工会手臂，扩大工会朋友圈。社会组织，包括社会团体、基金会和民办非企业单位，具有公益性、专业性和志愿性的特点，其在为职工群众提供服务过程中有着自身的特点和优势，各级工会要积极落实全总的安排和部署，按文件要求扎实做好联系引导社会组织为职工提供专业化服务，形成“党委领导、政府支持、工会联系引导、社会组织专业服务、职工群众广泛参与和普遍受益”的工作格局，让专业的人办专业的事，为满足职工美好生活需要提供高品质服务。

（三）调动职工志愿者的积极性

职工是工会组织的服务对象，也是工会最大的资源。他们中间有一大批是乐于奉献、具有相关专业技能的人才，工会组织要注意发现人才、充分调动他们的积极性，大力发展职工志愿者队伍。通过发挥职工志愿者的作用，共同为职工提供各类服务。一是要壮大志愿服务队伍。加大工会志愿者招募力度，建立具有不同特色的专业化志愿服务队，加大志愿服务人才队伍建设力度。二是要完善志愿服务项目建设。根据不同志愿队伍的特色和专业，开发相应的具有工会特色的服务项目，如法律援助项目、困难职工帮扶项目、职工心理健康咨询项目、女职工特殊服务项目等，并不断提升服务项目的品质。三是要加大志愿服务激励力度。选树职工志愿服务的典型，加大宣传力度，让更多的职工加入志愿服务的行列中来，形成良性循环，进一步丰富工会服务职工的资源，提高工会服务职工的能力和水平。

四、创新服务手段，提供便捷化服务

（一）线上线下相结合提供服务

“互联网 +”工会是工会联系职工、服务职工的有力助手，工会在传统工作方式的基础上，要注重创新，利用互联网为职工提供便捷化服务。一方面，要进一步完善会员数据库。通过数据库，了解不同企业、不同行业职工的多样化需求和诉求，并进行数据化采集和分析，从而为职工提供高效化、精准化的服务内容。另一方面，要积极扩展网上服务功能。例如，通过开展线上职工代表提案、职工合理化建议征集和反馈等服务，有效保障职工的民主管理权利；通过开展线上节日慰问品发放、生日贺卡推送等生活类服务，增强职工的幸福感、归属感；通过开展线上健康知识讲座、疗休养心理健康咨询等服务，增强工会“黏”性，提升职工生活品质。同时，各级地方工会要加强对所属地区基层工会建“互联网 + 工会平台”的指导，不断提高“互联网 + 工会业务”的覆盖率、智能化程度。

（二）针对不同职工群体选择相应服务手段

针对不同职工群体，要灵活选择相应服务手段，以网约送餐员、快递员等新就业形态劳动者为例，他们已经是我国产业大军中举足轻重的组成部分，是工会的重点服务对象。针对新就业形态劳动者劳动强度高、工作时间不规律、流动性大等工作特点，工会组织要灵活变通服务方式和手段，让各类新就业形态劳动者真正感受到娘家人的温暖和贴心。例如，有的工会组织开展送体检上门服务，通过流动体检大巴车等方式很好地解决了新就业形态劳动者没时间体检的问题；还有的工会组织在货车司机、快递员比较集中的物流园区开展文体服务，让新就业形态劳动者在工作的间隙参加活动，放松身心；以及各种各样的线上普惠活动，通过不同的服务方式，达到对新就业形态劳动者“吸引过来，组织起来、稳固下来”的目标。

（三）创新基层服务机构服务方式

工会组织的基层服务机构是服务职工群众的“最后一公里”，是最直接面向职工群众的服务载体。就目前而言，中国工会在服务方式和手段上呈现出上下不均的情况，即工会的各级领导机关在服务资源和服务手段上有更多选择，而基层机构的服务资源和手段较为有限。因此，要坚持重心下移，把更多的人力、物力、财力投入基层服务机构，全面提升服务职工群众的能力。例如，要赋予各类疗休养机构更多的自主权，让其参与市场竞争，创新发展思路，拓宽发展空间，实现社会效益和经济效益的有机统一。作为职工的“学校和乐园”的工人文化宫，要撬动多方资源，引入社会专业力量，创新“两性两化”运作模式，实现普惠共享和合作共赢，为职工提供优质、普惠服务。此外，还要充分释放职工服务中心、工会驿站、母婴爱心小屋、职工之家、职工书屋等工会基层服务机构的活力和效能，提高服务质量和水平。

五、提升素质能力，提供高质量服务

（一）扩大工会干部队伍规模

“为政之要，惟在得人。”推进新时代工会服务职工体系建设，需要一批高素质专业化的工会干部，随着职工对工会工作期待值的不断增加，对各级工会干部的要求也越来越高。工会组织内部首先需要不断扩大工会干部队伍规模，解决“没人办事”的问题。一是打造专职为主、兼职挂职相结合的干部队伍。拓宽工会干部来源渠道，用好公务员招录、事业单位招聘、军转安置等方式培养专职人员，健全完善工会干部兼挂职工作制度，将相关单位、行业领导、基层工会干部“请进来”，扩大工会干部专业覆盖面。二是扎实推进社会化工会工作者队伍建设。完善社会化工会工作者选聘、履职、考核、晋升等机制，切实留住人才、用好人才。三是加强工会积极分子队伍建设。把热爱工会工作、热心为职工服务、工作能力强的职工培养为工会积极分子，使工会工作更贴近基层职工需求。

（二）提升工会干部素质能力

随着信息社会的到来，职工队伍结构、生活方式等都发生了深刻变化，这些变化对工会组织服务职工的运行方式和工作内容也提出了新的要求，工会干部必须进一步提升能力素质，才能匹配当前的工作需要。从工会干部自身来说，要不断提高学习能力。要系统学习马克思主义基本理论，以习近平新时代中国特色社会主义思想武装头脑，不断提高自身的理论素养，用理论指导实践工作的开展。还要下大力气加强工会理论和业务知识的学习，学习劳动法律、职工权益维护、工会经费和资产、新媒体运行等专业知识，通过学习，逐步提高自身服务职工的能力和水平。从工会组织各级领导机构来说，要加大对各级工会干部的培训力度。一是要扩大培训的覆盖面，各级工会干部都要参加相关业务培训，尤其是基层工会干部，其流动性大、兼职多，更需要及时培训。二是要加强培训阵地建设，统筹利用各级工会干部院校及党校（行政学院）、普通高校等相关教育机构资源，扩大培训的广度和宽度。同时，借助互联网，推行“线上＋线下”的培训模式，拓宽工会干部学习渠道，满足不同学习需求。三是要完善培训课程建设。结合基层实际工作需要，开发具有针对性、时效性的课程体系，真正让工会干部学有所得。吸纳具有一定理论水平的党政领导、具有丰富经验的工会工作专家学者、大国工匠、劳动模范等优秀人才积极参与到工会干部教育培训工作中来，拓宽工会干部的知识面。

此外，各级工会要善于与研究机构、公益机构、社会组织交流合作，推动形成工会智库，让他们在服务职工工作中发挥作用。

第三节　深化提升职工生活品质

从 2021 年 9 月开始，全国总工会正式开展提升职工生活品质工作。截至目前，全国总工会已在全国范围内开展了三批试点，将 70 家工会帮扶中心和 260 家企业（工业园区）纳入试点，安排 5600 万元专项资金予以支持，并带动 31 个省（区、市）和新疆生产建设兵团总工会将 1226 家工会帮扶中心、4265 家企业（工业园区）纳入工会提升职工生活品质试点。自试点工作开展以来，各地工会在建设服务阵地、开展服务项目运作、建立工作机制、优化服务模式等方面积极实践，因地制宜开展特色服务项目，形成了一批经验做法和创新案例，社会参与度和社会效应显著扩大。

下一步，各级工会要进一步以改革理念创新工作思路，探索新模式新载体，整合各方资源，加强帮扶中心社会化功能建设，充分运用数智化精准服务职工，打造叫得响的工作品牌，持续提升服务职工能力和工作效能。

一、拓展供给内容，扩大工作覆盖面

根据职工需求，尽力而为，在现有基础之上下大力气，不断拓展提升职工生活品质的供给，在困难帮扶、普惠服务、提升生活品质之间实现有序衔接。困难帮扶要坚持“志智双扶”，推动常态化帮扶与扶志、扶智深度融合。普惠服务要持续扩大覆盖面，要利用线上线下相结合的方式，完善数据库功能，拓展网上服务项目，提高服务的便捷化程度，让广大职工可感、可知、可达、可得，要实现温暖职工、凝聚职工的目标。提升生活品质要从职工的劳动报酬、福利待遇、工作环境、劳动条件、职业发展、生活和家庭需求等方面着手，全

方位关心关爱职工，通过落实帮扶服务项目、培育服务职工基地和关爱职工公益伙伴等方式，让更多职工感受到工会组织的温暖。同时，要加强工会各类服务阵地建设，充分发挥现有服务阵地的作用，把更多服务内容下沉到职工服务中心、工人文化宫、工会驿站等服务阵地，有效服务广大职工。

二、培育精品意识，提高工作影响力

提升职工生活品质，需要靠具体的项目、具体的措施来实现。工会有一系列的具体项目来满足职工的需求，如冬送温暖、金秋助学、就业援助、心理疏导、健康体检等。在职工越来越重视生活质量的背景下，工会要培育一批职工群众受益面广、改善职工生活品质明显的工会品牌服务项目，将工会已有的成熟的项目打造成精品，提高这些项目在职工中的影响力。要围绕党政所需、职工所急、工会所能打造工作品牌，保证品牌的接受度、认可度以及后续的发展。要加大宣传力度，利用主流媒体，讲好工会的故事，讲好工会提升职工生活品质的故事。要加强调研，了解职工对现有工作的评价、建议和意见，及时反馈及时调整，不断优化现有项目。要加大推广力度，探索建立提升职工生活品质标准化评价指标体系，形成可复制可推广的成果，将职工认可度高、服务效果好的项目及时推广到基层工会，推广到职工群众身边，确保应享尽享。

三、加强资源整合，提高市场化专业化水平

提升职工生活品质是一项复杂的系统的工作，需要不断加强资源整合，凝聚工作合力。要积极争取政党部门重视和支持，争取更多开展提升职工生活品质工作的资源、经费、人员保障，争取和相关部门联合开展提升职工生活品质行动，扩大行动的范围和影响力。要通过购买服务等方式，把专业的事交给专业的人来做，通过规范购买程序、加强过程监督等措施，提高购买服务的质量，为职工提供更高品质的服务。要调动用人单位和职工的积极性，让用人单位通过生活友好型企业建设、幸福企业建设等方式，为职工生活品质提升助力；让职工通过技能水平提升、创新创造等方式，助力用人单位高质量发展，发挥各自优势，形成良性循环。要加强与研究机构、高等院校、智库等的合作，通过学术研讨、论坛等方式，利用社会力量加强对工会提升职工生活品质的研究，提高工会提升职工生活品质工作的社会影响力。

四、构建支持网络，强化工作保障

构建党政支持、社会配合、职工参与、工会运作的工作格局是提升职工生

活品质的关键。工会要积极构建支持网络，为提升职工生活品质提供更多保障。要加强顶层设计，积极推动把工会提升职工生活品质工作融入党政工作大局，融入政府公共服务网络，和提高人民生活品质一体谋划，一体推进。要加强制度保障，完善现有制度体系，推动制度落实，加强对涉及职工工资、福利、劳动安全卫生、工作时间、休息休假等切身利益的制度文件执行情况的监督，适时推出提升职工生活品质的相关制度文件，指导基层工会开展工作。要加强人员保障，不断扩大工会干部队伍规模，解决“没人办事”的问题，打造专职为主、兼职挂职相结合的干部队伍，完善社会化工会工作者选聘、履职、考核、晋升等机制，切实留住人才、用好人才。通过培训、考核等方式提高工会干部素质能力，打造一批高素质专业化的工会干部队伍。要加强经费保障，管好用好工会经费和资产，构建工会经费提升职工生活品质的保障机制。

思考题

1. 完善工会服务职工体系的意义是什么？
2. 如何完善工会服务职工体系？
3. 结合工作实际谈谈如何进一步提升本单位职工的生活品质。

第十五章

工会财务和经审工作

工会财务和经审工作是与工会组织的产生、存在和发展紧密相连的工会经济管理工作，是工会工作的重要组成部分。在社会主义市场经济条件下，工会财务工作承担着收好、用好、管好工会经费的任务，而工会经审工作主要是对工会的经济活动进行审查监督。

第一节　工会财务工作

一、工会财务工作概述

（一）工会财务工作的含义

工会财务工作是各级工会组织及其所属企事业单位在谋求自身发展、履行工会职能、维护职工权益、发展工运事业过程中所建立起来的，主要以货币反映并监督工会运营，对筹集、分配、运用资金的活动进行管理的行为。

工会财务工作包括财务管理和会计工作两个部分。财务管理侧重于控制和参与预测、决策及对经济工作的调节，其具体工作有财务管理体制与经费分成，预算管理，决算管理，经费收缴、使用与管理，财务监督检查等。会计工作侧重于记录、反映和监督经济活动过程，其具体工作为填制会计凭证、登记账簿、编制报表、财产清查等。

工会是依法成立的群团组织，基本的事权是表达和维护职工权益。为使工会事权能够得到充分实现，有效的财权配置十分必要。从这个意义上讲，工会财务工作的实质就是基于工会事权需要而实施的与工会财权配置与使用有关的管理活动。

（二）工会财务工作的任务

工会财务工作的任务主要是收好、管好、用好工会经费，收好经费是基础，就是要依据《工会法》《中国工会章程》的规定，积极组织收入，不断提高工会经费收缴率，并按时足额地上缴经费；管好经费是手段，就是要按照《工会法》赋予的职权，由全国总工会确定独立管理经费的财务体制，建立健全各项财务制度，并对各级工会财务工作实施进行指导和监督；用好经费是目的，就是要按照“量入为出、收支平衡，统筹兼顾、保证重点，真实合法、精细高效”的原则，在资金上为工会组织开展各项工作，特别是为工会重点工作提供财力保证。工会经费主要用于为职工服务和工会活动。

（三）工会财务工作的特点

工会财务工作具有三个鲜明的特点：独立自主的经费管理体制、法律确定的经费来源和法律明确的经费用途。

1. 独立性：独立自主的经费管理体制

（1）工会经费独立。《工会法》第四十五条规定，工会应当根据经费独立原则，建立预算、决算和经费审查监督制度。这是法律赋予工会组织独立管理工会经费的职责。各级工会应该按照法律规定和全国总工会有关文件的要求，依法做好工会经费独立核算工作。

（2）工会经费使用管理办法由全国总工会制定。《工会法》第四十三条规定，经费使用的具体办法由中华全国总工会制定。这是法律赋予全国总工会制定工会经费使用办法的职责。近年来，全国总工会根据《工会法》《会计法》《预算法》《中国工会章程》和国家有关规定，建立了一整套工会经费使用管理办法，并不断健全完善。

（3）工会财务管理体制独立。根据法律规定，各级机关、事业单位、企业和其他社会经济组织可独立或联合成立工会委员会。为保证工会组织的稳定发展和职责履行，必须建立与工会组织体系统一的财务管理体制。目前，中国工会实行“统一领导、分级管理”的工会财务管理体制。

2. 法定性：法律确定的经费来源渠道和用途

《工会法》第四十三条明确规定，工会经费的来源：一是工会会员缴纳的会费；二是建立工会组织的用人单位按每月全部职工工资总额的 2% 向工会拨缴的经费；三是工会所属的企业、事业单位上缴的收入；四是人民政府的补助；五是其他收入。

《工会法》第四十六条规定，各级人民政府和用人单位应当为工会办公和开展活动，提供必要的设施和活动场所等物质条件。

《工会法》第四十九条规定，县级以上各级工会的离休、退休人员的待遇，与国家机关工作人员同等对待。第四十二条规定，用人单位工会委员会的专职工作人员的工资、奖励、补贴，由所在单位支付。社会保险和其他福利待遇等，享受本单位职工同等待遇。

3. 群众性：法律明确的经费用途

工会财务工作区别于企业、事业、行政财务的最大特点就是具有广泛的群众性。工会经费主要来源于单位按职工工资总额的 2% 向工会拨缴的经费，其性质属于公共资金；与此同时，工会经费主要用于为职工服务和开展工会活动，资金的最终受益对象是广大职工群众。工会经费的筹集、管理使用都有相应的职工群众参与。

《工会法》第四十三条规定，工会经费主要用于为职工服务和工会活动。目前，工会经费除开支多数县级及以上工会在职人员的人员经费外，其余全部用于为职工服务和工会活动等事项。

二、工会财务管理体制的原则

工会经费是工会工作的物质保证，工会工作任务在哪里，工会财务就必须保证到哪里。工会财务管理体制与工会组织体制必须相适应，这是建立工会财务管理体制的重要原则。工会财务管理体制是涉及工会事权和财权统一的核心问题，事关工会组织稳定与职责履行。

《中国工会章程》第三十九条规定，工会实行“统一领导、分级管理”的财务体制。因此，“统一领导、分级管理”是确定工会财务管理体制的原则。

（一）统一领导原则

“统一领导”就是全国总工会对全国各级工会的财务工作实行统一领导。通过制定统一的工会财务工作方针、政策，统一的财务制度和纪律，并实行财务监督，来实现其领导职责。各级工会组织及其所属单位要严格执行，自觉接受全国总工会的统一领导，保证工会组织的完整性和统一性；同时，统一领导还体现在各级工会委员会（常委会）应当对财务工作实行集体领导，凡财务工作中的重大问题和重大开支项目要经集体讨论决定。

（二）分级管理原则

“分级管理”就是在全国总工会统一制定的财会工作政策、制度、纪律制约下，对地方总工会和按产业系统管理经费的产业工会，确定财务管理层级、经费分成比例以及各层级工会财务管理的职责权限。各级工会按照规定，履行自己的职能，独立负责地开展财务管理工作。

分级管理的内容主要有以下几点：

1. 按照工会层级，由各级工会管理本级各项经费；
2. 由各级工会编制本级预决算；
3. 按级向本级会员大会或会员代表大会和上一级工会报告经费收支情况和资产管理情况。

（三）统一领导与分级管理的关系

统一领导与分级管理是辩证统一关系。在工会财务管理体制中的表现为：统一领导是分级管理的前提，只有坚持统一领导，才能保证各级工会的均衡发展，才能保持工会组织的完整性和统一性；分级管理是统一领导的基础，只有坚持分级管理，才能充分发挥各级工会组织的积极性和主动性，保证全国总工会的集中统一领导。坚持分级管理，实际上就是工会财务工作的实事求是。

三、工会财务管理的内容

工会财务管理的内容主要包括制度建设、经费收缴管理、预算管理、决算管理、支出管理、工会会计基础管理等。

（一）工会财务管理制度建设

各级工会应当根据财务会计业务的需要，建立健全内部财务会计管理制度。主要包括：收支预决算制度、货币资金管理制度、票据管理制度、财务收支管理制度、专项资金管理制度、债权债务管理制度、账务处理程序制度、内部控制制度、经费预算定额管理制度、财产清查制度、财务会计分析制度、岗位责任制度、会计档案管理制度等。

按照《财政部关于印发〈行政事业单位内部控制规范（试行）〉的通知》的要求，建立与实施内部控制，遵循全面性、重要性、制衡性和适应性原则。坚持内部控制应当符合国家有关规定和单位的实际情况的原则，并随着外部环境的变化、单位经济活动的调整和管理要求的提高，不断修订和完善。

（二）工会经费收缴管理

一是加强工会预算各项收入管理。工会组织的预算收入包括：会费收入、拨缴经费收入、上级补助收入、政府补助收入、行政补助收入、事业收入、投资收益和其他收入。各级工会要按照法定收入来源渠道依法组织好各项收入。

二是加强拨缴经费收入管理。各级工会切实履行工会组织经费收缴的主体责任，不断加大与税务、财政、银行等部门的协调沟通力度，努力扩大税务代收、财政统一划拨工会经费的覆盖面，建立健全《工会经费收入专用收据》管理制度并用好这一制度，任何单位不得违反规定转让、出借、代开、买卖专用票据，不得擅自扩大票据适用范围。

三是建立健全收入管理制度。各级工会应当合理设置岗位，明确相关岗位的职责权限，确保收款、会计核算等不相容岗位相互分离。各项收入应当由财务部门归口管理并进行会计核算，严禁设立账外账。业务部门应当在涉及收入的合同协议签订后及时将合同等有关材料提交财会部门作为账务处理依据，确保各项收入应收尽收，及时入账。财会部门应当定期检查收入金额是否与合同约定相符；对应收未收项目应当查明情况，明确责任主体，落实催收责任。财政票据、发票等各类票据的申领、启用、核销、销毁均应履行规定手续 .

（三）工会预算管理

工会预算是经一定程序核定的工会经费年度收支计划。工会预算管理是工会财务管理的重要内容。工会预算管理的主要内容包括：

一是健全完善工会预算管理制度。工会预算管理制度是规范和加强工会组织预算编制、审批、执行、监督管理的约束性规定。为加强各级工会的预算管理，进一步提高各级工会及事业单位的预算管理水平，2009 年 8 月，全国总工会印发《关于印发〈工会预算管理办法〉的通知》。2019 年 12 月，全国总工会办公厅印发新《工会预算管理办法》，原制度废止。2020 年 12 月，全国总工会办公厅印发《基层工会预算管理办法》，对基层工会组织的预算管理进一步明确。各省级工会根据工会预算管理办法制定了一系列实施办法，工会系统逐步建立了较为完善的工会预算管理制度体系。

二是加强预算编制管理。各级工会包括基层工会和各级工会所属事业单位，必须编制年度工会经费收支预算。预算编制应遵循“统筹兼顾、保证重点；收支平衡、真实合法”原则，全部收支均应纳入预算管理。按照“统一领导、分级管理”的原则，上级工会应加强对下级工会预算的审核、批复与监督。各级工会年度预算必须履行法定的审批程序。

三是加强预算执行管理。各级工会必须严格按照上级批准的预算做好预算执行工作，不得随意改变预算内容，不得截留、挪用专项预算资金，维护预算的刚性约束，严禁无预算、超预算支出。预算调整（调增或调减）必须按预算审批权限履行审批程序。落实中央八项规定及其实施细则精神，坚持厉行勤俭节约、反对奢侈浪费，严格控制一般性支出和“三公”经费支出。

四是加强预算绩效管理。各级工会编制工会预算时要牢固树立预算绩效意识，预算绩效目标设置要科学、合理、可量化，加强预算执行过程中预算绩效目标的监控，研究制定工会预算绩效指标体系与评价标准，组织开展预算绩效评价，统筹工会经费使用，盘活存量资金，提高工会预算资金使用绩效。

（四）工会决算管理

工会决算报告既是各级工会组织及所属事业单位年度终了预算执行情况的总结性文件，又是全国工会系统包括各级工会组织、工会所属事业单位、企业以及主管的协会、学会、基金会某一特定时期财务资产状况的真实反映。全国总工会 2018 年底正式出台了《工会决算报告制度》。制度要求各单位按执行的会计制度分别填报各类型的决算报表，审核完成后上报。县级以上工会组织需汇总完成本级和下一级工会的决算报告，审核无误后上报上级工会。最终形成全国总工会总决算和地方各级工会决算。全国总工会财务部负责并对本级机关和本级所属执行政府会计制度的事业单位的决算报告进行审批，对本级所属的其他单位和各省级工会的决算报告进行备案。县级以上工会财务管理部门对下级工会结算报告财务审批或者备案方式进行管理。

（五）工会经费支出管理

一是建立健全支出管理制度。确定单位经济活动的各项支出标准，明确支出报销流程，按照规定办理支出事项。合理设置岗位，明确相关岗位的职责权限，确保支出申请和内部审批、付款审批和付款执行、业务经办和会计核算等不相容岗位相互分离。按照支出业务的类型，明确内部审批、审核、支付、核算和归档等支出各关键岗位的职责权限。加强支出审批控制，明确支出的内部审批权限、程序、责任和相关控制措施。审批人员应当在授权范围内审批，不得越权审批。财会部门根据支出凭证及时准确登记账簿；与支出业务相关的合同等材料应当提交财会部门作为账务处理的依据。

二是加强支出管理的合规合理性。县级以上工会依据《县级以上工会支出管理暂行办法》制定本地区、本行业、本系统的实施细则，并据此加强对所属县级以上工会的经费支出管理。基层工会按照《基层工会经费收支管理办法》和所在地区、行业、系统的省级工会制定的实施细则的要求，加强对工会经费的支出管理。在经费使用的过程中，确保经费的独立性，落实各项开支实行工会委员会集体领导下的主席负责制，通过预算管理、严格审批程序、重大事项集体决策等程序，做好工会经费的使用工作。严格执行中央八项规定及其实施细则精神，严格执行党风廉政建设有关规定，严格执行工会经费“八不准”规定。

三是加强对外投资的管理。明确相关岗位的职责权限，确保对外投资的可行性研究与评估、对外投资决策与执行、对外投资处置的审批与执行等不相容岗位相互分离。对外投资应当由单位领导班子集体研究决定。加强对投资项目的追踪管理，及时、全面、准确地记录对外投资的价值变动和投资收益情况。建立责任追究制度。对在对外投资中出现重大决策失误、未履行集体决策程序和不按规定执行对外投资业务的部门及人员，应当追究其相应的责任。

四是加强工会经费用于建设项目的支出管理。各级工会应加强建设项目的可行性研究，健全完善项目决策机制。严格按照国家标准控制建设项目投资概算，加强项目建设过程的投资控制、结算审核。项目竣工后及时办理工程项目验收和项目竣工财务决算的审核，可委托具有相应资质的中介机构审核，并以此为支付工程价款的依据。

（六）工会会计基础管理

工会会计基础管理包括工会会计机构管理、工会会计人员管理、工会会计交接管理、工会会计档案管理等内容。各级工会组织应该做好工会会计的基础工作，为各项财务管理业务的具体开展提供组织和人员保障。

第二节　工会经费管理

工会经费的管理是工会活动的重要组成部分，主要包括：工会经费的收入管理和支出管理。

一、工会经费的收入管理

工会经费收入管理是工会财务工作的基础工作，加强工会经费收缴是工会财务工作的首要任务。随着工会工作的开展，各级工会组织要牢牢把握工会经费收缴的主体责任，加大工会经费收缴力度，切实服务职工群众。

（一）基层工会经费的主要来源

1. 工会会员缴纳的会费

（1）标准。会费收入是指工会会员依照全国总工会规定按本人工资收入的5‰向所在基层工会缴纳的会费。

（2）收缴会员会费的意义。会费收入是工会会员依照《工会法》和《中国工会章程》向工会组织缴纳的会费。会员缴纳会费是工会会员应当履行的义务。通过缴纳会费可以增强工会会员的会员意识，激励会员经常参加工会活动，增强工会会员的主人翁责任感；有利于密切工会会员与工会组织之间的联系，增强工会组织的活力，提高工会组织的凝聚力和吸引力；有利于夯实工会组织开展工会活动的财力保障和物质基础，支持工会组织可持续发展。

2. 拨缴经费收入

（1）标准。拨缴经费收入是指建立工会组织的单位按全部职工工资总额2%依法向工会拨缴的经费中的留成部分。

（2）拨缴经费的特征。拨缴工会经费是国家以立法形式维护工会权益的具体表现，因此它具有三个显著的特性。

一是强制性。《工会法》第四十四条规定，企业、事业单位、社会组织无正当理由拖延或者拒不拨缴工会经费，基层工会或者上级工会可以向当地人民法院申请支付令；拒不执行支付令的，工会可以依法申请人民法院强制执行。

二是无偿性。拨缴工会经费是国家为了支持工会履行社会职能的需要而设立，用人单位的行政方面向工会拨缴经费是无偿的，工会组织不需要偿还，也不需要提供任何服务和产品予以补偿。

三是固定性。用人单位的行政方面每月按全部职工工资总额的2%向工会拨缴经费，这是法律明文规定的，具有长期的法律效力。

（3）拨缴经费的方式。一是自主拨缴工会经费。各基层工会所在单位的行政方面每月按照上个月本单位职工工资总额的2%向本级工会拨缴工会经费，并按照《中华全国总工会办公厅关于转发〈国家税务总局关于工会经费企业所得税税前扣除凭据问题的公告〉的通知》，凭工会组织开具的《工会经费收入专用收据》，在企业所得税税前扣除。基层工会收到2%全额经费后，按照上级工会规定的分成比例和流程向上一级工会上缴经费，上一级工会按规定比例留成经费后，逐级上解，直至全国总工会。

二是委托税务代收工会经费。根据有关法律法规，采取由县及县以上总工会委托税务部门向组建工会的用人单位收缴工会经费。2011年，《国家税务总局关于税务机关代收工会经费企业所得税税前扣除凭据问题的公告》明确规定，在委托税务机关代收工会经费的地区，企业拨缴的工会经费，也可凭合法、有效的工会经费代收凭据依法在税前扣除，进一步对委托税务代收工会经费工作加强了指导和规范。

目前在委托税务代收工会经费的方式上，具体做法主要有以下3种形式。

一是采取由省总工会来集中对代收工会经费实行管理的模式。首先用人单位在税务部门办理代收信息登记，经税务部门审核通过后，定期向税务部门申报缴纳，税务部门开具《代收工会经费通用缴款书》，用人单位持该缴款书到银行缴纳，银行将工会经费全部划入当地国库的“工会经费汇缴专户”，各级国库逐级收纳、报解进入省级国库的“工会经费汇缴专户”；在经税务、国库和工会对账无误后，再由省国库将工会经费从“工会经费汇缴专户”划转到省总工会在商业银行开设的“工会经费集中户”，最后省总工会根据实际缴纳额度和规定的分成比例，分别将各级应留成部分划转至各级工会在商业银行开设的“工会经费集中户”。

二是由省级工会授权所属各级地方工会负责各级工会经费的管理模式。用人单位首先在税务部门办理代收信息登记，经税务部门审核通过后，定期向税务部门申报缴纳，税务部门开具《代收工会经费通用缴款书》，用人单位持该缴款书到银行缴纳，由银行将工会经费全部划入当地国库的“工会经费汇缴专户”后，并不需要逐级上解到省级国库中，而是在三方对账无误后，就地划转到同级工会在商业银行开设的“工会经费集中户”，最后由各级地方工会根据全国总工会和省、市工会经费分成比例进行计算，及时上解和返还基层。

三是财政划拨工会经费。根据《中华全国总工会、财政部关于财政拨款的行政事业单位计拨工会经费有关问题的通知》关于“各级财政部门要将应由财政负担的工会经费列入财政预算。有条件的地区在推行财政国库管理制度改革时，可考虑根据当地财政部门的规定，对工会经费实行国库集中支付”的规定，将财政预算保障的行政事业单位按照职工工资总额的2%提取的工会经费，统一纳入本级财政预算，并由财政部门采取国库集中支付方式，统一划拨到所在县级以上工会组织。

《中华全国总工会办公厅关于规范建会筹备金收缴管理的通知》规定，自上级工会批准筹建工会的次月起，筹建单位每月按全部职工工资总额的2%向上级工会拨缴建会筹备金。实行委托代收建会筹备金的，上级工会应向代收部门提供筹建单位的名称、职工人数、工资总额、建会筹备金等信息。筹建单位凭“工会经费收入专用收据”或合法有效的工会经费代收凭据税前列支。自上级工会批准筹建单位成立工会组织的次月起，单位不再向上级工会上缴建会筹备金，改为按单位所在地方总工会经费收缴办法规定的方式、比例上缴工会经费。上级工会批准筹建单位成立工会之前，上级工会收取的建会筹备金不得按比例分成。自批准成立当月起，上级工会应将扣除工会组建相关支出后的建会筹备金余额，按照全国总工会和所在省级工会的规定比例及时进行分成、解缴，其中属于新组建工会的留成经费必须在两个月内返还到位。

3. 上级补助收入

基层工会收到上级工会拨付的各类补助款项。

4. 行政补助收入

基层工会所在单位依法对工会组织给予各项经费补助。

5. 附属单位上缴收入

基层工会所属独立核算的企事业单位上缴的收入和所属非独立核算事业单位的各项事业收入。

6. 投资收益

基层工会对外投资发生的损益。

7. 其他收入

基层工会取得的资产盘盈、固定资产处置净收入、接受捐赠收入和利息收入等。

（二）加强工会经费收缴管理的意义

1. 加强工会经费收缴管理是工会开展活动的物质保障。自工会经费收缴改革以来，全国总工会先后出台了“一改三策”新举措，改变了传统的经费收缴模式，开创了工会经费收缴的新局面。当前，各级工会要继续深化经费收缴改革，加大依法收缴工会经费的力度，将工会经费的收缴纳入法治化轨道，维护工会经费收缴制度的严肃性，进一步拓宽工会经费的收缴途径，扩大工会经费收缴覆盖面，提高工会经费收缴效果，增强工会组织的凝聚力、吸引力和影响力。

2. 加强工会经费收缴管理是工会组织的责任。工会经费收缴改革是在现行法律规定和工会财务管理体制的框架内进行的，是《工会法》和《中国工会章程》赋予工会组织的职责，并没有改变工会组织收缴经费的主体地位。采取委托税务机关代收、财政部门划拨工会经费只是一种收缴方式的改变，工会组织特别是基层工会组织要坚决纠正一拖了之、坐等入账的错误想法。财政、税务部门对工会经费实行全面代收，必须在保证工会组织收缴主体不变、工会经费管理权不变的前提下开展，各级工会组织在委托税务代收、财政划拨的过程中，要加强对收缴工作进行动态管理，随时主动深入基层了解经费收缴过程中存在的问题，对存在的问题加以解决，始终把握经费收缴的主动权，做到依靠而不依赖。各级工会要加强与税务机关、财政部门的协调沟通，认真总结、推广委托税务机关代收、委托财政部门划拨工会经费的成功经验，认真分析存在的问题，采取有效措施，不断扩大财政划拨、税务代收工会经费的覆盖面。

二、工会经费的支出管理

各级工会在年初应做好年度预算，积极开展各项职工活动。基层工会应将会员缴纳的会费全部用于会员活动支出。

（一）开展职工活动

1. 职工教育支出。用于基层工会举办政治、法律、科技、业务等专题培训和职工技能培训所需的教材资料、教学用品、场地租金等方面的支出，用于支付职工教育活动聘请授课人员的酬金，用于基层工会组织的职工素质提升补助和职工教育培训优秀学员的奖励。对优秀学员的奖励应以精神鼓励为主、物质激励为辅。授课人员酬金标准参照国家有关规定执行。

2. 文体活动支出。用于基层工会开展或参加上级工会组织的职工业余文体活动所需器材、服装、用品等购置、租赁与维修方面的支出，以及活动场地、交通工具的租金支出等，用于文体活动优胜者的奖励支出，用于文体活动中必要的伙食补助费。文体活动奖励应以精神鼓励为主、物质激励为辅。奖励范围不得超过参与人数的三分之二；不设置奖项的，可为参加人员发放少量纪念品。文体活动中开支的伙食补助费，不得超过当地差旅费中的伙食补助标准。

基层工会可以用会员会费组织会员观看电影、文艺演出和体育比赛等，开展春游秋游，为会员购买当地公园年票。会费不足部分可以用工会经费弥补，弥补部分不超过基层工会当年会费收入的三倍。基层工会组织会员春游秋游应当日往返，不得到有关部门明令禁止的风景名胜区开展春游秋游活动。

3. 宣传活动支出。用于基层工会开展重点工作、重大主题和重大节日宣传活动所需的材料消耗、场地租金、购买服务等方面的支出，用于培育和践行社会主义核心价值观，弘扬劳模精神和工匠精神等经常性宣传活动方面的支出，用于基层工会开展或参加上级工会举办的知识竞赛、宣讲、演讲比赛、展览等宣传活动支出。

4. 开展其他活动。除上述支出以外，用于工会开展的技能竞赛等其他活动的各项支出。

（二）维护职工权益

1. 劳动关系协调费。用于推进创建劳动关系和谐企业活动、加强劳动争议调解和队伍建设、开展劳动合同咨询活动、集体合同示范文本印制与推广等方面的支出。

2. 劳动保护费。用于基层工会开展群众性安全生产和职业病防治活动、加强群监员队伍建设、开展职工心理健康维护等以促进安全健康生产、保护职工生命安全为宗旨开展职工劳动保护发生的支出等。

3. 法律援助费。用于基层工会向职工群众开展法治宣传，提供法律咨询、法律服务等发生的支出。

4. 困难职工帮扶费。用于基层工会对困难职工提供资金和物质帮助等发生的支出。工会会员本人及家庭因大病、意外事故、子女就学等原因致困时，基层工会可给予一定金额的慰问金。

5. 送温暖费。用于基层工会开展春送岗位、夏送清凉、金秋助学和冬送温暖等活动发生的支出。

6. 其他维权支出。用于基层工会补助职工和会员参加互助互济保障活动等其他方面的维权支出。

（三）发挥职工集体福利的作用

工会经费中职工集体福利的支出体现出一种“以人为本”的经营理念和对职工的关怀，有利于调动职工的劳动积极性，进一步增强后劲，提高职工集体福利待遇、改善职工生活。

1. 基层工会逢年过节可以向全体会员发放节日慰问品。逢年过节的年节是指国家规定的法定节日（新年、春节、清明节、劳动节、端午节、中秋节和国庆节）和经自治区以上人民政府批准设立的少数民族节日。节日慰问品原则上为符合中国传统节日习惯的用品和职工群众必需的生活用品等，基层工会可结合实际采取便捷灵活的发放方式。

2. 工会会员生日慰问可以发放生日蛋糕等实物慰问品，也可以发放指定蛋糕店的蛋糕券。

3. 工会会员结婚生育时，可以给予一定金额的慰问品。

4. 工会会员生病住院、工会会员或其直系亲属去世时，可以给予一定金额的慰问金。

5. 工会会员退休离岗，可以发放一定金额的纪念品。

（四）业务支出

1. 培训费。用于基层工会开展工会干部和积极分子培训发生的支出。开支范围和标准以有关部门制定的培训费管理办法为准。

2. 会议费。用于基层工会会员大会或会员代表大会、委员会、常委会、经费审查委员会以及其他专业工作会议的各项支出。开支范围和标准以有关部门制定的会议费管理办法为准。

3. 专项业务费。用于基层工会开展基层工会组织建设、建家活动、劳模和工匠人才创新工作室、职工创新工作室等创建活动发生的支出，用于基层工会开办的图书馆、阅览室和职工书屋等职工文体活动阵地所发生的支出，用于基层工会开展专题调研所发生的支出，用于基层工会开展女职工工作性支出，用于基层工会开展外事活动方面的支出，用于基层工会组织开展合理化建议、技术革新、发明创造、岗位练兵、技术比武、技术培训等劳动和技能竞赛活动支出及其奖励支出。

4. 其他业务支出。用于基层工会发放兼职工会干部和专职社会化工会工作者补贴，用于经上级批准评选表彰的优秀工会干部和积极分子的奖励支出，用于基层工会必要的办公费、差旅费支出，用于基层工会支付代理记账、中介机构审计等购买服务方面的支出。

三、工会经费“八不准”

工会经费也不能“任性花”。《基层工会经费收支管理办法》要求基层工会在使用经费时，必须严格执行“八不准”：

一是不准使用工会经费请客送礼；

二是不准违反工会经费使用规定，滥发奖金、津贴、补贴；

三是不准使用工会经费从事高消费性娱乐和健身活动；

四是不准单位行政利用工会账户，违规设立“小金库”；

五是不准将工会账户并入单位行政账户，使工会经费开支失去控制；

六是不准截留、挪用工会经费；

七是不准用工会经费参与非法集资活动，或为非法集资活动提供经济担保；

八是不准用工会经费报销与工会活动无关的费用。

第三节　工会经审工作

一、工会经审工作概述

（一）工会经审工作的含义

工会经审工作是工会经费审查委员会对工会经费收支、资产管理等全部经济活动依法进行审查的经济监督。各级工会经审会依据《工会法》《审计法》《中国工会章程》《中国工会审计条例》等法律法规，依法依规履行监督职责，对工会经费、资产管理等全部经济活动的真实性、合法性与效益性实施审查审计监督。按照《中华全国总工会第十八届经费审查委员会工作规划（2024—2028 年）》的要求，着力构建“六个三”工会经审监督工作体系，依法全面履行审查审计监督职责，深入推进工会经审工作改革创新发展，力争通过五年的努力，进一步健全“集中统一”的经审工作体制，构建“全面覆盖”的经审工作格局，形成“权威高效”的经审工作机制。

（二）工会经审工作的基本原则

《工会法》第四十五条规定，工会应当根据经费独立原则，建立预算、决算和经费审查监督制度。各级工会建立经费审查委员会。各级工会经费收支情况应当由同级工会经费审查委员会审查，并定期向会员大会或者会员代表大会报告，接受监督。工会会员大会或者会员代表大会有权对经费使用情况提出意见，工会经费的使用应当依法接受国家的监督。

《中国工会章程》第十三条明确规定，各级工会代表大会选举产生同级经费审查委员会。中华全国总工会经费审查委员会设常务委员会，省、自治区、直辖市总工会经费审查委员会和独立管理经费的全国产业工会经费审查委员会，应当设常务委员会。经费审查委员会负责审查同级工会组织及其直属企业、事业单位的经费收支和资产管理情况，监督财经法纪的贯彻执行和工会经费的使用情况并接受上级工会经费审查委员会的指导和监督。

《中国工会审计条例》顺应工会经审工作发展的要求，依据《工会法》《中国工会章程》和《中华全国总工会关于加强工会经费审查监督工作的意见》的规定，重申和强调经审会应当与同级工会委员会同时考察、同时报批、同时选举产生。这些法律法规和相关规定充分表明，工会经审工作是工会全局工作不可分割的重要组成部分，而其重要性则更多地体现在不可替代、不可缺失的特殊性上。这不仅为工会经审工作在工会全局工作中的定位打下了坚实的基础，也为工会经审工作在法规制度上、组织机构上提供了保障，使各级工会经审会能够依法履行职责，加强对工会经费和资产的审查监督，发挥工会经审工作在保障工会各项经济活动健康运行、促进工会工作全面发展中的积极作用。

（三）工会经审工作的任务

1. 促进工会政策措施贯彻落实

中国工会十七大以来，全国总工会经费审查委员会准确把握工会经审工作的新任务新要求，着力转换工会经审工作理念思路，把助力工会政策措施的贯彻落实作为首要工作，围绕贯彻落实党和国家相关重大经济社会政策措施以及全国总工会决策部署情况开展政策跟踪审计，实现全过程、全链条监督，推动工会政策措施落地见效，各级工会经审组织结合本地区、本行业（系统）工会中心工作确定审计的重点领域、重点事项和重点专项资金，切实开展好政策跟踪审计，有效发挥政策作用。

2. 促进收好、管好、用好工会经费

工会经审会要协助同级工会收好、管好、用好工会各项经费，监督同级工会认真贯彻执行党和政府的财经法规以及工会的各项财务规章制度。主要任务是审查同级工会及其所属企事业单位的预算编制、预算执行情况及其他财务收支是否符合国家规定，是否准确合理地反映了工会工作的需要；组织开展工会经费计拨审计，协助税务等部门代收工会经费，配合工会财务部门开展财务检查，促进工会经费应收尽收；促进工会财务、资产管理等部门健全制度、强化管理、规范运作，督促有关方面按照规定发扬财务民主，实行财务公开；深入实际，调查研究，总结经验，对经费收支和资产管理，提出切实可行的改进意见或建议，确保工会经费使用真正体现服务大局、服务基层、服务职工的原则。

3. 促进工会资产安全、完整和效益提高

工会资产是工会占有或使用的经济资源，是工会服务大局、服务基层、服务职工必不可少的物质基础。做好工会资产监督管理是工会的一项重要的、经常性的基础性工作。加强工会资产审查审计监督，促进工会资产基础管理工作，健全资产管理制度，保障工会资产的安全完整，不断提高工会资产收益，是工会经审工作的一项重要任务。

二、工会经费审查的范围

《中国工会章程》第十三条规定，经费审查委员会负责审查同级工会组织及其直属企业、事业单位的经费收支和资产管理情况，监督财经法纪的贯彻执行和工会经费的使用，上级经费审查委员会应当对下一级工会及其直属企业、事业单位的经费收支和资产管理情况进行审查。

因此，工会经费审查范围不仅包括同级工会组织及其直属企业、事业单位的经费收支和资产管理情况，也包括下级工会及其直属企业、事业单位的经费收支和资产管理情况。具体来讲，工会经审会主要对以下工会经济活动进行审查监督。

（一）工会经费收支预决算情况

工会经审会对工会预算决算开展全口径审查和全过程监督，坚持党的领导，坚持围绕服务党和国家工作大局，坚持依法审查监督，聚焦重点，注重实效，保障国家方针政策和决策部署，保障工会重点工作贯彻落实。

工会经费收支预算审查，重点是审查预算的编制是否贯彻执行国家的法律法规、方针政策和工会的文件、规定；是否体现工会经费为维护职工合法权益，更好地为基层、为职工服务的使用方向；是否贯彻“收好、管好、用好”工会经费的方针；是否体现“遵循统筹兼顾、勤俭节约、量力而行、讲求绩效和收支平衡”的编制原则。审查预算收入的编制是否与经济社会发展水平相适应，与财政政策相衔接，根据经济政策调整等因素科学预测，依法、真实、完整、合理地编制；预算支出的编制是否坚持勤俭节约，体现工会工作特点，优化经费支出结构，把资金重点安排在维护职工权益、为职工服务和工会活动方面；预算调整是否必要，是否按规定程序办理了调整追加手续；预算绩效目标设定是否科学，预算安排是否与绩效评价结果挂钩。工会经费收支预算执行情况（决算）审查，主要是审查决算编报的真实性与合法性。检查收入、支出是否真实，财务收支活动中有无弄虚作假等违规、违纪行为和损害国家、职工利益的问题。要认真审查工会经费的计拨情况，该收的经费是否已经收上来，该上缴的经费是否已及时、足额、按比例上缴。此外，还要审查预算绩效目标实现及评价结果应用的情况。

（二）工会所属企事业单位经济活动及其效益情况

工会兴办的企业、事业单位，经济业务广泛，经营项目繁多，情况比较复杂。因此，对工会企业、事业单位的审查，要根据其行业特点区别对待，既要注重社会效益也要讲求经济效益，要把审查的重点放在工会企业、事业单位的重大政策落实、内控制度建设、风险防范和主要负责人履行经济责任情况等方面。目前，工会经审会对工会企业、事业单位的审查监督，主要是通过加强审计监督和定期听取工会资产等有关主管部门的情况汇报来实现的。

（三）工会资产管理情况

工会资产是工会拥有或控制的能以货币计量的经济资源。它包括流动资产、投资和固定资产等。它是受国家法律保护、通过多种渠道形成的，由工会享有所有权或使用权的动产与不动产，是工会组织发展壮大的重要条件，是工会开展活动的物质基础，也是工会成为社团法人的前提条件。

《工会法》第四十七条规定，工会的财产、经费和国家拨给工会使用的不动产，任何组织和个人不得侵占、挪用和任意调拨。《民法典》第二百七十条规定，社会团体法人、捐助法人依法所有的不动产和动产，受法律保护。工会资产的重要性和法律依据非常明晰。目前，一些工会组织仍然存在“重收轻管、重钱轻物”的现象，工会资产监督管理机构不健全，资产管理比较薄弱。

工会经审会在对工会资产进行审查时要着重注意以下五个方面：第一，工会资产监督管理机构是否健全，人员是否配备；第二，工会资产管理制度是否完善、有效；第三，涉及工会资产的重要项目和重大投资决策是否经集体决策程序通过；第四，工会资产管理部门是否定期向工会经审会报告上年度工会资产的监督管理情况；第五，有关工会资产的审查、审计意见是否已及时整改。

（四）其他重要事项

1. 专项资金管理和使用。近年来，中央及地方各级财政，全国总工会、省级总工会及地方各级工会拨付的困难职工帮扶资金、送温暖资金、劳动模范资金等具有专门用途的资金越来越多。这些专项资金尤其是中央下拨的帮扶专项资金，充分体现了党和政府以及各级工会对困难职工的重视和关心，体现了以人为本的思想。各级工会经审会应采取多种形式，加大对各类专项资金的审查监督力度，确保专款专用。

审查时要重点注意：专项资金管理和使用制度是否健全；专项资金的收付是否及时，是否专款专用；专项资金的发放是否为实名制，手续是否齐全；专项资金是否存在转结余，转各类基金会，改变资金用途或跨年度使用的行为；困难职工帮扶中心（或职工服务中心）是否运转正常，管理有序；档案管理是否科学、规范。此外，各级工会经审会可以采取交叉互审等方式不断加强对专项资金管理和使用情况的监督。

2. 重大项目及其他事项。工会经审会在抓好日常审查监督的同时，应加大对经费投入多、风险较大的重大项目的审查监督。从以往的经验教训来看，这是风险点，是最容易出问题的地方。无论是从促进工会系统党风廉政建设的需要出发，还是从保护爱护工会干部的目的出发，工会经审会都应切实履行审查监督职责。建设项目尤其是重大建设项目，从决策、立项、招标、预算到竣工决算和验收，工会经审会应全过程跟踪审查、审计。必要时，可以专门召开工会经审会相关会议，听取同级工会有关主管部门负责人和分管领导的汇报并提出质询。

此外，国家和上级工会在全国范围或一定范围内开展检查调查事项，如财务大检查、审计调查等，工会经审会应积极参与并完成。本单位有关部门或其他单位需要工会经审会帮助完成审查范围内有关事项的查证，工会经审会应予以积极配合。

三、工会经费审查的方式

工会经费审查方式是工会经审会或工会经审会常委会依照国家有关法律法规、政策和各级工会及其经审会制定的关于工会经费审查监督的文件、规定，进行审查监督的活动形式。主要包括会议审查，事前、事中和事后审查以及全面、重点和专项审查。

（一）会议审查

会议审查是指以召开会议的形式进行的审查，即工会经审会依照有关规定和程序召开全委会会议或常委会会议，听取汇报，就有关事项进行审议、发表意见或建议并作出相应的决议。

会议审查是工会经费审查的基本方式，上至全国总工会经审会，下至基层工会经审会，都会以召开会议的形式对工会经费进行审查。工会经审会在对年度经费预算执行情况进行审查时必须以审计为基础，应首先听取工会经审会办公室关于工会经费预算执行情况的审计报告，绝不能“以会代审”。

（二）事前、事中和事后审查

1. 事前审查是指在经济活动发生前进行的审查。如对工会经费年度收支预算（草案）、经营目标、经济合同、重大投资决策和重大建设项目的预算审查等。事前审查对于节约开支降低成本，防止决策失误，保证未来经济活动的顺利实施具有积极作用，所以也可以称为防护性审查。

2. 事中审查是指在经济活动发生过程中进行的审查。例如，年中对工会经费预算执行情况的审查、对重大投资和基本建设项目的跟踪审查等。通过这种审查，可以对发生的偏差及时进行纠正、调整，从而保证经济活动按预期目标有效进行。

3. 事后审查是指在经济活动结束后进行的审查。例如工会经费年度收支决算审查等。

（三）全面、重点和专项审查

1. 全面审查是指对所有被审查对象或某一被审查对象的全部经济活动和有关资料进行的审查。

全面审查的对象包括：工会本级及其所属企事业单位；下一级工会及其所属企事业单位。此外，审查对象既可以是单位也可以是经济责任者。

全部经济活动即审查的客体，主要包括：经费预算的编制，追加调整和决算的编制，经费的“收、管、用”，资产变动，基本建设、重大项目投资决策和经济合同的签订，工会企事业单位的经营管理情况和工会其他附属机构的收支情况等。

2. 重点审查是指根据掌握的情况和工作需要，有计划有目的地将某项业务或某一问题列作重点开展的审查。在进行全面审查、局部审查、专题审查或日常工作过程中，如果发现了某一重要问题，而且查清这一问题对今后的工作至关重要，那么各级工会经审组织常常会将该类问题列作重点进行审查。

3. 专项审查是指针对某项业务进行的专门审查。工会经审会为充分掌握和了解某一事项的实际情况，以便为科学决策提供依据，在规定时间和特定范围内开展的专项业务审查。

思考题

1. 工会财务工作的特点是什么？
2. 基层工会经费的主要来源有哪些？
3. 工会经费审查方式有哪些？

第十六章

推进工会数智化建设

当今世界，新一轮科技革命和产业变革加速推进，数字经济正在成为重组全球要素资源，重塑全球经济格局，改变全球竞争格局的关键力量。顺时代之变，才能赢发展之机。新时代新征程，工会要树立“五化”思维，即以服务化为目标，以体系化为基础，以品牌化为推动，以创新化为关键，以数智化为支撑，积极推动各项业务工作。其中，数智化是手段，也是工会业务随社会演进变化的阶段目标，更是深化工会改革创新、提升工会工作效能和服务职工水平的一项新的重要举措。各级工会组织要把准时代脉搏，积极主动作为，抢抓人工智能“新赛道”，加快推动工会数智化建设进程。

第一节　推进工会数智化建设的时代背景

一、数字时代发展新趋势

随着数字技术日新月异，数字经济在飞速发展，数字技术支撑的新产品、新服务、新业态、新商业模式成为经济增长的主要贡献力量。数字技术与医疗、教育、交通、零售、制造等各行业深度融合，“云课堂”“云问诊”“云会展”“云旅游”纷纷上线，网络直播、共享员工等新就业形态劳动者不断涌现。在社会治理层面，各地政府积极利用移动互联网优势，加强移动政务建设，实施信息惠民工程。经过多年的跨越式发展，“数字中国”已经不仅是一个经济概念，而且是潜移默化渗透社会发展的每一个环节。数智化发展水平已经成为衡量一个国家现代化程度和综合实力的重要指标之一。

（一）数字经济点燃高质量发展新引擎

数字经济是指以计算机、移动互联网、云计算和人工智能技术为基础进行生产、交换、消费等各种经济活动的总和。数字经济发展速度之快、辐射范围之广、影响程度之深前所未有，正在成为重组全球要素资源、重塑全球经济结构、改变全球竞争格局的关键力量。

如今，数字经济一词已经成为各类规划文件中的关键词。将数字经济的理念和生产方式应用到国民经济的各个领域，也是时代发展和社会进步的必然要求。在“十四五”规划中，将“加快数字化发展建设数字中国”单独成篇，对未来数字中国建设做出了顶层设计。2021 年 11 月发布的《“十四五”信息通信行业发展规划》明确要求，要以 5G 等信息通信技术和数据要素为驱动力，聚焦交通、能源、制造、农业及水利、教育、医疗、文旅、社区、家居、政务等十大场景，拓展数字化生活、生产和社会公共治理领域新应用，加快数字化服务应用产业生态建设，打造海量数据和丰富应用场景优势，提升公共服务、社会治理等数字化智能化水平，推动数字经济和经济社会深度融合。2021 年 10 月 18 日，中央政治局就推动我国数字经济健康发展进行第三十四次集体学习，强调发展数字经济是把握新一轮科技革命和产业变革新机遇的战略选择。要站在统筹中华民族伟大复兴战略全局和世界百年未有之大变局的高度，统筹国内国际两个大局、发展安全两件大事，充分发挥海量数据和丰富应用场景优势，促进数字技术与实体经济深度融合，赋能传统产业转型升级，催生新产业新业态新模式，不断做强做优做大数字经济。可以看出，促进数字经济的发展已经作为国家发展战略，被明确认定为未来推动中国经济发展的重要手段。

（二）数字中国建设进程加快

党的二十大报告指出，高质量发展是全面建设社会主义现代化国家的首要任务。加快构建新发展格局，着力推动高质量发展，迫切需要我们顺应数智化发展趋势，为中国式现代化发展提供源源不竭的动力。

2023 年 2 月，中共中央、国务院印发《数字中国建设整体布局规划》（以下简称《规划》），这是党的二十大后，党中央在我国数字化发展领域作出的最全面擘画，从顶层设计的高度对数字中国建设作出了整体布局，提出了一系列目标任务和战略部署，标志着数字中国建设进入了整体推进的新阶段，有助于我国顺应数字化发展趋势，加快建设数字中国，为推进中国式现代化提供重要引擎。数字中国建设是以数字化和信息化为特征，以新发展理念为指引，以全面用数赋智为手段，以提高社会整体发展效率和提升人民幸福感为目标，以国家治理能力和治理体系现代化为支撑的一项社会主义现代化强国建设远景工程。《规划》对数字中国建设作出了“2522”的整体框架，不仅注重夯实数字基础设施和数据资源体系“两大基础”，而且涵盖政治、经济、文化、社会、生态文明“五位一体”的各个方面，强化数字技术创新体系和数字安全屏障“两大能力”，优化数字化发展国内国际“两个环境”。加强数字中国建设整体布局，是党中央作出的一项重大战略部署，是党面向第二个百年奋斗目标，适应当今世界发展大势，经过系统思考、深谋远虑所提出的一项管全面、管长远的重要任务。通过推动数字技术应用和理念创新，引领国家实现经济体系现代化、科技创新现代化、国家治理体系与治理能力现代化和人的现代化，探索出一条具有中国特色的中国式数字化发展新道路。在全力推进数字中国建设的大背景下，数字化场景不断丰富，各级工会应坚定科技化及数字化的脚步，加快推进工会数字化建设。因此，如何巧妙运用数字技术实现工会高效管理和服务职工精准直达，成为摆在各级工会面前的重要课题。

二、工会数智化建设的极端重要性和现实紧迫性

加快工会数智化建设，是新时代新征程推动工运事业和工会工作高质量发展的重要行动。

（一）贯彻落实党中央决策部署的必然要求

党的十八大以来，以习近平同志为核心的党中央，准确把握信息时代发展

大势，围绕加快建设网络强国数字中国作出一系列重大决策，实施一系列重大部署。数字经济正在成为重组全球要素资源，重塑全球经济格局，改变全球竞争格局的关键力量。要强化互联网思维，推进政府决策科学化，社会治理精准化，公共服务高效化。近年来，数字经济数字政府建设布局的力度越来越大，推进的步伐越来越快。2023 年 2 月，中共中央、国务院印发了《数字中国建设整体布局规划》。2024 年，《政府工作报告》中再次强调加快数字政府建设，深入推进数字经济创新发展，并作出了明确的部署。

2018 年 10 月 29 日，习近平总书记在同中华全国总工会新一届领导班子成员集体谈话时强调，要把网上工作作为工会联系职工、服务职工的重要平台，增强传播力、引导力、影响力。2023 年 10 月 23 日，习近平总书记在同中华全国总工会新一届领导班子成员集体谈话时强调，要创新工作方式，努力为职工群众提供精准、贴心的服务。近年来，全国总工会加快数字中国建设的步伐，先后发布《全国工会网络安全和信息化“十四五”规划（2021—2025）》《加快工会数字化建设工作方案》等工作蓝图，要求通过数智化手段扩大工会组织的覆盖面和影响力。各级工会要紧紧抓住数字技术变革机遇，充分释放数智化发展的放大叠加倍增效应，牢牢把握工会工作的主动权和主导权，不断巩固党执政的阶级基础和群众基础。

（二）高质高效服务职工群众的重要途径

数字经济的茁壮发展创造了大量的新业态和工作岗位，正在潜移默化地改变着传统意义上的经济社会运行方式，也深刻地影响着以劳资关系为代表的生产关系。其中，最为典型的就是因新技术发展而诞生的新就业形态。据统计，目前全国职工总数为 4.02 亿人，其中新就业形态劳动者就有 8400 万人，新就业形态劳动关系存在去合同化、松散式管理的特征，给基于传统劳动关系建立的工会会员管理和维权服务工作带来了新的挑战。

2024 年 5 月，习近平总书记在中央政治局第十四次集体学习时强调，加强灵活就业和新就业形态劳动者权益保障。这为做好新就业形态劳动者工会工作提出了新的更为紧迫的要求。与此同时，数字生活、数字服务等数字新生态层出不穷，职工群众的生活方式、诉求表达方式也发生了诸多的变化，由此带来了需求的含量增加、日益广泛和迭代升级。这就要求工会畅通对职工全天候服务的响应，及时供给，构建超度事前分层分类式的数字工会服务生态，使工会工作与时俱进，履行好维权服务基本职责的依然要求。各级工会要坚持以职工为中心的工作导向，广泛运用先进技术工具和方式，高度重视，通过数智化手段密切联系职工，积极教育职工，紧密团结职工，高效服务职工，切实发挥党联系职工群众的桥梁纽带作用。

（三）助力发展新质生产力的现实任务

全国总工会于2024年3月召开新质生产力工会行动研讨会，对如何认识新质生产力，工会助力发展新质生产力等重大课题提出要求。对工会来说，助力发展新质生产力，要把着力点放在培育壮大高素质劳动者大军这一最活跃最具有决定意义的因素上，以劳动者素质能力的跃升，促进技术发生革命性的突破。各级工会要通过推进工会数智化建设，转变工会传统的思维理念、工作方式和活动形式，全力培育适应发展新质生产力的数字型、创新型、复合型、高技能人才，引导职工积极拥抱新质生产力时代的新型生产关系，努力将新时代劳动者大军培养成为发展新质生产力的尖兵。

三、人工智能给工会工作数智化转型和发展带来全新机遇

人工智能是引领未来的战略性技术，将深刻改变人类社会生活、改变世界，也给工会工作高质量发展带来全新机遇。各级工会组织要积极敞开怀抱拥抱AI技术，坚持以习近平新时代中国特色社会主义思想为指导，深入学习贯彻习近平总书记关于工人阶级和工会工作的重要论述，在全国工会系统广泛深入应用人工智能，着力在维护职工合法权益、竭诚服务职工群众上取得明显进步，实现工会系统效率、能力的跃迁式提升。

（一）人工智能的演进与发展

人工智能技术是伴随着计算机技术的诞生和发展而出现的。1956年的夏天，美国科学家麦卡锡等人在达特茅斯学院召开的如何用机器模拟人的智能的研讨会上第一次提出了“人工智能”这个概念，标志着人工智能学科的诞生，发展到今天实际上已有70多年的历史。

纵观人工智能的发展史，在人工智能的发展进程中共掀起了三次浪潮。

1956年，伴随着“人工智能”概念的正式使用，人工智能的先驱艾伦·图灵提出了著名的“图灵测试”：将人和机器分开进行测试，如果30%以上的被测试者无法确定他面对的是人还是机器，这台机器就顺利通过测试，被认为具有人工智能功能。受图灵测试的刺激，全球范围内出现了第一波人工智能浪潮。在此阶段，研究方法方面符号主义方法盛行，数学证明、专家系统、知识推理等形式化的方法在人机交互过程中得到了广泛应用。但因为那个时候计算机和互联网技术刚刚起步，运算速度有限，在很大程度上制约了人工智能的发展。

进入20世纪80年代之后，人工智能出现了第二次浪潮。因为传统的符号

主义学派发展缓慢，有研究者尝试使用基于概率统计模型的新方法，促使语音识别、机器翻译实现了进一步发展。在模式识别领域，人工神经网络大放异彩。在这个阶段，由于数据量不足，再加上测试环境有限，人工智能只限于学术研究，没能走出实验室，不具备实用价值。

2006 年，欣顿等人提出深度学习技术掀起了人工智能的第三次浪潮。2015 年，在图像识别领域，基于深度学习的人工智能算法的准确率首次超过了人类肉眼识图的准确率，人工智能实现了飞跃式发展。随着机器视觉研究领域的突破，在语音识别、自然语言处理、数据挖掘等领域，深度学习都取得了突破性进展。现阶段，在各种利好条件的加持下，人工智能走出实验室，正式进入市场，实现了产业化。2017 年，无人驾驶、搜索引擎、智能助理、机器人、新闻推荐与撰稿等应用相继进入人们的日常工作和生活，所以 2017 年又被称为人工智能产业化元年。

（二）生成式人工智能的出现和应用

2023 年，ChatGPT-4 的横空出世，从一个侧面给我们当今所处的数智化时代标注了生动的注脚，丰富了我们寻常百姓的话语体系，同时也带火了生成式人工智能。生成式人工智能可以模仿人类的创造力和想象力，是一种能自主产生文字、图像、音乐、视频等多种形式的人工智能，具有自主学习能力是生成式人工智能的主要标志，也是生成式人工智能与之前人工智能最大的区别。

生成式人工智能的关键在于它们的架构和数据是巨大的。尽管被提供了大量的数据，但由于计算的兴起，我们可以设计深度神经网络，自然语言处理模型，生成对抗网络或变分自编码器，其能力能够对数据的复杂性建模，而不会受到欠拟合的影响。由于它们能够对具体或一般领域的语言或照片的高维概率分布进行建模，如果它们得到生成模型的补充，将照片语言的潜在高维语义空间映射到文本、音频或视频的多媒体表示，我们就可以将文本等任何输入格式映射到视频等任何输出格式。从这个意义上说，这项技术的应用是无穷无尽的，因为我们可以训练一个模型，从不同的多媒体输入格式（如文本）生成真正不同的多媒体格式，如视频、音频或文本。

现阶段的生成式人工智能既有通用的人工智能，也有专用的人工智能，像我们的语音转换，视觉检测，这些都是通用的人工智能。而在特定领域的应用，如智慧教育、智慧医疗、智慧交通等领域，都需要有专用的人工智能模型和方案。具体到工会工作领域，要想让人工智能与工会工作深度融合，这就需要打造出符合工会工作需要的人工智能的新模型、新场景、新方法，让人工智能最大限度为新时代工会工作赋能。

（三）将人工智能广泛应用于工会工作的全过程各方面

2023 年 12 月，全国总工会召开会议，启动了应用人工智能行动，对工会系统应用人工智能提出总体构想，意味着推动人工智能在全国工会系统广泛应用驶入快车道，工会服务亿万职工群众的总能力和总水平将获得进一步提升。

2024 年 1 月，全国总工会正式发布《全国总工会广泛应用人工智能行动》，从指导思想、行动目标、行动口号等方面提出总体要求，明确了工会系统应用人工智能的重点场景和主要任务，并对组织实施提出要求，致力于推动各级工会在维护职工合法权益、竭诚服务职工群众上取得明显进步，实现工会系统效率、能力的跃迁式提升。人工智能在全国工会系统的推广使用，正是人工智能在专用型发展路线上的一个典型代表，也体现出国内新一代人工智能技术逐渐进化到了可用阶段。

根据《全国总工会广泛应用人工智能行动》，2024 年是人工智能积极应用年，即试行上线服务亿万职工群众“职工之家”App，初步做到全维、全时、智能服务职工；初步实现工会工作线上线下智能化转型，工会系统工作总效率、总能力大幅提升。2025 年是广泛应用年，即正常运行服务亿万职工群众“职工之家”App，基本做到全维、全时、智能服务职工；基本实现工会工作线上线下智能化转型，工会系统工作总效率、总能力有更大提升。

要想让人工智能充分为工会工作赋能，就要想办法让人工智能和工会工作深度融合，在以下两大重点应用场景有所突破。一是“AI+ 服务”，即创建服务亿万职工群众需求、集成各级工会全部服务内容的智能化服务，当前重点做好智能职工法律援助、智能 12351 维权服务、智能职工创新创业辅助、智能职工生活助手、智能职工健康、智能职工教育培训、智能职工文化艺术等。二是“AI+ 办公”，即最广泛推动人工智能在工会办公系统全过程全方位应用，当前尤其是智能公文写作辅助、智能业务辅助、智能知识管理辅助、智能办公、智能工具方法辅助等。

要想更巧妙熟练地运用人工智能赋能工会工作，就要弄明白 AI 赋能的技术逻辑。人工智能跟各领域的结合主要有三个驱动因素。一是基础数据，现阶段的人工智能模型往往都是与海量的数据密不可分的。所以要让人工智能赋能工会工作，也需要有海量的基础数据作为支撑。二是算法模型，现阶段人工智能有一个局限性，就是缺乏专用的模型，虽然通用模型有很多，但在不同的应用场景下，我们需要有专门针对这个应用场景的算法模型。所以，要加快建设中国工会语料库，训练工会大模型，研发服务职工群众和工会工作者的人工智能应用基础系统。三是应用场景，没有应用场景，一切都是空谈。所以各级工会要在“AI+ 服务”“AI+ 办公”两大重点应用场景上下功夫，并分层分类开展理念、知识、技能培训，推动工会工作者普遍掌握人工智能并熟练运用。

第二节　人工智能与工会工作融合的重点应用场景

通过工会专用大模型的开发和反复预训练，人工智能技术将在全国工会系统广泛应用，赋能新时代新征程工会工作高质量发展。2024 年 7 月 1 日，全国工会的枢纽型数智化平台“职工之家”App 上线试运行，全国总工会通过这个平台将实现“全国连通、一端尽享”，确保工会工作直达亿万职工群众。

一、“AI+ 服务”

（一）“AI+ 创新创造”

在当前快速发展和日益激烈的竞争环境中，创新创造成为推动社会进步和经济发展的重要动力。通过利用人工智能技术，工会可以更加有效地激发职工的创新精神和创造力，促进企业的可持续发展和职工的个人成长。

1. 智能教育培训与技能提升。人工智能技术可以提供智能教育培训解决方案，帮助职工提升创新创造能力。人工智能通过对职工的学习能力、兴趣和需求进行深入分析，可以为每个职工定制个性化的学习计划，推荐合适的学习资源，从而提高学习效果和效率。同时，人工智能还可以实时监测职工的学习进度，提供及时反馈，帮助职工在学习过程中不断调整和优化。此外，人工智能还可以协助工会开展在线培训、模拟演练等多样化的教育培训活动，为职工提供更加灵活、便捷的学习方式。

2. 智能创新平台与协作工具。人工智能可以协助工会搭建智能创新平台，为职工提供一个自由交流、合作创新的空间。在这个平台上，职工可以发布自己的创新想法和项目，寻找合作伙伴和资源支持。人工智能可以通过智能匹配和推荐算法，帮助职工找到志同道合的合作伙伴并提供有价值的资源，促进创新项目的孵化和实施。同时，人工智能还可以提供智能协作工具，如项目管理、在线协作等，帮助团队成员更加高效地协作和创新。这些工具可以实时跟踪项目进度，提供有价值的见解和建议，促进团队的创新创造能力提升。

3. 智能分析与预测。人工智能技术可以通过对大量数据深度的分析和挖掘，激发职工的创新创造潜力。工会可以借助人工智能对职工的工作表现、学习成果、创新项目等进行全面分析，从而更准确地了解职工的创新创造能力和发展方向。基于这些数据，工会可以为职工提供更加个性化的发展建议和支持，促使职工的创新创造能力提升。同时，人工智能还可以预测未来市场趋势和技术发展方向，为工会和职工提供有价值的参考信息，引导职工关注前沿技术和市场动态，激发创新思维和创造力。

4. 智能知识产权保护与管理。人工智能可以帮助工会加强知识产权保护工作，使职工的创新创造成果得到保障。通过利用人工智能技术对创新成果进行智能识别和分类，可以快速发现和处理侵权行为，维护职工的合法权益。同时，人工智能还可以提供知识产权管理的智能化解决方案，如专利申请、版权登记等流程的自动化处理，提高知识产权的管理效率和质量。此外，人工智能还可以协助工会开展知识产权培训和宣传活动，提高职工的知识产权意识和保护能力。

5. 智能激励与评估机制。人工智能通过对职工的创新成果进行客观、公正的评估，可以为工会提供有价值的参考信息，帮助工会更准确地了解职工的创新创造能力和贡献。同时，人工智能还可以根据职工的创新创造能力和表现，为职工提供个性化的激励措施和发展建议，如晋升机会、奖金奖励等，激发职工的创新创造动力。此外，人工智能还可以协助工会开展劳动和技能竞赛、“四技”“五小”“两比”活动，为职工提供更多的创新实践机会和展示平台。

（二）“AI+ 前置维权”

维护职工合法权益是工会的基本职责，也是工会一项重点工作。现有的维权模式是当职工有了维权方面的需求，可以通过 12351 工会服务职工热线或一些线下的途径向工会寻求帮助，这种模式很有效，但它是一种后置模式，其弊端就是当职工找到工会需要维权时，往往是矛盾激化到一定程度，不可调和的时候才来寻求工会的帮助。而有了人工智能等技术的加持，就可以通过建立分析研判模型，预先对职工维权需求进行精准识别，这样工会就可以在矛盾还没有激化的时候预先介入，将一些原来可能激化的矛盾消除在萌芽阶段，有效防范和化解劳动关系风险和矛盾，这就是工会维权的前置模式。

1. 风险预警与监测。人工智能技术可以通过对历史数据的深度学习和分析，建立劳动关系风险预警模型。这些模型可以实时监测企业的劳动关系状况，包括职工满意度、薪资福利、工作时长、劳动争议等方面的数据。当这些数据出现异常波动时，人工智能可以及时发出预警，提醒工会关注潜在的风险和矛盾。通过风险预警，工会可以提前介入，采取相应的措施，防止风险和矛盾的进一步升级。

2. 智能分析与决策支持。人工智能可以对大量的劳动关系数据进行分析和挖掘，发现其中的规律和趋势，为工会提供有价值的决策支持。例如，通过对职工满意度数据的分析，工会可以了解职工对工作环境、薪资福利等方面的需求和诉求，从而制定合理的政策和措施，提高职工的满意度和忠诚度。同时，人工智能还可以为工会提供相关的法律法规和案例支持，使工会在处理劳动关系问题时更加准确、高效。

3. 智能调解与协商。当出现劳动关系风险和矛盾时，人工智能可以提供智能调解方案。通过对双方当事人的诉求和争议焦点进行分析，人工智能可以提出合理的调解建议，帮助双方达成和解。同时，人工智能还可以协助工会进行集体协商。收集并分析协商事宜的具体情况、通过协商达成共识，强化事中事后监督、为工会提供监督渠道，推动协商成果落地见效。

4. 自动化流程管理。人工智能可以帮助工会实现劳动关系管理的自动化和智能化。通过自动化的流程管理，可以减少人为干预和错误，提高管理效率和质量。例如，人工智能可以协助工会进行劳动合同的签订、变更和解除等流程管理。通过自动化的合同管理系统，可以确保合同的准确性和一致性，减少因合同管理不当而引发的劳动关系风险和矛盾。

5. 个性化服务与职工关怀。每个职工的劳动关系问题都有其特殊性。人工智能可以通过对职工的个人信息和历史数据进行深度学习和分析，为每个职工提供个性化的服务。例如，针对职工的个人特点和需求，提供定制化的劳动合同、培训计划和福利待遇等。同时，人工智能还可以通过对职工的心理健康、工作压力等方面的数据进行监测和分析，为工会提供职工关怀的建议和措施，提高职工的幸福感和归属感。

（三）“AI+ 精准服务”

人工智能在工会精准服务职工群众方面的应用，已经成为提升服务质量、满足职工群众个性化需求的重要手段。随着人工智能应用的普及，工会可以为职工群众带来更高效、精准和人性化的服务体验。

1. 智能需求分析。人工智能技术可以通过自然语言处理和数据挖掘等技术，对职工群众的需求进行智能分析。工会可以利用人工智能工具收集职工群众的反馈和建议，自动识别和提取关键信息，快速了解职工群众的需求和关注点。同时，人工智能还可以分析职工群众的行为数据和历史记录，收集他们的潜在需求和爱好，为工会提供更全面、更准确的需求洞察。

2. 个性化服务定制。基于智能需求分析的结果，工会可以借助人工智能为每位职工提供个性化的服务。通过机器学习算法和大数据分析技术，人工智能可以根据职工群众的个人特征、职业背景、兴趣爱好等信息，为他们定制专属的服务方案。例如，为不同职业群体的职工提供针对性的培训课程、职业发展建议等。这种个性化的服务方式能够更好地满足职工的需求，提升他们的满意度和关注度。

3. 智能推荐系统。人工智能可以构建智能推荐系统，为职工提供个性化的信息和资源推荐。通过分析职工的历史行为数据和偏好信息，人工智能可以预测他们可能感兴趣的内容，并为他们推荐相关的培训课程、活动信息等。这种智能推荐的方式不仅提高了信息推送的针对性和有效性，也节省了职工的时间和精力。

4. 情感关怀与支持。工会作为职工群众的“娘家人”“贴心人”，需要及时关注职工群众的情感状态和需求。人工智能可以通过情感分析技术，识别和分析职工在社交媒体、论坛等渠道的情感表达，了解他们的情绪变化和需求变化。同时，人工智能还可以提供智能聊天机器人等工具，为职工群众提供情感倾诉和安慰的渠道，帮助他们缓解工作压力和负面情绪，让职工群众感受到更多的关怀和温暖。

5. 智能决策辅助。在工会服务职工群众的过程中，经常需要做出各种决策，如资源分配、活动安排等。人工智能可以通过智能决策辅助技术，为工会提供数据驱动的决策支持。通过分析历史数据、模拟不同决策方案的可能结果等方式，人工智能可以帮助工会制定更科学、更合理的决策方案。同时，人工智能还可以实时监测和评估决策执行的效果，及时调整和优化决策，确保服务的精准性和有效性。

6. 服务效果评估与优化。为确保服务的精准性和有效性，工会需要定期评估服务效果并进行优化。人工智能可以通过数据挖掘和分析技术，对服务数据进行深入挖掘和分析，识别出服务的关键指标和影响因素。同时，人工智能还可以利用可视化技术将分析结果以直观的形式展现出来，帮助工会快速地了解服务效果和改进方向。基于这些分析结果，工会可以有针对性地优化服务流程和内容，从而提高服务质量和效率。

二、“AI+ 办公”

人工智能技术的应用在帮助工会组织提高办公效率方面扮演着越来越重要的角色。

（一）自动化工作流程

工会日常工作中涉及大量的重复性、标准化任务，如会员注册、文件审批等。人工智能技术可以通过自动化流程，减少人工操作，提高工作效率。例如，使用智能表单和机器人流程自动化（RPA），人工智能可以自动完成数据录入、文件传递等任务，释放工作人员的时间和精力，使他们专注于更具创造性的工作。

（二）智能文件管理

工会经常需要处理大量的文件和资料，包括会员登记表、政策文件等。人工智能可以通过自然语言处理和光学字符识别（OCR）技术，自动提取、整理和分类文档中的关键信息，实现文件的数智化和智能化管理。这不仅提高了文件检索和调用的效率，也减少了纸质文件的使用，降低了成本。

（三）优化会议效率

人工智能技术可以显著提高工会会议的效率和效果。通过智能语音识别和转录技术，人工智能可以实时记录会议内容并生成文字记录，方便参会者回顾和整理。此外，人工智能还可以通过分析会议讨论的数据，提供议题聚焦、时间管理等建议，帮助工会更有效地组织和进行会议。

（四）智能数据分析与报告生成

工会需要定期向上级组织汇报工作，接受职工群众监督。AI 可以通过大数据分析技术，自动整合和分析工会的工作数据，生成直观的数据可视化和分析报告。这不仅提高了报告的准确性和效率，也帮助工会更好地理解和评估自身的工作效果。

（五）优化工会财务管理

1. 财务数据处理自动化。传统的工会财务管理涉及大量的数据录入和处理工作，耗费大量人力和时间。利用人工智能技术，可以实现财务数据处理的自动化。通过智能识别技术，自动识别并提取财务数据中的关键信息，减少人工干预，提高财务数据处理的效率和准确性。

2. 财务风险预警。人工智能技术可以通过对历史财务数据的分析，建立风险预警模型。这些模型可以实时监测工会的财务状况，发现潜在的财务风险，并及时发出预警。这有助于工会及时采取措施，降低风险，保障资金安全。

3. 财务决策支持。通过对大量财务数据的深度学习和分析，人工智能可以为工会提供有价值的财务决策支持。例如，通过对历史财务数据的挖掘和分析，预测未来的收入、支出和现金流等趋势，为工会制订合理的财务计划和策略提供依据。

（六）保障信息安全

在数智化办公中，信息安全至关重要。人工智能可以通过智能安全防护技术，如入侵检测、恶意软件分析等，实时监测和防范网络攻击和数据泄露风险。同时，人工智能还可以帮助工会建立完善的数据管理和隐私保护机制，确保会员和职工的信息安全。

第三节　工会干部数智化思维的培养和提升

一、树立用户思维

用户思维，顾名思义，就是站在用户的角度来思考问题，因为用户才是真正的“上帝”。互联网时代，“好评”权在用户手里，只有做到一切“以用户为中心”，针对用户的各种个性化、细分化需求量身设计产品服务，才能给予用户最完美的体验，从而赢得更多的用户。

工会的“用户”是广大职工群众，因此，要想做好工会网上工作，就必须树立“职工第一”的基本准则，以职工需求为导向，当好职工群众的网络宣传员、联络员、服务员，千方百计为广大职工提供最优质的服务，给到职工最好的用户体验。职工的“拍手叫绝”才是数智工会建设的永恒追求。

要想真正把“用户思维”落到实处，数字工会的建设就必须按照“你需要什么服务，我就能提供什么服务”的准则，主动整合各类社会资源，给职工提供高效、实时、精准直达的“一终端全维化”服务，甚至让他们收获一些意想不到的超值服务，让工会网上工作品牌深入职工内心。

（一）转变工作理念，增强服务意识

工会数智化转型过程中，最关键的就是工会干部需转变思维方式和工作理念，树立全心全意为职工服务的意识。一是坚持以职工为本，按照职工的真实愿望和实际需求来设定服务内容，真心实意帮助职工解决实际困难。二是坚持数智工会建设应用与提高职工生活水平同步发展，让更多的职工群众共享发展成果。尤其要做到“眼睛向下，面向基层”，打通服务基层职工“梗阻”，当好“全天候职工保姆”才是数智工会建设的意义所在。三是提高职工在数智工会建设过程中的参与度，请他们提出宝贵的意见和建议，不断优化升级数智工会的服务能力。

（二）不断加强学习，提升综合素养

数智工会建设过程中，工会干部必须及时充电，弥补自己的知识盲区，尤

其是对于自己不熟悉的业务领域，一定要补齐短板，高效实现认知升级，为广大职工群众带来更优质的服务。一要精学业务知识和技能。作为工会干部，应该督促自己及时学会如何应用工会新媒体平台为职工群众提供服务。二要“挤”出碎片化的时间随时随地“想学就学”。基层工会干部往往身兼数职，工学矛盾突出，这就要求工会干部充分利用业余时间勤奋学习，特别是充分利用全国工会干部教育培训网、学习强会等线上课程资源给自己及时充电。三要积极参加各类工会业务培训。通过学习、交流，反思自己在数智工会建设层面认知的不足，吸收他人的先进理念和实战经验，总结出适合自己的行之有效的方法，不断提高自己的综合素质，从而提升网上服务职工群众的能力。

（三）创新服务方式，提升工作效率

数智工会建设一再强调要与时俱进，顺势而为，不断创新工作模式，寻找服务职工最有效的形式和方法，提升工作质效。一是紧紧围绕企事业单位工会中心工作，积极探索能提升职工参与度的活动形式。二是紧密切合职工的实际需要，深入职工群众中去，了解他们的所思所想、所愿所盼，及时准确掌握职工队伍状况和思想动态，始终把职工的安危冷暖放在心上，融入职工、服务职工，切实解决他们的实际困难，切实提升数字工会精准服务职工的有效性。

二、树立服务思维

服务思维，简单来说，就是把优质服务自觉融入产品品质、品牌中，在服务中塑造品牌形象，使用户认同自己的品牌和服务，这才是服务思维的真谛所在。也就是说，不仅产品本身有价值，服务本身也是有价值的，而且，在一定程度上，服务的价值承载着产品的价值。有企业家这样说道：“服务才是全世界最贵的产品。”由此可见，优质服务是保持工会生命力的基础和关键。

优质的服务，是增强用户黏性、提升用户忠诚度的最佳途径，也是赢得职工信任的最有效砝码。提升服务职工的质量核心在于“利他”，先从深度理解职工的真实需求出发，思考能给职工带来什么，再思考应提供的服务模式。

（一）深入职工工作生活，挖掘鲜活生动素材

数字时代，需要关注行业最新动态，捕捉职工工作生活中的新鲜事，创造出来一些与他们息息相关的“接地气”的原创内容，让职工感觉从中可以获得别处没有的内容体验。这就要求工会干部有高度的敏锐性，在内容选取方面不仅要注意选题的热点性、普适性、大众性，更要注重表达方式上的趣味性、娱乐性、时尚性，也就是尽可能做到耐看、好玩、实用。发布的内容要尽量保持原创，增加内涵的同时要提升品位，切忌低俗，但也不能过于高雅、深奥，雅

俗共赏、打动人心，才最受欢迎。

（二）适应职工多样需求，灵活创新表达方式

数字时代，随着智能移动通信设备的成熟完善，职工的阅读习惯发生了改变，现如今，使用手机、PAD 等终端阅读的职工比例达到 90% 以上。与传统阅读不同的是，手机阅读是一种快速浏览的浅阅读方式，多是利用碎片化的时间阅读零散性信息，阅读过程中很难融入过多的主观思考。因此，工会的线上平台在筛选和发布信息时必须灵活创新表达方式，迎合当下职工的阅读需求，尽量用最简单最通俗易懂的表达方式，让阅读更轻松有趣。但同时也要注意，发布的信息在内容上不能太过肤浅，因为工会网上工作一定程度上起到职工思想政治引领的作用，因此，选取的素材要有代表性，且有一定的深度，起到弘扬主旋律，传播正能量的积极作用。

（三）鼓励职工参与创作，内容丰富更接地气

随着数字经济深入发展，“众创”已经成为一种很流行的且具有普适性的创作方式，尤其是深受年轻人的喜爱，如知名的 App“知乎”“豆瓣”“小红书”等平台上的内容都是“众创”而成。受此启发，工会线上平台在发布消息时，不妨也试试“众创”，吸引广大职工群众参与进来，特别是青年职工，使平台上的内容更精彩、更丰富、更接地气、更贴近职工，也能吸引更多粉丝的关注和支持。相比于年龄较大的老员工，年轻职工往往思维更灵活，更富有创造力。因此，我们可以鼓励青年职工大胆尝试，放开创作，进一步释放青年职工的活力和创造力，让工会数字资源更形式多样、更鲜活生动。

思考题

1. 人工智能的快速发展给工会工作高质量发展带来什么样的机遇和挑战？
2. 人工智能和工会工作深度融合的应用场景有哪些？
3. 工会干部应如何培养数智化思维？

第十七章

工会保障工作

2024年7月，党的二十届三中全会审议通过《中共中央关于进一步全面深化改革、推进中国式现代化的决定》，指出在发展中保障和改善民生是中国式现代化的重大任务。工会保障工作事关广大职工最关心、最直接、最现实的利益，做好工会保障工作，对于工会切实履行维护职工合法权益、竭诚服务职工群众的基本职责，维护职工队伍和社会的稳定，促进社会主义和谐社会建设具有重要意义。

第一节　职工社会保险

一、职工社会保险的概念及基本特征

（一）职工社会保险的概念

职工社会保险是指国家通过立法，多渠道筹集资金，对参保职工在年老、疾病、工伤、失业、生育等情况下依法提供物质帮助，以使他们能够享有基本生活保障的一项社会保障制度。职工社会保险是国家对职工应履行的社会责任，也是职工应该享受的基本权利。

（二）职工社会保险的性质

1. 强制性。强制性是指国家通过立法强制实施，劳动者只要符合法律规定，都必须参加社会保险，按照规定履行缴纳保险费的义务，用人单位必须依法为职工缴纳社会保险费，维护职工的基本权益。社会保险的强制性，旨在保障劳动者的收入安全。

2. 保障性。保障性就是在劳动者丧失劳动能力或遇到其他特定情况（如失业、生育等）时，保障其基本生活需要，仍能维持基本生活，从根本上安定社会秩序。这是实施社会保险的根本目的。

3. 福利性。福利性是指社会保险不以营利为目的，以最少的花费，解决最大的社会保障问题。社会保险除了有现金给付的方式以外，还有医疗护理、职业康复、职业介绍等保障方式。

4. 社会性。社会性也称普遍性，它是指社会保险应尽可能在全社会普遍实施，使覆盖面尽可能涵盖所有的劳动者，以至全体社会成员。

二、职工社会保险的基本形式

（一）职工基本养老保险

职工基本养老保险是职工依法参保并缴纳费用，达到待遇领取条件后，国家依法提供物质帮助，以保证职工因年老而退出劳动后，能够保障其基本生活的一种社会保险制度。

1. 参保对象。城镇职工应当参加基本养老保险，由用人单位和职工共同缴纳基本养老保险费。无雇工的个体工商户、未在用人单位参加基本养老保险的非全日制从业人员以及其他灵活就业人员可以参加基本养老保险，由个人缴纳基本养老保险费。

2. 缴费基数和比例。2019 年国务院印发《降低社会保险费率综合方案》后，用人单位缴费比例按 16% 执行，记入基本养老保险统筹基金。职工缴费比例为本人工资的 8%，记入个人账户。职工月平均工资超过当地职工平均工资的 300% 以上部分，不计入缴费基数；低于当地职工平均工资 60% 的，按 60% 计算缴费基数。

基本养老金由统筹养老金和个人账户养老金构成。个人账户储存额的多少，取决于个人缴费额和个人账户基金收益。个人账户基金只能用于职工养老，不得提前支取。职工跨统筹范围流动时，个人账户随同转移。参保人死亡的，个人账户余额可以继承。

3. 待遇享受。职工按月领取基本养老金应当具备两个条件：一是达到法定退休年龄；二是累计缴纳养老保险费满 15 年。达到法定退休年龄时累计缴费不足 15 年的，可以缴费至满 15 年，按月领取基本养老金；也可以申请转入城乡居民养老保险，待达到城乡居民养老保险规定的领取条件时，按照城乡居民养老保险办法计发相应待遇。参加基本养老保险的个人，因病或者非因工死亡的，其遗属可以领取丧葬补助金和抚恤金；在未达到法定退休年龄时因病或者非因工致残完全丧失劳动能力的，可以领取病残津贴。所需资金从基本养老保险基金中支付。

4. 关系转移接续。个人跨地区就业的，其基本养老保险关系随本人转移，缴费年限累计计算。个人达到法定退休年龄时，基本养老金分段计算、统一支付。

（二）职工基本医疗保险

职工基本医疗保险是指国家立法规范并运用强制手段，向法定范围内的职工，提供必要的疾病医疗服务和经济补偿的一种社会保险制度。

1. 参保对象。按照《国务院关于建立城镇职工基本医疗保险制度的决定》，城镇所有用人单位，包括企业（国有企业、集体企业、外商投资企业、私营企业等）、机关、事业单位、社会团体、民办非企业单位及其职工，都要参加基本医疗保险。

2. 缴费比例。基本医疗保险费用由用人单位和职工共同缴纳，其中用人单位缴费率控制在职工工资总额的 6% 左右，职工缴费率一般为本人工资收入的 2%，各地可根据当地经济发展情况适当调整缴费标准。中国的城镇职工基本医疗保险实行统筹基金与个人账户相结合模式。在职职工个人账户由个人缴纳的基本医疗保险费计入，计入标准原则上控制在本人参保缴费基数的 2%，单位缴纳的基本医疗保险全部计入统筹基金；退休人员个人账户原则上由统筹基金按定额划入，划入额度逐步调整到统筹地区根据《关于建立健全职工基本医疗保险门诊共济保障机制的指导意见》实施改革当年基本养老金平均水平的 2% 左右。

3. 待遇享受。用人单位和（或）职工按规定参加职工基本医疗保险，即可按规定享受职工基本医疗保险待遇。参加职工基本医疗保险的个人，达到法定退休年龄时累计缴费达到国家规定年限的，退休后不再缴纳基本医疗保险费，按照国家规定享受基本医疗保险待遇；未达到国家规定年限的，可以缴费至国家规定年限。参保人员发生符合基本医疗保险药品目录、诊疗项目、医疗服务设施标准以及急诊、抢救的医疗费用，按规定从职工基本医疗保险基金中支付。

2021 年 4 月，国务院办公厅印发《关于建立健全职工基本医疗保险门诊共济保障机制的指导意见》（以下简称《意见》），将门诊费用纳入职工医保统筹基金支付范围，改革职工医保个人账户，建立健全门诊共济保障机制，提高医保基金使用效率，逐步减轻参保人员医疗费用负担，实现制度更加公平更可持续。《意见》指出，逐步将多发病、常见病的普通门诊费用纳入统筹基金支付范围，普通门诊统筹覆盖职工医保全体参保人员，政策范围内支付比例从 50% 起步。同时，规范个人账户使用范围，个人账户主要用于支付参保人员在定点医疗机构或定点零售药店发生的政策范围内自付费用。可以用于支付参保人员本人及其配偶、父母、子女在定点医疗机构就医发生的由个人负担的医疗费用，以及在定点零售药店购买药品、医疗器械、医用耗材发生的由个人负担的费用。探索个人账户用于配偶、父母、子女参加城乡居民基本医疗保险等的个人缴费。

（三）失业保险

失业保险是指国家通过立法强制缴费建立基金，对因失业而暂时中断生活来源的劳动者提供物质帮助的一项社会保险制度。失业保险为失业者提供生活保障，并通过转业培训、在职培训和职业介绍等方式促进再就业。

1. 覆盖范围。1999 年国务院颁布施行的《失业保险条例》，将“待业保险”正名为“失业保险”，并且将失业保险制度的覆盖面扩大到所有企业、事业单位，明确规定城镇各类企业以及事业单位职工都要参加失业保险，并按规定缴纳保险费。社会团体及其专职人员、民办非企业单位及其职工、城镇中有雇工的个体工商户及其雇工是否适用《失业保险条例》，由各省级人民政府确定。

2. 缴费比例。近年来，失业保险费率不断下调。2015 年，失业保险费率由 3%降低至 2%，2016 年降低至 1.5%，2017 年降低至 1%之后，根据《人力资源社会保障部、财政部、国家税务总局关于阶段性降低失业保险、工伤保险费率有关问题的通知》的要求，自 2023 年 5 月 1 日起，继续实施阶段性降低失业保险费率至 1% 的政策，实施期限延长至 2024 年底。在省（区、市）行政区域内，单位及个人的费率应当统一，个人费率不得超过单位费率。2024 年，《人力资源社会保障部、财政部、国家税务总局关于延续实施失业保险援企稳岗政策的通知》将该政策再延长一年，至 2025 年底。目前，多数地方现行失业保险缴费比例是单位 0.5%，个人 0.5%。

3. 待遇享受。参保缴费 1 年以上，非因本人意愿中断就业的失业人员，在失业期间可凭社会保障卡或身份证件向失业保险经办机构申领失业保险金，失业人员失业前所在单位和本人按照规定累计缴费时间决定其失业保险金的领取时间。失业人员失业前所在单位和本人按规定累计缴费时间满 1 年不足 5 年的，最长不超过 12 个月；满 5 年不足 10 年的，最长不超过 18 个月；10 年以上的，最长不超过 24 个月。重新就业后，再次失业的，缴费时间重新计算，领取失业保险金的期限与前次失业应当领取而尚未领取的失业保险金的期限合并计算，最长不超过 24 个月。劳动者在职期间参加失业保险、失业后符合领取失业保险金条件的，同时享受代缴职工基本医疗保险费的待遇。失业人员在领取失业金期间，应当缴纳的基本医疗保险费从失业保险基金中支付，个人不缴纳。失业人员在领取失业保险金期间死亡的，参照当地对在职职工死亡的规定，向其遗属发给一次性丧葬补助金和抚恤金。

（四）生育保险

生育保险是国家为了保障妇女劳动者因生育子女而暂时丧失劳动能力和正常收入来源时的基本生活需要，而向其提供物质帮助和医疗保健服务的一项社会保险制度。

1. 覆盖范围

我国的生育保险制度覆盖范围为中华人民共和国境内一切国家机关、人民团体、企业事业单位的职工。2019 年起，生育保险和职工医保合并实施后，参加职工基本医疗保险的在职职工同步参加生育保险。

2. 基金管理

2019 年 3 月，国务院办公厅印发《关于全面推进生育保险和职工基本医疗保险合并实施的意见》（以下简称《意见》），提出两项保险按照“保留险种、保障待遇、统一管理、降低成本”的总体思路，从提升公共治理的效能、减轻单位和参保人员负担、提升基金共济能力、规范运行的角度进行管理层面上的合并实施。《意见》指出生育保险作为一项社会保险险种仍然保留，两项保险合并实施不增加单位和个人缴费负担，职工生育期间的生育保险待遇不变，实现两项保险参保同步登记、基金合并运行、征缴管理一致、监督管理统一、经办服务一体化，提高行政效率，降低管理运行成本。

3. 待遇享受

生育保险待遇包括生育医疗费用和生育津贴。生育保险由单位履行缴费义务，个人无须缴纳。用人单位已经缴纳生育保险费的，其职工享受生育保险待遇；职工未就业配偶按照国家规定享受生育医疗费用待遇，所需资金从生育保险基金中支付。

（1）生育医疗费用。按照《企业职工生育保险试行办法》的规定，生育的医疗费用，包括女职工生育期间的检查费、接生费、手术费、住院费、药费等，由生育保险基金支付。超出规定的医疗服务费和药费（含自费药品和营养药品的药费）由职工个人负担。女职工生育出院后，因生育引起疾病的医疗费，由生育保险基金支付；其他疾病的医疗费，按照医疗保险待遇的规定办理。女职工产假期满后，因病需要休息治疗的，按照有关病假待遇和医疗保险待遇规定办理。

（2）生育津贴。生育津贴是指根据国家法律、法规规定对职业妇女因生育休产假而离开工作岗位期间，给予的生活费用，是对工资收入的替代。生育津贴与女职工本人工资不重复享受。国家机关、事业单位参保人员不享受生育津贴待遇，产假期间工资待遇由用人单位发放。女职工依法享受产假期间的生育津贴，按职工所在用人单位上年度月平均工资计发，由生育保险基金支付，支付期限一般与产假期限相一致，期限不少于三个月。《女职工劳动保护特别规定》第七条规定：女职工生育享受 98 天产假，其中产前可以休假 15 天；难产的，增加产假 15 天；生育多胞胎的，每多生育 1 个婴儿，增加产假 15 天。女职工怀孕未满 4 个月流产的，享受 15 天产假；怀孕满 4 个月流产的，享受 42 天产假。

（五）工伤保险

工伤保险是指由用人单位缴纳工伤保险费，对劳动者因工作原因遭受意外伤害或者患职业病，从而造成死亡、暂时或者永久丧失劳动能力时，给予职工及其相关人员工伤保险待遇的一项社会保险制度。

1. 适用范围

中华人民共和国境内的企业、事业单位、社会团体、民办非企业单位、基金会、律师事务所、会计师事务所等组织和有雇工的个体工商户，都应依法参加工伤保险，按时足额缴纳工伤保险费。公务员和参照公务员法管理的事业单位、社会团体的工作人员因工作遭受事故伤害或者患职业病的，由所在单位支付费用。具体办法由国务院社会保险行政部门会同国务院财政部门规定。

2. 基金筹集

工伤保险基金由用人单位缴纳的工伤保险费、工伤保险基金的利息和依法纳入工伤保险基金的其他资金构成。职工参加工伤保险由用人单位缴纳工伤保险费，职工本人不缴纳工伤保险费。国家根据不同行业的工伤风险程度确定行业的差别费率，并根据使用工伤保险基金、工伤发生率等情况在每个行业内确定费率档次。行业差别费率和行业内费率档次由国务院社会保险行政部门制定，报国务院批准后公布施行。社会保险经办机构根据用人单位使用工伤保险基金、工伤发生率和所属行业费率档次等情况，确定用人单位缴费费率。用人单位应当按照本单位职工工资总额，根据社会保险经办机构确定的费率缴纳工伤保险费。

3. 工伤认定

工伤认定是指社会保险行政部门根据有关法律规定，确定职工受到的伤害是否属于工伤。

（1）工伤认定范围。职工有以下七种情形之一的，应当认定为工伤：一是在工作时间和工作场所内，因工作原因受到事故伤害的；二是工作时间前后在工作场所内，从事与工作有关的预备性或者收尾性工作受到事故伤害的；三是在工作时间和工作场所内，因履行工作职责受到暴力等意外伤害的；四是患职业病的；五是因工外出期间，由于工作原因受到伤害或者发生事故下落不明的；六是在上下班途中，受到非本人主要责任的交通事故或者城市轨道交通、客运轮渡、火车事故伤害的；七是法律、行政法规规定应当认定为工伤的其他情形。

视同工伤的三种情形是：一是在工作时间和工作岗位，突发疾病死亡或者在 48 小时之内经抢救无效死亡的；二是在抢险救灾等维护国家利益、公共利益活动中受到伤害的；三是职工原在军队服役，因战、因公负伤致残，已取得革命伤残军人证，到用人单位后旧伤复发的。

职工存在以下三种情形的不得认定为工伤或者视同工伤：一是故意犯罪的；二是醉酒或者吸毒的；三是自残或者自杀的。

（2）工伤认定申请。职工发生事故伤害或者按照《职业病防治法》规定被诊断、鉴定为职业病，所在单位应当自事故伤害发生之日或者被诊断、鉴定为职业病之日起 30 日内，向统筹地区社会保险行政部门提出工伤认定申请。遇有特殊情况，经报社会保险行政部门同意，申请时限可以适当延长。用人单位未按前款规定提出工伤认定申请的，工伤职工或者其近亲属、工会组织在事故伤害发生之日或者被诊断、鉴定为职业病之日起 1 年内，可以直接向用人单位所在地统筹地区社会保险行政部门提出工伤认定申请。社会保险行政部门受理工伤认定申请后，根据审核需要可以对事故伤害进行调查核实，用人单位、职工、工会组织、医疗机构以及有关部门应当予以协助。社会保险行政部门应当自受理工伤认定申请之日起 60 日内作出工伤认定的决定，并书面通知申请工伤认定的职工或者其近亲属和该职工所在单位。

4. 劳动能力鉴定

劳动能力鉴定是指劳动功能障碍程度和生活自理障碍程度的等级鉴定。职工发生工伤，经治疗伤情相对稳定后存在残疾、影响劳动能力的，应当进行劳动能力鉴定。劳动功能障碍分为十个伤残等级，最重的为一级，最轻的为十级。生活自理障碍分为三个等级：生活完全不能自理、生活大部分不能自理和生活部分不能自理。

5. 待遇享受

职工因工作遭受事故伤害或者患职业病进行治疗，享受工伤医疗待遇。

（1）治疗工伤所需费用符合工伤保险诊疗项目目录、工伤保险药品目录、工伤保险住院服务标准的，从工伤保险基金支付。职工住院治疗工伤的伙食补助费，以及经医疗机构出具证明，报经办机构同意，工伤职工到统筹地区以外就医所需的交通、食宿费用从工伤保险基金支付，基金支付的具体标准由统筹地区人民政府规定。工伤职工治疗非工伤引发的疾病，不享受工伤医疗待遇，按照基本医疗保险办法处理。工伤职工到签订服务协议的医疗机构进行工伤康复的费用，符合规定的，从工伤保险基金支付。工伤职工已经评定伤残等级并经劳动能力鉴定委员会确认需要生活护理的，从工伤保险基金按月支付生活护理费。生活护理费按照生活完全不能自理、生活大部分不能自理或者生活部分不能自理三个不同等级支付，其标准分别为统筹地区上年度职工月平均工资的 50%、40% 或者 30%。

（2）有以下三种情形之一的工伤职工，停止享受工伤保险待遇：一是丧失享受待遇条件的；二是拒不接受劳动能力鉴定的；三是拒绝治疗的。

（3）职工因工致残经劳动能力鉴定伤残等级的，享受相应工伤保险待遇，具体待遇享受情况如下表所示：

<table>
<tr><th colspan="2" rowspan="2">伤残等级</th><th colspan="3">工伤保险待遇享受</th><th rowspan="2">备注</th></tr>
<tr><th>一次性伤残补助金</th><th>伤残津贴</th><th>五至十级一次性工伤医疗补助金和伤残就业补助金</th></tr>
<tr><td rowspan="4">一至四级</td><td>一级</td><td>本人工资 ×27 个月</td><td>本人工资 ×90%</td><td rowspan="4"></td><td rowspan="4">一至四级伤残津贴由工伤保险基金支付，实际金额低于当地最低工资标准的，由工伤保险基金补足差额</td></tr>
<tr><td>二级</td><td>本人工资 ×25 个月</td><td>本人工资 ×85%</td></tr>
<tr><td>三级</td><td>本人工资 ×23 个月</td><td>本人工资 ×80%</td></tr>
<tr><td>四级</td><td>本人工资 ×21 个月</td><td>本人工资 ×75%</td></tr>
<tr><td rowspan="2">五至六级</td><td>五级</td><td>本人工资 ×18 个月</td><td>本人工资 ×70%</td><td rowspan="6">一次性工伤医疗补助金：由工伤保险基金支付；
一次性伤残就业补助金：由用人单位支付。
上述两金标准，根据伤残等级确定，《工伤保险条例》未规定统一标准，具体标准授权各省、自治区、直辖市人民政府规定。</td><td rowspan="2">五至六级伤残津贴由用人单位在难以安排工作的情况下支付，伤残津贴实际金额低于当地最低工资标准的，由用人单位补足差额</td></tr>
<tr><td>六级</td><td>本人工资 ×16 个月</td><td>本人工资 ×60%</td></tr>
<tr><td rowspan="4">七至十级</td><td>七级</td><td>本人工资 ×13 个月</td><td rowspan="4"></td><td rowspan="4"></td></tr>
<tr><td>八级</td><td>本人工资 ×11 个月</td></tr>
<tr><td>九级</td><td>本人工资 ×9 个月</td></tr>
<tr><td>十级</td><td>本人工资 ×7 个月</td></tr>
</table>

（4）职工因工死亡，其近亲属按照下列规定从工伤保险基金领取丧葬补助金、供养亲属抚恤金和一次性工亡补助金。

一是丧葬补助金。丧葬补助金为 6 个月的统筹地区上年度职工月平均工资。

二是供养亲属抚恤金。供养亲属抚恤金按照职工本人工资的一定比例发给由因工死亡职工生前提供主要生活来源、无劳动能力的亲属。标准为：配偶每月 40%，其他亲属每人每月 30%，孤寡老人或者孤儿每人每月在上述标准的基础上增加 10%。核定的各供养亲属的抚恤金之和不应高于因工死亡职工生前的工资。供养亲属的具体范围由国务院社会保险行政部门规定。

三是一次性工亡补助金。一次性工亡补助金标准为上一年度全国城镇居民人均可支配收入的 20 倍。

三、工会维护职工社会保险权益的职责

对于工会在维护职工社会保险权益过程中应当发挥什么作用，《社会保险法》第九条作出了明确规定：“工会依法维护职工的合法权益，有权参与社会保险重大事项的研究，参加社会保险监督委员会，对与职工社会保险权益有关的事项进行监督”。第八十条规定：“统筹地区人民政府成立由用人单位代表、参保人员代表，以及工会代表、专家等组成的社会保险监督委员会，掌握、分析社会保险基金的收支、管理和投资运营情况，对社会保险工作提出咨询意见和建议，实施社会监督。”我国工会作为职工群众利益的表达者和维护者，在社会保险制度改革中，肩负着参政议政、团结教育职工、实施群众监督、维护职工社会保险权益等重要职责。

（一）加强源头参与，助力社会保险政策法规的研究制定

加强源头参与，维护职工的合法权益，是工会社会保险工作的重要内容。《工会法》第三十四条规定，国家机关在组织起草或者修改直接涉及职工切身利益的法律、法规、规章时，应当听取工会意见。县级以上各级人民政府及其有关部门研究制定劳动就业、工资、劳动安全卫生、社会保险等涉及职工切身利益的政策、措施时，应当吸收同级工会参加研究，听取工会意见。源头参与，就是工会通过开展广泛的调查研究，代表广大职工在参与国家有关社会保险方面的法律法规和政策的研究制定过程中，充分反映广大职工的意愿与呼声，提出工会的意见建议和政策主张。工会的源头参与，也为各级政府制定有关社会保险政策法规奠定了群众基础，推动了政府决策的科学化、民主化。

（二）开展监督检查，推动社会保险政策法规的贯彻落实

《社会保险法》对工会参与社会保险监督作出了明确规定。各级工会要充分发挥组织结构健全的优势，积极搞好工会群众监督，推动劳动保障法律法规和政策的贯彻落实。工会主要是通过参与人大、政协以及政府有关部门的联合检查（督查）组、社会保险（保障）监督委员会、三方协商会议、职工（代表）大会、厂务公开等渠道，积极开展有关监督检查工作。近年来，重点对社会保险经办机构、用人单位、个人及被保险人实施了有效的监督，防止各种违法违规行为的发生。通过这些监督检查活动，有力地促进了社会保障政策法规的贯彻落实。

第二节　工会帮扶工作

一、工会帮扶工作概述

（一）工会帮扶工作的概念

工会帮扶工作，是各级工会组织认真贯彻党和国家的方针政策，切实履行工会维护基本职责，通过各种途径和形式，对在生活方面遇到困难和问题的职工提供生活救助、医疗救助、助学救助等帮扶，使他们尽快摆脱困境的一项重要工作。工会帮扶工作是工会直接联系和服务职工的有效载体和重要途径，是中国特色社会主义工会发展道路的重要内容，是国家帮扶制度和我国救助体系的重要组成部分。

（二）工会帮扶工作的主要做法

1. 参与政策研究制定。各级工会坚持围绕涉及职工生产生活的问题深入调查研究，对职工面临的突出困难和问题，及时向党委、政府反映，提出对策建议，推动问题的解决。积极参与《劳动法》《劳动合同法》《就业促进法》《社会保险法》《最低工资条例》等法律法规的制定，加强与社会救助制度衔接，推动社会救助政策制定，推动健全完善低收入人口动态监测和常态化救助帮扶机制，把符合条件的困难职工及时纳入社会救助范围，维护职工队伍和社会稳定。

2. 保障基本生活。各级工会在帮助符合条件的困难职工纳入政府救助渠道的同时，以家庭人均纯收入低于当地最低生活保障标准的深度困难职工为主要对象，同时将相对困难、意外致困职工家庭纳入帮扶救助范围。通过“四个一批”措施户策对接、精准施策，对暂时无法脱困的深度困难职工实施常态化帮扶，帮扶缓解困难；对相对困难和意外致困职工，帮扶解决暂时困难并防止陷入深度困难，切实保障困难职工基本生活。

3. 开展助学活动。开展金秋助学活动，帮助困难职工子女顺利入学并完成大学学业，把生活救助、素质培养、情感关怀、开展勤工俭学、推介安置就业等紧密结合起来，帮助他们解决上学难、就业难问题。

4. 大力促进就业。大力推进再就业工程，积极协助政府做好下岗职工再就业工作。对困难职工和农民工免费开展职业技能培训，帮助他们联系就业岗位。为有自谋职业和自主创业愿望及能力的下岗失业人员提供创业指导、小额贷借款和技术、信息等方面的扶持，帮助他们脱困致富。

5. 维护合法权益。通过开展法律援助、工资清欠等措施，切实维护困难职工和农民工的合法权益。

6. 开展城市困难职工解困脱困工作。1997 年 1 月，全国总工会下发通知，要求普遍推行领导干部联系困难企业和特困职工家庭制度。各级地方和企业党政干部根据工会困难职工档案，确定帮扶对象，深入困难职工家庭，帮助解决实际困难。2016 年，全国总工会印发《关于进一步做好困难职工解困脱困工作的实施意见》等，进一步规范了困难职工解困脱困工作的困难职工档案管理、帮扶资金使用管理、帮扶项目、帮扶政策等各项工作。2020 年 6 月，全国总工会印发《中央财政专项帮扶资金使用管理办法》，进一步明确帮扶对象、拓展帮扶项目、开展常态化帮扶，切实巩固拓展城市职工解困脱困工作成果。

二、困难职工帮扶的开展

近年来，全国总工会相继印发《中央财政专项帮扶资金使用管理办法》《中央财政职工困难帮扶资金项目管理实施细则》等政策文件，进一步对困难职工帮扶对象、帮扶项目等做出明确规定。

（一）帮扶对象

帮扶对象主要为困难职工群体，包括家庭人均收入低于当地居民最低生活保障线，经政府救济后生活仍十分困难的职工；家庭人均收入虽略高于当地居民最低生活保障线，但由于疾病、子女教育或意外灾害等原因，不能维持基本生活的困难职工；因各类灾害或重大意外事故造成生活特别困难的职工。

2022 年，全国总工会办公厅印发《中央财政职工困难帮扶资金项目管理实施细则》，将三类特殊群体也纳入帮扶范围：一是长期居住在城市、生活遇到特殊困难的农民工，与用人单位或用工平台存在事实劳动关系的；二是居住在独立工矿区、企业集中生活区，生活遇到特殊困难的离退休人员及病退和领取定期生活费的人员；三是因公牺牲干部职工遗属和工亡家属家庭生活遇到特殊困难的。

（二）帮扶项目

1. 生活救助项目。在保障困难职工家庭基本生活的基础上，引导推动职工基本生活需求和社会资源精准对接，完善质优价廉生活必需品供给。

2. 子女助学项目。在保障职工困难家庭子女上学的基础上，着重支持困难职工家庭子女参与工会勤工俭学等项目。

3. 大病救助项目。在推进职工互助保险赔付基础上，引导社会慈善资源帮助减轻职工家庭经各类保险保障和相关部门救助后仍然难以承担的医疗医药费用负担。

4. 职业培训和职业介绍项目。帮助有劳动能力的职工家庭成员提升就业和职业发展能力、促进职工就业创业，以及鼓励职工家庭成员充分就业等。

三、做好困难职工帮扶工作的具体举措

（一）提升建档立卡质量

1. 健全基层工会摸底排查机制。把基层工会作为摸底排查的一线工作站，充分发动乡镇（街道）、开发区（工业园区）工会，村（社区）、区域（行业）性工会，企业（社会组织、楼宇商圈）工会广泛走访调查，引导基层工会工作者、社区网格员、社会工作者，将符合条件的困难职工按程序向上级工会申报。

2. 健全县级工会主动发现机制。要以“加强困难职工家庭生活状况监测预警”为重点，通过“开展一次数据比对、组织一次入户走访、开展一次自我评估、建立一本清单台账、开展一次政策培训”等“五个一”方式，全面摸排疫情以及经济下行对困难职工家庭生活造成的影响，主动发现符合建档条件的困难职工，通报基层工会及时履行建档程序。

3. 健全职工自主申报机制。加大对困难职工帮扶政策宣传力度，提升网上申报应用度和便捷性，引导困难职工自主向所在单位或社区（街道）工会提出困难职工帮扶申请，或直接向所在地县市总工会职工服务中心提出申请，由各级工会履行建档程序。

（二）提升动态管理质量

1. 防止返困。对脱困不稳定户、边缘易致困户，以及因病因灾因疫情等导致基本生活出现严重困难的职工家庭实施常态化监测，通过帮助就业、技能培训、创业援助等进行帮扶。

2. 及时脱困。加强对脱困职工的入户调查、核实确认、政策宣讲，争取脱困职工理解支持，及时将符合脱困标准的对象退档，定期跟踪回访，对返困的按照规定重新建档，给予帮扶救助。

3. 数据监测。对本年度建立档案数量、调整档案数量、给予建档困难职工及时救助数量开展监测，及时提醒各地做好动态管理工作。

4. 规范档案。对在档困难职工走访全覆盖，对在档困难职工档案进行更新，实现“应退则退、应调则调、动态管理”，符合脱困条件的予以脱困，其

中深度困难职工符合脱困条件的给予渐退期，渐退期内正常帮扶。

（三）提升资金使用质量

根据财政部《职工困难帮扶资金管理办法》和全国总工会《中央财政职工困难帮扶资金项目管理实施细则》及有关文件要求，加强职工困难帮扶项目规划、储备、申报、实施和绩效管理等，在城市困难职工解困脱困过渡期内应优先保障巩固解困脱困成果，保持主要帮扶政策总体稳定，开展有针对性的事前预防和事后救助项目；在此基础上，规划特殊职工群体送温暖和提升职工生活品质项目。严格按照项目支持对象、执行周期、使用要求等使用资金，严禁将资金用于管理办法中明确禁止的事项和用途。项目在执行过程中因特殊原因导致项目资金需要调整的，须提前向全国总工会报告情况和原因。项目实施单位在项目执行过程中做好绩效监控，对绩效监控中出现的问题，要及时采取改进措施。

（四）提升跟踪督导质量

1. 加强困难职工帮扶效果监测。参照所在地区工会会员数、城镇最低保障人口数等因素，聚焦帮扶对象精准识别率、帮扶方式精准率、建档困难职工帮扶措施覆盖率、基层工会档案管理与更新及时性、帮扶资金发放及时性、困难职工脱困退出精准率等指标开展评估。

2. 加强绩效评价工作。健全以职工群众满意度为导向的评价机制，强化事前评估、事中监控、事后评价的全过程绩效管理。加强各级工会权益保障、财务、经审等部门工作合力，推动资金使用监管常态化、长效化。

（五）优化帮扶服务流程

1. 实行窗口服务人性化。优化困难职工建档工作流程，探索使用动漫视频、服务手册、申请范例等灵活多样的形式，让职工群众快速了解服务事项，做到资料清单一目了然、办事流程清清楚楚，推动困难职工建档申请“最多跑一次”。

2. 推进网上服务便捷化。有条件的地区通过职工服务网、微信公众号、微信小程序、App 等探索开展帮扶服务“全程网上办”，以简洁明了的网上窗口、通俗易懂的填写说明方便职工群众在线申请，让数据多“跑路”，职工少跑腿。

3. 健全意外致困快速响应工作机制。加快职工个人申请、工会走访调查、审核公示等工作流转，优化审核确认程序，增强帮扶时效性。

第三节　职工互助保障工作

一、职工互助保障工作概述

（一）职工互助保障工作的内涵

职工互助保障工作是我国以社会保险为基础的多层次社会保障体系的重要组成部分，主要是依托工会组织体系，发动职工自愿参与、共担风险，秉持低成本、低缴费、广覆盖、广受益的活动特点，围绕职工医疗健康保障需求，建立以住院医疗、重大疾病、意外伤害为主体的互助保障产品体系，帮助职工抵御和化解风险，切实提高职工医疗健康保障水平。职工互助保障既非政府主办的社会保险，也非营利性的商业保险。职工互助保障的基本属性可以从两个层面去认识：第一个层面，它是职工互助互济活动与合作经济的结合；第二个层面，职工互助互济活动与合作经济的结合方式采用保险机制。

（二）职工互助保障工作的发展模式

依托全国工会系统完善的组织体系，中国职工互助保障形成了“会员制、低成本、低缴费、非营利”的发展模式。

1. 采用会员制。实行会员共同所有、民主管理。互助会财产属于全体会员共同所有。会员通过所在工会以团体形式参加互助组织，在互助保险期内，承担缴纳会费的义务，享有共同参与、民主表决各项重大事宜及结余分配的权利。按照互助会章程的规定，互助会的最高权力机构是会员代表大会。所有参加互助保险活动的会员无论是参加一项或几项保障活动，都可以参加会员代表大会，平等享有表决权。

2. 依托工会开展互助保障活动，有效降低运营成本。以中国职工保险互助会为例，其办事处依托当地工会组织设立，办事处职工互助保障工作纳入当地工会年度计划和考核指标。通过工会网络，互助会形成了办事处、代办处与基层代办点的组织体系，建立了深入企业、车间、班组直至职工家庭的庞大服务网络；配备了专职、兼职工会干部和工作人员，向会员提供全程代理服务，为互助费收缴、互助金支付及其他各项延伸服务提供了更加高效、安全、便捷的平台。充分发挥了工会职能与联系、服务职工的天然优势，低成本、大规模、高效率地开展小额健康与意外互助保险活动，也最大限度地避免了逆选择和道德风险的发生。

3. 以广大职工特别是中低收入职工为服务对象，开展收费低廉的小额保障。力求做到“为职工服务最优化、帮职工解难最大化”。通过工会组织深入职工群众生产、生活第一线，倾听、收集广大职工尤其是中低收入职工保障需求并进行产品设计和推广，通过开展低廉的小额保障，覆盖了目前很多商业保险公司忽略或无法渗透到的中低收入职工群体。代办处与基层代办点专、兼职工作人员经常主动到职工家庭进行慰问，了解职工保障、健康、患病情况；患病职工只需提供相应手续就能进行互助金申领，最大限度地便利了职工，提升了服务效率和会员满意度。同时，其在产品设计上通俗易懂、保单简单、保费低廉、保障较高。

4. 坚持非营利的经营原则。互助组织结余资金及收益属于全体会员。会员上交的会费及收益除支付互助金（赔款）、提存责任准备金和保障基金外，以事业发展基金、互助互济金等形式，最终返还给全体会员。例如，通过“金秋助学”“爱心助学”等方式为困难会员家庭子女上大学提供助学金、为特困会员及家属送保障、在元旦和春节走访慰问特困会员家庭并发放救助金、对出险和患重大疾病造成家庭困难的会员给予爱心救助等。

二、规范职工互助保障活动运营管理体系

加强职工互助保障活动运营管理的规范化、制度化建设，提升风险管理能力，打造适应发展的人才队伍，逐步形成科学、规范、专业、高效的职工互助保障活动运营管理体系。

（一）建立管理体系，规范运营行为

探索建立互助保障活动规范化运营管理的标准体系，完善修订活动章程，明确开展活动的资质，逐步统一产品研发、业务管理、业务流程、财务核算、偿付能力监管等方面的管理标准，引导职工互助保障组织合规运营。逐步清理合并地方工会开办的规模以下互助保障组织，鼓励集约化发展，推动实现省级统筹或市级统筹、省级管理。

（二）建立健全运营管理制度

强化职工互助保障活动顶层制度设计，研究确立职工互助保障组织运营管理制度体系建设标准，指导职工互助保障组织参照标准，结合自身实际建立包括决策计划、组织流程、业务流程、内控风险、财务资金、人力资源、绩效考核等涵盖全部业务领域的配套管理制度，提高制度的可操作性与合规性，严格用制度约束日常经营管理行为。各主办工会要指导职工互助保障组织抓好制度

建设，夯实管理基础，各级工会监管部门要将经营管理制度作为互助保障组织监管的首要依据，对于制度建设不完善的必须及时指正，尽快修订补充。

（三）建立风险防控机制

增强风险防控意识，建立风险排查、监测预警、协调联动机制，分类、识别、量化和评估职工互助保障活动存在的各类风险，重点掌握在资金、管理、信息安全等方面存在的风险状况。通过内控、稽核、审计等手段及时查找漏洞，化解风险隐患。提高风险管控的信息化水平，按照管理权限为各级管理者提供相关数据和风险预警信息。合理设立风险准备金，规范风险准备金的提取、划转、使用和支付程序，防范发生系统性和区域性给付风险。

（四）加强管理队伍和人才队伍建设

建立核心管理人员任职资格标准，按标准选人用人，将政治素质高、事业心强、专业本领过硬的干部选派至关键岗位。强化干部任期、离任审计制度，加强党风廉政建设，坚决杜绝腐败。加大人才引进力度，充实专业队伍，面向社会吸收管理、法律、精算、风控等相关领域专业人才，组建专家团队为事业发展提供智力支持。建立互助保障工作培训体系，注重理论和实操相结合、工会特色和专业特性相融合，通过培训提升队伍整体能力素质。建立健全人员聘用管理、岗位管理和薪酬管理制度，完善干部考核评价和激励机制，优绩优酬，激发队伍整体活力。

三、强化职工互助保障活动资金管理使用

各级工会要加强职工互助保障活动资金的安全、规范管理。坚持专款专用原则，加强预算管理和决策管理，严格执行财务制度，控制好资金管理的各个环节，建立多层次资金监管体系，落实监督职责，确保资金管理使用合法合规。

（一）严格控制资金使用范围

职工互助保障活动资金属于全体会员所有，主要用于给付会员的互助金，任何组织、个人不得侵占和挪用。职工互助保障活动资金不得用于兴建、改建办公场所。活动资金、结余资金不得违规投资运营，只能用于银行存款、购买国债等低风险固定收益类产品，不得购买股票、基金、债券、期货、理财等金融产品，资金增值部分要全部纳入互助资金收入管理。在正常赔付外开展的会员活动、帮扶救助等，要建立相应的资金管理制度，严格审批、合理使用，接受会员监督，并在一定范围内向会员公示。各级工会开展互助保障活动可提取管理费进行日常运作，要严格控制比例，降低费用开支。

（二）规范资金管理使用

按照集中、统一的原则，提高资金管理统筹层级，避免多头分散管理，控制资金合理结余，提高资金使用效率。要加强财务基础工作，建立健全资金使用管理制度和内控机制，分离不相容岗位，明确各业务环节、岗位的衔接方式及操作标准，健全资金收支管理，坚持收支两条线，减少不必要的资金流转环节。规范账户、账目管理，原则上要设立独立账户，不能设立独立账户的要建立独立明细账目，各项保障活动分别建账，分账核算。积极推行全面预算管理，合理编制、有效控制预算，年度预算执行情况要纳入考核体系。严格资金使用决策程序，规范资金使用流程，大额资金使用必须集体决策并保留记录。

（三）建立多层次资金监管体系

发挥会员监督、工会组织内部和外部共同监督作用。提高职工互助保障活动资金管理透明度，维护会员知情权，接受会员经常性监督。各级工会监管部门要严格履行资金监管职责，依据国家和全国总工会相关法律法规，制定职工互助保障活动资金监管办法，督促职工互助保障组织研究制定内部资金管理和风险管理办法，建立职工互助保障资金监督检查机制，定期、不定期对职工互助保障组织进行督查，掌握资金流动状况，对资金风险作出评估。职工互助保障组织要依法接受工会财务、经审和相关行政部门审计监督。被检查和审计的单位要主动配合，据实提供各种凭单、账册、报表和资料。发现资金管理违规违纪问题，必须追究当事人责任，严肃处理，确保资金安全运行。

思考题

1. 工会如何维护职工社会保险权益？
2. 工会帮扶工作的内容是什么？
3. 职工互助保障工作的内容及发展模式是什么？

第十八章

工会参与社会治理

党的二十大报告指出，完善社会治理体系，健全共建共治共享的社会治理制度，提升社会治理效能，畅通和规范群众诉求表达、利益协调、权益保障通道，建设人人有责、人人尽责、人人享有的社会治理共同体。工会作为广大职工利益的代表者和维护者，具有代表和组织职工参与管理国家和社会事务的职能。因此，工会在参与社会治理创新和推进国家治理现代化中有着不可替代的地位，能够发挥积极作用。

第一节　工会参与社会治理的重要意义

一、社会治理的概念

社会治理是政府、社会组织、企事业单位、社区以及个人等多种主体通过平等的合作、对话、协商、沟通等方式，依法对社会事务、社会组织和社会生活进行引导和规范，最终实现公共利益最大化的过程。

从运行意义上，“社会治理”实际是指“治理社会”。换言之，所谓“社会治理”，就是特定的治理主体对于社会实施的管理。由“社会管理”到“社会治理”不仅仅是概念上的变化，而且蕴含着理念、方法、手段和制度等多个层面的深刻变革。

社会治理是一种导致公共理想的社会和经济效果的治理模式。社会治理理论是西方治理理论的重要组成部分。社会治理是一系列的价值、政策和制度，通过这些，一个社会可以来管理它的经济、政治和社会进程。

社会治理是一个国家开发经济和社会资源过程中实施管理的方式，它同时也是制定和实施决策的过程。社会治理还被界定为限制和激励个人和组织的规则、制度和实践的框架。所以，治理不仅仅局限于政府，也包括多元角色的互动。由于西方国家治理理论奉行社会中心主义和公民个人本位，因此，理性经济人的社会自我治理，在理论逻辑上构成了西方国家治理理论的核心内容。

二、工会参与社会治理工作的必要性

（一）工会参与社会治理是国家治理体系和治理能力现代化建设的主体要求

工会作为国家治理体系中的最大社会组织，国家治理体系和治理能力现代化客观上要求工会作为治理主体之一参与其中。事实上，我国从“全能型国家治理”到新型国家治理演化中，国家治理能力现代化成为新时代的必然要求。新中国成立 70 多年来，我们党根据不断变化的时空环境，与时俱进地探索国家治理体系和治理能力问题和实践，在这个过程中实现了从单一的主体出发自上而下地管理和控制社会，到在统一领导下的多元参与和自治的立体式治理模式转变，形成国家治理的中国方案。

党的十八届三中全会明确提出，推进国家治理体系和治理能力现代化；党的十九届四中全会更是专题聚焦于“中国之治”的制度体系建设。新形势下，国家治理包括的主要内容与工会组织维护、参与、教育、建设职能高度契合，是对国家治理理念和治理体系的重要补充和完善。国家治理模式在工会职能定位和作用发挥上都有着至关重要的影响，国家与工会以及劳动者的关系也在进行调整中。

中国工会十七大将工会基本职责拓展为“维护职工合法权益、竭诚服务职工群众”，社会主要矛盾的变化是工会基本职责确立和发展的重要依据。在推进国家治理体系和治理能力现代化中，工会组织扮演着重要角色，担负着重要使命，工会参与国家治理在政治、组织、制度、群众和资源方面具有五大优势，参与现行政治体制下的国家治理体系建设，需要进一步理顺政治支持、组织基础和协商方式的体制内外关系，客观反映国家治理模式转变与中国工会组织和制度变迁的关系。

总之，工会参与社会治理需要在厘清其功能定位的基础上，坚定不移地走中国特色社会主义工会发展道路是参与国家治理的必然要求。

（二）工会协同政府治理是政府服务供给侧改革的现实需求

工会与政府是协同供给关系，工会是政府治理最重要的社会协同主体之一。西方的政府治理理论源于其 20 世纪 70 年代兴起的新公共管理运动，主张实现政府管理网络化和扁平化。从一般意义上讲，强调政府对社会公共事务的治理。在中国政治话语和语境中，政府作为治理主体对社会公共事务进行的管理活动，包含政府对于自身、市场及社会实施的公共服务活动。政府治理现代化是国家治理现代化的题中应有之义。

当前，政府在服务供给方面一定程度上存在职能混乱、供给失序与低效，财政负担过重等问题，为工会参与政府协同治理提供了历史契机。一方面，工会能够参与公共安全、公共教育、医疗卫生、社会保障、基础设施等政府公共服务供给，有赖政府部门的职责分工和简政放权。另一方面，也表现为工会协助党和政府，积极参与劳动关系领域社会组织的有效引导。

工会协同政府治理是政府治理的基础，是多主体实现公共事务治理的制度安排。吴建平认为当前工会以地方工会为主要运作载体，积极参与地方政府治理。此外，工会参与政府服务供给常常受制于组织结构、政策制定、服务内容和政策执行等方面困境，但着眼于未来的话，其发展却极具潜力，契合了当前创新政府供给侧改革的新需求。

（三）工会服务基层治理是基层社会治理现代化的依靠力量

党的十九届四中全会指出，健全党组织领导的自治、法治、德治相结合的城乡基层治理体系，发挥群团组织、社会组织作用。社会治理体系作为国家治理体系的重要组成之一，国家治理体系和治理能力的现代化，必然要求社会治理走向现代化。现代社会治理体系的核心要素是社会组织，当前一个最紧迫的任务就是要推动中国现有各类社会组织的改革和转型。

基层治理最初来源于基层组织自治，作为基层治理的有机构成部分，其最终归宿是实现基层社会的“善治”。中国基层自治的形成与发展经历了清末民初、20世纪三四十年代、改革开放初期、21世纪以来四次转型，随着国家治理层级的扁平化，基层自治的地位和基层群众自治制度在推进国家治理现代化过程中的作用日益凸显，呈现出从“基层自治”到“基层治理”的转变，党和国家需要工会作为承担桥梁纽带连接作用的载体而存在，来协调自身与社会的关系。

第二节　工会参与社会治理工作的路径

一、工会参与社会治理的优势

工会组织的使命和担当，需要厘清自己在新时代治理格局中的角色，充分发挥自身具有的优势和潜能，为构建社会治理共同体贡献力量。

（一）工会是广大职工群众利益的代表者

作为党领导的工人阶级群众组织，工会组织是法律规定的劳动者利益的代表者，维护职工合法权益和调节劳资纠纷是其最基本的使命。工会通过组织或代表职工群众参与政策制定和治理行动，反映职工群众的利益诉求，回应职工群众的社会需求，发挥维护合法权益和化解社会矛盾的作用。

（二）工会是党和政府治理社会的代理人

我国的工会是革命时期党领导建立的政治性组织，其改革和发展都要服从于党的治国理政和社会主义事业。党和政府的相关政策方针和治理任务需要各级工会贯彻落实，与职工群众的沟通联系更需要工会发挥纽带作用。

（三）工会是公共服务的多元提供者

工会组织具有体制身份和群众属性，对其参与社会治理提供了较为充分的人力资源、制度资源和物质资源。相较于其他群团组织和社会组织，工会组织的多种职能设置和庞大组织体系，可以使自身成为向职工群众提供公共服务的综合性组织，通过不断满足广大职工群众需求来推动社会民生持续改善。

（四）工会是社会参与力量的引导者

工会组织作为劳工领域内介于国家与社会之间的中间人，更重要的是，利用好自身的独特地位和身份，联通党政治理体系和社会自治体系。工会承担政府在劳工领域内的部分职能，通过引导职工群众有序民主参与，培育和管理各种相关社会组织，组建网络化合作机制，为体制内外多元主体的协同互动和价值共识发挥促进作用。

二、工会参与社会治理的有效路径

（一）基于“系统治理”，以加强基层工会建设为重心

基层工会是工会参与基层社会治理的主力军。基层工会离职工最近，联系职工最直接，服务职工最具体，是工会工作的基础和关键。

加强基层工会建设。一是要加强党对工会工作的领导，推动工会工作创新发展。坚持把党的领导贯穿工会参与基层社会治理工作全过程各方面，以党建带工建、工建促党建，推进党工共建。二是要夯实基层基础，强化基层社会治理参与。围绕“三个着力”的要求，健全乡（街道）—村（社区）—企业“小三级”工会组织体系，加快推进区域性、行业性工会联合会建设，依法推动企业特别是小微企业普遍建立工会组织，做到哪里有职工、哪里就有工会组织。三是要创新新就业群体职工服务方式，多渠道吸纳新就业群体、农民工入会，破除传统观念，突破“以工资收入为主要生活来源或者与用人单位建立劳动关系”的限制，进一步保障货车司机、快递员等新就业形态从业人员建会入会权利，探索推进企业工会与区域性、行业性工会联合会联合共建，使新就业群体从“最大变量”变成“最大增量”。四是要增强基层工会公共服务能力。主动争取党政把更多的资源和手段赋予工会，主动争取社会资源和各方力量的支持，支持工会在推进和谐劳动关系、参与“小三级”社会治理创新、促进劳资矛盾及时化解等方面发挥更大作用。

（二）基于“依法治理”，以维护职工群众合法权益为重点

构建和谐劳动关系是工会参与和创新社会治理的重要内容。要最大限度增加和谐因素、最大限度减少不和谐因素，构建和发展和谐劳动关系。

以维护职工群众合法权益为重点。一是要促进职工实现更高质量和更充分地就业。聚焦职工群体，着力在深化工会就业创业服务上下功夫，加大援岗稳

企力度，协助党委、政府做好再就业培训、职业技能培训、转岗安置、创业带动就业等工作。二是要加强职工安全生产、职业健康和社会保障等权益保障。牢固树立以人民为中心的发展理念，加强职工劳动保护，维护职工安全健康合法权益，推动构建多层次社会保障体系，促进职工群众实现安全安心劳动、体面劳动。三是要加强劳动领域矛盾纠纷调解。聚焦新经济领域劳动关系的新情况、劳动纠纷的新问题，找准工会参与基层社会治理的切入点，加强对职工的法律援助，维护职工合法权益。四是要加强思想政治引领。大力弘扬劳模精神、劳动精神、工匠精神，培育践行社会主义核心价值观，引导职工群众积极参与、依法支持和配合基层治理。

（三）基于“综合治理”，以深化工会改革创新为动力

工会改革是全面深化改革的重要组成部分，是工运事业蓬勃发展的不竭动力。

以深化工会改革创新为动力。一是要加强顶层设计。建立和完善工会参与机制，强化在事关职工群众利益的公共政策制定上的研究参与，推动维护职工权益向前延伸。二是要加强基层探索。加强工会领导机关上对下的指导服务，研究制定基层工会参与基层社会治理工作模块手册、指南，支持基层工会加强治理工作探索，形成各具特色、竞相发展的生动局面。三是要增加系统思维，着力打造枢纽型工会组织。建立健全工会与其他治理主体的协同合作机制，推动社会治理系统内部各个要素和主体之间形成良性互动、协调配合、共同发力的关系，构筑起纵向多层级管理、横向多主体协同的树状治理模式，增强推动基层社会治理的合力。

（四）基于“源头治理”，以加强工会干部队伍建设为保障

深入推进工会参与基层社会治理，离不开一支高素质专业化的工会干部队伍。群团干部队伍是党的干部队伍的重要组成部分，是做好党的群团工作的重要组织保证。

以加强工会干部队伍建设为保障。一是要加强工会干部政治能力建设。坚持把党的政治建设摆在首位，教育引导工会干部坚持用习近平新时代中国特色社会主义思想武装头脑、推动实践、指导工作，忠诚拥护“两个确立”，坚决做到“两个维护”，以推进基层社会治理的实际行动践初心、担使命。二是要加大工会干部的培训力度。通过举办专题培训班、工会干部大讲堂等形式，帮助广大工会干部加强专业知识学习，深化对新时代工会工作的认识，不断提高工会干部群众工作能力和治理工作能力。三是要加强工会干部配置，健全考核激励机制。进一步配齐配强配优工会干部队伍，加强对基层工会干部的保障和

激励，完善企业和基层工会主席权益保障机制和绩效考核机制。加强社会化工会工作者队伍建设、职工法律援助律师队伍、职工志愿服务队伍“三支队伍”建设，不断壮大工会服务基层职工群众力量。

第三节　数字时代的社会治理

数字社会治理是顺应数字技术的发展而产生的新的治理概念。一是强调对“数字社会”的治理，二是强调“数字化”的社会治理。

一、数字社会治理的概述

（一）数字社会治理的概念

1. 从社会形态视角讨论“数字”社会治理。从社会形态视角来看，“数字社会”指的是与农业社会、工业社会、信息社会并列的一种未来社会形态。“数字社会”治理既包括政府对“数字社会”的治理和“数字社会”对政府权力的约束，也包括“数字社会”的自主治理。然而，实践中更多关注的是数字技术应用于社会治理给社会治理带来的变革与创新。

2. 从技术视角讨论“数字”社会治理。“数字”社会治理指多元主体结合数字技术，进行社会治理创新与变革，并用“数字技术”为社会治理赋能，提供更多“数字化”的社会治理手段和方式。该定义强调“数字”社会治理的“技术性”，重点在于“数字化”的社会治理，即多元主体通过利用数字技术手段，改革社会治理方式，创新社会治理流程。本研究从这一视角出发，关注数字技术对社会治理的变革和创新，强调“数字”社会治理，并将“数字化”作为工具手段，为公众提供更具普惠性、包容性、精准化的公共服务，及时回应公众诉求，化解基层矛盾，保护公众安全，构建和谐社会。

（二）数字时代社会治理的特征

随着大数据、人工智能等数字技术在诸如数据处理、决策辅助等方面的广泛应用，数字社会治理呈现出以下特征：

1. 精准性。数字技术的应用可以为社会治理提供更加精准、全面、准确的信息支持和决策支持，有助于更好地了解社会状况和民生需求，制定更加精准的政策措施，为管理者识别和处理复杂的城市信息提供良好的技术支撑，也可以使管理者为不同人群提供个性化、精准化的服务，满足公众的多样化需求。

同时，数字技术的应用也能够提高社会治理的执行效率和质量，减少人为干预和误判的风险，降低社会治理成本，提升社会治理的精准性和科学性。数字技术还可以通过数据分析和算法模型构建，实现对社会治理和公共服务的预测和优化，进一步提高社会治理的精准性。

2. 高效性。数字社会治理的高效性特征表现在信息获取、数据处理和决策优化等方面。通过互联网、物联网等渠道实现对各类社会现象的全面、准确把握，利用大数据技术对收集到的信息进行快速处理和分析，挖掘出有价值的信息为决策提供依据。同时，数字技术可以实现对大量数据的高效处理，提高数据处理效率。基于数据和算法的智能分析，数字社会治理能够有效提升决策质量，提高社会治理效率。

3. 互动性。数字社会治理的互动性特征表现在强化基层参与、提升治理透明度、加强治理问责制等方面。数字技术通过提供高效的信息传播和沟通手段，借助多元网络平台，政府能够让公众了解决策的依据、流程和结果，进而收集民意、反馈和建议。社会治理的数字化转型鼓励公民积极参与社会治理，形成高效、多元化的互动治理模式。

4. 普惠性。数字社会治理以其普惠性特征为所有人构建一个公平、开放、包容的治理体系。在该体系下，数字技术为公众提供更为便捷的信息和服务获取途径，进而促进各类人群平等地分享公共资源和信息，缩小信息鸿沟并提高信息透明度。数字技术的发展在一定程度上提升了弱势群体对公共服务的可及性。通过线上服务平台，数字社会治理在政务、社会保障等领域实现了广泛覆盖，使得各类群体得以克服地域和时间的限制，共享普惠性服务。

5. 便捷性。数字社会治理的便捷性特征体现在数字技术促成了各个治理环节的高效整合与优化，保障了信息顺畅快速流通，简化了公共服务获取流程，减轻了服务成本，提升了决策与执行的效率。随着数字技术的快速发展，积极实施教育、医疗、公共服务等领域的数字化战略，着力构建适应不同场景需求的大数据平台。

6. 智能化。数字社会治理的智能化特征体现在运用先进的信息技术和人工智能手段对社会治理进行高度自动化和智能化的升级。智能化技术实现了对各类信息的深度挖掘与分析，使决策过程更加科学、精确。此外，通过深入推进智慧社区的建设、智慧便民生活圈的打造、智慧家庭及智慧生活服务的发展，以及基于多场景智能服务的应用，提升了公众的体验感和幸福感。

（三）数字时代社会治理的基本原则

1. 人民至上。数字时代社会治理体系建设要坚持人民至上和以人为本，需要将人民的需求和利益置于治理和决策过程的中心。这就要求在数字化和技术快速进步的背景下，优先考虑民众的参与、赋权和权利保护，做到回应民意，实现人民本位。为了贯彻人民至上理念，需要在顶层设计上注重民众利益的保护，包括数字技术广泛平等赋能个体，资源的合理分配，信息公开透明，弥合政治分歧等，坚持数字技术进步惠及所有社会成员。

数字时代对社会治理的挑战，是对整个社会的挑战，需要全民的共同参与来应对。在这一过程中，要尊重社会的多样性，提高社会治理的包容性。这就需要提高各个年龄段、不同社会背景人群的数字技术素养和批判性思维技能，培养人们驾驭数字环境、区分信息来源所需的技能；需要加大力度促进数字领域的多样性和包容性，包括重视边缘化或代表性不足群体在对话中的意愿；同时也需要努力促进跨越意识形态和政治分歧的建设性对话和参与，弥合不同群体之间的鸿沟，降低进一步两极分化的风险。

社会治理的政策制定需要以满足人民日益增长的美好生活需要为出发点和落脚点。不同阶层、不同人群，甚至具体的个体都有自己个性化的需求和偏好，技术进步为感知这些多样性的需求和偏好提供了丰富的手段，也为差异化的社会治理政策的制定提供了技术可能。

2. 法律保障。在数字时代，应制定明确的数据保护法规和标准，确保民众对其个人数据拥有控制权。数字时代的社会治理需要配套法治系统的统摄性、配套性、整体性，在多种数字要素的协同参与过程中，坚守导向标准，明确治理任务中的法律责任，使个体行为治理有法可依，对不同的数字场景应用一致的法治理念，使得数字技术的使用具有明确可判定的边界。

3. 透明开放。数字技术有助于提高政府决策和行动过程的透明度，开放数据平台和电子政务服务等数字工具在治理中的应用，使信息更易于获取并便于监督。随着越来越多的服务和互动转移到线上，必须保护民众的数字权利，包括隐私、安全和信息访问权利。利用数字技术，能够更好地贯彻透明开放的理念。

数字时代的社会治理，需要社会组织的广泛参与，加强利益关联方协作，提升社会治理体系的透明度和问责力度，加强民众数字权利的保护，注重社会包容性。政府可以利用这些利益相关者的专业知识和资源来促进创新，加强问责制，改进服务的质与量，从而适应不断变化的数字环境，提高治理效率。

二、数字时代多元协同治理的创新实践

数字时代社会治理以多元协同和赋权赋能赋智为核心。在技术层面上，通

过运用全方位智能化技术优化基层社会治理，构建“自上而下”与“自下至上”的协同模式。在制度层面上，努力塑造共建共治共享的治理架构，打造“人人有责、人人尽责、人人享有”的治理共同体。在社会层面上，数字社会治理实现政府治理、社会调节和公众自治之间的良性互动，致力于精确满足多元、弹性、复杂的社会需求。

多元协同治理的实现机制是赋能、赋权、赋智，包括激发社会力量、提升信息透明度、完善法律法规和倡导创新思维等实现途径，核心机制涵盖利益相关者沟通协商、协作分工、横向与纵向协调以及监测评估与反馈，共同促进治理效果的不断完善。

一是赋能。数字技术如大数据、云计算和人工智能，为政府及社会提供了现代化治理的工具，进一步强化政策的精准制定与执行能力。数字技术实现数据共享与资源整合，提高治理效率与服务水平；通过开放数据平台等，激发多元主体参与社会治理的积极性，推动多元共治。

二是赋权。在数字社会治理中，赋权强调为多元主体提供更大的权利和自主空间，促使他们更好地参与社会治理。推动部门间权责清晰、协同高效，从而提高职责履行的专注和效率。通过平台建设、能力建设、实施激励机制以及监督与反馈鼓励公众监督和民间监察。赋权还涉及数据共享和开放，使公众和利益相关方获取更多关于社会治理的信息，提升公共决策的透明度和公众监督能力。

三是赋智。通过提升多元主体的智慧水平和创新能力，促进政府、社会及跨界协同创新。依托大数据和人工智能，提高政策科学性和合理性，同时利用智能化监控系统和信息共享，强化政策执行效果及决策能力。利用数字技术提供信息资源，增强民间组织、企业和个人的创新能力，推动公众参与，并通过数字平台推动跨界融合。构建数字平台实现知识互联，通过跨部门、行业、领域的协作激发创新活力，同时鼓励公共、私营和民间领域的共同参与，推动开放创新。

三、工会组织在数字时代社会治理格局中的职责定位

把握好工会组织在新治理格局中的职责定位，带动各方力量共同参与社会建设和治理社会问题，促进经济社会治理成果为社会成员共同享有。

（一）坚持党的领导，强化党对社会治理的掌控力

党的领导是我国社会治理的本质特征和最大优势，密切联系群众是全党重大紧迫的政治任务。工会组织作为党和政府治理社会的代理人，要将党的绝对

领导体现到工会参与社会治理的方方面面。

1. 贯彻党的治国方略和政策方针。工会组织形成和发展于党的革命建设改革事业中，这种历史性的政治关联决定了工会组织的重要职责，就是把党的治国方略和政策方针落实到广大职工群众中去。通过一系列创新性工作方式和活动形式，解决好职工群众最关心、最直接、最现实的权益问题，在扎实有效的工作开展中充分展现出党对社会治理的意志安排，实现党的意志执行的坚定性与工会服务的实效性的统一。

2. 保持工会组织与党政机关的融合联动。工会组织作为群众团体，其很多工作的开展需要党和政府在政策和资源方面支持，离不开各级党政机关的协作配合，而且工会工作与党对社会治理的战略规划和政策目标是紧密相关的，基层党建工作也往往与工会的职责范畴和工作内容有诸多交集或重合。这就要求工会组织通过“党建＋工建”的方式融合联动，不仅将双方工作目标在任务执行上有机结合起来，同时要建立起工会组织与党政职能部门的联动机制，最大限度地整合各方优势和资源共同解决问题，并围绕社会治理的中心工作发挥协同力量。

3. 团结广大职工群众到党的周围。职工群众是社会经济发展的根本力量，更是政治稳定和治理民主的实践主体。社会治理现代化的推进，离不开职工群众在治理过程中的广泛参与和积极创新。强化党领导社会治理的落脚点和出发点，就是团结广大职工群众投身于社会治理现代化和社会主义事业建设中。党不仅要通过各级党委直接组织和动员广大职工群众，而且要借助工会组织将党组织与广大职工群众密切联系起来。工会组织通过对职工群众开展思想政治教育和组织动员，带领职工群众建功立业和参与治理，确保广大职工群众在社会治理行动中始终跟党走。

（二）化解社会矛盾，促进经济社会的共享性发展

目前全国职工总数 4.02 亿人左右，作为基数庞大的群体，职工群众是广大人民群众的主体部分。中国目前经济发展过程中出现的劳资矛盾，使职工群体的维权冲突成为社会不安定和社会矛盾的重要源头。如果没有经济社会均衡稳定发展，就难有职工权益实现和企事业组织运行的良好环境。作为职工群众利益代表者，工会组织在劳动职工和用人单位之间的劳资纠纷中发挥协调保护作用。

1. 维护职工群众的合法权益。党的十八大以来，习近平总书记高度重视工会维权工作。习近平总书记强调，工会要坚持以职工为中心的工作导向，抓住职工群众最关心最直接最现实的利益问题，认真履行维护职工合法权益、竭诚

服务职工群众的基本职责，把群众观念牢牢根植于心中，哪里的职工合法权益受到侵害，哪里的工会就要站出来说话。

工人阶级和广大劳动群众是社会财富的主要创造者，推动全体人民共同富裕取得更为明显的实质性进展，首先要体现在亿万劳动者身上。工会作为职工利益的代表者和维护者，要认真履行维权服务基本职责，着力解决关系职工群众切身利益的实际问题，重视维护新就业形态劳动者的合法权益。工会组织利用法律手段、行政资源和社会资本，以多元化方式维护职工群体的合法权益，减少用人单位不规范行为和产业变化对职工群众工作生活的影响，让各行各业的职工群众都能平等共享经济社会的发展成果。

2. 构建和谐劳动关系。要健全劳动关系协商协调工作机制，夯实和谐劳动关系基础，坚决维护劳动领域政治安全。和谐的劳资关系不仅关系到职工群众能否在工作劳动中获得充分的劳动权益、劳动回报和职业发展，而且关系到用人单位能否实现良好运转和发展。进入新时代以来，全球政治经济形势多变，构建和谐劳动关系的内涵和外延都有了新的要求。在市场竞争日趋激烈的当下，用人单位的生存发展与职工群众的利益获得形成紧密联系。工会组织需要在用人单位和职工群众之间保持恰当平衡，在保护职工权益的前提下对企业生产管理提供必要的协助服务。通过调解劳资利益纠纷，化解劳资关系矛盾，可以改善用人单位内部的组织氛围和劳动积极性，进而提高用人单位的组织绩效和创新能力，实现职工群众和用人单位双方的互利共赢和利益共享。工会需着力围绕一条主线（加强思想政治引领），关注两类需求（企业和职工），发挥三方作用（企业、职工、工会），用好四项机制（产业工人队伍建设改革、集体协商、企业民主管理和协调劳动关系三方机制），凝心聚力，全力打造构建新时代和谐劳动关系的工作体系。

3. 保障和推动社会经济发展。要牢牢把握为实现中华民族伟大复兴中国梦而奋斗的时代主题，紧紧围绕党和国家工作大局，组织带领广大职工群众为实现发展目标建功立业。职工群众的权益保障和劳资和谐关系可以促进社会经济的稳定均衡发展，同时，社会经济的稳定均衡发展也是劳资双方利益实现和共享发展的基础。反之，职工权益侵害和劳资关系恶化往往出现在社会经济不稳定或大萧条的状况下，缺少良好的经济运行自然就削弱了职工群众利益实现的现实基础。工会组织应当把保障社会经济稳定发展作为自己的重要使命，把维护职工权益和协调劳资关系与社会经济发展有机结合起来。

（三）优化服务供给，推动社会事业的协同共建

中国特色社会主义进入新时代，社会主要矛盾已经转化为人民日益增长的

美好生活需要和不平衡不充分的发展之间的矛盾，这就要求开展公共服务的供给侧结构性改革，拓展公共服务的供给主体，提升公共服务的供给能力，发挥公共服务多元提供者的角色。

1. 承担好自身的职工服务工作。满足职工群众的公共服务需求是工会组织的基本职责，更是工会组织获得组织政治合法性的基础。除了保护职工群众在劳动生产活动中应有的劳动保护、福利待遇、劳动报酬、休假休息等权益，还需要针对职工群众的生活需要给予部分基本公共服务，补充政府、市场和社区在服务提供方面的不足。例如，保健服务、集体保险、集体养老、法律服务、心理辅导等。在服务供给方式上，应当以更加专业高效和社会化的手段向职工群众提供维权支持和工会服务，提升职工群众对工会组织的认同感和归属感。

2. 与政府、社会组织和企业展开合作供给。现代政府是积极的有限政府，通过政策创新和制度安排为社会力量和市场力量在公共服务供给方面创造条件与空间。在“放管服”改革下，工会组织承接政府转移的相关公共服务，以服务购买、战略合作等多种形式与社会组织和企业组织在职工服务方面开展合作。通过主体间的分工互补和协同行动，不仅优化和拓展对职工群众的服务供给，而且促进工会服务和社会服务的融合互通，协力构建社会事业的共建网络。

3. 引导职工自我教育和自我服务。工会组织不仅是工人阶级的联合组织，也是党领导下广大职工群众的自治组织。在社会自治意义上，工会组织的目的就是在党的领导下使职工群众自我组织起来，以共同体的形式开展自我服务互助，以共同体的形式开展自我学习教育，通过灵活多样的活动形式和组织方式，促进职工群众的能力发展和综合素养提升，更好地实现职工群众利益。

（四）引导有序参与，推动基层治理的民主法治化

新时代社会治理是党领导下的人民民主治理，但治理民主的有效运行离不开法治保障，只有制度健全才能让民主参与落到实处，也只有合规有序才能发挥出民主参与的正向功效。

1. 充当职工群众意见传输的制度渠道。职工群众对社会变迁和经济形势的感受往往是敏锐和直接的。他们的利益诉求往往反映了社会发展过程中出现的问题，需要得到其他社会治理主体的高度重视和认真对待。然而，事实上，职工群众的许多诉求往往并没有得到充分表达，致使他们在合法权益受损害又缺少制度渠道和社会支持时不得不采取集体抗争的形式。工会组织利用自身具有的政治资源和制度渠道，充当职工群众诉求表达的制度载体。一方面发挥信息传输的媒介作用，促进职工群众与其他治理主体的对话沟通，使职工群众的利

益诉求得到充分的表达和回应；另一方面发挥化解社会风险和释放社会怨气的安全阀作用，使职工群众的权益维护和诉求表达运行在法律制度规范之中。

2. 构建基层治理民主协商的制度平台。工会组织对职工群众诉求的回应，可以通过参与基层治理的民主协商实现。在此过程中，工会组织代表职工群众或直接组织职工代表与党政部门和其他社会主体进行对话，确保职工利益在治理政策制定和行动中得到维护。在治理共同体的语境下，这种协商可以理解为职工群众通过工会组织与多元治理力量共同规划治理政策、探索治理工具、开展治理行动、评估治理成效。通过必要的制度建构和规范规约，工会组织围绕问题解决的临时性协商行动，可以发展为围绕民主参与权利的常态化协商治理机制，让社会矛盾在对话协商中得到解决，培育职工群众的协商意识，让劳工领域的社会治理在吸纳多方利益、凝聚广泛共识、挖掘地方性知识和智慧的基础上，更加具有包容性、互利性和科学性。

3. 推进基层治理参与行动的法治建设。中国工会十八大报告提出，贯彻全面依法治国部署要求，大力推进工会工作法治化。工会组织作为职工群众民主参与的制度化和组织化载体，以法律制度的形式维护了基层治理行动的有序性，为社会治理活动的稳定发展提供了重要保障。基层社会治理的民主参与，不仅是为了保障人民群众当家作主的政治权利实现，更是为了提高基层社会治理的回应性和有效性。

思考题

1. 社会治理的概念是什么？
2. 数字时代社会治理的特征是什么？
3. 工会参与社会治理面临的挑战有哪些？

第十九章

建设高素质专业化的工会干部队伍

“为政之要，惟在得人。”党的二十大报告指出，建设堪当民族复兴重任的高素质干部队伍。全面建设社会主义现代化国家，必须有一支政治过硬、适应新时代要求、具备领导现代化建设能力的干部队伍。各级党委要加强对工会和工会工作的领导，选好配强工会领导班子，热情关心和严格要求工会干部，重视培养和使用工会干部。

第一节 建设高素质专业化工会干部队伍的重要性

一、如何建设高素质专业化干部队伍

（一）把新时代好干部标准落到实处

2019 年 7 月，习近平在中央和国家机关党的建设工作会议上提出，要践行新时代好干部标准，不做政治麻木、办事糊涂的昏官，不做饱食终日、无所用心的懒官，不做推诿扯皮、不思进取的庸官，不做以权谋私、蜕化变质的贪官。

2022 年 10 月，党的二十大报告指出，坚持党管干部原则，坚持德才兼备、以德为先，五湖四海、任人唯贤，把新时代好干部标准落到实处。

（二）树立选人用人正确导向

2018 年 6 月，习近平总书记在中央政治局第六次集体学习时指出，营造良好政治生态是一项长期任务，必须作为党的政治建设的基础性、经常性工作，浚其源、涵其林，养正气、固根本，锲而不舍、久久为功。要把树立正确选人用人导向作为重要着力点，突出政治标准。

2022 年 10 月，党的二十大报告指出，树立选人用人正确导向，选拔忠诚干净担当的高素质专业化干部，选优配强各级领导班子。坚持把政治标准放在首位，做深做实干部政治素质考察，突出把好政治关、廉洁关。

（三）注重在重大斗争中磨砺干部

2019 年 9 月，习近平总书记在 2019 年秋季学期中央党校（国家行政学院）中青年干部培训班开班式上的讲话中提出，斗争精神、斗争本领，不是与生俱来的。领导干部要经受严格的思想淬炼、政治历练、实践锻炼，在复杂严峻的斗争中经风雨、见世面、壮筋骨，真正锻造成为烈火真金。要学懂弄通做实党的创新理论，掌握马克思主义立场观点方法，夯实敢于斗争、善于斗争的思想根基，理论上清醒，政治上才能坚定，斗争起来才有底气、才有力量。要坚持在重大斗争中磨砺，越是困难大、矛盾多的地方，越是形势严峻、情况复杂的时候，越能练胆魄、磨意志、长才干。领导干部要主动投身到各种斗争中去，在大是大非面前敢于亮剑，在矛盾冲突面前敢于迎难而上，在危机困难面前敢于挺身而出，在歪风邪气面前敢于坚决斗争。

2022年10月，党的二十大报告提出，加强实践锻炼、专业训练，注重在重大斗争中磨砺干部，增强干部推动高质量发展本领、服务群众本领、防范化解风险本领。加强干部斗争精神和斗争本领养成，着力增强防风险、迎挑战、抗打压能力，带头担当作为，做到平常时候看得出来、关键时刻站得出来、危难关头豁得出来。

（四）推动干部能上能下、能进能出

2020年6月29日，习近平总书记在中央政治局第二十一次集体学习时指出，要深化干部制度改革，完善管思想、管工作、管作风、管纪律的从严管理机制，推动干部能上能下、能进能出，推动形成能者上、优者奖、庸者下、劣者汰的正确导向。要建立健全干部担当作为的激励和保护机制，切实为勇于负责的干部负责、为勇于担当的干部担当、为敢抓敢管的干部撑腰。

2022年10月，党的二十大报告提出，完善干部考核评价体系，引导干部树立和践行正确政绩观，推动干部能上能下、能进能出，形成能者上、优者奖、庸者下、劣者汰的良好局面。

（五）抓好后继有人这个根本大计

2021年9月，习近平在2021年秋季学期中央党校（国家行政学院）中青年干部培训班开班式上的讲话中提出，组织上安排年轻干部去艰苦边远地区工作，是信任更是培养，年轻干部应该以此为荣、争先恐后，而不是拈轻怕重、挑肥拣瘦、患得患失、讨价还价。在党组织安排的工作面前犹犹豫豫、想这想那，这样的干部是不能重用的！到了关键时候是要出问题的！艰难困苦、玉汝于成，刀要在石上磨、人要在事上练，不经风雨、不见世面是难以成大器的。

2022年10月，党的二十大报告指出，抓好后继有人这个根本大计，健全培养选拔优秀年轻干部常态化工作机制，把到基层和艰苦地区锻炼成长作为年轻干部培养的重要途径。

二、党中央对工会干部队伍建设提出新要求

工会组织是工人阶级的群众组织，是党联系职工群众的桥梁和纽带，是改进政权的重要社会支柱，是职工利益的代表者和维护者。党的十九届五中全会提出，加强和创新社会治理，发挥群团组织和社会组织在社会治理中的作用。工会是社会治理不可忽视、不可替代的重要力量，尤其是工会干部是联系职工最直接、服务职工最具体的主体，决定着工会组织参与基层治理的程度和成效。这就要求多渠道选优配强，完善教育管理机制，健全考核激励机制，建设高素质专业化工会干部队伍，在社会治理中更好发挥构建和谐劳动关系、联系

职工群众、提供优质服务的作用，切实把工会的政治优势、组织优势转化为治理效能。

三、深化工会改革赋予工会干部队伍建设新任务

各级工会要贯彻落实《中国工运事业和工会工作“十四五”发展规划》，要深入推进工会改革创新，不断提高工会组织的吸引力、组织力、服务力。深化工会改革创新，给工会干部队伍建设赋予了新任务，各级工会组织和工会干部要主动将工会工作放到全面建设社会主义现代化新征程的全局中思考谋划，着力加强思想引领，在“凝神聚魂”上彰显新担当新作为；始终坚持服务大局，在“建功立业”上彰显新担当新作为；扎实履行基本职责，在“促进和谐”上彰显新担当新作为；深入推进改革创新，在“固本强基”上彰显新担当新作为。

四、推动工会工作高质量发展的要求

中国工会十八大报告指出，工会工作与党中央的要求、亿万职工群众的期盼相比，还存在不小差距和不足。主要表现在：职工思想政治引领的针对性实效性不够，影响力需要进一步增强；维权服务不能充分满足职工群众多样化需求，广度、深度、精准度有待提高；新就业形态领域工会组建率、新就业群体入会率不够高，在加强组织建设和作用发挥上需要持续用力；工会组织的改革创新有待深化，数字化转型需要加快步伐；一些工会干部主动担当作为、狠抓工作落实的劲头不足，专业素养、创新能力有待进一步提高；等等。

推动新时代工会工作高质量发展，更好地在服务工作大局中发挥作用，要求新时代工会组织必须打造一支高素质专业化的工会干部队伍，以适应广大职工群众对工会工作与时俱进的要求。

第二节　工会干部能力素质的构成

工会干部要践行党的群众路线，深入调查研究，及时了解职工所思所想所盼，不断增强服务职工本领，真心实意为职工说话办事。《中国工会章程》要求工会干部要提高政治能力、思维能力、实践能力，增强推动高质量发展本领、服务群众本领、防范化解风险本领。

一、提高工会干部的三种能力

（一）提高政治能力

旗帜鲜明讲政治是工会干部的立身之本、从政之基，是必须修好的永恒课题。讲政治必须落实到判断力、领悟力和执行力上来，如果缺乏这三种核心能力，讲政治就是抽象的。新时代工会干部要不断提高政治判断力、政治领悟力和政治执行力，正确认识其逻辑内涵，深刻领会其构成要素，准确把握其提升路径，在工作中理直气壮讲政治、一以贯之讲政治，永葆中国共产党人政治本色。

1. 在牢牢把握“三个标尺”中提高政治判断力

工会干部如何作出政治上的选择与判断，涉及政治判断的标尺。有了正确的标尺，政治判断才不会出错。新时代工会干部提高政治判断力，要从牢牢把握政治判断的“三个标尺”入手。只有做到以国家政治安全为大、以职工群众为重，才能在工作中作出正确判断。

（1）以国家政治安全为大。政治安全是国家安全的根本，关系到党和国家的安危。政治主体在政治实践中判断某种政治现象怎么样，必须始终把维护国家政治安全特别是政权安全和制度安全放在首位。工会组织首先是政治组织，工会工作首先是政治工作。各级工会要深入学习贯彻习近平新时代中国特色社会主义思想，深入学习贯彻习近平总书记关于工人阶级和工会工作的重要论述，自觉在思想上政治上行动上同以习近平同志为核心的党中央保持高度一致。要创新思想政治工作，持续推动党的创新理论走进职工当中，教育引导亿万职工紧密团结在党的周围，不断巩固党长期执政的阶级基础和群众基础。

工会干部要加强工会意识形态工作。落实意识形态工作责任制，加强阵地建设和管理，严把政治方向关、舆论导向关、价值取向关，牢牢掌握工会意识形态工作领导权。加强网络信息员队伍建设，开展“网聚职工正能量 争做中国好网民”主题活动，巩固壮大奋进新征程、建功新时代的主流思想舆论。

（2）以职工群众为重。在党中央坚强领导下，我国工人阶级在党和国家事业发展中发挥了主力军作用。工人阶级和广大劳动群众是社会财富的主要创造者，推动全体人民共同富裕取得更为明显的实质性进展，首先要体现在亿万劳动者身上。工会作为职工利益的代表者和维护者，要认真履行维权服务基本职责，着力解决关系职工群众切身利益的实际问题，重视维护新就业形态劳动者的合法权益。要加强企事业单位民主管理，畅通职工诉求表达渠道，引导职工依法维护自身权益，推动构建和谐劳动关系。

工会干部要把必须坚持党的领导全面地、有效地贯彻落实到工会工作全过程和各方面。要坚持不懈用新时代中国特色社会主义思想凝心铸魂，持续推动理论武装走深走实，不断增强学习践行党的创新理论的思想自觉和行动自觉。要牢记“国之大者”，找准工会工作与党的中心任务的结合点、切入点、着力点，推动党中央决策部署在工会系统落实落地。要加强思想政治引领，做好职工思想政治工作，教育引导广大职工坚定不移听党话、跟党走，确保工人阶级始终是我们党最坚实最可靠的阶级基础。

2. 在着力深化理论武装中提高政治领悟力

“源浚者流长，根深者叶茂。”学习是提高政治领悟力的“源头”和“根基”，如果不重视学习、不善于学习，提高政治领悟力就成了无源之水、无本之木。新时代工会干部提高政治领悟力，就要深化理论学习，熟练掌握党的基本理论。

（1）掌握学习方法。学习方法在很大程度上影响着学习效果。方法得当，就会起到事半功倍的效果，有助于快速提高政治领悟力。工会干部要牢牢把握学习的正确方向，这是一切学习的前提，即马克思主义所指引的方向。要充分认识学习与思考的关系，把学习和思考真正紧密结合起来，做到勤学与善思的有机统一，养成思考的好习惯。要牢固树立问题意识，把研究和解决重大现实问题作为学习的根本出发点。一切学习都不是为学而学，要注重把学到的知识运用到工作中，这是最终目的和归宿。“不积跬步，无以至千里；不积小流，无以成江海。”学习要沉下心来，要持之以恒。

（2）明确学习内容。工会干部提高政治领悟力，需要学习多方面的知识。要学好马克思主义理论，深刻领会马克思主义关于人类社会发展规律的思想、关于生产力和生产关系的思想、关于马克思主义政党建设的思想等，这是立党立国、兴党强国的根本指导思想。要学好习近平新时代中国特色社会主义思想，这是全党全国各族人民为实现中华民族伟大复兴而奋斗的行动指南。要学好习近平总书记关于工人阶级和工会工作的重要论述，这为新时代工运事业和工会工作创新发展指明了前进方向、提供了行动指南，具有重大政治意义、深远历史意义、深刻理论意义、鲜明实践意义。此外，还要认真学习党章，学习党史、新中国史、改革开放史、社会主义发展史、中国工运史，以及做好工会工作、履行岗位职责必需的各种知识。

3. 在不断强化责任意识中提高政治执行力

“知责任者，大丈夫之始也；行责任者，大丈夫之终也。”新时代工会干部提高政治执行力，要不断强化责任重于泰山的意识，做到“心中有责”“责任过硬”，为了党和人民的事业敢想、敢做、敢当。如果责任意识缺失或淡化，就很难具备过硬的政治执行力。

（1）知责于心想干事。“心之所向，行之所倚。”知责于心是工会干部提高政治执行力的内在动力、底线要求，集中体现在对民族的责任、对职工群众的责任、对党的责任。工会干部做到了知责于心，为党和人民事业奋斗就有动力、有力量、有激情。

（2）担责于身能干事。“为官避事平生耻。”干事担事，是为官从政者的职责所在、价值所在。工会干部有多大担当才能干多大事业，凡是有利于职工群众的事就要事不避难、义不逃责。担当就是责任，新时代工会干部在实践中要不断提高担当的自觉、永葆担当的情怀，面对大是大非敢于亮剑，面对矛盾敢于迎难而上，面对危机敢于挺身而出，面对失误敢于承担责任，面对歪风邪气敢于坚决斗争。

（3）履责于行干成事。为政之要，重在实干。干部干部，干是当头的。履责于行就是在其位、谋其政、负其责、尽其力，将自己的职责落实在具体行动中，竭尽全力做好分内事，这是看工会干部政治执行力如何的“最后一公里”。工会干部履责于行，切实做到党中央提倡的坚决响应、党中央决定的坚决执行、党中央禁止的坚决不做，以钉钉子精神做实做细做好各项工作，努力创造经得起实践、职工、历史检验的实绩。

（二）提高思维能力

工会干部要把习近平新时代中国特色社会主义思想的世界观、方法论和贯穿其中的立场观点方法转化为自己的科学思想方法，作为研究问题、解决问题的“总钥匙”，切实提高战略思维、辩证思维、系统思维、创新思维、历史思维、法治思维、底线思维能力，做到善于把握事物本质、把握发展规律、把握工作关键、把握政策尺度，增强工作科学性、预见性、主动性、创造性。

1. 坚持系统学习，领悟思维能力。培育思维能力的前提是要有对“七大思维”的正确认知。“七大思维”是习近平新时代中国特色社会主义思想的世界观和方法论的重要方面，必须重视系统学习领悟，坚持学有所思、学以致用，往心里走、往深里走、往实里走，真正掌握七大思维的应然样态、实质要义、落地之要。学深学透“七大思维”的深厚内涵、功能意蕴、实践形态，掌握其要领；活学活用以“七大思维”改造主观世界的展开路径，掌握其应用。

2. 坚持职工至上，感悟思维能力。职工至上的立场是提高思维能力的价值立场、政治立场，职工至上是提高思维能力的出发点和落脚点。培育思维能力，必须把职工群众放到心中最高位置，发扬密切联系职工群众的作风，坚定走好职工群众路线，以人民对美好生活的向往作为奋斗目标，以造福人民为最大政绩，在秉持职工至上中感悟思维能力深厚的人民底色。

3. 坚持真抓实干，体悟思维能力。空谈误国、实干兴邦，实干是最质朴的方法论。学习的目的全在于运用。思维能力是在实干中体悟而来的，也只有在实干中才能充分体现其价值。工会干部要脚踏实地真抓实干，才能有意识地内化、秉持和践行思维能力，从而真正激发培育思维能力的内在动力和情感共鸣。真抓实干以体悟思维能力，必须树立践行正确政绩观，担负起功成不必在我的精神境界、功成必定有我的历史担当，锚定目标、久久为功，真正建树经得起历史、时代、人民检验的实绩。

（三）提高实践能力

学习习近平新时代中国特色社会主义思想的目的全在于运用。当前，我国发展面临新的战略机遇、新的战略任务、新的战略阶段、新的战略要求、新的战略环境。要发扬理论联系实际的优良学风，增强推动高质量发展、服务群众、防范化解风险本领，加强斗争精神和斗争本领养成，着力增强防风险、迎挑战、抗打压能力，及时填知识空白、补素质短板、强能力弱项，不断提高专业化水平。

1. 提升实践能力必须掌握科学的理论和方法。实践能力本质上是发现问题、分析问题、解决问题的能力，如何认识和解决问题总是受到一定的世界观、方法论和基本理论的制约。面对同样的问题，立场不同、方法不同，解决的思路也会截然不同。对于工会干部来说，必须站在职工的立场思考和解决问题，以职工满意不满意、高兴不高兴、答应不答应作为衡量自己工作的根本标准，做到一切为了职工，一切依靠职工。

2. 提升实践能力必须在了解实际上下功夫。要做到正确发现问题、分析问题、解决问题，必须了解实际，就是要了解所处的发展阶段，掌握事情的来龙去脉，通晓事情发展的关键环节，这样才能做到心中有数、有备无患。

工会干部要坚持实事求是的思想路线。坚持一切从实际出发，具体问题具体分析，才能真正全面准确地了解实际，不会犯官僚主义、经验主义、教条主义的错误。毛泽东在《改造我们的学习》一文中指出，“实事”就是客观存在着的一切事物，“是”就是客观事物的内部联系，即规律性，“求”就是我们去研究。

3. 提升实践能力必须善于解决发展难题。能力需要在实践中提升和检验。工会干部要牢固树立以职工为中心的工作导向，聚焦“维护职工合法权益、竭诚服务职工群众”主责主业，切实维护好、服务好亿万职工群众的劳动经济权益、民主政治权利和精神文化权益，大力推进产业工人队伍建设改革，着力解决好新就业形态劳动者、农民工、城市困难职工等重点群体的急难愁盼问题，要在发展中不断调整理念、目标、战略、步骤等，使发展实现更高质量、更可持续。帮助职工解决就业、培训、社保、困难救助等方面的实际困难，集中推动非公企业建会，做好职工思想政治引领、深化工会改革创新、数字化工会建设等重点工作。真正让亿万职工群众深切感受到党的温暖、关怀和工会的维权、服务。

4. 提升实践能力必须强化斗争精神、增强斗争本领。提升实践能力需要直面问题、难题，不能等靠要，也不能绕着走，只能迎难而上、攻坚克难，发挥斗争精神，增强斗争本领。

工会干部要把握新的伟大斗争的历史特点，抓住和用好历史机遇，下好先手棋、打好主动仗，发扬斗争精神，增强斗争本领，凝聚起职工群众的意志和力量，就一定能够战胜一切可以预见和难以预见的风险挑战。

5. 提升实践能力必须善于防范风险。我国进入新发展阶段，面临的问题会越来越多。正如党的二十大报告指出的，当前，世界百年未有之大变局加速演进，新一轮科技革命和产业变革深入发展，国际力量对比深刻调整，我国发展面临新的战略机遇。

工会干部要把保持职工队伍团结统一和社会和谐稳定作为底线和要求，坚持一手抓引领构建、一手抓防范化解，着力维护新就业形态劳动者、农民工、城市困难职工等群体的合法权益，推动构建和谐劳动关系，切实维护劳动领域政治安全。

二、增强工会干部的三大本领

（一）增强推动高质量发展本领

党的二十大报告指出，全面建设社会主义现代化国家，必须有一支政治过硬、适应新时代要求、具备领导现代化建设能力的干部队伍。工会要实现高质量发展，就必须有高水平、高质量的工会干部队伍，增强工会干部推动高质量发展的本领。

1. 增强推动高质量发展本领，要坚持问题导向。坚持党对工会的全面领导，坚持全心全意依靠工人阶级的根本方针，坚持围绕中心、服务大局，坚持以职工为中心的工作导向，坚持改革创新，推动新时代新征程工运事业和工会工作高质量发展，以解决问题为工作导向，把化解矛盾、破解难题作为带动全局工作的突破口，是马克思主义的科学方法论。推动高质量发展，是奔着破解发展不平衡不充分问题去的。科学认识、精准把握、妥善解决发展不平衡不充分问题，就能在推动高质量发展上不断迈出新步伐。瞄着问题去、追着问题走，深入基层、深入职工群众、深入实际，把制约高质量发展的堵点痛点难点摸清摸透，才能提出有针对性的解决措施。要大力推进改革创新，向改革创新要动力、要活力，培育发展新动能、新优势，形成更多新的增长点、增长极，以效率变革、动力变革促进质量变革，闯出新路子、展现新作为。

2. 增强推动高质量发展本领，要努力成为行家里手。我们处在前所未有的变革时代，新技术、新业态、新模式等不断出现，同时也面临从未有过的新情况、新矛盾、新问题。工会干部要把干事热情与科学精神结合起来，坚持不懈学习，增强专业本领。要深入学习领会习近平新时代中国特色社会主义思想，全面学习贯彻党的二十大精神和中国工会十八大精神，努力把学习成果转化为推动高质量发展的科学思路和务实举措，在把握规律基础上实现变革创新。拓宽视野、瞄准前沿，了解新就业形态劳动者的发展趋势，学习同做好本职工作相关的新知识新技能，不断完善履职尽责必备的知识体系。坚持在干中学、学中干，做到干什么学什么、缺什么补什么，从实践中总结经验，使自己的认识和行动跟上党中央要求、跟上时代发展步伐、跟上事业发展需要。

3. 增强推动高质量发展本领，要保持稳定心态。推动高质量发展是一场关系经济社会全局的深刻变革，是一项复杂工程和长期任务，不可能毕其功于一役。作为工会干部既要有只争朝夕的紧迫感，又要保持耐心和定力，树立正确的政绩观、发展观。目标要坚定不移，行动要科学有效，既谋划长远，又干在当下，坚持稳中求进，以“功成不必在我”的境界和“功成必定有我”的担当，一件任务一件任务地落实，一个节点一个节点地推进，持之以恒、久久为功，扎实推动高质量发展取得新成效。

（二）增强服务群众本领

服务是什么？服务就是履行职务，为大家做事。这里有两层含义，第一，这是按规定担任的工作；第二，这是为人民、为群众做事。工会干部只有深切理解服务的含义，才能真正成为主动为职工群众着想的服务者、与职工群众打成一片的引导者。

1. 提高宣传教育职工能力。宣传教育能力是通过一定的方式把党的正确主张等内化为职工群众的思想认同、外化为职工群众的实际行动的能力。当前，宣传教育工作是基层工会工作相对薄弱的一环，这就要求工会干部在宣传教育群众过程中，着力增强宣讲的说服力、亲和力和针对性、有效性，坚持问题导向，结合职工群众身边的鲜活事例把党的思想、工会的政策等讲清楚、讲明白，使职工群众成为党的事业和工运事业的坚定追随者。

宣传教育职工要贴近职工、贴近工作、贴近生活。贴近职工，就要深深扎根于职工之中，立足职工需求，把握职工脉搏，使宣传教育的内容契合职工的需要、方式符合职工的特点。贴近工作，就要结合职工的日常工作进行宣传，将道理由大变小，将理论由虚变实，让职工听得实在、学得透彻。贴近生活，就要选择与职工生活息息相关的典型事例作为宣传教育的切入点，让职工在共情中感受工会的好政策，在共鸣中接受工会的主张，在潜移默化中提升自身认知水平。

2. 提高联系服务职工能力。联系服务职工能力是采用多种方式跟职工交流、密切跟职工的关系，制定政策时从职工需求出发，维护好职工利益的能力。

要联系群众，就要按照群众的需要和意愿。这里要把握好两个方面：一是从职工的需要出发。这个需要不是工会干部在头脑中想象出来的，而是在跟职工深入交流的基础上精准找到的真实需要。二是尊重职工的意愿。在广泛发动职工前，要向职工说明工作的价值和意义，说到职工心里去，让职工真心认可，这样工作才能更好更快地推进。

联系服务职工群众要入心、入耳、入行。入心，要求工会干部真心为职工，主动靠前，变“要我联系服务”为“我要联系服务”。要跨越方言障碍、年龄代沟、经历差异，踏踏实实走进职工群众中，畅聊职工家常，做工会工作的内行人、职工群众认可的贴心人。入耳，要求工会干部通过多种形式倾听职工声音，全面了解职工群众的工作生活状态以及需求、建议等。在联系职工群众时带好一双眼睛、一双耳朵、一张嘴巴，多看一看职工群众的生活环境，多听一听职工群众的家长里短，多问一问职工群众的热切期盼，为做到整体布局、靶向施策、精准服务打下基础。入行，要求工会干部根据了解到的实际情况做好对职工群众的服务工作。走进职工群众家门、了解职工群众意愿是联系服务职工群众的起点，帮助职工群众排忧解难、实现职工群众愿望是联系服务职工群众的目的。对于职工群众的期盼和反映的问题、提出的意见，要进行分类整理和分析。可以及时解决的，要尽早予以解决；暂时不能解决的，要向职工群众说明原因，同时建立台账，限期解决，用实际行动回应职工群众诉求。

3. 提高组织凝聚职工能力。组织凝聚职工能力是把广大职工团结在党的周围，凝心聚力，带领广大职工共同奋斗、共享成果的能力。组织凝聚职工最重要的是要将职工的心气聚集到一起，大家拧成一股绳，为了共同的目标团结奋斗。不同群体之间会有思想上和利益上的分歧，我们要争取大多数职工的拥护和参与，解决好职工的思想认同和根本利益问题，把分歧和矛盾减少到最小，再通过分析研判和调处化解，最大限度满足不同群体的利益诉求，引导职工构建思想共同体、利益共同体。

组织凝聚职工要相信职工的首创精神、提高职工的参与度、发挥工会干部的感召力。相信职工的首创精神，要求相信职工的智慧是无穷的，给予职工充分的信任，养成依靠职工的工作理念、工作习惯。对于广大职工关心的热点难点痛点，要广泛听取职工意见，依靠职工的智慧和首创精神来解决问题、推进工作。提高职工的参与度，要求广泛发动职工。发挥工会干部的感召力，要求工会干部以身作则，率先垂范，以自身的工作热情、工作业绩、人格魅力来影响和带动一般职工，引导职工。工会干部要以自己的一言一行来树立形象、赢得信任、获取支持，发挥好“娘家人”的作用，达到凝心聚力的目的。

（三）增强防范化解风险本领

面对新征程上纷繁复杂的风险挑战，工会干部要切实增强防范化解风险本领，认真落实中国工会十八大部署要求，抓好防范化解，落实落细工作责任制，切实把矛盾化解在基层、化解在萌芽状态，奋力谱写中国式现代化的工运事业新篇章。

1. 树立责任思维，强化防范和化解风险的担当。当前和今后一个时期，我国发展仍然处于重要战略机遇期，但机遇和挑战都有新的变化，必须统筹两个大局，保持战略定力，树立责任思维，强化履职担当，工会要办好自己的事情，准确识变、科学应变、主动求变，抓住机遇，应对挑战，抵御风险，稳步前进。

工会干部要抓实引领构建，强化职工思想政治引领，坚持不懈用习近平新时代中国特色社会主义思想凝心铸魂，引导广大职工坚定不移听党话、矢志不渝跟党走。要扎实推进建会入会工作，认真履行工会基本职责，用心用情做好维权服务工作，管好用好 12351 工会服务职工热线，确保接通率、按时办结率、职工满意度保持在较高水平，巩固拓展双 15 工程成果，提升工会驿站服务质效，着力解决职工群众急难愁盼问题，推动构建和谐劳动关系。要有力推进社会组织工作，联系引导社会组织为职工提供高水平专业化的服务。

2. 树立创新思维，锻造防范和化解风险的能力。工会要坚持维权与维稳相统一。把维权服务工作摆在突出位置，创新开展工会维权维稳各项工作，实现维护权益、维护稳定的有机统一。要密切关注、及时研判当前特殊时期劳动关系的新动向、新特征和新问题，加强与相关部门、企业组织的协商协调协作，深化和谐劳动关系创建活动，推动企业履行社会责任，培育和谐劳动关系企业。着力强化劳动领域维护政治安全体制机制建设，建立健全定期向上级工会和同级党委汇报工作制度，主动融入同级党委领导下的有关工作机制，建立应对网络舆情工作方案，及时解决苗头性、倾向性问题，决不能小事拖大、大事拖炸。要发挥中国工会的组织优势。要坚持哪里有职工群众、哪里需要做群众工作，工会组织和工会工作就跟进到哪里，进一步扩大工会组织的有效覆盖面，坚持中国特色社会主义工会发展道路，不断巩固劳动领域维护政治安全的阵地基础。要继续深入排查化解劳动关系风险，要加大力度，定期开展排查，做到见微知著、举一反三，建立健全劳动关系风险监测预警和分析研判机制，针对不同类别和等级的风险制定相应的应急预案，推动排查化解风险工作制度化、常态化、长效化，探索形成劳动领域的“枫桥经验”。要把握劳动领域维护政治安全工作的政治方向。

第三节　建设高素质专业化工会干部队伍的实践导向

打造忠诚干净担当的高素质专业化工会干部队伍，需落实新时代好干部标准，树立正确选人用人导向，健全完善兼、挂职工作机制，发挥工会院校培训主渠道作用，完善网络培训体系，提升工会干部能力素质，教育引导工会干部树牢正确政绩观，鼓足干事创业的精气神。

一、做好工会干部的选拔任用

“用一贤人则群贤毕至，见贤思齐就蔚然成风。”用人导向关乎工会干部队伍的整体风向和建设质量。选任工作是工会干部队伍建设的基础性环节，是建设高素质专业化工会干部队伍的奠基性工作。

（一）坚持党管干部原则

用人权是我们党最重要的执政权之一，坚持党管干部原则是体现党的执政地位、巩固党的执政基础、履行党的执政使命的重要保证。工会干部的选拔任用，要坚持党管干部原则，突出政治标准，严把政治关、能力关、廉洁关，建立健全崇尚实干、带动担当、加油鼓劲的正向激励体系。

坚持党管干部原则，把政治标准作为选人用人的首要标准。突出政治标准，是我们党选人用人的优良传统。既要把政治标准贯穿干部选拔任用工作全过程，通过“一对一”谈话、实地走访等多种方式了解干部的政治表现，深入掌握干部在思想政治上是否坚持正确的政治立场、政治方向、政治原则、政治道路，在行动实践上是否维护党中央权威、执行党的政治路线、严格遵守党的政治纪律和政治规矩；又要克服“不考察就不去了解班子、不调整就不去接触干部”的情况，坚持和完善日常分析研判干部机制，经常性、近距离了解干部，探索建立干部政治素质考察档案，对干部的政治忠诚、政治定力、政治担当、政治能力、政治自律做到心中有底、胸中有数。

坚持党管干部原则，把党性教育作为干部能力提升的首要内容。始终把理论武装作为一项事关党的事业兴旺发达的战略任务常抓不懈，把提高政治觉悟、政治能力贯穿干部教育培训全过程，深入学习习近平新时代中国特色社会主义思想，教育广大干部坚定理想信念、坚守精神家园，做在政治上站得稳、靠得住、信得过的干部。

（二）具有道德素养

司马光在《资治通鉴》中对德与才有精辟的论述，才德全尽谓之圣人，才德兼亡谓之愚人；德胜才谓之君子，才胜德谓之小人。凡取人之术，苟不得圣人、君子而与之，与其得小人，不若得愚人。从这一层面而言，才华固然重要，但德是人之本，才为德之资。

做官必须先做人，做人必须先立德，道德素养向来都是干部选拔任用的重要原则和前提条件，是一个人的灵魂。一个称职的工会干部，可以没有过硬的理论水平，可以没有过硬的业务能力，但是不能没有高尚的道德素养。与“才”相比，“德”任何时候都是第一位的。德好才不好，干不成大事；才好德不好，小才干小坏事，大才干大坏事。对于工会干部而言，“德”是一个抽象化概念，包含多个层面的基本内涵，例如政治品德、职业道德、家庭美德、社会公德等。中国传统文化强调“修身、齐家、治国，方以平天下”，“德”是人成事、立业之本。就这一维度来说，新时代工会干部队伍建设工作一个最大亮点在于从实践层面妥善解决了“德”与“才”二者的“两难关系”，并且明确把“以德为先”树立为高素质专业化干部队伍建设的鲜明导向，为解决传统选人用人工作中存在的“重德还是重才”难题提供了根本解决策略。

因此，工会干部首先要在个人品德上做到德高于人，要牢固树立正确的世界观、人生观、价值观，要有一身正气、刚正不阿，敢于坚持真理，勇于主持公道，同时，还要模范遵守社会公德、职业道德和家庭美德，要带头践行社会主义核心价值体系，对人胸怀坦荡、光明磊落，做事谦虚谨慎、永不自满，创业艰苦奋斗、锲而不舍，工作爱岗敬业、乐于奉献，为官两袖清风、一尘不染。只有从“四德”教育入手加强工会干部队伍建设，不断提高工会干部道德素养，把好入口关，增强先进性，才有可能培养出一支思想品德高尚的工会干部队伍。

（三）具备服务职工群众的意识

工会是党联系职工群众的桥梁和纽带，工会干部的作风素养如何，直接关系到工会组织甚至党组织在职工群众心目中的形象。因此，成为一名合格的工会干部必须具备为民、务实、清廉的作风素养。首先要牢固树立群众利益无小事的观念，切实改进工作作风，深入基层、深入一线，密切联系职工群众，加强调查研究，掌握职工群众所思所想所盼，用心用情为基层和职工群众办实事、解难题，努力成为工会工作的行家里手，以实际行动树立服务职工群众的良好形象。其次要坚持实事求是、注重调查研究，一心一意、一点一滴地开展工作，切实为基层解决实际问题，对发现的问题要积极解决、紧抓不放，对定下来的事情要雷厉风行、狠抓落实，对部署过的工作要督促检查、严抓到底，不能有丝毫的懈怠。最后要干净干事、干事干净，要自觉运用科学的理论武装头脑，坚定共产主义信念，自觉抵制拜金主义、享乐主义和奢靡之风，在各种诱惑面前时刻保持高度警觉，不为钱财所动心，不为酒色所忘形，不为权势所丧志，筑牢拒腐防变的思想防线。作为一名工会干部，只有经常去思考为了谁、依靠谁、我是谁，才能做到为民务实清廉，才能做好表率，更好地把职工群众团结凝聚起来跟党走。

二、提升工会干部教育培训实效

培养和塑造工会干部的干事能力以及工会干部队伍整体的综合实力，必须在工会干部培养环节下功夫、花力气，特别是需要对传统视域下工会干部的培养模式进行优化与革新，建立起一套“理论教育与实践锻造交融、个人努力与组织关怀结合”的立体式工会干部培养体系，真正发挥出“1+1 > 2”的培养效力。

（一）努力探索“理论武装 + 实践磨砺”有机融合的锻造模式

近些年来，工会工作取得巨大进步，人才教育方面也培养了一大批有文化、有本领、有素养的新生代人才。问题的关键在于如何引导新生代工会干部服务职工群众。对此，既要强化理论武装，也要辅以实践磨砺。

1. 开展形式多样的理论学习活动。对于广大工会干部特别是年轻的工会干部，要建立常态化理论学习机制，通过线下集体学、线上个人学、日常交流学、实地教育学等模式，围绕习近平总书记关于工人阶级和工会工作的重要论述进行精学细究，用科学理论来武装头脑、补足精神之“钙”。

2. 建立多渠道干部轮岗磨炼机制。“人才自古要养成，放使干霄战风雨。”“好干部”不仅要理论功底深，更要善于挑大梁、精业务。通过尝试建立“机关—基层”轮岗、单位不同部门间轮岗等机制，让工会干部在“赛马场”上真抓实干、在不同角色中“千锤百炼”，特别是在自身专业素养和业务能力方面得到全方位提升，真正成长为优质“专业化”人才。

（二）坚持走“个人努力＋组织培养”双向发力的培养路径

1. 工会干部自身要积极上进、开拓进取。对于广大工会干部而言，要自觉认识到当前所处时代的复杂性以及建设中国特色社会主义伟大事业的艰难性，作为参与其中一分子，工会干部要自觉做到“两个维护”，上下一心、勠力同心，发挥好“螺丝钉”作用，当好职工“娘家人”。

2. 单位组织要尽职尽责、精心培养。组织在培养工会干部时，在工作方法上既讲究“一条标尺”，也要善于“因人施策”；既把握好“八小时之内”，也关怀好“八小时之外”。各级工会要结合不同层级、不同类型工会干部特点和需求分级分类培训，努力构建起全方位工会干部关怀和培养机制。

三、加强工会干部的监督管理

推进高素质专业化工会干部队伍建设工作，最根本的是要抓住工会干部队伍建设工作的“牛鼻子”，即工会干部监督管理环节。工会干部监督管理环节既是通过组织引导与教育提升工会干部综合能力、塑造工会干部“职业观”养成的主要阶段，同时也是通过外部评价帮助干部清晰认知自我、以达到“省察自律”目的的重要节点。在工会干部管理工作中，要坚持“严管与厚爱结合、激励与约束并重”的管理机制。

（一）要把好“从严”之度、施准“厚爱”之量

干部管理既是一门科学也是一门艺术。要敢抓善管、精准施策，彰显组织的力度；又要撑腰鼓劲、关爱宽容，体现组织的温度。具体来说，干部管理方法上要刚柔并济，要善用科学办法进行管理，切实管到位、管到点子上。

1. 在关键性问题上长管长严。新时代衡量好干部的第一位要求是“政治标准”，这既是坚持和加强党的全面领导的内在需要，也是打造一支纪律严明的干部队伍的必然要求。毋庸置疑，工会干部如果在政治上摇摆不定、心猿意马，能耐再大也不能用。在涉及工会干部的政治立场、政治意识、政治素质、政治品德等关键性问题时，必须秉持“严”的准则，容不得半点马虎和折扣。

2. 在必要性节点上及时关怀。工会干部也是普通人，也有常人思维和情感。当前执政环境复杂化和社会形势多元化使得工会干部开展工作的难度越来

越大，在工作中难免出现瑕疵和失误，难免受到冷落或误解，在这种时刻，各级组织和领导必须及时为他们撑腰鼓气、澄清正名，以组织关爱重燃工会干部干事创业激情。

（二）要健全激励机制、严明纪律底线

2018 年 5 月，中共中央办公厅印发《关于进一步激励广大干部新时代新担当新作为的意见》，强调既要建立正向激励机制也要建立健全容错纠错机制，真正为广大干部营造“敢干事、能干事、想干事”的良好组织环境。

1. 构建科学高效工作考核制度。做好新时代工会干部考核工作，要健全干部考核评价机制，发挥考核激励作用，推动形成能者上、优者奖、庸者下、劣者汰的正确导向。要结合实际合理设置工会干部考核指标，改进考核方式方法，增强考核科学性、针对性、可操作性，从源头上保护和涵养工会干部的干事热情。

2. 抓早抓小用好日常监督渠道。“无规矩不成方圆”。既要千方百计为工会干部撑腰鼓气，也要画出“禁区”和“红线”。在监督管理工会干部过程中要及时发现苗头性问题以及不良行为倾向，经常性“敲警钟”，让“咬耳扯袖、红脸出汗”成为常态，帮助广大工会干部“知底线、敬底线、守底线”。

3. 完善干部管理监督方式。加强干部监督制度化规范化建设，加大执行个人有关事项报告制度工作力度和警示教育力度，不断提升选人用人质量。

思考题

1. 如何建设高素质专业化工会干部队伍？
2.《中国工会章程》要求工会干部要提高哪三种能力、哪三种本领？
3. 如何提升工会干部教育培训实效？

第二十章

工会干部和职工心理健康调适

健康不仅指没有疾病，而且包括身体、心理和社会适应在内的完全状态。心理健康是健康的重要组成部分，身心健康密切关联、相互影响。一个健康的人，不仅在身体方面是健康的，在心理方面也是健康的。心理健康事关个体的幸福，家庭的和睦，社会的和谐。关心职工的心理健康是工会竭诚服务职工的重要内容。同时，工会干部自身的心理健康状况也直接关系着新时代工运事业和工会工作的长足发展和健康运行。

第一节　心理健康的概念和压力情绪管理

一、心理健康定义和标准

（一）心理健康定义

什么是心理健康？从广义上讲，心理健康是指一种高效而满意的、持续的心理状态。从狭义上讲，心理健康是人在成长和发展过程中，认知合理、情绪稳定、行为适当、人际和谐、适应变化的一种完好状态，指人的基本心理活动的过程内容完整、协调一致，即认识、情感、意志、行为、人格完整和协调，能适应社会，与社会保持同步。心理健康或不健康没有绝对界限，心理健康状态具有动态性。

（二）心理健康十条标准

美国心理学家马斯洛和米特尔曼提出的心理健康十条标准被公认为是“最经典的标准”：

1. 充分的安全感，有自尊心，对自我的成就有价值感。

2. 充分了解自己，并对自己的能力做适当的估价。

3. 生活的目标切合实际。能容忍生活中挫折的打击，无过度的幻想。

4. 与现实的环境保持接触。具有适度的主动性，不为环境所左右。

5. 能保持人格的完整与和谐。个人的价值观能适应社会的标准，对自己的工作能集中注意力。

6. 具有从经验中学习的能力，能适应环境的需要改变自己。

7. 能保持良好的人际关系，有爱人的能力和被爱的能力。在不违背社会标准的前提下，能保持自己的个性，既不过分阿谀，也不过分寻求社会赞许，有个人独立的意见，有判断是非的标准。

8. 适度的情绪表达与控制。

9. 在不违背社会规范的条件下，对个人的基本需要做恰当的满足。

10. 在集体要求的前提下，较好地发挥自己的个性。

（三）心理亚健康表现

心理亚健康是指一种介于心理健康和心理疾病之间的中间状态，主要表现为以下几个方面：

1. 记忆力下降，注意力不集中。与他人交流时，前一秒还记得自己要说的话，后一秒就可能忘了；非常熟悉的朋友，突然之间忘了对方的名字；对周围世界产生陌生感、似曾相识感。

2. 做事拖拉、效率低下。不能按时完成工作，约会经常迟到，做一件事总要磨磨蹭蹭，一拖再拖。

3. 人际交往频率降低，喜欢独处，回避现实。与朋友交往减少，性格越来越孤僻；虽外面世界很精彩，但感到自己很无奈、已经落伍，回避社会和社交场所。

4. 情绪不稳定，烦躁不安。总是忧心忡忡，怕自己或家人出事；遇事一触即发，不冷静，易生气动怒；曲解他人好意，听不进别人意见，不管做什么事情，都想以自己为中心，按自己的意愿行事，不顾及他人感受。

5. 郁闷不开心。由于长时间高强度的学习与工作，内心压力无法释放，整日闷闷不乐、郁郁寡欢，对事物兴趣下降，惰性增加、烟酒量增加。

6. 疑心重，人际敏感。常常疑虑重重，固执己见，感情用事，一意孤行。一方面，敏感多疑，对于一些看不惯的行为及事物通常会抱有敌意，对于别人的行为经常会自行地解读为"居心叵测、不怀好意"，总觉得家人及周围人与自己过不去，不相信别人；另一方面，有时对发生在自己身边的事情视而不见，置身事外，反应冷漠，不关心他人。

7. 空虚无聊感。生活空虚乏味，漫无目标，沉溺于手机游戏，得过且过，对自己人生的价值产生怀疑，无上进心，常常会长吁短叹，混日子，缺少生气。

8. 思维迟钝，反应迟缓。脑子出现"短路"，大脑反应变慢，与人交谈时，总会慢半拍，面临突发事件时，常常束手无策；思维不清晰，唠叨，说重复话；精神不振，脑力疲劳、懒于运动，常感到精力不支，力不从心。

9. 睡眠问题。出现睡眠差，入睡困难、早醒，或睡不安、睡不深，或梦多、做噩梦。

二、压力管理

在现代社会竞争越来越激烈的环境中，职场人士在工作、家庭、教育、情感、婚姻方面都遇到了前所未有的困惑、压力与冲突。保持适度压力有利于我们振作精神，更好应对工作生活中的各种挑战，使生命具有活力。我们该如何改变压力思维模式呢？

第一步：承认压力的存在。也就是说当你感受到压力时，不逃避它，允许自己感知到压力，包括它是如何影响身体的。第二步：欢迎压力。意识到压力是你对在意的事物的反应，并联结到压力背后的积极动机。第三步：运用压力给你的能量。不要试图耗费时间管理压力，而是思考你现在可以做什么来应对压力。每当你感受到压力时，应用以上三步进行练习，你会逐渐看到压力的好处，改变压力有害的思维；你会更擅长应对压力，焦虑和抑郁状况也会更少。要知道一点：你认为压力好，压力就帮助你；你认为压力坏，压力就折磨你。

库珀·埃登斯曾说过："与其恐惧，不如拥抱。"比起对压力和不安的逃避，对生活意义的追求才是身心健康的不二法则。最好方式是选择那些对你生活有意义的事情，然后相信自己能够处理好伴随而来的压力，在努力中实现自己的潜能和价值。

三、情绪管理

情绪管理在我们的心理健康中发挥着十分重要的作用，一个理性平和、宽容豁达的人往往不容易被情绪左右。良好的情绪可直接作用于脑垂体，保持内分泌功能的适度平衡，从而使全身各系统、器官的功能更加协调。巴甫洛夫曾讲过："忧愁、顾虑和悲观可以使人得病；积极、愉快、坚强的意志和乐观的情绪可以战胜疾病，使人更强壮和长寿。"如何修炼理性平和的情绪？

第一，体察自己真正的情绪。可以通过反思的方式，比如白纸疗法把可以感知到的情绪都写出来，进行理性分析。同时，科学认知自己的情绪周期。所谓情绪周期，是指一个人的情绪高潮和低潮的交替过程所经历的时间。它反映人体内部的周期性张弛规律，亦称"情绪生物节律"。科研表明，人的情绪周期与生俱来，一般 28 天为一个周期，周而复始，分为高潮期（前一半时间）、临界期（由高潮向低潮或由低潮向高潮过渡的时间，一般 2～3 天）和低潮期（后一半时间）。临界期的情绪不稳定，机体各方面协调能力差，易发生事故，所以，在情绪的临界期和低潮期，要提高警惕，运用意志加强自我控制。

第二，适当表达自己的情绪。如果把人的心理比喻成一个气球，我们经常把一些欲望、冲动、需要等压进这个气球，当压到一定程度时，我们就会强烈感知内心压力太大，气球就要爆炸，所以，适当表达自己的情绪十分必要，那种认为"人不应该有情绪"的认知模式是不可取的。

第三，适宜的方式调控情绪。一是情绪宣泄法。注意掌握其度，以社会可允许的方式表达出来，比如找一位能理解你的人倾诉、用写日记的方式倾诉不快、对着"树洞"自言自语，或者通过哭泣，把情绪压抑时产生的对人体有害的生物活性成分通过眼泪排泄出来，仅此，情绪强度就可以减低 40%。二是注意转移法。按照巴甫洛夫的条件反射学说，人在发怒时，大脑皮层会出现一个强烈的兴奋中心。此时，如果另寻一些新颖刺激引起新的兴奋中心，会抵消或冲淡原来的兴奋中心，比如音乐、美术、书法、阅读、运动、旅游等都是不错的选择。三是认知调节法。主体受到外界刺激（A），会有一个认知评价（B），从而产生情绪情感（C）。通过调整 B，会改变 C，反之亦然。我们的烦恼不是源于我们的遭遇，而是源于我们对世界的看法。

第二节　工会干部心理健康调适

2019 年颁布的《公务员法》在公务员应当具备的条件中，也首次提出了要具有正常履行职责的心理素质。工会干部作为公务人员群体的重要组成部分，其心理健康水平直接关系着工运事业的长足发展，直接影响其生理健康指标，同时也深刻影响着工会工作的开展成效。

一、当前形势对工会干部心理调适能力提出新要求

工会干部身处协调劳动关系第一线，肩负重大的社会责任，需要面对各种各样的新情况、新问题，所承受的心理压力越来越大，由此引发的心理健康问题也越来越多，这就需要工会干部学会自我调适，不断提高在各种压力、困难和考验面前自我调适的能力。新形势下，工会干部面对党和国家新要求、工会工作新形势、职工需求新期盼、工作成就新期待，这些是工会干部工作新的动力，同时也可能是其产生压力的重要来源。

（一）党和国家对工会工作的新要求

新时代，党和国家把工会工作作为党治国理政的经常性、基础性工作。这一定位，为广大工会干部带来职业荣誉感的同时，也带来巨大的工作挑战。如何做到让党政放心，团结引领广大职工听党话、跟党走，这是摆在每位工会干部面前的严峻问题。机遇与挑战并存，面临这一大好机遇，如何迎接挑战，是工会干部产生焦虑的一个因素。

（二）职工群众不断增长的新需求和对工会服务的新期盼

新时代社会的主要矛盾已经转变成人民日益增长的对美好生活的向往与不充分不平衡的发展之间的矛盾。职工对自身职业生涯的关注，对自身素质技能的提升，对家庭中的婚姻关系、亲子关系、人际关系等需求日益多元化。如何

积极回应职工新需求，是判断工会组织是否有活力、判断工会干部是否是职工的“娘家人”的重要指标。

（三）工会干部对于工作成就的新期待

立足新时代新征程新起点，党和国家对工会工作提出了更高的要求，工会干部担负着更多的时代责任和历史使命，这也势必会增加工会干部对自身的工作要求和工作压力。

二、心理调适能力对工会干部意义重大

首先，心理调适能力是工会干部保持身心和谐健康的需要。良好的心理调适能力，可以使工会干部更好地处理各种矛盾，提升心理承受水平，在压力和挫折面前有足够的心理准备，并能及时采取有效措施抵制各种不良诱因，始终保持乐观向上的精神面貌和良好的社会适应性。此外，它还可以有效降低生理疾病的产生，使工会干部能以充沛的精力和活力面对各种挑战和困境。

其次，心理调适能力是工会干部获取事业成功的基本素质。现实生活中，一些工会干部虽才华出众、勤奋上进，却因受挫一次就心理失衡，萎靡不振，或因情绪易失控而人缘较差，最终难有作为。与此相反，具备良好心理调适能力的工会干部，则能始终保持清醒的自我意识、稳定的情绪状态、健全的人格和强烈的社会责任感，能够有效地履行工会职责，不断提高工作业绩，最终获得职业生涯发展的成功。

最后，心理调适能力是工会干部拥有良好生活品质的前提。拥有良好的生活品质，是包括工会干部在内的每个社会成员的期望。然而一些工会干部由于心理调适能力缺失，不能坦然应对社会生活中的压力和挫折，因而造成心理压抑或扭曲。工会干部只有具备良好的心理调适能力，才能在逆境中保持乐观，在困境中感受快乐，在追求事业成功的同时拥有高品质的生活。

三、防范化解工会干部心理危机的途径

（一）外部的制度建设和援助机制

1. 正确政治引领。大力宣传习近平总书记关于工人阶级和工会工作的重要论述，从思想政治方面增强工会干部的使命感和荣誉感。同时，引导工会干部树立科学的世界观、人生观、价值观和政绩观。

2. 加大人文关怀。加大对工会干部群体心理健康层面的关注度，利用媒体和互联网平台大力宣传心理健康教育、心理疾病认知与预防、心态调节及身心保健等知识。同时增加类似于健身中心、文化宫等形式的公共文化设施的投

资，丰富工会干部业余生活，采取积极的方式适当地排解压力。

3. 制定减压机制。借助社会力量，建立干部心理援助机制，尤其是健全心理健康的外包服务体系，可以借鉴国外企业组织为员工减压设立的员工帮助计划（EAP），从工作压力、心理健康、灾难事件应激、职业生涯困惑、婚姻家庭问题、法律纠纷、健康生活方式、减肥和饮食紊乱等方面入手，全方位帮助工会干部解决自身问题，并以宣传学习形式让工会干部掌握该机制并运用于服务职工和工作中去。

（二）工会干部自我心理健康调适方法

1. 提高自身的认知能力。首先要树立坚定合理的信念。心理学家认为，人总是根据大量的已有信念、价值观、意愿、动机以及偏好来认知世界的，所以，要想保持良好的心态，拥有健康的身心，就必须树立科学合理的世界观、人生观、价值观。只有树立正确信仰，才能解决好权力观、地位观、利益观和政绩观的问题，才能客观评价自己优点和缺点，坦然面对现实社会与生活，冷静应对各种诱惑与挑战，理性对待个人苦乐与得失，从而自觉克服和消除悲观消极、焦灼浮躁、贪婪奢侈、孤独压抑等不健康心态。其次要选择合理的归因方式。归因方式可分内控型和外控型两种，内控型者往往把决定事情结果的关键因素归结为个性、能力和努力程度；外控型者则归结为机遇、运气、任务难度和社会背景等。工会干部应尽量选择那些能让自己保持信心和积极性的归因方式，弱化机遇、运气等不易控制的因素，这将有助于使自己保持平和淡定的心态。最后要确立合理的自我认知。苏格拉底有句名言，叫作“认识你自己”，要求人们不断自我审视，认识清楚“我是谁”。如果一个人在社会生活中，把自己看作低人一等，没有价值，那么，他就会产生自卑感，缺乏自信心，没有主动性和积极性，结果无论做什么事情都难以保证质量。反之，如果一个人只看到自己的长处，那就会产生盲目乐观的情绪，自以为是，结果往往不能处理好人际关系，难以与人合作。

2. 强化心理的自我保健。首先要建立自我防卫体系，认识心理健康的意义、标准，心理障碍的产生原因及防治方法，自觉运用防卫机制来调节心理活动。一些工会干部由于缺乏心理健康的相关知识，不能正确对待心理失控和心理疾病，有的认为心理问题是精神疾病，有心理问题就是精神不正常，故对心理问题刻意回避；有的虽认识到了心理健康的重要性，却在现实生活中害怕同事、领导会戴有色眼镜视之，因而过分强调忍耐克制，不敢承认，心里不舒服只会自己“忍受”。其次要学会了解自己和接纳自己。“自我”的内容其实十分丰富，它包括生理自我（身高、体重、体质等）、社会自我（如角色定位、社会认可等）以及心理自我（性格、气质类型、兴趣爱好等）。只有正确认识自己的优缺点，才能在工作和交往中做出正确选择，提高成功率，否则会感到怀才不遇、不被理解、缺少关爱，因此造成烦恼和悲伤。最后要学会寻求帮助，建立支持系统。生活中每个人都会遇到这样那样的麻烦，每个在困境中的人都希望得到别人的帮助。这就要求我们必须建立起相互支持的系统，以便在遭遇挫折时得到良好的情感支持、畅通的情感交流，会有效减少在压力情境下所引发的愤怒、焦虑和孤独等情绪。

3. 注意增强人际关系的适应能力。人际关系适应应注意三点：首先是学会换位思考。如果能经常站在他人的立场上考虑问题，就会对他人的处境有更多的理解，使双方的沟通更加通畅，这种情况下，自然会减少不良情绪的发生。其次是认清自己的角色。不同的圈子、不同的氛围、不同的工作和生活环境，会对人的行为有不同的约束，因此应在不同的场合有不同的表现。最后是克服挑剔心理。挑剔心理是人们在处理人际关系中常见的一种病态心理，它表现为经常以指责、抱怨、批评、唠叨的口吻讲话，因而影响了人际沟通，破坏了正常的人际关系，因此应特别注意加以克服。

4. 注意培养健康的业余爱好。心理专家曾指出，当你的全部世界仅仅是你的工作而无其他时，那么，当你的工作出现问题时，你的整个世界就会彻底地陷落。你的能力感、你的自尊、你的个人定位等都是依赖于你的生活，而你的生活如此狭窄，那么它们就会是动荡、不牢固的。那些只知工作而无任何业余爱好的人，更容易感到烦恼、紧张与压力，也更容易出现心理健康问题。而坚持健康的业余爱好，则可以帮助我们把生活变得全面、完整而协调、安全。其实，我们中好多人或成为隐性的“工作狂”，或痴迷于不健康的生活方式，这会极大地降低生活的快乐感觉。健康是个空心玻璃球，掉下去就碎了，而工作是个皮球，掉下去还会弹起来。所以，我们需要一些积极的活动来平衡失重的生活。会生活的人或许更会工作，一些积极的业余爱好，可以帮助我们培育更健康的人格、更良好的心态和更出色的能力。

5. 注意补充心理健康的元素。首先包括宽容，这是一种对人关怀、爱护与体谅的高尚品质，也是工会干部应该具有的良好素质。其次学会感恩，对所有支持和帮助过我们的人都要用感恩的心去回报。最后学会幽默。幽默是笑的媒介，可以化腐朽为神奇。当精神上遭到负性刺激或挫折，或由于长期心理紧张而导致躯体病症时，幽默有助于个体获得自我解嘲的乐趣，它可以及时化解内心的痛苦、忧虑、紧张，保持良好情绪和乐观心态。

总之，优质心灵的钥匙归根结底掌握在自己手里，每个工会干部都要主动学习心理健康的相关知识，正确认识自身可能存在的这样或那样的心理问题，不断提高自己调适心理状态的能力，以使我们的内心、工作、生活更加和谐，我们的人生更加幸福、更加成功。

第三节 职工心理健康调适

一、职工心理健康

所谓职工心理健康，简单地说就是职工有一种高效而满意的、不间断的心理状态，通常在以下几个方面均处于积极均衡的状态：一是职业压力感；二是职业倦怠感；三是职业方向感；四是组织归属感；五是人际亲和感。

职工常见的不良心理主要表现在以下几个方面：

（一）自卑心理

自卑心理一般是指个人由于生理缺陷或某些心理缺陷而产生的轻视自己的心理，认为自己在某些方面不如他人。自卑感重的人，大多性格内向、感情脆弱、体验深刻、多愁善感，觉得自己处处不如人，总感觉别人瞧不起自己。这类职工在工作中比一般人明显敏感且感受强烈，经不起刺激，喜欢事事回避、处处退缩，害怕当众出丑。

（二）忌妒心理

忌妒是人际交往中因与他人比较，发现自己在才能、名誉、地位或境遇等方面不如别人而产生的一种羞愧、恼怒、怨恨等组成的复杂情感。忌妒是一种非常有害的心理，一经产生便成了纷扰的源泉，不仅妨碍他人生活，也给自己带来极大的心理痛苦。巴尔扎克说过："忌妒者比任何不幸的人更为痛苦，因为别人的幸福和他自己的不幸，都将使他痛苦万分。"

（三）恐惧心理

社交恐惧心理分为不同类型，抑郁气质类型的人生性孤僻，害怕与人交往；挫折性恐惧则多是因为在曾经的一次较大场合的交往中受到刺激，从而形成条件反射，产生恐惧；自我保护性恐惧则是因为害怕交往中别人发现自己的弱点，尤其是不愿和比自己优秀的人交往。

（四）孤独心理

社交孤独是人的一种精神状态，是一种主观感受，是一种封闭内心的性格障碍。

二、正确认知职工的心理特征

心理特征我们常用知、情、意去表征。知即认知，情即感情，意即意志。显然，不同年龄阶段、不同性别的群体具有不同的心理特征。

（一）青年职工心理

青年职工一般界定在16~35岁，多表现为求知欲强、感情充沛、意志的稳定性和持续性较好的心理健康基础。同时，也存在兴趣容易泛化、意气用事、意志力不够坚定等现象。“80后”“90后”多是独生子女，抗压能力、吃苦能力比较差，但同时，这代人更自尊、梦想也更大。进入现实工作后，理想与现实的巨大差距会导致职工出现抑郁、焦虑等心理问题。随着移动互联网的兴起，青年职工的学习方式与交往方式有了很大变化，由此产生的网络依赖心理症状也是需要关注的一个方面。

（二）中年职工心理

中年职工一般指的是35~55岁，认识问题、解决问题能力达到一生的顶峰，情感更为深沉内敛、意志执行更为果断顽强、学习目的更为明确，学习的针对性、速成性、少而精和灵活性更为突出。作为家庭的“顶梁柱”，处于夹心层位置，但身体各项指标却呈现衰退现象，是一生心理负担最重的阶段。面临职场升迁、孩子升学、赡养老人等压力，多重压力使得心境长期处于低迷状态，如果不能及时化解心理负能量，慢性的心理压力会侵袭健康的体魄。所以，这个阶段的职工更要学会及时释放压力、排解内心情绪。

（三）老年职工心理

老年职工一般指的是60岁以上已经退休的职工。此时，如果不是返聘，一般都过着悠闲的退休生活或者忙碌地照顾孙辈，心理特征多表现为知足、保守、孤独等。这个阶段学习的动机多为使命感驱使。对于返聘的老年职工，要尊重和重视发挥银色人才作用，主动满足其心理需求、奉献心理、不甘寂寞和经济要求需要。

（四）女职工心理

女职工心理是我们需要着重关注的一个群体。一方面，越来越多的女性职工活跃在职场上；另一方面，传统的家庭压力、教育子女的压力落在女性身上，同时，随着“三孩”政策的放开，很多女性将再一次面临职场的严峻与家庭的矛盾，加之目前多为社会诟病的“丧偶式婚姻”“隐形人爸爸”，更是加剧了女性职工的压力。

三、职工心理健康调适与工会应对

（一）协助企业积极开展 EAP（职工帮助计划）项目

1.EAP 项目简介。EAP 项目是美国 19 世纪 70 年代以来在企业界积极推行的一种福利方案。通过运用管理学、心理学、社会学、组织行为学等多门学科理论技术，结合社会、企业、家庭和个人等多方面资源，帮助职工解决社会、工作、生活、心理、健康及经济等方面遇到的困难，以期保持职工持续和良好的工作状态，从而提高工作效率和企业核心竞争力。其实质是一种人文关怀，即把人放在最重要的位置，以人为本，尊重人的价值。

2. 工会助推 EAP 计划的具体方法。一是结合工会传统工作，实现深度融合；二是借鉴科学管理模式，实现有机结合；三是培养企业内部队伍，提高服务水平；四是搭建新媒体载体，构建普惠系统。

（二）发挥工会优势积极开展活动

在发挥工会优势积极开展活动缓解职工压力时，坚持解决实际问题与解决心理问题相结合、解决思想问题与解决心理问题相结合、解决能力问题与解决心理问题相结合、解决机制问题与解决心理问题相结合的原则。

1. 举办文体活动放松身心。工会要充分利用善于举办活动的传统优势，让职工在文体活动中缓解工作压力和心理疲惫状况，增进彼此的情感交流，消除职业倦怠，以更加饱满的精神状态和积极健康的心理状态投入工作之中。

2. 开展岗位练兵提升技能。工会组织应深化新时代劳动和技能竞赛工作，积极开展岗位练兵、合理化建议、五小发明、职工技协等技术创新工作，动员广大职工积极投身于提高技能素质的大潮之中，争做知识型、技能型、创新型新时代劳动者，为实现中华民族伟大复兴建功立业。技能素质的提升必然带来个人工作效率的提升、专业能力的精进，职业获得感、成就感不断提升，经济收入也会改善，这些也在很大程度上缓解了职工的心理压力与不适，个人的幸福感系数提升。

3. 组织团建提供长效动力。工会组织应深化职工兴趣团队的作用发挥，经常组织一些团队建设活动，指导职工通过团队建设构建职工成长的长效机制。同时，通过开展职工互助保障工作兜底职工的安全心理需求，一定程度上可以增强职工个人单独面对强大压力时的信心。

4. 举办心理讲座进行疏导。工会组织可以通过购买第三方专业服务，借助专业团队为职工缓解心理压力提供专业服务，健全心理服务系统提高服务职工广度，建立心理档案提高服务职工精度。借助专业心理量表，为每一位入职职工建立心理档案。心理服务对象应包括心理健康的职工和心理存在问题的职工，对于前者可以提供职业生涯规划、职业选择婚恋服务等健康心理咨询服务以及日常的心理健康知识的传播和教育；对于后者则采取心理咨询、心理治疗等方式来缓解。

5. 加大文化建设的力度。首先，不断丰富职工的业余文化生活。通常情况下，单位可通过以下几种活动让职工来获取成就感、满足感等相关良性情绪：一是文艺竞赛；二是体育竞赛；三是读书活动；四是团队训练活动等。其次，构建融洽的人际关系，创设健康和谐的人文环境。深度剖析职工在实际交流期间发生问题的主要原因以及表现形式，强化人际关系处理技巧的培训，不断提升职工的交际能力，相关领导者应当对全体职工予以充分的关心与照顾，前往一线与职工交流彼此的想法与观点，妥善协调好因人际沟通给职工带来的心理问题，构建和谐健康的人际关系。最后，高度重视人文关怀，营造出轻松愉快的工作环境以及生活环境。

思考题

1. 如何发挥工会组织优势开展职工心理健康服务?
2. 如何化解工作压力?
3. 如何发挥工会组织在构建社会心理服务体系中的积极作用?
4. 工会干部如何与职工进行心理沟通?

第二十一章

深化工会改革和建设

党的二十大报告指出，深化工会、共青团、妇联等群团组织改革和建设，有效发挥桥梁纽带作用。工会改革和建设永远在路上，必须永葆自我革命的勇气和定力，紧紧围绕保持和增强政治性、先进性、群众性的目标方向，着眼构建联系广泛、服务职工的工会工作体系，以更大力度、更实举措持续深化工会改革和建设，为推动工会工作高质量发展注入强大动力，不断开创新时代新征程党的工运事业新局面。

第一节　坚持增强"政治性、先进性、群众性"的改革方向

一、推动工会改革建设的重要意义

（一）是贯彻党中央决策部署、推动群团改革的重要举措

以习近平同志为核心的党中央高度重视群团和工会改革创新。2015 年 1 月，中共中央印发《关于加强和改进党的群团工作的意见》，强调改革创新是群团工作发展进步的不竭动力，要不断推进群团工作和群团组织建设理论创新、实践创新、制度创新。同年 7 月，中央党的群团工作会议召开，习近平总书记发表重要讲话，对群团组织改革创新提出明确要求。随后，党中央决定在全国总工会开展中央群团机关改革试点。党的二十大对深化工会改革和建设、有效发挥桥梁纽带作用提出明确要求，为工会改革创新提供了重要遵循和前进方向。推进工会改革是贯彻习近平总书记重要讲话精神和中央党的群团工作会议精神、加强和改进新形势下党的群团工作的重要举措，是党中央交给全国总工会的一项政治任务。以改革为动力推进工会工作全面创新，对于焕发工会工作新的生机和活力、巩固党执政的阶级基础和群众基础、团结动员广大职工群众为开启全面建设社会主义现代化国家新征程贡献力量，具有重要意义。

（二）是激发工会组织活力、在党和国家工作大局中更好发挥作用的内在要求

中华全国总工会成立以来，在中国革命、建设、改革的各个时期，始终坚定地跟党走，与党和人民的事业同呼吸、共命运。中国工人运动始终在中国共产党领导下，紧跟时代步伐，走在中国社会变革的前列。当前，中国工会处在为党和国家中心工作发挥更大作用的机遇期，处在更深层次更高水平推进工会改革的攻坚期，处在推动工运事业和工会工作高质量发展的窗口期，工会工作的对象、领域、范围、方式、环境等发生了许多新的变化，面临许多新的机遇和挑战。深化工会改革创新，对于开创工运事业新局面、促进新时代工会工作高质量发展，是一个重大机遇和紧迫课题。一方面职工群众对工会深化改革和建设的期待更大了，要真正履行好"忠诚党的事业、竭诚服务职工"的使命，必须在制度体系、思想体系、组织体系和保障体系上实现治理和能力的现

代化，才能真正把工会的维权服务直接、及时、高效送达每一个职工心上、手中。另一方面，时代和科技快速发展变化对工会深化改革和建设的推动力更足了。当前，世界新一轮科技革命和产业变革加速演进和拓展，只有适应新技术的发展和职工群众海量的日新月异的需求，综合运用好数字化、网络化和人工智能、大数据等先进技术手段，全维度、全领域、全链条加强数字化建设，实现数字化赋能，才能真正满足职工群众的需求

（三）是工会更好地服务基层、服务职工群众的迫切需要

长期以来，全国总工会和各级工会不断推进自身改革和建设，工会组织的作用和活力不断增强。但是，面对新形势和新任务，工会组织自身还存在深层次问题迫切需要深化改革和建设来破解。比如，工会工作的目标性、计划性不够，不少工作只有一般性描述没有明确的定量或对比性指标；工作创造性、创新性不够，没有将党的创新理论更好指导实践，惯性思维、路径依赖现象比较明显，不能很好适应新时代新要求；等等。这些问题都需要我们通过深化改革和建设勇于破题、开创新局。工会改革必须坚持问题导向、职工需求导向，采取有力改革举措，改进工会领导机构人员构成和全总机构设置，创新职工建功立业的载体和方式，完善维护职工权益制度和机制，着力做强基层夯实基础，坚决维护职工队伍和工会组织团结统一，创建工会网上工作平台，充分发挥全国总工会党组的领导核心作用等，将有利于进一步形成眼睛向下、面向基层、职责明确、运转高效的格局，把工会工作深深植根于广大职工群众之中，把工会组织建设得更加充满活力、更加坚强有力，更好地适应基层工作和职工群众需要。

二、工会改革的总体思路和成效

党的十八大以来，全国总工会和各级工会坚持以习近平新时代中国特色社会主义思想为指导，认真学习贯彻习近平总书记关于工人阶级和工会工作的重要论述，着力增“三性”、去“四化”，有力有序有效推进工会改革创新，在一些重点领域和关键环节上实现突破，取得了重要阶段性成果。2015 年以来的工会改革总体思路是：增“三性”、去“四化”，强基层、促创新。一是增强“三性”。紧紧围绕保持和增强工会工作和工会组织的政治性、先进性、群众性这条主线，全面把握中国特色社会主义群团发展道路“六个坚持”的基本要求和“三统一”的基本特征，研究制定改革措施，促进工会更好地履职尽责。二是去除“四化”。对照全国总工会机关存在的“机关化、行政化、贵族化、娱乐化”等脱离群众现象，有针对性地提出改革思路和办法，抓住重点、突破难

点，对症下药、标本兼治。三是做强基层。把更多的资源向基层倾斜，把更多的精力投入基层一线，努力解决基层基础薄弱问题，充分激发基层工会活力，不断增强工会组织的吸引力凝聚力战斗力。四是着力创新。勇于责任担当、勇于直面问题、勇于自我革新，适应新形势新任务的要求，解放思想、实事求是、与时俱进、开拓创新。明确了工会改革的目标要求：紧紧围绕保持和增强工会工作和工会组织的政治性、先进性、群众性这条主线，强化问题意识、改革意识，克服“机关化、行政化、贵族化、娱乐化”现象，改革全国总工会机关的组织体制、管理模式、运行机制和活动方式，解决脱离职工群众的突出问题，加强基层工会建设，增强全国总工会机关影响力凝聚力战斗力，带动各级工会特别是基层工会更好地发挥党联系职工群众的桥梁纽带作用、国家政权的重要社会支柱作用和职工利益的代表者维护者作用，把工会组织建设得更加充满活力、更加坚强有力，切实承担起引导职工群众听党话、跟党走的政治责任。

总的来看，在以习近平同志为核心的党中央坚强领导下，工会改革从试点先行、全面铺开，到整体推进、纵深发展，再到系统集成、提质增效，不断取得新的显著成效。通过深化工会改革，全面加强了党对工会工作的领导，提升了工会联系服务职工的能力，改出了工会干部队伍的精气神，改出了工会组织的凝聚力战斗力，改出了工运事业的新气象。主要表现在 8 个方面：

（一）以发挥全国总工会党组领导核心作用为保证，增强了工会系统党组织的先进性纯洁性

一是坚决维护习近平总书记的核心地位。全国总工会党组进一步增强政治意识、大局意识、核心意识、看齐意识，引导广大工会干部和职工群众更加紧密地团结在以习近平同志为核心的党中央周围，更加自觉地在思想上政治上行动上同以习近平同志为核心的党中央保持高度一致。二是坚持自觉接受党的领导。坚持第一时间传达学习党中央决策部署，以党中央的旗帜立场、决策部署、担当精神为标杆，提高政治站位，确保中央政令畅通，切实把党的路线方针政策落实到工会工作各方面和全过程。三是坚定不移推进全面从严治党。坚持把政治纪律和政治规矩挺在前面，加强和规范党内政治生活、加强党内监督、净化党内政治生态。四是自觉接受中央巡视组对全国总工会党组的专项巡视。坚持在政治高度上突出坚持党的领导，在政治要求上抓住党的建设，在政治定位上聚焦全面从严治党，从严从实、不折不扣落实整改要求，做到全面改深入改、改到底改到位。五是强化对工会意识形态工作的领导。坚持把做好工会意识形态工作作为事关全局的重大政治任务来抓，旗帜鲜明地用马克思主义

占领意识形态阵地，着力把握政治方向、增强政治定力，坚守主阵地、释放正能量。

（二）以整合机构优化职能为突破口，增强了工会组织的广泛性代表性

一是改进了工会领导机构人员构成。突出工会组织群众性特点，在工会副主席、常委、委员、代表及内部工作部门人员的安排上，提高了劳模和一线职工比例，把更多普通职工中的优秀代表吸纳进工会领导机构。二是优化了全总机关组织架构。通过整合精简机构，减少了中间层次和交叉重复，进一步优化强化硬化职能，更加聚焦主责主业，机关工作效率和工作质量明显提升。

（三）以改进干部管理方式为关键点，激发了机关干部的动力和活力

一是实行工会干部专挂兼。通过“总量不变、调整结构”的方式，优化干部结构，探索建立了一支以专职干部为骨干力量、以挂职兼职干部为重要支撑的机关干部队伍。二是拓宽机关干部来源渠道。突出机关干部基层一线工作经历、群众工作经历，探索建立符合工会组织特点的机关干部遴选、管理、使用办法。

（四）以增强基层活力发挥作用为着力点，推动了工会工作的重心下移力量下沉

一是构建工会网络化组织体系。创新建会形式，采取单独组建、区域联建、行业统建、依托组建等多种方式，有效破解非公有制企业建会难题，扩大了工会组织覆盖面。二是做实基层工会工作。制定了《中华全国总工会关于增强基层工会活力发挥基层工会作用的实施意见》，深化职工之家建设，开展“六有”工会建设和“双争”活动。制定了《中华全国总工会关于深入推进产业工会工作创新发展的意见》，支持产业工会开展各具特色的工作。制定了《关于加强社会工作专业人才队伍建设的意见》，推动工会社会化工作者纳入国家社会工作专业人才队伍体系。修订了《工会基层组织选举工作暂行条例》。三是加大工会资源向基层倾斜力度。全国总工会机关和事业单位精简编制 25%，将精简的行政编制补充到任务繁重、力量薄弱的县级工会，以此带动省级、市级地方工会实行编制“减上补下”，推动解决基层基础薄弱问题。四是密切机关干部与职工群众的联系。建立了基层联系点、调查研究、基层挂职任职、定期接待群众来访、谈心和征求意见 5 项直接联系群众制度。以职工参与率、满意率、受益率为重点，探索建立了工会服务职工满意度评价制度，适应职工的作息特点，安排工作时间，推广“错峰服务”模式。五是强化工会

资产服务职工的功能。探索并创新工会资产在市场经济条件下依法依规、更好服务职工的措施和办法。加大了职工书屋建设经费投入和建设规模，职工书屋被列入公共文化设施范围，写进了《公共文化服务保障法（草案）》。

（五）以创新工作载体机制为切入点，提升了工会组织凝聚力影响力

一是着力用社会主义核心价值观引领职工群众。创新思想政治工作方式方法，把思想引领贯穿工会各项工作和活动，突出政治性、思想性和教育性。二是叫响做实大国工匠品牌。广泛开展“中国梦·劳动美”主题教育，全国总工会牵头推出大国工匠纪录片和新闻专题片，大力弘扬劳模精神、劳动精神、工匠精神，使大国工匠品牌家喻户晓。三是创新职工建功立业载体和方式。完善竞赛组织、评估、表彰机制，扩大了竞赛覆盖面，提高了职工参与率。开展多种形式的职工技能培训、岗位练兵、技术创新活动，发挥劳模创新工作室、“首席技师”、“首席员工”的示范作用，设立职工创新补助资金，推动建设知识型、技术型、创新型产业工人队伍。四是完善工会维权服务制度机制。扎实做好经济发展新常态下职工权益维护工作，健全以职工代表大会为基本形式的民主管理制度，进一步推动构建和谐劳动关系，协调劳动关系三方机制、政府与工会联席会议制度逐步健全，平等协商和集体协商工作得到深化，实现了数量质量双提升。五是加大城市困难职工解困脱困的帮扶和保障力度。精准、分类做好城市困难职工的解困脱困工作，实施了一批工会定点扶贫开发项目。指导地方工会建立健全市、县（区）、乡镇（街道）三级服务体系，提高精准服务职工能力。

（六）以建设“互联网＋工会”工作新格局为手段，实现了服务职工群众全方位全天候

一是实施全国工会“互联网＋”行动计划。增强互联网思维，把打造互联网工作平台作为推进工会工作改革创新、提高服务引领职工能力的重要手段。二是推行“互联网＋”工会普惠性服务。以“一片心、一叠卡、一张网、一个家”为抓手，打造全国工会系统服务职工网络。制定工会工作和会员信息基础数据库相关标准，强化工会帮扶、劳模管理、社会信用代码登记等服务职工相关系统的功能设计，实现服务职工工作全方位。三是构建联系动员职工网上网下“同心圆”。充分发挥互联网社会动员功能，积极回应网民关切、解疑释惑，让互联网成为了解职工、贴近职工、联系职工、服务职工的新途径。

（七）以实行工会工作社会化为抓手，拓展了联系职工的新途径新方式

一是联系引导劳动关系领域社会组织。发挥工会枢纽型组织作用，推动建设劳动关系领域社会组织数据库，开发建设全国工会社会组织工作信息服务平台。探索联系引导服务劳动关系领域社会组织新路径、新方式。通过购买服务等方式，引导社会组织依法依规为职工提供专业优质高效的服务。二是做好维护职工队伍稳定工作。指导地方工会加强对劳动关系和职工队伍情况监测和研究，建立源头治理劳资纠纷试验区，发挥工会在劳资纠纷源头治理中的基础性作用，及时有力化解了劳动关系中出现的矛盾和问题，坚决维护社会大局稳定。

（八）以推进全国总工会改革试点为引领，促进了各级工会改起来强起来

一是按照双重领导原则加强对省级工会的领导。进一步完善与省级党委沟通协调机制，建立与省级党委协调推进工会工作的运转机制。完善全国总工会定期听取省级工会工作报告和意见建议制度。二是强力推进工会系统改革创新。对工会系统全面推进改革创新进行部署，充分发挥全国总工会改革试点的示范效应、引领效应、推进效应、指导效应、督促效应，使工会系统改革自上而下、自下而上有机结合，形成了强劲推动的格局。各级工会在同级党委领导下，主动对接、及时跟进全国总工会改革试点工作，结合各自实际研究谋划改革。

三、推动工会改革建设永远在路上

党的二十届三中全会对进一步全面深化改革、推进中国式现代化作出系统部署，全会通过的《中共中央关于进一步全面深化改革、推进中国式现代化的决定》提出了一系列与工人阶级、工会工作紧密相关的表述。关于工会工作，全会提出，发挥工会、共青团、妇联等群团组织联系服务群众的桥梁纽带作用。健全以职工代表大会为基本形式的企事业单位民主管理制度，完善企业职工参与管理的有效形式。完善劳动关系协商协调机制，加强劳动者权益保障。这对进一步深化群团组织改革、加强群团组织建设提出了更高要求。深入推进工会改革创新，既是全面深化改革的重要组成部分，也是党中央交给工会的一项重要政治任务。工会组织要进一步深入学习贯彻习近平总书记关于全面深化改革的一系列新思想、新观点、新论断和党中央关于深化工会改革的决策部署，始终聚焦政治性、先进性、群众性，坚持守正创新、与时俱进、求真务

实、开拓进取，更加注重体系化构建，更加注重重点领域攻坚突破，更加注重能力水平提升，更加注重实绩成效，有力推动工人阶级更加充分发挥主力军作用、彰显主人翁地位，大力促进工会更加深入改革体制机制、改进方式方法，努力为中国式现代化提供强大阶级基础、人力支撑和制度保障。

当前，面对更加严峻的国际环境，面对更加迅猛的数字化浪潮，面对更加多元的职工诉求，面对更加复杂的劳动关系矛盾，与高质量发展的要求相比，工会工作仍然存在不少短板和不足，这就要求我们围绕保持和增强政治性、先进性、群众性这条主线，以推进工会工作现代化为牵引，抓住增强基层工会活力、发挥基层工会作用这一关键环节，在建机制、强功能、增实效上下功夫，推动构建联系广泛、服务职工的工会工作体系，以新时代工会工作改革和建设成效更好服务经济社会高质量发展。

1. 坚持政治性这一工会组织的灵魂。始终把坚持党的领导作为工会工作的最高政治原则和根本保证，把深入学习贯彻习近平新时代中国特色社会主义思想作为首要政治任务，与学习贯彻习近平总书记关于工人阶级和工会工作的重要论述贯通起来，健全学习新时代党的创新理论的制度性安排，及时传达学习习近平总书记重要指示批示和党中央重大决策部署，深刻领悟“两个确立”的决定性意义，增强“四个意识”、坚定“四个自信”、做到“两个维护”，始终在思想上政治上行动上同以习近平同志为核心的党中央保持高度一致。巩固拓展学习贯彻习近平新时代中国特色社会主义思想主题教育成果，坚定不移全面从严治党，深入推进新时代党的建设新的伟大工程，强化党组织政治功能和组织功能，深化政治机关建设和模范机关创建，全面促进党的建设高质量发展。

2. 将先进性作为工会工作的重要着力点。围绕先进性深化工会改革，牢牢把握为实现中华民族伟大复兴的中国梦而奋斗的工运时代主题，组织动员亿万职工建功新征程、奋进新时代。完善坚持全心全意依靠工人阶级方针、保障工人阶级主人翁地位的制度安排，不断发展工人阶级先进性。着眼发挥工人阶级主力军作用，完善开展劳动和技能竞赛，激发职工创新活力，弘扬劳模精神、劳动精神、工匠精神等方面的制度机制，组织动员亿万职工为推动高质量发展贡献智慧和力量。加强工会工作体系化建设，以服务化为目标谋划思路，以体系化为架构提升水平，以品牌化为载体扩大影响，以创新化为关键增强活力，以数字化为支撑赋能升级，推动实现工会业务要素化、结构化和流程化。加强智慧工会建设，充分运用数字化、智能化最新工具和手段，全面提升工会工作数字化水平。

3. 突出群众性这一工会组织的根本特点。树立大抓基层的鲜明导向，稳步推进“县级工会加强年”专项工作，把力量和资源进一步向基层倾斜，鼓励基层大胆探索、积极创新，及时总结基层创造的鲜活经验，使基层工会真正建起来、转起来、活起来、强起来。大兴调查研究之风，深入企业、深入车间、深入职工，掌握实情、把脉问诊，切实了解基层实际情况，推动解决职工急难愁盼问题。健全完善工会干部育选管用工作体系，强化考核结果运用，增强干部推动高质量发展本领、服务群众本领、防范化解风险本领。完善机关干部基层联系点、定期接待群众来访制度，增加工会机关干部赴基层蹲点频次、拓展蹲点范围，联系最基层、直接服务一线职工群众。

第二节　持续推动工会改革向基层延伸

一、加强基层工会建设的重要性紧迫性

（一）是积极适应经济社会发展、职工队伍变化的迫切需要

当前，我国已迈入全面建设社会主义现代化国家的新征程，先进制造业、战略性新兴产业、现代服务业等产业加快发展，数字经济、共享经济等新业态蓬勃兴起，企业组织形式、管理模式、生产经营方式及用工方式等发生深刻变化，基层工会工作面临的对象、领域、任务、方式等随之发生深刻变革。

从企业组织来看，全国市场主体数量不断增加，经营方式更加灵活多样，企业的组织结构日益复杂，新经济组织、新社会组织大量涌现，企业组织形式日益从集中化、标准化的“工厂型”向分散化、灵活化的“在线零工”转变，跨地区、跨产业大型化、多样化企业集团化不断发展，这些都对加强基层工会建设、理顺工会组织体系、规范工会组织运行提出了新挑战。从职工队伍状况来看，目前全国职工总数约 4.02 亿人，大部分生产生活在基层，同时，制造业的从业人员比重不断下降，第三产业就业人员比重大幅上升，以货车司机、网约车司机、快递员、外卖配送员等为代表的新就业形态劳动者迅猛增长，其流动性强、工作时间碎片化、就业契约去劳动关系化的特点，对工会创新建会入会方式和维权服务方法提出了新要求。从基层工会工作内容看，当前我国劳动就业、收入分配、社会保障等民生领域存在一些短板，新就业形态劳动者、农民工、城市困难职工等群体利益的实现还有不少难点和堵点，特别是职工群众的美好生活需要日益广泛、迭代提升，正在以满足基本生活需要向提升生活

品质转变，从满足物质性需求向体面劳动、实现自我价值等社会性、精神性需求转变。所有这些都要求工会组织必须把加强基层工作作为一项长期任务抓紧抓好，不断扩大组织覆盖面和工作覆盖面，把工作触角延伸到新经济组织、新社会组织等领域，把工作重点下移到街道、社区，在社会治理特别是基层社会治理中更好发挥协调劳动关系、扩大社会参与、提供公共服务、开展民主协商的重要作用，切实把工会的政治优势、组织优势转化为治理效能。

（二）是深化工会改革和建设、有效发挥桥梁纽带作用的内在要求

基层是改革的“最后一公里”，改革只有在基层落地生根，才能激发基层活力。基层工会工作特别是基层工会建设还存在一些困难和问题，主要有：基层工会组建仍然存在不少空白点，一些头部平台企业建立了工会，其下属企业、关联企业尚未建会，还有一定数量的新就业形态劳动者没有组织到工会中来；一些基层工会组建质量不高，形式上工会组织建立起来了，牌子挂出来了，但缺乏凝聚力和吸引力，存在职工“被入会”、“被覆盖”的现象；基层工会“缺经费、缺办公场所、缺工作人员”问题依然存在，部分基层工会组织机构不健全、制度执行和程序落实不到位；一些基层工会干部不能适应数字时代发展潮流，在专业素养、创新能力、工作作风上还有差距。这些问题的存在，制约了基层工会组织作用发挥，降低了工会组织在职工群众中的动员力、号召力、影响力。这就要求必须树牢落实靠基层、落实在基层理念，自觉运用改革创新精神推进基层工会建设，引导人员、资源、服务向基层下沉，破除短板弱项，增强内生动力，鼓励基层创新创造，总结推广基层经验，推动基层工会改革和建设取得更大成效。

二、不断增强工会组织的引领力、组织力、服务力

2023 年 10 月 23 日，习近平总书记同中华全国总工会新一届领导班子成员集体谈话时强调，要继续深化工会改革和建设，牢固树立大抓基层的鲜明导向，夯实基层基础，激发基层活力，不断增强基层工会的引领力、组织力、服务力。

（一）以坚强的引领力立起团结奋斗的“航向标”

引导职工群众听党话、跟党走，是工会组织的政治责任。一要坚定引领方向。方向问题是根本性、前提性的问题。工会工作做得好不好、有没有取得明显成效，关键看有没有坚持正确的政治方向。中国工会十八大报告指出，党的中心任务就是中国工人运动和工会工作的主题和方向。牢牢把握工会工作正确的政治方向，首先就是始终坚持党对工会工作的全面领导，把党的领导全面

地、有效地贯彻落实到工会工作全过程和各方面，作为工会工作的最高政治原则和根本保证，始终以党的旗帜为旗帜、以党的意志为意志、以党的使命为使命，推动党中央决策部署和省市委要求不折不扣在工会系统落实落地。二要提升引领能力。引领者首先是先行者，教育者首先要受教育。各级工会组织和工会干部要始终保持先进性，坚持以党的创新理论武装头脑，全面系统学习习近平新时代中国特色社会主义思想，深入学习领会习近平总书记关于工人阶级和工会工作的重要论述，坚持学思用贯通、知信行统一，把学习成效转化为坚定理想、锤炼党性和指导实践、推动工作的强大力量，筑牢信仰之基、补足精神之钙、把稳思想之舵，自觉做党的创新理论的坚定信仰者、积极传播者、忠实实践者。三要创新引领方式。要顺应时代发展和职工群众思想特征，不断加强和改进思想政治引领方式方法，广泛开展有特色、接地气、入人心的理论宣讲活动，多组织喜闻乐见、寓教于乐的职工文化活动，为职工提供精准化、订单式、多层次文化服务，以文化人、以文育人，以富有感染力吸引力的教育品牌活动实现春风化雨、润物无声的功效。四要形成工作合力。加强职工思想政治引领是一项政治性强、涉及面广的系统工程，涉及理论宣讲、正面宣传、舆论引导、文明创建等各领域，必须统筹谋划、多方联动，广泛动员各方面力量共同参与，构建党委领导下齐抓共管的工作格局。各级党委要把加强职工思想政治引领作为落实党建工作责任制和意识形态工作责任制的重要任务，切实加强领导。各级工会要把职工思想政治引领工作摆上重要议事日程，精心组织，常抓不懈。工会主要领导干部要亲自抓，定期分析研究工作，及时解决出现的问题，完善考核评价与激励机制。工会各部门都要结合职责参与做好思想政治引领。要加强与宣传、文化、网信等党政部门和有关群团的联系合作，聚合资源、争取支持、形成合力。

（二）以广泛的组织力画好团结奋斗“同心圆”

组织是工会凝聚职工群众的重要阵地，要保持和增强工会组织的群众性，必须大力健全组织特别是基层组织。健全已有的组织基础，最广泛地把职工群众组织到工会中来，尤其是把新经济组织、新社会组织、新就业群体等新领域中的职工群众吸引过来、组织起来、稳固下来，不断扩大工会组织覆盖面。一方面，要扩大组织覆盖面。发展壮大职工队伍，是巩固党执政的群众基础的需要，是在社会主义建设中发挥产业工人主力军作用的需要。要坚持“抓好两头”，一头抓制造业工人队伍，以推动提高工资收入水平、加强技术技能培训、改善工作环境和条件、提升工作稳定性、畅通职业发展通道等为重点，着力破解劳动者不愿进工厂当工人的难题，努力促进制造业工人队伍总体稳定并逐步壮大；一头抓新就业形态劳动者队伍，以《深入推进新就业形态劳动者工会工作三年行动计划（2023—2025年）》为抓手，助力解决新就业形态劳动者反映强烈的劳动报酬、社会保险、休息休假、职业安全等突出问题，推动保障权益的法律政策体系和制度机制更加完善。开展保障劳动权益专项行动，督促平台企业依法规范用工，探索建立行业集体协商机制，促进新就业形态劳动者权益保障取得新突破，让新就业形态劳动者成为产业工人队伍的重要力量。另一方面，要强化组织功能。各级工会要将改革作为加强自身建设、转变工作作风的关键抓手，聚焦保持和增强政治性、先进性、群众性这条主线，自觉运用改革创新精神谋划工会工作，确保工运事业始终与党和国家事业同步前进，与职工群众的需要同频共振。实施大抓基层三年行动。针对基层缺经费、缺办公场所、缺工作人员等难题，统筹规划、多措并举，系统推进、分步落实，争取经过三年努力，基层直接服务职工群众的能力大幅提升。加强指导帮扶，推动不同区域、不同行业工会工作协调发展、平衡发展。要认真贯彻新时代党的建设总要求，持之以恒抓好党风廉政建设，全面提升工会系统党的建设质量，为新时代新阶段工会工作创新发展提供坚强政治保证。

（三）以精准的服务力赋能团结奋斗“动力源”

党委所盼、职工所需就是工会所为，工会有为才能在助力发展中有功、在职工心中有位。一方面，要服务中心大局，提升“贡献率”。围绕中心、服务大局是工会组织的光荣传统。工会工作要找准与党委政府中心工作的结合点、切入点、着力点，精准施策，赋能助力经济社会高质量发展。要以新时代产业工人队伍建设改革为牵引，围绕提升技能、提升地位、畅通通道等重点任务，吃透吃准吃活各项政策规定，将资源优势和政策举措运用到产改工作上，完善产业工人培养、使用、评价、考核、激励机制，培养更多有技能、有发展、有地位的高技能产业工人，让产业工人“底子”更厚、“面子”更足、“里子”更实，幸福感获得感安全感持续增强。另一方面，要服务职工群众，当好“娘家人”。工会要始终坚持把竭诚为职工群众服务作为工会一切工作的出发点和落脚点，创新工作方式，认真履行维权服务基本职责。工会干部要把群众观念牢牢深植于心中，深入调查研究，及时了解职工所思所想所盼，做到“职工有所呼、工会有所应”，不断增强服务职工本领，真心实意为职工说话办事，努力为职工群众提供精准、贴心的服务。要带着深厚感情、满腔热情、火热激情，做优做强困难职工帮扶等工会服务品牌，大力推动工会驿站、工人文化宫建设，做到“普惠”与“精准”相结合，“常态”与“长效”相结合，“输血”与“造血”相结合，通过在思想上解困、精神上解愁、生活上解忧、心理上解惑，真正为职工做好事、办实事、解难事，让他们感受到“娘家人”的贴心温暖。要不断推动完善政府、工会、企业共同参与的协商协调机制，健全以职代会为基本形式的企事业单位民主管理制度，坚决维护劳动领域政治安全，有效防范化解劳动领域重大风险隐患，以劳动关系和谐促进职工队伍和社会大局稳定，让职工群众切实增强获得感，对工会组织更有依赖感。

思考题

1. 结合工作实际，谈谈如何保持和增强中国工会的政治性、先进性、群众性。

2. 联系实际谈谈加强基层工会建设的重要性紧迫性。

3. 如何加强基层工会建设、充分激发基层工会活力？

第二十二章

新时代新征程工会工作高质量发展

高质量发展是全面建设社会主义现代化国家的首要任务，也是中国式现代化本质要求。工会是党领导下工人阶级群众组织，团结带领广大职工为实现党的中心任务建功立业是工会的重要使命。推动高质量发展对工会工作赋予新使命、提出新要求。这就要求工会组织立足自身特点，组织动员广大职工为实现高质量发展贡献智慧和力量，推动工运事业和工会工作迈上新台阶、开创新局面。

第一节　以高质量发展推进中国式现代化

一、高质量发展是中国式现代化的首要任务

中国特色社会主义进入新时代，我国社会主要矛盾已经转化为人民日益增长的美好生活需要和不平衡不充分的发展之间的矛盾。抓住社会主要矛盾，把握时代特征和我国发展的历史方位，是推进新时代中国特色社会主义的科学依据和根本遵循。党的二十大报告指出，高质量发展是全面建设社会主义现代化国家的首要任务，没有坚实的物质技术基础，就不可能全面建成社会主义现代化强国。以高质量发展推进中国式现代化是适应社会主要矛盾变化、遵循经济发展规律与建设社会主义现代化国家的本质要求。我国已经处于中等收入阶段并在迈向现代化的进程中，避免"中等收入陷阱"要求经济发展方式摆脱根据速度判断经济发展水平的范畴，即转向高质量发展并以高质量发展推进中国式现代化。

中国式现代化，是经济、政治、文化、社会、生态"五位一体"的现代化，经济现代化是现代化的关键基础和最重要组成部分，经济高质量发展为全面建设社会主义现代化国家提供更为坚实的物质基础。改革开放以来，特别是新时代以来，我国经济取得了巨大成就，成为世界第二大经济体，为全面推进社会主义现代化强国建设提供了坚实的物质基础，中华民族伟大复兴进入了不可逆转的历史进程。

经济高质量发展是以高质量的产品和服务满足人民日益增长的美好生活需要，是贯彻新发展理念不断提升生产要素利用效率和配置效率，达到生产、流通、分配、消费循环通畅的经济持续稳定的发展。经济高质量发展关系到推进中国式现代化的全局，是高质量发展的核心内容。以经济高质量发展推进中国式现代化，必须以习近平经济思想为根本遵循，加强党的全面领导推进经济治理现代化，坚持和完善社会主义基本经济制度推进共同富裕，抓好科学技术创新保持经济效率和速度，加快构建新发展格局促进内外联动，以人口高质量发展推动经济高质量发展。

二、推动高质量发展具有突出的紧迫性

（一）高质量发展是凸显中国式现代化中国特色的核心抓手

高质量发展是推进具有艰巨性和复杂性的“人口规模巨大的现代化”的重要途径和方式。14亿人口的巨大市场是实现高质量发展的有利条件，而满足人们日益增长的高质量、高水平需要，是高质量发展的根本要求。只有实现高质量发展，实现质的有效提升与量的合理增长的统一，才能解决人口规模巨大的特色下的就业、住房、教育、健康等基本民生问题以及我国城乡区域发展不平衡等问题。

高质量发展是全面建设社会主义现代化国家的基本路径，只有实现高质量发展，才能为全面建设社会主义现代化国家提供坚实的物质基础和强大的牵引动力。中国式现代化是全面建成社会主义现代化的必然选择，高质量发展是中国式现代化的必由之路，经济高质量发展是高质量发展的核心内容，没有经济的高质量发展，就没有社会主义现代化强国，经济高质量发展关系到推进中国式现代化的全局。

（二）经济高质量发展是确保中国式现代化行稳致远的必然要求

统筹发展和安全是我国社会主义现代化建设取得巨大成就的重要法宝，“安全是发展的前提，发展是安全的保障”。高质量的发展才是最大的安全。只有实现经济高质量发展，才能保证产业链供应链的安全高效，才能确保粮食、能源、金融、生态等重要产业和重要领域的安全，才能有效防范和化解重大风险，实现高水平安全。建成社会主义现代化强国是一个过程，“从二〇二〇年到二〇三五年基本实现社会主义现代化；从二〇三五年到本世纪中叶把我国建成富强民主文明和谐美丽的社会主义现代化强国”。当前，世界进入动荡变革期，经济发展将遇到更多安全问题的挑战，只有实现经济高质量发展，才能确保中国式现代化行稳致远。

（三）发展新质生产力是推动高质量发展的内在要求和重要着力点

高质量发展是新时代的硬道理，需要新的生产力理论来指导。习近平总书记在中央政治局第十一次集体学习时强调，发展新质生产力是推动高质量发展的内在要求和重要着力点。习近平总书记的重要论述，丰富发展了马克思主义生产力理论，深化了对生产力发展规律的认识，进一步丰富了习近平经济思想的内涵，为开辟发展新领域新赛道、塑造发展新动能新优势提供了科学指引。高质量发展需要新的生产力理论来指导，而新质生产力已经在实践中形成并展示出对高质量发展的强劲推动力、支撑力。加快发展新质生产力，是新时代新

征程解放和发展生产力的客观要求，是推动生产力迭代升级、实现现代化的必然选择。

新质生产力是由技术革命性突破、生产要素创新性配置、产业深度转型升级而催生的当代先进生产力，是创新起主导作用，摆脱传统经济增长方式、生产力发展路径，具有高科技、高效能、高质量特征，符合新发展理念的先进生产力质态。它由技术革命性突破、生产要素创新性配置、产业深度转型升级而催生，以劳动者、劳动资料、劳动对象及其优化组合的跃升为基本内涵，以全要素生产率大幅提升为核心标志，特点是创新，关键在质优，本质是先进生产力。

新质生产力本质是先进生产力。生产力发展史上，无论是进入蒸汽时代的第一次工业革命，还是进入电气时代的第二次工业革命，或是进入信息时代的第三次工业革命以及当下我们即将进入人工智能时代的第四次工业革命，每次工业革命都是创新起主导作用，生产力实现跨越式、突破式跃升，带来生产方式的重大变革与生产力的极大提高。新质生产力是先进生产力，但先进生产力并不都是新质生产力。一定意义上讲，在工业革命史上，能称得上新质生产力的只有第三次工业革命和第四次工业革命，因其已跳出传统生产力对实体性生产资料的依赖。新质生产力既是对一定历史时期科技与产业革命形成的生产力形态的概括，又是对未来生产力形态的描述。新质生产力具有历史性，是经济科技发展到一定历史阶段的产物；具有过程性，有一个产生、发展、迭代的过程，不会一蹴而就；具有突破性，带来的不是线性的变化，而是颠覆性、指数级的突破；具有引领性，是信息时代与人工智能时代发展的引擎，将引领人类社会发展范式的重大变革。

高质量发展需要新的生产力理论来指导，而新质生产力已经在实践中形成并展示出对高质量发展的强劲推动力、支撑力，需要从理论上进行总结、概括，用以指导新的发展实践。工会组织要从职工队伍建设、产业发展趋势、企业组织形态、劳动关系变化、工会自身建设等角度理解新质生产力，找准工作结合点、切入点、着力点，准确把握发展新质生产力对工会工作提出的新要求，组织动员亿万职工群众热情拥抱新质生产力，主动助力新质生产力，积极推动新质生产力，为推进强国建设、民族复兴伟业贡献智慧力量。

三、当前高质量发展的新要求

推进中国式现代化从根本上解决我们现在面临的社会主要矛盾，并通过解决主要矛盾带动化解其他矛盾，在解决矛盾过程中推动党和国家事业取得更大胜利。新时代我国社会的主要矛盾，揭示了新时代满足人民日益增长的美好生活需要的主要制约因素，指出了影响全面发展的突出短板和薄弱环节。如果说过去我们所要解决的主要问题是发展“量”的不足问题，新时代则向我们提出了发展“质”的提高问题。

高质量发展是“十四五”乃至更长时期我国经济社会发展的主题，关系我国社会主义现代化建设全局。当前，我国经济已由高速增长阶段转向高质量发展阶段，只有坚持创新成为第一动力、协调成为内生特点、绿色成为普遍形态、开放成为必由之路、共享成为根本目的的发展，加快推进质量变革、效率变革、动力变革，才能有效破解一系列结构性、周期性、体制性突出问题，才能有效应对外部环境变化带来的冲击挑战，才能更好满足人民日益增长的美好生活需要。把全面建成社会主义现代化强国宏伟蓝图变为现实，推动党中央关于高质量发展的决策部署落实落地，工人阶级是主力军。工会是党领导下工人阶级群众组织，团结带领广大职工为实现党的中心任务建功立业是工会的重要使命，这就要求工会组织立足自身特点，牢牢把握当代工人运动时代主题，组织动员广大职工为实现高质量发展贡献智慧和力量。

第二节　高质量发展背景下工会工作面临新形势

一、产业结构转型升级下的工会工作对象更加多元

伴随第四次工业革命在全球范围内广泛展开，以大数据、云计算、人工智能、区块链等新一代信息技术为基础的数字经济正在加速创新进程，引领全球产业变革进入新周期。随着高质量发展的不断推进，先进制造业、战略性新兴产业、现代服务业、数字经济等产业加快发展，经济体系不断优化升级。与此相适应，我国职工队伍状况发生深刻变化，在规模日益扩大的同时，由第二产业向第三产业转移的趋势更加明显，第三产业越来越成为吸纳就业的蓄水池。2022 年，第二产业从业人员 34583 万人，与 2015 年相比减少 1539 万人；第三产业从业人员 21105 万人，与 2015 年相比增加 2325 万人。特别是在第三产业中，以货车司机、网约车司机、快递员、外卖配送员等为代表的新业态就业群体大量涌现，成为我国职工队伍的新生力量。2021 年，依托互联网平台的新就业形态劳动者约为 8400 万人，未来可能还会呈现出逐渐增长的趋势。与

传统意义上的职工相比，这一群体具有组织方式平台化、工作机会互联网化、工作时间碎片化、就业契约去劳动关系化、流动性强、收入不确定等特点。这对工会整合不同层次职工需求、协调职工队伍内部不同利益群体关系、保障平台网络劳动者合法权益提出了新的课题。

二、社会主要矛盾变化下的工会工作领域更加广泛

中国特色社会主义进入新时代，我国社会主要矛盾已经转化为人民日益增长的美好生活需要和不平衡不充分的发展之间的矛盾。新时代，人民的需要和期盼，不仅仅局限在物质文化领域，而且扩大到政治文明、精神文明、社会文明、生态文明等各个领域。

随着我国社会主要矛盾变化，社会利益主体呈现出多样化多元化趋势，社会公众的自主意识、法治意识、维权意识不断增强，对基层治理、公共服务的需求呈爆发式增长。工会是我国社会治理不可忽视、不可替代的重要力量，尤其是基层工会组织，联系职工最直接、服务职工最具体，其庞大的组织体系、广泛的社会影响，决定了基层工会参与基层治理的独特性和必然性。基层工会组织是工会工作的基础，是工会密切联系职工群众、开展各项工作的承载者和实践者，工会的各项工作任务都要通过基层工会组织来落实，没有基层工会工作，激发整个工会活力也就没有了方向和目标。许多社会组织以职工为工作对象，工会工作领域也成为一些社会组织介入的“开放空间”。这些都要求工会扩大组织覆盖、服务覆盖，把工作触角延伸到新经济组织、新社会组织等领域，把工作重点下移到街道、社区，在社会治理特别是基层社会治理中更好发挥协调劳动关系、扩大社会参与、提供公共服务、开展民主协商的重要作用，切实把工会的政治优势、组织优势转化为治理效能。

三、信息革命深入发展下的工会工作方法更加智能

新时代我国信息化工作进入加快数字化发展、建设数字中国的新阶段。以人工智能、大数据、物联网、区块链为代表的新一代信息技术加速突破应用，成为推动社会生产方式变革、创造人类生活新空间的重要力量。一方面，生产方式从原来的机械化生产逐步向智能化生产转变，组织方式从原有的工业“流水线”和“格子间”式的集中化、标准化向“在线零工”式的分散化、灵活化转变。与之相适应，劳动者的工作场域从固定的工厂转向开放的社会，工作时间从被动接受转向一定程度的自主决定。另一方面，互联网已经成为人们学习生活的新空间，成为获取信息、沟通交流的大平台。随着职工生产生活方式日

益在线化，传统的线下型、单向型工作方式正面临着严峻挑战，迫切需要与时俱进、改革创新。

截至 2023 年 6 月，我国网民规模达 10.79 亿人，手机网民规模达 10.76 亿人，网民使用手机上网的比例为 99.8%。随着互联网的普及，我们的工作生活已离不开网络，数字化、网络化已成为趋势，工会工作也不例外。工会网上工作是党和国家网信事业的重要组成部分。“互联网 + 工会”是互联网和移动互联网时代发展的产物，它将互联网技术，即大数据、云计算、智能化、移动互联网等应用于工会领域，运用现代信息技术手段创新工会业务流程，为工会工作加上信息化的翅膀。“智慧工会”在“互联网 + 工会”的基础上，边建设边用边扩充，并持续完善，它不仅包含运用网络信息技术手段开展工会建设工作，还包含工会建设的改革目标和重大使命，比“互联网 + 工会”的内涵更丰富，外延更扩展，与互联网技术融合更彻底，服务对象范围更广，联系职工群众更紧密，服务方式更人性化，服务流程更便捷，服务体验更满意，能够更好地帮助工会履行基本职责。这就要求工会贯彻落实数字中国精神，充分运用以人工智能为代表的信息技术，精准把握“智慧工会”建设方向，充分把握工会工作数字化转型这一实现工会网上工作高质量发展的重要引擎和抓手，构建有利于工会开展工作、服务职工群众的环境与生态模式，进而实现工会工作可持续发展，打造以信息技术为支撑的工会网上工作模式，运用信息技术手段整合优化各种资源，从而更好地满足职工群众对美好生活的向往和追求。

四、高质量发展背景下的工会工作标准更加严格

推动高质量发展，迫切要求建设一支高素质职工队伍。当前我国人力资源结构性矛盾突出，技能劳动者占就业人口总量比重低，高技能人才占就业人口总量比重更是远远低于西方工业强国的水平。这就要求工会把提高职工技术技能素质摆上更加重要的位置，全面推进产业工人队伍建设改革不断向纵深发展、向基层发展。一方面，围绕中国式现代化，组织广大产业职工在建功立业中发挥主力军作用，在各级工会广泛深入持久开展行业劳动和技能竞赛，发挥劳模和工匠人才示范带动作用，持续深化群众性技术创新活动。另一方面，贯彻“人民至上”理念，让广大职工真正在产业工人队伍建设改革中“有所获得”，以学习型组织建设作为突破口和基本路径，推动企业在加大人力资本投入、提高一线工人待遇、建立技能人才激励机制、完善技能形成体系、拓展职业发展通道等方面持续发力，着力提高职工的收入和生活品质，推动产业工人共享发展成果，提升产业工人的获得感、幸福感和安全感，为高质量发展提供

强大人力资源支撑。

五、发展新质生产力对工会工作挑战越来越大

发展新质生产力将产生新产业、新模式、新动能，对工会工作也将带来新的挑战。

新质生产力带来的产业变革，将使得我国的产业趋于高端化、智能化、绿色化，进而推动劳动者队伍发生实质性变化。主要表现为：第一，劳动者队伍内部构成发生变化，从事简单重复劳动的一线工人减少，从事复杂多元工作的专业人员增加，以岗位划分劳动者群体的传统模式趋于失灵。第二，劳动者所需技能发生变化，基于经验形成的单一专精技能逐渐落伍，迫切需要善于优化革新、融会贯通的多元化技术技能。第三，培育选树先进典型人物的领域和要求发生变化，亟须发现培养知识型、技能型、创新型劳动者，弘扬新质生产力引领下的时代精神。

当然，发展新质生产力，不能一“新”就一哄而上，未立先破，甚至抛弃长期以来行之有效且未来也须坚守的东西。因此，工会在推动发展新质生产力过程中，要处理好变与不变的关系。发展新质生产力，对劳动者的素质要求发生了变化，但工会履行教育职能、实施素质工程、促进劳动者发展的工作要求没有变化；发展新质生产力，要升级传统产业、培育新兴产业、布局未来产业，尽管产业形态有变化，但发展实体经济这一重要着力点没有变，实体经济中标准劳动关系又是主体，因此这一工会工作的重要领域也没有变；发展新质生产力，带来劳动形态、劳动者在劳动中形成的关系的变化，但工会维护劳动者合法权益、竭诚服务职工群众的基本职责没有变；发展新质生产力，带来工会工作方式、工作载体的变化，但增强政治性先进性群众性、提升引领力组织力服务力的工会工作方向与目标没有变。工会组织要增强定力，准确识变、积极应变，以高质量的工会工作推进新质生产力发展。

第三节　推动新时代新征程工会工作高质量发展

一、坚持党对工运事业和工会工作的领导

工会组织要向广大职工宣传宣讲党的路线方针政策，深刻理解这一思想的

丰富内涵、精神实质和实践要求，深化广大职工对中国共产党领导和中国特色社会主义制度的政治认同、思想认同、理论认同、情感认同，以更大的热情投入高质量发展的伟大实践。

要构建工会大宣传格局，充分发挥工会报刊、工人文化宫、职工书屋等传统宣传阵地作用，加快发展工会官网、微信公众号、微博、抖音号、微视号等新媒体，创建融媒体平台，实现线上线下同频共振。适应新形势新任务，构建工会大宣传格局。努力构建工会的宣传模式，实现工会宣传思想工作的创新。选配好工会干部，将政治素质高，适合宣传思想工作的干部充实到宣传思想工作前线。既要开展广泛学习，同时也要增强实践能力，进一步提升工会宣传思想干部素养，打造出政治立场坚定、群众感情深厚的高素质专业化宣传思想干部队伍。加强统筹协同，强化全国工会系统宣传教育统筹管理，强化与宣传、网信、文化等横向部门的协同合作，形成宣传工作合力。开展“网聚职工正能量、争做中国好网民”主题活动，做大做强主流思想舆论。

二、组织动员亿万职工围绕党的中心任务建功立业

广泛深入持久开展劳动和技能竞赛。劳动和技能竞赛是工会的传统工作品牌，也是展示职工劳动成果的重要窗口。立足完整准确全面贯彻新发展理念，加快构建新发展格局，着力推动高质量发展，围绕国家重大战略、重大工程、重大项目、重点产业，广泛深入持久开展各种形式的主题劳动和技能竞赛，探索“云竞赛”、新产业新业态竞赛等新形式，推动竞赛在提升职工技术技能素质、促进企业高质量发展、实现科技自立自强中发挥更大作用。加强工作指导，总结工作经验，推动在各层级、各地区、各行业、各条战线部署竞赛活动，进一步将竞赛向中小微企业、非公企业延伸，向车间班组延伸，向新技术新业态新模式领域拓展。通过开展劳动和技能竞赛，激励和引导广大职工争做技术能手、安全标兵、劳动模范，让职工在竞赛中增长本领、展现风采，在全社会掀起“比学赶帮超”的热潮。培养选树各级劳模、工匠模范标杆，让劳模工匠、技能人才发挥他们在各自岗位上的引领示范作用。

建设高素质劳动大军。针对高质量发展对劳动者素质提出的新要求，要加强职工技术技能培训，广泛组织职工参加技术革新、技术协作、发明创造、合理化建议、网上练兵和“五小”（小发明、小创造、小革新、小设计、小建议）等群众性创新活动，加强新时代工匠学院建设，深化劳模和工匠人才创新工作室创建，发挥劳模工匠在提升职工素质中的示范引领作用。着眼于提升企业核心竞争力，充分发挥企业的主体作用，推动企业通过劳动竞赛、技能培养、畅

通职业发展通道等点燃职工创新创造激情，广泛组织动员亿万职工以主人翁姿态全身心投入全面建设社会主义现代化国家、以中国式现代化全面推进中华民族伟大复兴的历史洪流中。

大力弘扬劳模精神、劳动精神、工匠精神。劳模精神、劳动精神、工匠精神，是中国共产党人精神谱系的重要组成部分。实现高质量发展，对弘扬劳模精神、劳动精神、工匠精神发出了强烈的时代召唤。要大力开展“中国梦·劳动美”主题宣传教育，举办大国工匠创新交流大会、大国工匠论坛，加强职工创新成果展示交流，关心关爱劳模工匠，做好劳模评选表彰工作，推动落实劳模工匠待遇，提升劳模工匠地位，加强对低收入劳模的生活困难帮扶，做好劳模工匠疗休养、学习深造等工作，加强劳模和工匠选树宣传，面向各行业、各领域培育和宣传先进典型，选树“大国工匠年度人物”“最美职工”等，引导更多职工争当先进、争创一流，营造全社会尊重劳动、尊重知识、尊重人才、尊重创造的良好氛围。

三、维护职工合法权益，竭诚服务职工群众

维护好职工合法权益。工会最大的优势是密切联系职工群众，最大的危险是脱离职工群众。维护职工合法权益是工会的天职；工会要赢得职工群众的信赖和支持，就必须切实维护好职工合法权益。在全面建设社会主义现代化国家新征程中，我们要坚持把竭诚为职工群众服务作为一切工作的出发点和落脚点，紧紧围绕职工最关心、最直接、最现实的利益问题，进一步维护好职工的合法权益，切实发展和谐劳动关系。要推动落实就业优先政策，健全就业促进机制，高度关注下岗失业职工、高校毕业生等群体，开展全国工会就业创业系列服务活动，加大职工技能培训和转岗培训工作力度。加强新就业形态劳动者权益保障，深入推进新就业形态劳动者工会工作三年行动，推动头部平台企业建立工会、建立职工代表大会制度，推动平台企业合法规范用工、科学调整算法、完善劳动定额标准，推进职业伤害保障试点工作，加快解决新就业形态劳动者面临的劳动报酬、社会保险、休息休假、职业安全等突出问题。维护农民工合法权益，落实根治欠薪各项长效机制，持续推进解决拖欠农民工工资问题，推动常住人口平等享受城镇基本公共服务。同时维护好发展新质生产力背景下广大劳动者合法权益。发展新质生产力背景下，工会维权服务也面临新的要求，要高度关注一线科研人员的休息权、健康权，高度关注人工智能、机器换人带来的普通劳动者的就业权，高度关注广大劳动者技术要素参与分配权，高度关注平台劳动者、自雇型劳动者的劳动保护、工伤保险等权益。工会不仅

要利用好自身资源进行维权，还要源头参与相关法规制度的出台与完善，以应对发展新质生产力对劳动者权益维护带来的挑战。

提升工会服务职工实效。用心用情，打通职工服务的“最后一公里”，找准工会服务大局、服务基层、服务职工的切入点和着力点，聚焦职工群众海量的日新月异需求做好维权服务，完善以“普惠性标准服务 + 精准性重点帮扶”为主体的工会维权服务体系，叫响做实送温暖、送清凉、金秋助学、职工医疗互助等工作品牌，加快工会数字化转型，组织开发直达亿万职工群众的线上维权服务平台，努力实现“全国连通、一端尽享”，为职工提供可感可知、直接直达的服务。巩固城市困难职工解困脱困成果，健全防止返困动态监测机制，推进中央财政职工困难帮扶资金项目实施，保障困难职工家庭基本生活，做到职工有所呼、工会有所应，职工有所困、工会有所帮，职工有所求、工会有所为。

四、在发展新质生产力中充分展现工会作为

发展新质生产力与工会工作有密切的内在关联，体现在：从新质生产力的构成要素看，新质生产力中最活跃、起决定作用的要素是劳动者，劳动者的能力素质决定了生产力的水平与发展程度；除劳动者、劳动资料、劳动对象等物质形态的生产要素外，知识、技术、管理也是生产要素，通过劳动者的创新与管理，渗透于物质形态的生产要素之中。工会是职工群众的组织，工会工作是做人的工作，为了职工、提升职工、依靠职工是工会工作的根本遵循，这与发展新质生产力的内在要求是一致的。从生产力与生产关系的矛盾运动看，新质生产力的发展一定会促使生产关系的变革，进而带来劳动关系的变革，而工会是劳动关系矛盾的产物，劳动关系的变革也将对工会工作提出新的要求。从经济基础与上层建筑的矛盾运动看，发展新质生产力及其产生的生产关系，构成新质生产力背景下新的经济基础，进而促使奠基其上的相关法律、制度等上层建筑也须发生相应变化，工会工作依托的相应法律法规、规章制度，也须适应新质生产力发展要求做出相应变革完善。从发展新质生产力路径看，发展新质生产力需要发挥新型举国体制作用，群团工作体系是党和国家机构职能体系中四大体系之一，群团组织是国家治理能力和治理体系现代化的重要力量，理应是发展新质生产力过程中新型举国体制的参与者、实践者、贡献者。从新质生产力理论与工会自身改革的关系看，新质生产力理论从根本上讲是经济范畴的概念，但新质生产力理论的理念、思维方式则可借鉴应用于社会工作领域。对于工会组织本身来讲也有一个发展新质生产力的问题，就是要提升劳动者——

工会工作者的素质素养，善于运用新的劳动资料——充分利用互联网、人工智能等数智工会平台，拓展劳动对象——工作对象从职工、劳动关系拓展到数据、职工创新知识产权保护等领域，促进工会工作的制度、规范、体制、机制等进行相应改革，从而增加工会组织的引领力、组织力和服务力。

党的中心任务就是中国工人运动和工会工作的主题和方向。工会要提高站位，积极履职，推进发展新质生产力。一是激发劳动者发展新质生产力的创新创造活力。发展新质生产力，必须凝聚起广大劳动者的创造伟力。劳动竞赛是工会的传统优势、工作品牌，要围绕国家重大战略、重大工程、重大项目、重点产业，聚焦发展新质生产力中的关键环节，广泛深入持久开展劳动竞赛和群众性技术创新，打造职工劳动竞赛品牌、职工创新成果转化平台、职工创新评选奖励机制，汇聚起亿万职工发展新质生产力的磅礴力量。二是维护发展新质生产力背景下的劳动领域政治安全。发展新质生产力背景下，生成式人工智能爆发式发展，现实世界与虚拟世界相互交织，信息爆炸促使职工思想更加自主、独立、多元，信息“茧房”又让职工思想存在一定程度的封闭性与极端性，这些都对劳动关系治理、职工思想引导提出了要求。工会必须充分利用现代技术工具，及时掌握广大职工及新就业形态劳动者的所思所想所盼，特别是要前瞻性地分析研判产业转型、机器换人、生态约束等对就业带来的冲击和影响，将劳动领域矛盾化解在萌芽之中。三是利用新质生产力提升职工生活品质。发展新质生产力背景下，劳动者的劳动得以极大解放，工会组织要以实现职工群众对美好生活的需要为依归，找准职工的痛点难点，提升服务职工的精准性、针对性、有效性。比如，面对人工智能巨变带来的压力，要强化职工心理疏导；针对劳动解放带来的空闲，要丰富劳动者的精神生活。四是源头参与构建促进新质生产力发展的营商环境和政策体系。发展新质生产力，必须深化科技体制、教育体制、人才体制等改革，建设市场化、法治化、国际化的营商环境。工会制度、工会工作也是营商环境的一部分，要加强工会民间外交，推动工会领域制度、规则、管理、标准因地制宜地与国际劳工组织及区域性贸易协定中的劳工标准进行对接。同时，工会要发挥源头参与作用，在建立健全发展新质生产力的制度机制中积极作为，成为新型举国体制中的重要力量。五是深化工会改革和建设以适应发展新质生产力的要求。工会改革和建设是工会工作持续健康发展的支撑。始终把工会组织建设摆在首位，切实把广大职工及新就业形态劳动者组织到工会中来，构建工会组织的矩阵网络体系。创新工作载体，充分利用人工智能赋能工会工作，推进工会数字化转型，建设智慧工会，全面提升工会工作效能。推进工会干部队伍建设，加强工会干部数字技能与数字素养培养，打造与发展新质生产力相适应的工会干部队伍。加强工会理论研究，厘清发展新质生产力与工会工作的内在关系、底层逻辑、对策措施，积极发挥工会在推动发展新质生产力中的独特作用。

思考题

1. 以高质量发展推进中国式现代化的过程中，工会应发挥什么样的作用？
2. 当前工会工作面临的新形势和新任务是什么？
3. 高质量发展背景下，工会工作应该如何开展？

第二十三章

全面推进工会系统党的建设

加强工会系统党的建设，是贯彻落实全面从严治党战略部署的具体体现，是工会组织保持和增强政治性先进性群众、更好履行政治责任的现实要求，是推进新时代工会工作创新发展的根本政治保证。工会各级党组织和党员干部要深入学习贯彻习近平总书记关于党的建设的重要思想，深刻认识新形势下推进工会系统全面从严治党的重要性必要性，落实新时代党的建设总要求，贯彻全面从严治党战略方针，以党的政治建设为统领，全面加强党的各项建设，深刻领悟“两个确立”的决定性意义，增强“四个意识”、坚定“四个自信”、做到“两个维护”，在思想上政治上行动上同以习近平同志为核心的党中央保持高度一致，切实增强履行党建工作责任的思想自觉、政治自觉、行动自觉，推动工会系统党的建设高质量发展。

第一节　落实全面从严治党政治责任

一、压实全面从严治党政治责任

（一）坚持把党的政治建设摆在首位，以理论上的清醒保持政治上的坚定

工会组织是群众组织，也是政治组织。要全面学习贯彻习近平新时代中国特色社会主义思想，深入学习贯彻习近平总书记关于党的建设的重要思想，以党的政治建设为统领，全面加强党的各项建设，深化政治机关建设和模范机关创建，大力开展对党忠诚教育。要健全完善理论武装长效机制，综合运用党组理论学习中心组学习、工会干部教育培训、党校和工会院校学习、网络学习培训等平台和载体，探索构建理论学习培训制度体系和成果评价体系。突出抓好党支部日常学习和年轻干部学习，切实做到往深里走、往心里走、往实里走。要严明党的政治纪律和政治规矩，严肃党内政治生活，严格执行重大事项请示报告制度，确保习近平总书记重要指示批示精神和党中央重大决策部署在工会系统有效落实落地，切实增强“四个意识”，坚定“四个自信”，坚定拥护“两个确立”、坚决做到“两个维护”，在政治立场、政治方向、政治原则、政治道路上始终同以习近平同志为核心的党中央保持高度一致。

（二）压紧压实全面从严治党各级责任

各级工会组织要把抓好党建作为最大政绩，坚持把党建工作摆到重要位置，列入重要工作日程，坚持党建工作与业务工作同谋划、同部署、同推进、同考核，切实做到真管真严、敢管敢严、长管长严。要结合实际制定责任清单，划出党建工作的“硬杠杠”，明确党组织、党组织书记及班子成员各自承担的责任和任务，推动党建责任由“软”变“硬”，促进党建工作由“虚”变“实”。要定责到位，通过建章立制定责任，将责任细化，使责任明确具体地落实到每一名领导班子成员身上，使每个责任人都清楚地知道自己的责任不可推卸，避免责任虚化空转。要严格落实党风廉政建设报告制度、约谈制度、述职述廉述党建等制度，逐级压实责任，保证责任落地。要尽责到位，落实责任贵在行动，重在担当。党委（党组）书记、党支部书记要认真履行第一责任人职责，班子成员要认真履行“一岗双责”，在各自分管范围内抓好党风廉政建设。

要强化教育监督，充分运用好监督执纪“四种形态”中的第一种形态，让红脸出汗成为常态。各级工会领导干部都要自觉遵守党章党规党纪，自觉接受组织和群众的监督，带头发挥“头雁效应”。要问责到位。动员千遍，不如问责一次。追责问责是落实主体责任的关键，也是爱护、保护干部的“矫正手段”。要通过问责，倒逼加强制度建设，把权力关进制度的笼子，做到违反制度就问责，绝不搞下不为例。

二、加强工会系统基层党组织建设

（一）发挥工会系统基层党组织战斗堡垒作用

基层党组织是党执政大厦的地基，是党的全部工作和战斗力的基础，是推动党中央决策部署贯彻落实的神经末梢和执行终端，是贯彻落实党中央决策部署的“最后一公里”。工会系统各级党组织要认真贯彻《中国共产党党和国家机关基层组织工作条例》，坚持以提升组织力为重点，突出政治功能，全面加强机关基层党组织建设。要选好配强党组织领导班子，坚持书记抓、抓书记，发挥党务干部的骨干作用，严格落实“三会一课”等组织生活制度，认真做好党员发展工作，加强对党员干部教育管理监督，深入细致地做好干部职工的思想政治工作，切实增强基层党组织的创造力凝聚力战斗力。

（二）强化工会系统基层党组织政治功能和组织功能

党的二十大报告对增强党组织政治功能和组织功能提出明确要求。各级党组织要履行党章赋予的各项职责，把党的路线方针政策和党中央决策部署贯彻落实好，把各领域广大群众组织凝聚好，把党员组织起来，把群众动员起来，党的根基才能牢固，党才能有战斗力，才能形成全面建设社会主义现代化国家的强大力量。要加强工会系统党的组织体系建设，持续推进“四强”党支部建设，严格落实党内政治生活制度，用好批评和自我批评武器。

增强基层党组织政治功能和组织功能的具体措施：一要着力增强政治领导力。要胸怀国之大者，立足单位之要事，践行社会主义是干出来的伟大号召，毫不动摇贯彻落实习近平总书记重要指示批示精神和上级党组织的决策部署，毫不动摇坚持党的领导，确保各项改革发展始终沿着正确的政治方向前进。二要着力增强思想引领力。组织是形，思想是魂，既要造形，也要塑魂。要坚持运用习近平新时代中国特色社会主义思想，凝心铸魂，在学懂弄通做实上下功夫，特别是深刻把握贯穿其中的世界观和方法论，引导广大党员和职工群众坚定信仰信念信心，紧紧凝聚在党的思想旗帜之下。三要着力增强群众组织力。要牢记中国共产党是什么、要干什么这个根本问题，在联系服务群众上多用情，在宣传教育群众上多用心，在组织凝聚群众上多用力，更好组织引领广大职工群众听党话跟党走，与党一起奋斗。四要着力增强自身免疫力。打铁还须自身硬，要紧紧抓住一支部一品牌建设这个重要载体和抓手，创新党建工作思路举措，充分展现各基层党组织特色，发挥各自优势，促进党的建设与单位发展融合发展，确保实现政治过硬、组织过硬、作风过硬、品牌过硬，为强国建设、民族复兴提供有力保障。

（三）加强对工会系统党员干部全方位管理

坚持党管干部原则，把新时代好干部标准贯穿各级工会干部选育管用全过程，突出政治标准，严把政治关、能力关、廉洁关，建立健全崇尚实干、带动担当、加油鼓劲的正向激励体系。优化工会领导机关领导班子配备，健全完善兼、挂职工作机制，增强整体功能。发现培养选拔优秀年轻干部，拓宽来源渠道，加大年轻干部轮岗交流力度，做好挂职援派工作。加大工会干部管理监督力度，健全干部考核评价机制，推进工会干部监督制度化规范化建设，逐步形成适应工会机关实际的干部监督制度体系。按照有关规定做好工会干部双重管理工作。深化工会干部教育培训，发挥工会院校培训主渠道作用，完善网络培训体系，提升工会干部能力素质，教育引导工会干部树牢正确政绩观，鼓足干事创业的精气神，打造忠诚干净担当的高素质专业化工会干部队伍。

三、全面促进工会系统党建工作提质增效

各级工会组织要加强对党建工作的督促检查，发挥考核的指挥棒作用。要探索建立党建工作考核评价机制，进一步规范党建工作考核的形式、内容、指标，形成科学完备的考核评价体系。要定期对履行党建主体责任情况、落实党建重点任务情况和重要制度执行情况进行督查，坚持下级党组织向上级党组织报告工作、党组织书记向上级党组织述职、年度考核述职述廉述党建和党建工作民主评议等制度，推动党建工作责任制落地见效。要加强考核结果的运用，把党建工作考核结果作为评价领导班子和领导干部的重要标准，坚持评先评优看党建、选拔任用干部看党建，切实增强落实党建工作责任制的导向性和权威性。

党建述职评议考核作为基层党建回顾工作、检验成效、提升成果的有力抓手，要发挥好“指挥棒、风向标、助推器”作用，紧盯定责、考责、督责三方面，考准责任、考明路径、考出效果，确保抓基层党建述职评议考核工作实效，推动基层党建全面提质。

（一）发挥“指挥棒”作用，高标准“定责”

围绕“是什么”“抓什么”“考什么”三个关键点发力，进一步健全完善基层党建考核评价机制。明确各级党组织和党组织书记的职责“是什么”，逐项细化党组（党委）书记、副书记、党支部书记等岗位的工作任务，真正明确各级责任主体的“责任田”，形成“一级抓一级、层层抓落实”的党建责任体系；明确党建工作“抓什么”，围绕基层党建提质增效列出年度重点工作、重点任务，采取项目化运作、分阶段推进等方式，使基层党建工作的力量更加集中，效果更加突显；明确年度工作“考什么”，注重将“考”与“干”统一起来，结合年度工作安排和重点任务，明确年度考评要素、考核要点，量化细化各考核点的分值和评分标准，设立加减分事项，使各级党组织和党员干部干有方向、做有标准。

（二）发挥“风向标”作用，高质量“考责”

建立日常考核、述职评议考核、年终综合考评“三位一体”考评机制，确保基层党建高质量考核考出活力、考出干劲。对照年初制定的各项考核指标，结合党支部日常工作和党建调研掌握的情况进行考核。在自检自查的基础上，深入各级党组织进行实地考核和书面查看，通过民主测评、谈话了解、查阅资料等方式开展年终综合考核。组织一定数量的群众代表进行评议和考核，评议结果与年度党建和党组织书记考核挂钩，对考核为“优秀”等次的党组织，适当增加“两优一先”等评先名额；对考核为“一般”的党组织进行面对面约谈提醒，并取消其评先评选资格。

（三）发挥“助推器”作用，全方位“督责”

全面落实党建督查责任，采取多种措施全面提升督查成效，以督查促问题整改、促工作提升，增强治理效能。将党建考核中发现的问题纳入各级巡察工作之中，对常规巡察和专项巡察中发现的党建工作存在的问题整改情况进行监督，将巡察整改情况纳入年终综合考评内容，建立职责清晰、衔接有序、协同联动、运行高效的工作机制。将党建考核结果与选拔任用、培养教育、管理监督、激励约束、问责追责等紧密结合起来，进一步发挥“助推器”作用，鼓励先进、鞭策后进，以党建高质量发展全面引领经济社会发展高质量。

第二节　加强工会系统党风廉政建设

一、充分认识加强工会系统党风廉政建设的重要性

党风问题关系执政党的生死存亡。腐败是危害党的生命力和战斗力的最大毒瘤，反腐败是最彻底的自我革命。党风廉政建设是党的建设的重要组成部分，是党的性质和宗旨的集中体现。我们党历来高度重视党风廉政建设，把它作为关系党的生死存亡的重大政治任务来抓。党的十八大以来，以习近平同志为核心的党中央坚持无禁区、全覆盖、零容忍，坚定不移“打虎”“拍蝇”“猎狐”，反腐败斗争取得压倒性胜利并全面巩固。

习近平总书记在二十届中央纪委三次全会上发表重要讲话强调，深入推进党的自我革命，坚决打赢反腐败斗争攻坚战持久战。我们党作为世界上最大的马克思主义执政党，如何成功跳出治乱兴衰历史周期率、确保党永远不变质不变色不变味？这是摆在全党同志面前的一个战略性问题。党的十八大以来，在推进全面从严治党的伟大实践中，我们不断进行实践探索和理论思考，在毛泽东同志当年给出“让人民来监督政府”的第一个答案基础上，给出了第二个答案，那就是不断推进党的自我革命。在新时代十年全面从严治党的实践和理论探索中，我们不断深化对党的自我革命的认识，积累了丰富的实践经验，形成了一系列重要理论成果，系统回答了我们党为什么要自我革命、为什么能自我革命、怎样推进自我革命等重大问题。但是，我们也要清醒地看到，党风廉政建设和反腐败斗争形势依然严峻复杂，滋生腐败的土壤依然存在，反腐败斗争永远在路上。当前，我们正处在一个全面深化改革的关键时期，各种矛盾和问题交织叠加，党风廉政建设面临着前所未有的挑战。一些党员干部理想信念动摇，宗旨意识淡薄，纪律观念松弛，甚至违纪违法，严重损害了党的形象和威信。这些问题如果不加以解决，就会严重影响党的执政基础和执政地位。因此，我们必须以高度的政治自觉和行动自觉，加强党风廉政建设，推动全面从严治党向纵深发展。

加强工会系统党风廉政建设，是增强工会组织政治性、先进性、群众性的重要途径，有助于工会组织更好地履行政治责任；有助于提升工会组织的形象，增强职工对工会的信任和支持；有助于克服形式主义、官僚主义，保持与

职工群众的密切联系，将作风建设成效转化为维权服务的实际行动；有助于营造工会系统风清气正的政治生态，提升工会组织的公信力和影响力。各级工会要时刻绷紧思想之弦，坚决扛起全面从严治党政治责任，严格落实中央八项规定及其实施细则精神，各项公务活动从严从简，认真落实过紧日子要求，坚持勤俭办事，从严从实抓好工会经费使用管理和职工服务阵地建设等重点工作。要深刻汲取工会系统违纪违法典型案例教训，深入查找工会系统党风廉政建设工作中存在的问题和不足，坚持以案为鉴，以案促改，带头遵纪守法，始终守好清正廉洁底线，坚决做忠诚、干净、担当的表率，着力打造廉洁自律的工会干部队伍。

二、准确把握加强工会系统党风廉政建设的重点任务

（一）严格贯彻执行中央八项规定及其实施细则精神

作风问题关系党的形象，关系人心向背，关系党的执政基础。党的十八大以来，习近平总书记站在推进党的自我革命、确保党始终成为中国特色社会主义事业的坚强领导核心的政治和战略高度，围绕持之以恒贯彻落实中央八项规定精神、深化作风建设发表重要讲话、作出重要论述。各级工会党员干部要提高政治站位，把握核心要义和精神实质，从深刻改变中国的历史进程中理解把握制定和实施中央八项规定的全局性、战略性意义，做到守住底线、不越红线，长期坚持、抓出成效。抓作风建设只有进行时、没有完成时。要做到领导带头、细照笃行、落实落地，教育干部职工严守纪律规矩、锤炼过硬作风。要坚持严字当头，进一步完善制度、严格标准、强化执行，办文、办会、办事全过程各环节都要用中央八项规定及其实施细则精神的尺子量一量。要坚持防在前头，加强监督执纪问责和党员干部思想政治引领，不断涵养浩然正气，筑牢“第一道防线”。要坚持纠“四风”、树新风，教育引导党员干部牢记“三个务必”，弘扬伟大建党精神。要重点纠治形式主义、官僚主义，坚决破除特权思想和特权行为。

（二）以党纪学习教育为抓手，把纪律建设摆在更加突出位置

党的纪律是党的生命线，是维护党的团结统一、完成党的任务的保证。在全党开展党纪学习教育，是以习近平同志为核心的党中央作出的重大部署。习近平总书记高度重视党纪学习教育，多次发表重要讲话、作出重要指示，为开展党纪学习教育提供了根本遵循。各级工会要把深入学习贯彻习近平总书记关于全面加强党的纪律建设的重要论述作为一项长期政治任务，结合工会工作实际全面系统学习，学深悟透、知行合一，真正把纪律规矩转化为政治自

党、思想自觉、行动自觉，把党纪学习教育成果持续转化为推动高质量发展的强大动力。要推动党的纪律教育常态化长效化，建立经常性和集中性相结合的纪律教育机制，把纪律教育融入党员干部日常教育管理监督。要以巩固党纪学习教育成果为契机深化党的政治建设、思想建设、组织建设、作风建设、纪律建设、制度建设，把党纪学习作为加强党的建设的永恒课题和全体党员干部的终身课题常抓不懈。要综合发挥党的纪律教育约束、保障激励作用，引导党员干部既遵规守纪又积极作为，深化运用监督执纪"四种形态"，激励广大工会干部开拓进取、干事创业。要坚持党性党风党纪一起抓，把党纪学习教育与巩固拓展主题教育成果、整治形式主义为基层减负贯通起来、一体推进，完善制度、健全机制，推动纪律教育常态长效。要坚持两手抓、两促进，把党纪学习教育与贯彻落实习近平总书记关于工人阶级和工会工作的重要论述、推进全总"559"工作部署有机结合，推动党纪学习教育和工会工作互促共进、相得益彰，切实防止"两张皮"。

（三）加强廉洁文化建设，增强教育渗透力

廉洁文化是中华民族优秀传统文化的重要组成部分，是党风廉政建设的重要支撑。要打造廉政文化阵地，设立廉政文化展示点，形成集教育、实践于一体的学习场所。要开展警示教育活动，编写廉政警示案例集，组织工会干部观看警示教育片、参观廉政教育基地，用好典型案例搞好警示教育，增强警示教育实效，让工会干部知敬畏、存戒惧、守底线，筑牢拒腐防变的思想道德防线。要创新宣传方式，运用新媒体开展廉政宣传，制作廉政微视频、开设线上学习专栏，提升廉政教育覆盖面和吸引力，引导工会干部树立正确的世界观、人生观、价值观。要加强廉洁文化建设，加强家庭家教家风建设，把廉洁文化融入家庭日常生活，弘扬崇廉拒腐的社会风尚，推动廉政文化融入日常、覆盖全员，使工会干部在耳濡目染中树立廉洁意识，在潜移默化中形成廉洁习惯。要强化廉政风险防控，完善重点领域和关键岗位的廉政风险防控措施，加强对工程招投标、资金使用等重点领域的监管，依托信息化平台建立廉政监督系统，实现在线审批、实时监管，消除廉政风险隐患，确保权力运行规范有序。

三、全面加强工会干部作风建设

党的二十大报告指出，全面建设社会主义现代化国家，必须有一支政治过硬、适应新时代要求、具备领导现代化建设能力的干部队伍。坚持把政治标准放在首位，做深做实干部政治素质考察，突出把好政治关、廉洁关。坚持严管和厚爱相结合，加强对干部全方位管理和经常性监督，落实"三个区分开来"，激励干部敢于担当、积极作为。

（一）必须强基固本、补钙壮骨

政治性是工会的灵魂，是第一位的。必须自觉接受党的领导，牢固树立政治机关的意识，守好工会系统践行“两个维护”的第一线，接好党的理论和路线方针政策的第一棒，加强理论武装、坚定理想信念，打牢思想根基和政治根基，把党的意志和主张具体落实到工会各项工作中去，落实到广大职工中去，切实肩负起引导职工听党话、跟党走的政治责任。

（二）必须动真碰硬、纠治“四风”

坚持刀刃向内、动真碰硬，把住中央八项规定这条“硬杠杠”，牵住纠治“四风”这个“牛鼻子”，抓住领导干部这个“关键少数”，打造令行禁止、纪律严明、担当作为的良好政治生态。中央八项规定不是 5 年、10 年的规定，而是长期有效的铁规矩、硬杠杠。必须从关系人心向背、关系党执政基础、关系国家长治久安的高度，深刻认识加强作风建设的重大意义，严格贯彻落实中央八项规定及其实施细则精神，全面落实《整治形式主义为基层减负若干规定》，健全防治形式主义、官僚主义制度机制，持续精简规范会议文件和各类创建示范、评比达标、节庆展会论坛活动，严格控制面向基层工会的督查、检查、考核总量，锲而不舍纠治“四风”，持续为基层减负。

（三）必须胸怀全局、心系群众

必须大力弘扬密切联系群众的优良作风，建立基层联系点、调查研究、基层挂职任职、定期接待群众来访、谈心和征求意见等直接联系职工群众的制度，实现下基层活动常态化、制度化、长效化，保持与职工群众的血肉联系，不断巩固党执政的阶级基础，厚植党执政的群众基础。积极践行党的群众路线。工会是党联系职工群众的桥梁和纽带，工会工作是党的群众工作的重要组成部分。必须坚持对上负责与对下负责相统一、让党中央放心与让职工群众满意相统一、为了职工群众与依靠职工群众相统一，努力把党中央的决策部署转化为满足职工群众美好生活需要的具体措施。坚持以职工为中心的工作导向，持续深化工会机关干部赴基层蹲点和到企业“当一周工人”活动，改进和提高调查研究工作，不断密切与职工群众的血肉联系。

（四）必须严字当头，纪律在前

把纪律严起来，把规矩立起来，持续加强纪律教育、警示教育，使其成为规范工会干部行为的重要遵循和标尺。紧盯重要节点做好廉政风险提醒，深化以案明纪、以案鉴法，校准价值坐标，使铁的纪律转化为工会干部的日常习惯和自觉遵循。深化运用监督执纪“四种形态”，特别要在用好第一种形态上下功夫，多做红脸出汗、咬耳扯袖的工作，注重抓早抓小、防微杜渐，及时发现问题、纠正偏差。健全巡视巡察工作体制机制，建立完善巡视监督、纪检监察监督、组织监督、审计监督、财会监督等各项监督贯通融合机制。强化日常监督管理，深化对重点岗位、重点领域、关键环节的监督检查，强作风、尚实干、谋发展，推动形成风清气正的政治生态，打造忠诚干净担当的高素质专业化工会干部队伍，更好服务党和国家工作大局、服务亿万职工群众。

加强工会系统党风廉政建设，是一项长期而艰巨的任务。各级工会要以习近平新时代中国特色社会主义思想为指导，健全工会推进全面从严治党工作体系和责任体系，健全政治监督具体化、精准化、常态化机制。锲而不舍落实中央八项规定及其实施细则精神，健全防治形式主义、官僚主义制度机制。持续精简规范会议文件和各类创建示范、评比达标、节庆展会论坛活动，严格控制面向基层的督查、检查、考核总量，提高调研质量，下大气力解决过频过繁问题，健全为基层减负长效机制。建立健全经常性和集中性相结合的纪律教育机制，综合发挥党的纪律教育约束、保障激励作用，为以中国式现代化全面推进强国建设、民族复兴伟业贡献工会力量。

思考题

1. 谈谈工会系统全面从严治党的重要性。
2. 如何加强工会系统党风廉政建设？

参考文献

［1］中共中央党史和文献研究院．习近平关于工人阶级和工会工作论述摘编［M］．北京：中央文献出版社，2023．

［2］中华全国总工会．深入学习贯彻习近平总书记关于工人阶级和工会工作的重要论述［M］．北京：中国工人出版社，2021．

［3］戴庆宝．如何做好职代会提案工作［M］．北京：中国工人出版社，2014．

［4］李玉赋．新的使命和担当：新时期产业工人队伍建设改革方案解读［M］．北京：中国工人出版社，2017．

［5］中华全国总工会．中国工运事业和工会工作“十四五”发展规划［M］．北京：中国工人出版社，2021．

［6］李艾，杨友志．新时代产业工人队伍建设改革实务［M］．北京：人民日报出版社，2022．

［7］中华全国总工会．中国工会十八大报告辅导读本［M］．北京：中国工人出版社，2023．

［8］全国工会干部培训基础教材编写委员会．工会基础理论概论［M］．北京：中国工人出版社，2023．

［9］全国工会干部培训基础教材编写委员会．基层工会组织建设与民主管理工作概论［M］．北京：中国工人出版社．2023．

［10］全国工会干部培训基础教材编写委员会．工会宣传教育工作概述［M］．北京：中国工人出版社，2023．

［11］全国工会干部培训基础教材编写委员会．中国工人运动史概论［M］．北京：中国工人出版社，2023．

［12］全国工会干部培训基础教材编写委员会．工会权益保障工作概论［M］．北京：中国工人出版社，2023．

［13］全国工会干部培训基础教材编写委员会．工会资产工作概论［M］．北京：中国工人出版社，2023．

［14］AIGC．和工会干部谈谈人工智能［M］．北京：中国工人出版社，2024．

［15］王慧，许倩，阿香．智慧工会——一起向未来［M］．北京：人民日报出版社，2023．

后　记

中国工会十八大报告强调，要加强工会干部队伍建设，提升工会干部能力素质，教育引导工会干部树牢正确政绩观，鼓足干事创业的精气神，打造忠诚干净担当的高素质专业化工会干部队伍。工会干部教育培训是建设高素质专业化工会干部队伍的先导性、基础性、战略性工程，在推动新时代新征程党的工运事业创新发展和工会工作实现全面进步、全面提高中具有不可替代的重要地位和作用。基层工会干部直接联系和服务职工群众，是落实工会各项工作的组织者、推动者和实践者，其履职能力的强弱成为基层工会引领力、组织力、服务力能否增强的关键。因此，新形势下必须把基层工会干部培训摆在更加突出的位置，着力提升基层工会干部服务职工本领。

《基层工会干部实务教材（安徽版）》的编写以习近平新时代中国特色社会主义思想为统领，以习近平总书记关于工人阶级和工会工作的重要论述为指引，总结了近年来工会理论研究的创新成果及实践经验，将工会理论与基层工会工作实际相结合，系统介绍了新时代新征程工运理论的创新与发展，梳理了当前基层工会工作的新形势新任务新要求，并从实操层面相应给出了破解新难题的新思路新方法新经验，逻辑清晰、层次分明、重点突出、通俗易懂。与同类教材相比，本书的时代性强、针对性强、实用性强。希望这本书能够成为广大基层工会干部的良师益友。

本教材的编写人员长期从事工会理论和劳动关系研究，均奋战在基层工会干部培训的一线，具有深厚的理论功底和丰富的实践经验。王慧、邵月娥担任本教材的主编，徐晓菁、杨静、李艾、曹丹丹、孙燕、张丽娟、胡晓蔓、王粤翔参与编写。第一、三、七、十一、十六章由王慧编写；第二章由孙燕编写；第四章由王粤翔编写；第五、十四章由李艾编写；第六、十二、二十、二十三章由邵月娥编写；第八、九、十、十三章由曹丹丹编写；第十五、十八、十九章由徐晓菁编写；第十七章由胡晓蔓编写；第二十一章由杨静编写；第二十二章由张丽娟编写。

本教材的编写得到了安徽省总工会党组和安徽省总工会干部学校的大力支持，在此一并表示诚挚的感谢。由于时间较紧，加之编者知识结构的局限性，难免存在不妥之处，敬请读者批评指正。

编 者

2024年10月